国家社科基金
后期资助项目
GUOJIA SHEKE JIJIN HOUQI ZIZHU XIANGMU

牟宗三哲学与
中国现代性建构

Mou Tsung-san's Philosophy
and Construction of Chinese Modernity

卢　兴　著

社会科学文献出版社
SOCIAL SCIENCES ACADEMIC PRESS (CHINA)

国家社科基金后期资助项目
出版说明

　　后期资助项目是国家社科基金设立的一类重要项目，旨在鼓励广大社科研究者潜心治学，支持基础研究多出优秀成果。它是经过严格评审，从接近完成的科研成果中遴选立项的。为扩大后期资助项目的影响，更好地推动学术发展，促进成果转化，全国哲学社会科学工作办公室按照"统一设计、统一标识、统一版式、形成系列"的总体要求，组织出版国家社科基金后期资助项目成果。

全国哲学社会科学工作办公室

目　录

引　言

在历史叙事中，我们将自身所处的这个时代称为"现代"（mod-ern），以示其与"过去"的区别，这种时代意识彰显出"现代"自身所特有的精神气质或言说方式，这就是"现代"的本质即"现代性"（mo-dernity）。换言之，"现代性"构成了现代人进行自身理解和时代把握的基本论域。在哲学层面对"现代性"问题予以反思，首先必须考察"现代性"哲学理念的规范性内涵，而后者与其发生、演变的历史经验密切联系。毋庸置疑，"现代性"首先孕育和生发于西方文化之中，在数百年间取得了辉煌的物质和精神成就，极大地推动了西方历史的进程，同时对整个世界产生了深远的影响。但值得思考的是，这种产生于西方文化语境的现代性模式是否能够完全代表"现代性"理念的规范性内涵？该问题涉及以下一系列更为深刻的问题："现代性"是"一元"的还是"多元的"？其中是否存在"普遍性"与"特殊性"的分别？如果存在，两者之间是何种关系？

本书立足于中国文化的语境对上述问题展开思考。近代以来，中西文化之碰撞推动中国社会开始了"现代化"的进程，这一进程在文化层面表现出相当的复杂性：一方面显示出迫切的"时代性诉求"，要求实现对于中国文化传统的根本性变革，这种变革指向"现代性"的普遍性之维；另一方面包含了强烈的"民族性认同"，这种认同强调"中国文化"的独立身份以及民族文化传统的连续性，凸显了"现代性"的特殊性之维。质言之，中国文化现代化进程的根本目的指向"中国现代性"的建构，而后者在文化上内在包含"传统"与"现代"之间、"中国"与"西方"之间的深刻张力。在这个意义上，"时代性"与"民族性"构成了中国文化现代化进程的两个基本向度，而如何处理两者之间的关系成为"中国现代性"建构的核心课题。职是之故，对于这一课题的思考不仅有助于在哲学层面澄清"现代性"的普遍性与特殊性之间的关系，开阔"多元现代性"的理论视野，而且对于推动"中国现代性"的建构具有现实意义。

对"中国现代性"的探索构成了中国现代思想史的主线。纵观20世纪的中国思想史,作为文化保守主义代表的现代新儒家与自由主义西化派、中国马克思主义派相互激荡,共同构成20世纪中国文化三大思潮。三方都是在"现代性"的问题意识之下产生的,都要求在变革和转化传统的基础上实现某种理想的"中国现代性"方案,而在现代化的文化路向上表现出了差异和斗争。自由主义西化派所追求的是西方典型意义上的现代性,其谋求与自身文化传统相断裂体现了西方现代性"注重当下"的时间意识,将"时代性"作为唯一的尺度理解现代性;现代新儒家力图从自身文化传统中寻求现代性的起源,对西方现代性开展了批判和改造,力图在包容西学的基础上达到一种中国文化本位的现代性,这其中"民族性"关切处于优位;中国马克思主义者对西方现代性抱持一种辩证的态度,更为切入中国社会的实际,力图达到"时代性"与"民族性"的平衡,以在综合古今中西的基础之上成就新的现代性。在以上三大思潮中,现代新儒家与"现代性"的关系最为复杂:一方面他们是"儒家",这决定了他们是传统文化的接续者和捍卫者;另一方面他们也是"现代人",这决定了他们是现代文明的承负者和参与者。这两种身份之间存在"民族性"与"时代性"的巨大张力,这在根源上反映出"中国现代性"自身的张力结构。因此,对现代新儒学的研究有助于我们理解和思考中国文化现代化的问题,同时在"现代性"的问题意识中审视现代新儒学,亦有助于我们深入理解这一思潮的积极意义和内在问题。

现代新儒学思潮自五四时期兴起,薪火不息、代有传人,在20世纪中国思想史上占有重要地位。其第二代代表人物牟宗三先生(1909~1995),本着"内圣开出新外王"的理路,立足于儒家立场对现代性问题进行回应,提出了"良知自我坎陷"以图打通传统与现代之间的壁垒。在此基础上,他尝试会通中西以建构儒家"道德的形上学"体系,证立儒家"圆教",将儒家思想系统转化为现代哲学的形态。牟宗三一生著述等身,现已出版全集33卷,约1239万字,此外还有若干课堂讲录传世。他的哲学体系涉及形而上学、知识论、逻辑学、道德哲学、美学等多个领域,并在中西方哲学史研究中独树一帜。《剑桥哲学辞典》将他评价为"当代新儒家他那一代中最富原创性与影响力的哲学家"。在本书的视域中，牟宗三哲学与"现代性"之间展现为一种双向互动的关系：牟宗三一方面吸收"现代性"的基本精神进行儒学重建，代表了现代新儒学克服儒家传统与现代性之间张力的思想努力；另一方面立足于儒家价值对西方现代性的弊端展开批判，集中体现了文化之"民族性"与"时代性"的复杂纠缠。

鉴于牟宗三哲学的典型性，本书在"现代性"的视域中对其进行全面的考察，目的在于揭示其哲学与"现代性"之间的复杂关系，以此透显出"现代性"问题在中国语境中的复杂性，同时通过解析牟宗三对这一问题的思考和解决方式，揭示其思想的积极贡献与内在问题。就中国文化的当下处境而言，依然需要面对如何建构"中国现代性"的时代课题，因此对于牟宗三哲学的个案研究能够为我们提供有益的启示和教训，进一步推动中国文化和中国哲学现代化的进程。

在研究方法上，本书遵循以下三个原则。

第一，"家族相似"的理解模式。本书以"现代性"为核心问题意识，并对这一概念在"民族性"与"时代性"两个向度上加以批判性的考察。就"民族性"而言，"现代性"必然是多元的。尽管西方是"现代性"迄今为止唯一具有成功经验的范例，但"西方现代性"的产生和发展源于西方特有的历史文化传统，考察其优长与弊端都不能脱离西方文化的语境，因此其作为"现代性"的殊相之一具有相对性意义。同理，"中国现代性"也应当本着殊相的身份与"他者"进行平等的对话，不能割裂文化传统而言说特定的"现代性"，更不能以西方现代性为现代性的范本进行照搬和模仿。就"时代性"而言，"现代性"自身标识了别异于传统的时间体验，是具有普遍性意义的"共相"。不同于后现代思潮的相对主义立场，本书将"现代性"视为一个尚未完成并具有自我反思性的设计，其所具有的一些基本理念如"主体""理性""自由"等在时间上和空间上具有普遍性，即超越各个民族文化的普遍性。只有承认共相意义上的"现代性"，才有可能在这一视域中考察中国社会和文化的现代化历程，同时才有可能在此基础上与西方文化平等对话。然而，对于这个"共相"的"现代性"也不能固着化为一个本质主义的预设，而应当保持其自身的开放性，因此在处理现代性的共相与殊相的关系时，后现代所倡导的"家族相似"是可资借鉴的理解模式。

第二，"回到问题本身"的根源性意识。本书力图避免从外在的立场对牟宗三哲学进行先入为主的批判或褒扬，而是在不断追问"牟宗三究竟要解决什么问题"的过程中展开思考，进而回答"他的哲学对于中国哲学和中国文化的现代化有何积极意义"以及"他的缺失和教训何在"的问题。就中国当下的现实而言，"内圣开出新外王"的理路固然不切实际，但本书关注的是牟氏与"现代性"之间的复杂关系，其哲学是在现代性问题意识之下对文化的"时代性"与"民族性"关系的深度思考，在中国现代哲学史上具有典型意义，牟氏个人的文化焦虑同样也是近180年中华民族的文化焦虑。

第三，"双向诠释"的思考方式。本书并不是要以一种固着化的"现代性"观念框范牟宗三哲学，而是在学理层面展现牟氏哲学与"现代性"之间的互动和对话，因而不仅从共相意义上的"现代性"对牟宗三哲学进行定位和评价，而且通过牟氏的哲学思考和理论批判揭示"现代性"的多元内涵，探讨中国文化传统对"现代性"本身所具有的价值和意义。这种"双向诠释"的思考最终指向"现代性"的普遍性与特殊性之间的关系问题，对此，本书立足"多元现代性"的观念，在"具体的普遍性"意义上理解"现代性"的合理内涵。

第一章　"现代性"的源与流

本书从"现代性"的视角出发展开对牟宗三哲学的个案研究，因此有必要首先对"现代性"这一观念的源流加以界定和考察。"现代性"构成了我们现代人理解自身的基本论域，有关"现代"的一切都与"现代性"相关联。而"现代性"这一概念本身却充满歧见和纷争，思想界关于这一问题的探讨既有深刻的解析和勾画，也有激烈的批判和解构。究其原因，源于这一概念本身的复杂性：在学科归属上，"现代性"涉及哲学、社会学、政治学、文化学、文学艺术等诸多领域；在时空跨度上，"现代性"问题不仅是西方社会自文艺复兴以来的核心问题，也是全世界共同面对的时代课题。那么，何谓"现代性"？在西方文化的语境中，这一问题如何产生、发展，又造成了怎样的后果？在中国文化的语境中，其又面临怎样的复杂问题？这正是本章所关注的。

第一节　"现代性"释义

一　"现代性"的含义

1. "现代性"概念的多重含义

"现代性"（modernity）这一术语起源于何时，西方学者众说纷纭。根据语言学的研究，"现代"一词出现在中世纪的经院神学，modern 直接来自意大利语 modernus，它是由拉丁语"modo（最近、刚才）"演变而来的。德国文艺理论家姚斯认为，这个词在公元 5 世纪就存在了，指的是古罗马帝国向基督教世界发展的过渡期，当时也出现了古代（antique）和现代（moderni）的对应。[①] 美国比较文学学者卡林内斯库指出，这一术语至少从 17 世纪起就在英国流行了，《牛津英语词典》记录了

---

① 〔美〕弗里德里克·詹姆逊：《单一的现代性》，王逢振等译，天津人民出版社，2005，第 1 页。

"现代性"（modernity）一词在 1672 年的首次出现；在法国，直到 19 世纪前半期才开始使用"现代性"（modernité）一词。1863 年底，法国文艺评论家波德莱尔连续在《费加罗报》上发表题为《现代生活的画家》的系列文章，其中第四篇的小标题就是"现代性"，标志着这一术语进入了学术领域。① 此外，卡林内斯库提出了从宗教起源看待现代性的视角，认为现代性概念起源于犹太 – 基督教的末世论历史观中蕴含的宗教世界观，与特定的时间意识密不可分。② 德国哲学家哈贝马斯进一步指出，基督教所谓"现代"并不是指当下的现时代，而是指上帝进行末日审判后才开始的新时代，它包含一种面向未来而不是返回过去寻找历史意义的时间意识。从 18 世纪开始，这个概念逐步世俗化，"这种概念认为，现代是依赖未来而存在的，并向未来的新的时代敞开"。"综观整个十八世纪，1500 年这个时代分水岭一直都被追述为现代的源头。"③

在当代，有关"现代性"的讨论中，这一概念在不同的理论家那里有着不尽相同的含义。综合诸家的观点，大体可以将其归结为以下五点。

第一，将"现代性"理解为一个特定的历史时期。如美国学者凯尔纳和贝斯特所认为的，"现代性一词指涉各种经济的、政治的、社会的以及文化的转型。正如马克斯·韦伯及其他思想家所阐释的那样，现代性是一个历史断代术语，指涉紧随'中世纪'或封建主义时代而来的那个时代"。④ 持这一观点还有英国学者齐格蒙特·鲍曼，他将"现代性"界定为"一段历史时期，它肇始于西欧 17 世纪的一系列深刻的社会结构和思想转型并承受为（1）一项文化筹划——随着启蒙运动的发展；（2）一种由社会完成的生活形式——随着工业的（资本主义的，以及后来的社会主义的）社会的发展"。⑤

第二，将"现代性"理解为一整套制度架构。代表性人物是英国著

---

① 〔美〕马泰·卡林内斯库：《现代性的五副面孔》，顾爱彬等译，商务印书馆，2002，第 49 ~ 55 页。

② 〔美〕马泰·卡林内斯库：《现代性的五副面孔》，第 19 页。

③ 〔德〕于尔根·哈贝马斯：《现代性的哲学话语》，曹卫东译，译林出版社，2004，第 6 页。

④ 〔美〕道格拉斯·凯尔纳、斯蒂文·贝斯特：《后现代理论——批判性的质疑》，张志斌译，中央编译出版社，1999，第 2 ~ 3 页。

⑤ 〔英〕齐格蒙特·鲍曼：《现代性与矛盾性》，邵迎生译，商务印书馆，2003，第 7 页。

名社会学家吉登斯，他强调必须从制度层面上来理解"现代性"，其被看作"后传统秩序"，他认为这一概念"首先意指在后封建的欧洲所建立的而在 20 世纪日益成为具有世界历史性影响的行为制度与模式"。在吉登斯那里，"现代性"大致相当于"工业主义"和"资本主义"。① 他指出："在其最简单的形式中，现代性是现代社会或工业文明的缩略语。比较详细地描述，它涉及：（1）对世界的一系列态度、关于实现世界向人类干预所造成的转变开放的想法；（2）复杂的经济制度，特别是工业生产和市场经济；（3）一系列政治制度，包括民族国家和民主。"②

第三，将"现代性"视为一种独特的态度和精神气质。法国哲学家福柯在反思启蒙问题时，把"现代性"理解为一种"态度"而不是一个历史的时期。他认为，"所谓'态度'，我指的是与当代现实相联系的模式；一种由特定人民所做的志愿的选择；最后，一种思想和感觉的方式，也是一种行为和举止的方式，在一个相同的时刻，这种方式标志着一种归属的关系并把它表述为一种任务。无疑，它有点像希腊人所称的社会的精神气质（ethos）"。③ 对于这种"现代性的态度"，福柯把它解读为一种"哲学的质疑"，即对时代进行"批判性质询"的品格。

第四，将"现代性"视为一种叙事话语和知识体系。在法国哲学家利奥塔看来，现代指的是"依靠元话语使自身合法化"而建立起来的科学，这些元话语建立在"精神辩证法、意义阐释学、理性主体或劳动主体的解放、财富的增长等大叙事"的基础之上。④ 现代性就是指依靠元叙事、宏大叙事建立起来的观念、思想和知识，也可具体化为启蒙运动以来关于理性、启蒙、解放和进步等知识体系。现代知识借助于本质主义产生合法性，追求同质化的认识律令、道德律令等方式树立了权威。

第五，将"现代性"视为一个处于生成之中的构想。其突出代表是

---

① 〔英〕安东尼·吉登斯：《现代性与自我认同》，赵旭东等译，生活·读书·新知三联书店，1998，第 16 页。

② 〔英〕安东尼·吉登斯、克里斯多弗·皮尔森：《现代性——吉登斯访谈录》，尹宏毅译，新华出版社，2001，第 69 页。

③ 〔法〕福柯：《什么是启蒙？》，汪晖译，载汪晖等主编《文化与公共性》，生活·读书·新知三联书店，1998，第 430 页。

④ 〔法〕让－弗朗索瓦·利奥塔尔：《后现代状态——关于知识的报告》，车槿山译，生活·读书·新知三联书店，1997，第 1 页。（正文中统一用译名利奥塔——作者注）

哈贝马斯，他认为"现代性是一个未完成的设计"，其自启蒙以来所蕴含的解放潜能并未终结，并且依然具有自我反思、自我批判的功能。他指出："18 世纪为启蒙哲学家们所系统阐述过的现代性设计含有他们按内在的逻辑发展客观科学、普遍化道德与法律以及自律的艺术的努力。同时，这项设计亦有意将上述每一领域的认知潜力从其外在形式中释放出来。启蒙哲学家力图利用这种特殊化的文化积累来丰富日常生活——也就是说，来合理地组织安排日常的社会生活。"① 哈贝马斯的用意旨在说明，"现代性"是用新的模式和标准取代中世纪已经分崩离析的模式和标准，来建构一种新的社会知识和时代，其中个人"自由"构成现代性的时代特征，"主体性"原则构成现代性的自我确证的原则。

2. "现代性"概念的多个层面

"现代性"问题关涉面非常广泛，涉及哲学、社会学、政治学、经济学、文学艺术等多个领域，因此在各个学科的研究中有不同的侧重。其中，社会科学意义上的"现代性"与文学艺术意义上的"现代性"含义差别尤其大，在某些方面的特征甚至相反。卡林内斯库区分了两种意义上的"现代性"：一种是"文明史的现代性"，或称"资产阶级的现代性"，其作为科技进步、工业革命和资本主义所带来的社会变化的产物，体现为进步的信念、对理性的崇拜、对可计算的时间的关切和对科学技术的乐观态度，等等；另一种是"审美的现代性"，其表现为对中产阶级价值观念的激进对立，通过艺术的形式宣泄对"资产阶级现代性"的平庸趣味的反叛情绪，其以 19 世纪中期的"先锋派"的兴起为开端，通向"现代主义艺术"。② 以上两种"现代性"处于对立的状态，前者追求永恒性、必然性，而后者追求暂时性、偶然性，在某种意义上，"审美现代性"与所谓"后现代性"有共通之处。鉴于"现代性"概念本身的这种复杂性，本书将讨论对象限定于卡林内斯库所界定的"文明史的现代性"，而对"审美现代性"（艺术上的现代主义）暂不做讨论。

此外，在探讨"现代性"这一问题时，有必要区分"现代性的哲学话语"与"现代性的社会学话语"。大卫·格里芬在探讨"现代性"问

---

① 〔德〕尤尔根·哈贝马斯：《论现代性》，严平译，载王岳川、尚水编《后现代主义文化与美学》，北京大学出版社，1992，第 17 页。

② 〔美〕马泰·卡林内斯库：《现代性的五副面孔》，第 48 页。

题时区分了"现代精神"与"现代社会",前者"主要是从个人的、心理学的、哲学家的、神学家的以及思想史学家们的观点出发对现代性进行讨论",包括个人主义、二元论、世俗主义、未来主义等特征;而后者是"从社会的、社会学家的、政治哲学家的、经济和社会历史学家的观点出发"来讨论的"现代性"概念,包括"社会生活的巨型结构与私人生活之间的二分化"、普遍的结构分化、机械化和实利主义等特征。① 本书在更为严格的意义上区分作为哲学理念意义的"现代性"概念和作为社会学描述意义的"现代性"概念。在社会学意义上,"现代性"概念侧重于描述现代社会的制度架构、动力机制、运行规律等方面的经验特征,目的在于获得一种关于现代社会的实证性知识,这一领域代表性的理论家如涂尔干、韦伯、帕森斯、吉登斯等,他们的工作奠定了从社会科学视野理解现代社会的基本框架。而在哲学意义上,"现代性"是别异于"古代"和"中世纪"的核心精神理念,表征着现代文化之为"现代"的根本特质,这个意义上的"现代性"既指称近代启蒙思想家对于新时代的理性设计,包括"主体性""确定性""理性"和"自由"等人性论和知识论的理念,也指称人类历史所追求的普遍性价值目标,如"进步""解放"等观念。

按照哈贝马斯的说法,"就现代性话语而言,从十八世纪开始,现代性就已成为'哲学'讨论的主题"。② 其实,现代性哲学话语在西方的起源理应追溯到笛卡尔,由他开启的西方近代哲学以"人的主体性"和"知识的确定性"为鹄的,提出对人的启蒙和对世界的祛魅,经过三个多世纪的发展形成了经典的现代性哲学话语。尽管后现代主义思潮对这种现代性哲学从各个方面进行了激烈的批判,然而作为一个现代人,任何对于现代的哲学考察都不能越过这些哲学理念,任何对于自身的领悟也都必须回溯到这个时代才能得以完成。

3. "现代性"与"现代化"

在探讨"现代"问题时,"现代性"与"现代化"作为两个高频出现的概念在使用中往往出现混乱和歧义,因此,在进入对"现代性"问

---

① 〔美〕大卫·格里芬编《后现代精神》,王成兵译,中央编译出版社,1998,第12页。

② 〔德〕于尔根·哈贝马斯:《现代性的哲学话语》,第1页。

题的具体考察之前，有必要对这两个概念的含义进行澄清。

　　单纯就构词法而言，作为词根的"现代"（modern）无疑是一个表征时间的概念，代表当下的时间体验，以区别于"过去"和"将来"。"现代性"（modernity）在词根上加了表示性质、状态意义的后缀"－ity"，使原来的时间体验抽象化为一种独特的性质，成为身处其中的这个时代区别于其他时代的特性。"现代化"（modernize）在词根上加了表示过程意义的后缀"－ize"，使之成为达到某种目标的动态过程，这种目标显然不仅仅是一种单纯的时间体验，而且必然涉及其后的抽象本质（即"现代性"）；将其名词化为"modernization"，也具有了一种状态的含义，然而较之"modernity"，名词"现代化"内在地包含了过程性和动态性。因此，在词法构成上，"现代性"侧重于静态的抽象性质，"现代化"侧重于动态的实现过程。

　　作为学术概念，"现代化"概念的出现要比"现代性"晚了近一个世纪。波德莱尔在 1863 年使用"现代性"概念来指称现代生活的特性，使这一概念进入学术界；而"现代化"概念直到 20 世纪 50 年代之后才出现。1951 年 6 月美国《文化变迁》杂志编辑部在芝加哥大学召开了一个关于经济增长问题的研讨会，会议提议使用"modernization"一词来说明从农业社会向工业社会的转变，从此"现代化"一词开始被学者们广泛使用。相对于"现代性"主要应用于人文科学领域，"现代化"理论更加侧重于从经济学、社会学和政治学等社会科学的视角考察现代社会的基本特征，注重以实证科学的方法研究现代社会的发展状况和运行规律。在现代化理论内部，不同学科的理论家关注的重点有所不同，经济学家以工业和服务业在国民总收入中所占比重和人均国民收入等指标衡量现代化程度，社会学家关注社会分层化和整合的程度，政治学家从政治结构的分化和政治参与的扩大来界定现代化，而心理学家更为关注现代化所引起的人格结构和行为模式的变化。尽管学科不同、观点各异，但是这些研究要素的共同特征在于都具备可量化计算、可试验操作的实证特征。这一特征是"现代性"概念所不具备的，也成为这两个概念的根本区别。"现代性"不论在何种意义上使用，都不是一个经验概念，都不能通过实证科学的方法获得对这一概念的理解。"现代性"作为现代区别于过去的根本特征，具有高度的抽象性和概括性，它揭示现代文化的核心价值观念，关注现代生活的形上本质、目的取向、根本原则和行为方式，为现代生活提供合理性论证和理想范型。在这个意义上，"现代性"概念无疑是一个哲学概念。

然而，"现代性"与"现代化"两个概念之间也呈现相互纠结、错综复杂的关系，两者相互作用，共同塑造了现代社会的基本面貌。美国社会学家西里尔·E. 布莱克指出，在西方学者眼中，"'现代性'被相当广泛地用于描述那些在技术、政治、经济、社会发展方面最先进国家的共同特征，而'现代化'则被用于描述这些国家获得这些特征的过程"。① 这是在比较宽泛的意义上对这两个概念进行了区分，也符合上述的词法构成分析，并且指出"现代化"是以"现代性"为目的，或者说"现代性"是"现代化"过程的结果。尽管在日常语境中人们往往也把"现代化"视为一个固定化的概念，用一系列技术指标进行衡量，但是西方现代化理论更加倾向于把现代化看作"一个在科学和技术革命影响下，社会已经或正在发生着变化的过程。业已现代化的社会的经验表明，最好把现代化看作是影响社会各个方面的一个过程"。② 在结构功能主义学派看来，作为过程的"现代化"并不仅仅是一系列技术指标和经济数据，还包括知识增长、政治发展、社会动员和心理适应等各个方面。"概括起来，现代化可以看作经济领域的工业化，政治领域的民主化，社会领域的城市化以及价值观念领域的理性化的互动过程。这种转变的动力从根本上来说是产生于人类在科学革命的推动下所获得的空前增长的知识，从而不断增强对环境的控制能力。"③ 在这里，科技的进步对现代化产生了关键性的推动作用，而现代科学建基于人类理性的解放，这本身就是"现代性"理念的一个重要方面，因而在某种意义上，"现代性"也成为"现代化"的动力，为这一历史过程提供了形上精神的支持。

需要说明的是，本书的关注对象是现代新儒家，在其第一代、第二代代表人物那里，"现代化"是他们追求的目标，而"现代性"的概念

---

① 〔美〕西里尔·E. 布莱克：《现代化的动力》，段小光译，四川人民出版社，1988，第9~10页。

② 〔美〕吉尔伯特·罗兹曼主编《中国的现代化》，上海人民出版社，1989，第3~4页。

③ 〔美〕西里尔·E. 布莱克编《比较现代化》，杨豫、陈祖洲译，上海译文出版社，1996，译者前言第7页。

很少被提及。这里就出现了两个概念交叉的情况。实际上，现代新儒家所讲的"现代化"并不同于西方现代化理论所讲的含义，他们侧重于从文化和哲学上探讨中国社会如何引进西方的科学和民主的价值观念，因此他们所讲的"现代化"实际上正是本书所探讨的"现代性"概念。

二　"现代性"哲学理念的基本特征

上文探讨了"现代性"这一概念的基本界定和多层含义，而对这一概念的深刻理解必然上升到哲学的层面。概括地讲，作为哲学理念的"现代性"具有以下三个方面的基本特征。

1. 以"理性"和"自由"为核心的主体性哲学

正如西方学界所公认的，"自文艺复兴以来，主体性就一直是现代哲学的奠基石"。[①] 相对于古代和中世纪人之于自然或神灵的从属地位，现代性肯定了人作为具有理性能力和自由意志的主体，主宰自身命运并对外在世界进行认知和改造活动。哈贝马斯在分析黑格尔的"主体性"概念时指出了其四个方面的含义："个人主义""批判的权利""行为自由"和"唯心主义哲学"。[②] 受哈贝马斯的影响，国内有学者从"个体性""理性""自主性"和"反思性"四个方面来界定"主体性"概念的基本内涵。[③] 尽管学界对"主体性"的内涵界定不一，但是"理性"和"自由"作为近代主体性哲学的根本特征是确定无疑的。

第一，"理性"作为现代性哲学的关键词，体现了人凭借自身走出蒙昧、追求真理的卓越能力。

卡西尔在考察启蒙时代的精神时写道："当18世纪想用一个词来表述这种力量的特征时，就称之为'理性'。'理性'成了18世纪的汇聚点和中心，它表达了该世纪所追求并为之奋斗的一切，表达了该世纪所取得的一切成就。"[④] 其实不仅18世纪，而且整个西方近代历史就是理性主义的时代。伽达默尔描述了这个理性统治时代的哲学："对理性及理

① 〔美〕弗莱德·多尔迈：《主体性的黄昏》，万俊人等译，上海人民出版社，1992，前言第1页。
② 〔德〕于尔根·哈贝马斯：《现代性的哲学话语》，第20页。
③ 沈语冰：《透支的想象——现代性哲学引论》，学林出版社，2003，第68~81页。
④ 〔德〕恩斯特·卡西尔：《启蒙哲学》，顾伟铭等译，山东人民出版社，1988，第3~4页。

性具有无往不胜力量的信仰是所有启蒙思想的基本信念。""如果哲学真的只是纯粹的理性科学或只是科学的理性，那么毫无疑问，处于哲学形态中的理性今天才开始在人类生活中取得了真正的统治地位，而这种统治地位是哲学在以前作为科学之女王曾获得过的。"①

在西方哲学传统中，"理性"（"逻各斯"）观念源远流长，自古希腊开始就认定一个具有秩序和规律的世界，并且将人视为一个具有把握规律能力的存在物，这种区别于动物的能力就是"理性"。直到"近代哲学之父"笛卡尔那里，理性作为一个"能思主体"的反思怀疑能力成为其哲学体系演绎的阿基米德点，"我思故我在"成为理性主义哲学的一个标志性命题，近代哲学的主题因此被奠定为"思维与存在的关系"问题。笛卡尔将"心"与"物"区别为两个独立的实体，将"物"和"世界"作为"心灵"（理性）的对象而被认识、被分析、被改造。这种主客体二分的架构一方面肯定了主体的能动性和创造性，另一方面设定了世界的秩序性和知识的确定性，为近代科学的确立奠定了基础。笛卡尔之后的欧陆哲学家更加坚信理性的神圣作用，将其视为知识的直接来源；而英国经验论的哲学家尽管并不赞同唯理论的天赋观念，但其依据于经验而不盲从迷信的精神、运用理智对知识的基础进行怀疑的态度，无不体现近代哲学理性主义的精神特质，因此广义上的"理性主义"（rationalism）成为表征 15～19 世纪西方哲学的基本精神。在启蒙运动的鼓舞下，理性一方面成为人类从自然和神权中解放的力量，另一方面又成为改造和征服外在世界的利器，理性主义奋进的凯歌交织着启蒙与征服的双重变奏。

以康德、黑格尔为代表的德国古典哲学继承了近代哲学的理性主义传统和启蒙运动带来的理性解放话语，并使理性主义在哲学上登峰造极。康德所讲的"理性"包括"理论理性"和"实践理性"，前者是认识的能力，运用知性范畴对感性直观所获的材料进行整理和综合，理性自身提供保证知识客观必然性的先天条件；后者是实践的能力，提供绝对的道德律令并以此为道德义务，在道德判断上提供了普遍性的善恶标准，

---

① 〔德〕汉斯－格奥尔格·伽达默尔：《论理性的力量》，载《赞美理论——伽达默尔选集》，夏镇平译，生活·读书·新知三联书店，1988，第 47 页。

在道德行为上实现了自由和自律。康德的"理性"概念继承了笛卡尔以来作为能思主体的基本含义，同时又赋予这一概念批判性功能：一方面人作为理性的存在者，能够运用理性为自然立法；另一方面理性的能力也是有限的，关于"自在之物"的认识是理性所不及的，因此必须为信仰留下地盘。继康德之后，黑格尔把理性主义哲学推向了最高峰，他将一切存在物展现为理性的精神发展史，将其以概念的形式纳入一个逐步上升的思辨体系，在"理性"（绝对理念）的基础上自然与精神得以统一、思维与存在得以统一、历史与逻辑得以统一。黑格尔所讲的"理性"已经不仅是人的认识能力，而且扩大至一个绝对性的实体概念，其能够外化自身、扬弃自身、返回自身，在这种辩证过程中展现为整个世界，在某种意义上，"理性"在黑格尔那里就相当于基督教的"上帝"。黑格尔的著名公式是："凡是合乎理性的东西都是现实的；凡是现实的东西都是合乎理性的。"① 这句话并不是说所有实际存在的事物都是合理的，而是说"理性"是任何存在物具有"现实性"的条件，如果不合乎理性的内在规律，那么事物就不能从概念的抽象性中实现出来，不能达到真正的具体的存在（概念与其定在的统一）。② 这样，"理性就成了宗教一体化力量的替代物，并且可以依靠自身的动力克服现代性的分裂"。③

这种理性主义哲学对人类的理性抱有坚定的信心和乐观态度，"理性至上"观念对于人的情感、欲望、信仰等"非理性"因素采取一种轻视

---

① 〔德〕黑格尔：《法哲学原理》，范扬、张企泰译，商务印书馆，1961，序言第 11 页。黑格尔关于"合理性（Vernünftigkeit）＝现实性（Wirklichkeit）"的论断经常被人误解为"合理的＝存在的/实存的"，如牟宗三就有《论"凡存在即合理"》一文。实际上在黑氏那里"存在"（Sein）、"实存"（Existenz）与"现实"是三个不同的概念，"存在一般讲来，是没有经过反思的直接性，并且是转向对方的过渡。实存是存在和反思的直接统一，因此实存即是现象，它出于根据，并回到根据"。而"现实是本质与实存或内与外所直接形成的统一"。"人们一方面把实际存在着的事物以及许多尚未达到理念的范畴，均给予所谓实在（Realität）或真正现实性（wahrhafte Wirklichkeit）的徽号；另一方面又以为理念仅仅是抽象的。其实这两种意见都是错误的，必须放弃的。"实际存在的事物并不都是"现实的"，只有内在包含真理性的"实存"才具有"真正的现实性"（作为自在自为的普遍物）。在这个意义上，黑格尔指出："现实就其有别于仅仅的现象，并首先作为内外的统一而言，它并不居于与理性对立的地位，毋宁说是彻头彻尾地合理的。任何不合理的事物，即因其不合理，便不得认作现实。"参见黑格尔《小逻辑》，贺麟译，商务印书馆，1980，第 295、398、296 页。

② 〔德〕黑格尔：《小逻辑》，贺麟译，商务印书馆，1980，第 43～45、296 页。

③ 〔德〕于尔根·哈贝马斯：《现代性的哲学话语》，第 99 页。

和压制态度，随着现代性的发展，这一观念逐渐演变为一种极端的"理性崇拜"。由叔本华、尼采开启的现代非理性主义思潮对近代理性观念进行了激烈批判，同时成为对现代性的整体批判的先声。

第二，"自由"作为主体不可侵犯的神圣权利，表现出"自主性""自律性"和"个体性"的特征。

从文艺复兴开始，现代性就被奠定为"人文主义"（Humanism）的基本内涵，"人"不再是上帝的创造物或君主的附属物，而是具有独立人格、能够自由思考的理性存在者，同时他还具有特异的个性、丰富的情感和欲望，并且他有能力主宰自己的生命、对自身行为负责。自笛卡尔把"能思的我"作为不可怀疑的实体在哲学上肯定下来，"主体性"成为哲学的主题。康德提出"人为自然立法"的命题，实现了哲学史上"哥白尼式的革命"，在认识论上系统地论证了理性至上的主体性哲学，"自然界的最高立法必须是在我们心中，即在我们的理智中，而且我们必须不是通过经验，在自然界里去寻求自然界的普遍法则；而是反过来，根据自然界的普遍的合乎法则性，在存在于我们的感性和理智里的经验的可能性的条件中去寻求自然界"。① 在康德那里，认识是主体中先天的直观形式和知性范畴对经验质料进行整理，因此知识不是客体自身现成给予的，而是主体对经验进行的建构。在康德看来，人作为理性的主体不仅在理论理性范围内为自然立法，而且在实践理性范围内为道德立法，这两重立法之所以可能，在于主体在认识活动中具有"我思"的统觉能力，在实践活动中具有自由意志。康德把意志自由视为实践理性当然的前提，"仅仅是在我们看来，如果我设想一个东西是有理性的，并且具有对自身行为因果性的意识，即具有意志的话，就必须设定自由为前提"。② 由于人是自由的，因而他能够凭借自己的理性为自身颁布道德律，同时这种立法不是任意的，而是要求单个主体的意志准则能够推广到其他主体身上而使道德律成为普遍的法则，由于道德律是主体自由意

---

① 〔德〕康德：《未来形而上学导论》，庞景仁译，商务印书馆，1978，第92页；科学院版《康德全集》（*Akademieausgabe von Immanuel Kants Gesammelten Werken*，简写为 AA），Bd. Ⅳ，S. 319。

② 〔德〕康德：《道德形而上学原理》，苗力田译，上海人民出版社，1986，第103页；AA，Bd. Ⅳ，S. 449。

志立法的结果，所以遵守道德律就是自觉自愿的活动，也就是"道德自律"。与"自由意志"相联系，康德把"人格"（Person）作为"人"和"物"相区别的本质属性，这种普遍性的"人格"必须得到尊重，"在任何时候都同样看作是目的，永远不能只看作是手段"。① 由于这条"人是目的"的实践命令同样是普遍立法的原则，因此每个理性的存在者都应当遵循这条道德律，这就产生了一个由此所规范的道德与行为体系，也就是康德所设想的"目的王国"，在其中人的尊严和自由真正得以保证。康德继启蒙运动之后将人的理性能力和自由权利提升到前所未有的高度，人的主体性进一步彰显出来，成为现代性精神在哲学上的突出特征。

在政治上，随着资产阶级革命的兴起，"自由主义"成为西方现代历史上的主流思潮。这里的"自由"与哲学理念上的"自由"有所区别，其更侧重于政治和法律意义上的自由权利。启蒙运动提出"天赋人权"的口号，认为人们平等地享有政治主权、财产权和人身自由权，这种个人权利是生而具有、不可侵犯的，并且是不可让渡的，也就是说人的自由是"人格"这一概念本身所内在包含的。这一信念突出表现在1789年法国大革命时期所颁布的《人权宣言》中："第一条：在权利方面，人们生来是而且始终是自由平等的。只有在公共利用上面才显出社会上的差别。第二条：任何政治结合的目的都在于保存人的自然的和不可动摇的权利。这些权利就是自由、财产、安全及反抗压迫……第六条：法律对于所有的人，无论是施行保护或处罚都是一样的，在法律面前，所有的公民都是平等的。"② 在现代公民的诸种权利之中，"自由"作为最根本的权利处于核心地位。此外，自由主义还强调人格平等、机会公平、民主宪政等观念，尽管不同的自由主义者在"自由"与"平等"之间侧重不同，但他们对于个体人格的尊重及个人权利的捍卫是相同的。这种自由主义立场表现在不同方面：在经济上要求自由贸易和市场竞争，反对政府干预市场，提倡自由放任的经济政策；在政治上强调国家权力分立制衡，实行代议制并保证公民普遍地享有选举权，制定成文的宪法以及完备的法律体系，规定严格的行政司法程序和健全的监督机制等，

---

① 〔德〕康德：《道德形而上学原理》，第81页；AA，Bd. Ⅳ，S. 429。
② 《人权宣言》，载周一良等主编《世界通史资料选辑（近代部分）》上册，商务印书馆，1964，第48页。

其核心观念是通过制度保证权力运行过程中的"程序正义";在伦理上提倡一种功利主义的价值观念,以行为所产生的功利效果即个人幸福作为评判行为的标准,政治行为的正当性诉诸"最大多数人的最大幸福"。自由主义在西方现代性的历史上已经不仅仅局限于一种思潮,更加深刻地影响了西方社会的制度设计、文化传统和生活方式,将启蒙思想家对人的自由和主体性的理想落实于具体的社会生活之中。①

自由主义的核心是"个人主义"(individualism)。从政治上说,"个人主义"最大限度地保障个人权利如人身、财产、选举等权利,强调个人对于国家和社会的优先性,国家不得干涉、侵犯个人权利。"从哲学上说,个人主义意味着否认人本身与其他事物有内在的关系,即是说,个人主义否认个体主要由他(或她)与其他人的关系、与自然、历史抑或是神圣的造物主之间的关系所构成。"② 英国学者史蒂文·卢克斯将"个人主义"的基本观念分析为"个人尊严""自主""隐私"和"自我发展"四个方面,并指出这四者是"平等和自由思想中的基本要素",具体言之,"人的尊严或对人的尊重这一观念是平等思想的核心,而自主、隐私和自我发展则代表着自由的三个侧面"。③ 中国学者顾肃指出:"作为一种哲学,个人主义涉及一种价值体系,一种有关人性的理论,对某种政治、经济、社会和宗教体制的一种态度或信念。这种信念或价值体系可主要由三个命题来表述:所有价值观都是以人为中心的,也就是由人来体验的;个人是目的本身,具有最高的价值,社会只是个人目的的手段,而不是相反;在某种意义上说,所有的人在道德上都是平等的,这种平等性的表述正如康德所说,是任何人都不能被当作其他人福利的手段。"④ "个人主义"在哲学上起源于笛卡尔对"实体"所做的定义,在他看来,"实体"乃是无须凭借任何事物只需凭借自身就成为自己的东西。莱布尼茨的单子论主张每个单子各自独立、互相外在,多元的单子之间由上帝预定了和谐。从霍布斯、洛克到罗尔斯的"社会契约论"都预设了每个个体都具有判断和促进自身利益的能力,坚持一种原子式

---

① 参见顾肃《自由主义基本理念》,中央编译出版社,2003。
② 参见〔美〕大卫·格里芬编《后现代精神》,第4页。
③ 〔英〕史蒂文·卢克斯:《个人主义》,阎克文译,江苏人民出版社,2001,第115页。
④ 顾肃:《自由主义基本理念》,第20页。

的自我观和个人权利优先于社会的原则。尽管社群主义对这种个人主义观念进行了激烈的批评，但不可否认这种个人主义的思想是西方现代性的鲜明特点。

2. 世俗化带来"事实"与"价值"两个世界的分化

"现代性"是对中世纪的全面反叛，实现了由"神性"向"人性"的复归，这一过程伴随着神学世界观向科学世界观的转换、宗教禁欲主义向世俗生活的转变。随着革命运动的开展，教会的控制逐渐退出社会生活，世俗权力得到加强；随着启蒙运动的深入，人生价值不再寄托于来世救赎，而是在现世生活中寻求意义。正如列奥·施特劳斯所指出的，"现代性是一种世俗化了的圣经信仰，彼岸的圣经信仰已经彻底此岸化了。简单不过地说：不再希望天堂生活，而是凭借纯粹人类的手段在尘世上建立天堂"。① 这种宗教世俗化过程所带来的显著特征在于"事实世界"与"价值世界"之间产生了分化，这种分化表现在科学、哲学和社会生活诸方面。

首先，现代科学排斥了古希腊和中世纪的目的论自然观，代之以机械论和因果关联的解释模式。苏格拉底提出"美德即知识"的论断，昭示在古希腊人那里对知识的诉求与对德性和价值的追寻具有某种密不可分的联系，其中具有一种目的论的意蕴。在亚里士多德看来，物体运动、生物成长和宇宙构造都可以用目的因来加以解释。古希腊人的这种目的论的宇宙图式与基督教神学产生了思想共鸣，两者在中世纪被整合成一种神学目的论，这时的"科学"不仅是对自然现象的描述，而且主要是对造物主能力的证明。随着近代科学的兴起，这种目的论的自然观受到了挑战。最初，演绎推理的普遍有效性使数学（尤其是欧氏几何学）得以确立其基础地位；然后，随着天文学观测手段的进步，神学目的论的宇宙图式受到经验的质疑。培根提出归纳方法，初步确立了经验观察和因果联系的方法论原则；牛顿的经典物理学是"观察—假设—验证"这一科学发现模式的成功运用，确立了经验科学的基本方法和原则，彻底瓦解了神学目的论在科学上的统治地位，代之以对自然现象进行因果性

---

① 〔美〕列奥·施特劳斯：《现代性的三次浪潮》，丁耘译，载贺照田主编《西方现代性的曲折与展开：学术思想评论（第六辑）》，吉林人民出版社，2002年，第87页。

解释的客观规律的探求，进而形成了机械论的自然图景。① 这种新的自然解释模式强调在经验的范围里追溯事物的原因，通过经验归纳的方法获得关于事物普遍性的因果关系，强调知识的客观性和可证实性，而不再借助于某种神学或形而上学的概念进行解释。正如怀特海所指出的，"现代思想的新面貌，就是对于一般原则与无情而不以人意为转移的事实之间的关系发生了强烈的兴趣"。② 与现代性的理性主义特征相联系，科学自身也"合理化"地具有了独立的领域，将经验范围内的事实世界划定为科学的范围，以"价值中立"（value free）为普遍信奉的原则，该原则要求科学家在从事研究时避免情感、信仰等主观因素的介入，对研究对象及行为不做价值判断，以确保结论的客观性。同时，这种从自然哲学中退出的"目的论"观念并未绝迹，而仍旧保留于历史哲学之中，成为一种"历史的目的论"。

其次，这种事实世界与价值世界的划分在哲学上作为原则确定下来，在此基础上产生了一种"唯科学主义"思潮。休谟在研究道德问题时"大吃一惊地发现"：由以"是"或"不是"为联系词的事实命题不能推出以"应该"或"不应该"为联系词的价值命题。③ 他关于"是"（be）与"应当"（ought to）两类命题的区分，实质是在哲学上对"事实"与"价值"两个世界的划分。其后的经验主义者发展了休谟的这一思想，并将"事实"与"价值"的区分固定化为"休谟法则"。在一般意义上，"事实"与"价值"的区分不仅限于两类命题，而且更普遍地指两大领域：前者是能够被经验证实或证伪的领域，其对象具有客观性，可以通过"真"或"假"加以判断；后者是超越于经验之上的道德、审美、信仰或终极意义领域，关涉主体的意义和价值。实证主义创始人孔德继承了"休谟法则"，并以之作为"科学"与"形而上学"划界的原则，在他看来，"科学"以经验的可证实性为标志，而经验无法证实的价值问题被划入"形而上学"的范围。其后的实证主义者更加坚决地贯彻这种划界并且采取了拒斥形而上学的态度。逻辑实证主义者通过语言分析的方法，认为传统形而上学讨论的问题既不是先天的分析命题，也不是可

---

① 参见〔英〕丹皮尔《科学史及其与哲学和宗教的关系》，李珩译，商务印书馆，1975。
② 〔英〕怀特海：《科学与近代世界》，何钦译，商务印书馆，1989，第3页。
③ 〔英〕休谟：《人性论》下卷，关文运译，商务印书馆，1980，第509~510页。

以通过经验证实的综合命题，而完全是"一串空洞的无意义的废话"，是人们对语言的误用。维特根斯坦将人生问题排斥于科学和语言之外，"人生问题的解答在于这个问题的消除"，"对于不可说的东西我们必须保持沉默"①。

与自然科学的巨大进步和实证主义哲学相联系，在文化上产生了一种"唯科学主义"（Scientism）的意识形态，其主张科学的普遍性和万能作用，将自然科学的方法拓展到一切领域，尤其是对人的研究。拉·梅特里将人视为一架精巧的机器，人的生命、情感、意志等都被还原为物理和化学过程。② 爱尔维修提出"应当像建立实验物理学一样来建立一种道德学"，对于人而言，"快乐和痛苦永远是支配人的行动的唯一原则"。③ 在这种观念之下，人的一切行为都是出于趋乐避苦的功利算计，人成为一个纯粹世俗化的经验存在物，完全可以通过科学的方法进行定量研究和技术控制。威廉·配第的"政治算术"、亚当·斯密的"经济人"假设、边沁的苦乐计算公式无不是某种自然科学方法的人文移植。英国社会学家贝尔纳鲜明地指出，"认为人类单凭理性计算就可以解决一切问题的想法是十八世纪哲学的主导思想之一，它已远远地超出了科学思想的范围。科学第一次变成了一个重要的文化因素"。④ 这种"唯科学主义"的态度的极端表现就是"科学万能"和"科学崇拜"，因而成为现代性的典型症候，备受后现代主义的质疑和批判。

最后，宗教信仰的世俗化进程带来了社会生活的方方面面的转变，现代人的整个生活世界都被"工具合理性"所渗透。在韦伯看来世俗化就是"合理化"（德文 Rationalisierung，英文 rationalization）⑤，他称之为"世界的祛魅"（德文 Entzauberung der Weit，英文 disenchantment of the world），它是"这样的知识或信念：只要人们想知道，他任何时候就能够知道；从原则上说，再也没有什么神秘莫测、无法计算的力量在起作用，人们可以通过计算掌握一切。而这就意味着为世界祛魅。人们不必

---

① 〔奥〕维特根斯坦：《逻辑哲学论》，贺绍甲译，商务印书馆，1996，第 104～105 页。
② 〔法〕拉·梅特里：《人是机器》，顾寿观译，商务印书馆，1959，第 56 页。
③ 〔法〕爱尔维修：《论精神》，载北京大学哲学系外国哲学史教研室编译《十八世纪法国哲学》，商务印书馆，1965，第 430、497 页。
④ 〔英〕贝尔纳：《科学的社会功能》，陈体芳译，商务印书馆，1982，第 63 页。
⑤ 本文将英文 rationalization 译为"合理化"而不译为"理性化"，理由见下文脚注。

再像相信这种神秘力量存在的野蛮人那样，为了控制或祈求神灵而求助于魔法。技术和计算在发挥着这样的功效，而这比任何其他事情更明确地意味着理智化"。① 韦伯进一步描画了"合理化"的表现：在社会层面，表现为经济行为的可计算性和政治行为的制度化，比如资本主义企业的技术化的经营管理和国家机构中的科层制度；在文化层面，宗教神学的世界图景被世俗的、科学的世界观所取代，这一过程带来的结果是社会整合的权威类型的转变，即由领袖的个人魅力权威（"卡里斯玛"）转变为法理权威；在个人层面，伦理价值观的转变，由强调动机的信念伦理转变为注重后果的责任伦理，在基督教传统中，经宗教改革而产生的新教徒将禁欲主义入世精神和天职观转化为一种社会行动，成为资本主义发展的精神动源。

韦伯将合理性②的社会行动划分为"目的—工具合理性"（Zweckrationalität）与"价值合理性"（Wertrationalität）两种③：前者指能够以计算和预测后果为条件或手段来实现目的的行动，这种行动着重考虑手段对于达成特定目的的能力，至于这一目的所针对的终极价值是否符合人们的意愿则在所不论；后者是指主观相信行动具有先天的和排他的价值，而不顾后果如何、条件怎样都要完成的行动，这种行动所关注的核心问题在于行动本身是否符合绝对价值，主要涉及伦理、美学和宗教等领域。④ 韦伯有时也把以上两种合理性称为"形式合理性"和"实质合理

---

① 〔德〕马克斯·韦伯：《学术与政治》，冯克利译，生活·读书·新知三联书店，1998，第29页。

② 值得注意的是"理性"（reason，Vernunft）与"合理性"（rationality，Rationalität）的区分，韦伯使用的是后者。对于这一对概念，法国学者莫兰做出了区分："'理性'（raison）是一种建立在演算（在字源学上 ratio 意为演算）和逻辑学的基础上的认识方法，用以解决反映了一种形势或一种现象的特征的材料向精神提出的问题。而'合理性'（rationalité）是指建立起逻辑的和谐性（描述性的或解释性的）与经验实在之间的彼此相符。"（〔法〕埃德加·莫兰：《复杂思想：自觉的科学》，陈一壮译，北京大学出版社，2001，第120页。）简言之，"理性"侧重于一种与感觉、情绪相对的主观能力，而"合理性"侧重于合乎规则的客观性质。本文认同以上区分，并在尽可能严格的意义上使用这两个概念。

③ 参见〔德〕马克斯·韦伯《经济与社会》上卷，林荣远译，商务印书馆，1997，第56页以下。

④ 参见苏国勋《理性化及其限制——韦伯思想引论》，上海人民出版社，1988，第89页。

性"①，前者主要被归结为手段和程序的可计算性，属于事实领域，后者关涉目的和后果的价值，属于价值领域。韦伯指出，前现代社会建基于"实质合理性"之上，而现代资本主义社会的本质在于"形式合理性"，因此，近代西方社会"合理化"的过程实际上是"工具（形式）合理性"的扩张并排斥"实质（价值）合理性"的过程，广泛地表现于经济、政治、法律、科学及艺术各个方面。②

韦伯从社会学的视角揭示了"合理化"作为现代社会的"世俗化"的本质，美国后现代理论家大卫·格里芬进一步论述了"宗教世俗化"产生的后果，即三种"领域分离"：其一是政治与宗教相分离，其结果是政治以及相应的文化、教育等挣脱了教会的控制；其二是经济领域与政治领域相分离，其结果是经济具有了自主权，政府不能直接干预市场；其三是经济活动与传统道德观相分离，其结果是追求利益最大化的功利主义经济观取代了宗教义务的伦理学，成为主宰整个社会生活的主导价值观念。③ 现代社会合理化和世俗化的进程极大地改变了社会生活的面貌，尽管如此，世俗化的结果并没有消灭宗教，而是使宗教退出了政治和科学，不再控制着思想和文化领域，而成为"单纯理性范围内的宗教"。这种意义上的宗教作为一种文化传统和个人信仰在人们的精神生活中发挥作用，为现代人提供着价值关怀和伦理支持，这构成一种韦伯意义上的"价值合理性"，与现代社会占主导地位的"工具合理性"存在一种张力关系。

3. 进步观念与断裂意识

"现代"首先是一个表征时间的概念，"现代性"在最原初的意义上表达了一种线性的时间意识，这种意识将自身规定为一个不同于过去的新时代，因而体现出一种注重当下的精神气质。现代性的历史观由进步的话语所主导，历史被视为一个有规律、有目的并且不断上升的历程。与此相关，现代性将自身标志为新时代的开启者，主动与过去产生一种断裂感，具有一种乐观前进的信心和面向未来的勇气。

---

① 参见〔德〕马克斯·韦伯《经济与社会》上卷，第106页。
② 参见〔德〕马克斯·韦伯《新教伦理与资本主义精神》，于晓、陈维纲译，生活·读书·新知三联书店，1989，第4～10页。
③ 参见〔美〕大卫·格里芬编《后现代精神》，第14～15页。

　　基督教的历史观是悲观主义的，在其看来，人生来具有原罪，无法凭借自身获救，只有等待世界末日到来时上帝对人的审判和救赎。然而这种宗教末世论却内在地预设了一种目的论的历史解释模式，认定人类的历史有一个终点和归宿，由此赋予历史以确定的意义。卡尔·洛维特深刻地揭示了这种神学末世论与西方历史意识的思想关联："基督教西方的历史意识是由末世论的主题规定的。对作为'边界'（finis）和'目的'（telos）的一个最终终结的这一展望的意义在于，它提供了一个具有不断进步的秩序和意义、能够克服古代对'宿命'（fatum）和'命运'（fortuna）的畏惧的图式。'末世'（eschaton）赋予历史进程的不只是一个终点，它还通过一个确定的目标划分和完成了历史进程。末世论的思想能够克制时间的时间性；如果不通过一个终极目标富有意义地限制这种时间性，那么，它就会吞噬掉自己的创造物。"①

　　经过了启蒙运动，人们对理性的坚定信念颠覆了这种悲观主义的宗教末世论，而代之以乐观主义的历史进化论。科学的发展特别是达尔文的生物进化论进一步强化了这种观念，使之成为现代性精神的鲜明特征。然而，在思想根源上，这种进步主义的历史观沿袭了基督教传统解释历史的目的论模式，正如爱德华·希尔斯所指出的，"进步思想以一种世俗化的翻版接受了关于人类堕落以及通过上帝恩典加以救赎的思想传统；以后这个传统中又增加了人类精神日益向自我实现进化的思想。人类精神进化的思想逐渐变成了社会进化的思想，其目标是在更为完善的人类世俗生活中实现精神的潜力"。②

　　启蒙思想家们坚信，不论人类的征程多么曲折，但历史进步的车轮不可阻挡，理性必将战胜蒙昧，自由必然代替专制，盲目的自然力量和落后的社会势力终究会被彻底征服，他们信心十足地憧憬："人类精神在解脱了所有这些枷锁、摆脱了偶然性的王国以及人类进步之敌的王国以后，就迈着坚定的步伐在真理、德行和幸福的大道上前进。"③ 冯·赖特

---

① 〔德〕卡尔·洛维特：《世界历史与救赎历史——历史哲学的神学前提》，李秋零、田薇译，生活·读书·新知三联书店，2002，第24页。
② 〔美〕E. 希尔斯：《论传统》，傅铿、吕乐译，上海人民出版社，1991，第317页。
③ 〔法〕孔多塞：《人类精神进步史表纲要》，何兆武、何冰译，生活·读书·新知三联书店，1998，第204页。

将启蒙的这种乐观主义的进步信念称为"关于进步的现代神话"①。

在这种进步历史观指导之下，现代人总是以乐观的心态憧憬未来、以鄙夷的眼光审视过去，坚持一种"新/旧"的两分法并且将其与"好/坏"的价值评价相联系，因而在文化上自觉地与传统相割裂。根据哈贝马斯的考证，"现代"一词从公元 5 世纪开始就在内涵上有意识地强调古今之间的断裂，表达一种新的时间意识，具有"重新开始"的典型特征，因而必须要与过去的时代相断裂，"由于要打破一个一直延续到当下的传统，因此，现代精神必然就要贬低直接相关的前历史，并与之保持一段距离，以便自己为自己提供规范性的基础"。② 现代性的断裂意识使之与传统相对立，它不能从过去的历史中寻求基础，必须自力更生，从自身中为自己确立规范，唯一的权威就是诉诸理性，因此现代性是理性的自我确证。③ 从以上的分析可以看出，现代性的历史观念以主体性精神为基础，具有鲜明的理性主义特征。正是在这个意义上，黑格尔将正在到来的"新时代"（die neue Zeit）界定为"现代"（die moderne Zeit），他这样表述自己的时代体验："我们这个时代是一个新时期的降生和过渡的时代。人的精神已经跟他旧日的生活与观念世界决裂，正使旧日的一切葬入于过去而着手进行他的自我改造。"旧世界"突然为日出所中断，升起的太阳就如闪电般一下子建立起了新世界的形相"。④ 波德莱尔关于艺术现代性的界说也表达了同样的断裂性时代体验，"现代性就是过渡、短暂、偶然"⑤，注重此时此刻的瞬间性体验成为现代艺术的突出特征，用福柯的话说就是"把现在英雄化"的精神气质⑥。

尽管黑格尔和波德莱尔都体现了一种站在新时代起点上与过去断裂的倾向，但两者在精神实质上差别甚大，体现出了西方现代性两种历史

① 〔芬〕冯·赖特：《进步的神话》，陈波等译，载陈波编选《知识之树》，生活·读书·新知三联书店，2003，第 55 页。
② 〔德〕尤尔根·哈贝马斯：《后民族结构》，曹卫东译，上海人民出版社，2002，第 178 页。
③ 〔德〕于尔根·哈贝马斯：《现代性的哲学话语》，第 8 页。
④ 黑格尔：《精神现象学》上卷，贺麟、王玖兴译，商务印书馆，1979，第 7 页。
⑤ 〔法〕波德莱尔：《现代生活的画家》，载《波德莱尔美学论文选》，郭宏安译，人民文学出版社，1987，第 485 页。
⑥ 〔法〕福柯：《什么是启蒙?》，载汪晖等主编《文化与公共性》，第 431 页。

观的深刻对立。黑格尔代表了理性主义的历史观，他看到了新时代来临的巨大变化，但是并不因此彻底否认过去的一切，相反他通过过去把握现在，把现存的一切视为既往历史发展的必然结果，现在构成了对过去的辩证否定，因而现代在更高级的意义上保存了过去的一切。波德莱尔代表了浪漫主义的历史观，其断裂体验具有激进性和彻底性，现代主义美学主张个性张扬和标新立异，企图摆脱一切陈规的束缚。从尼采到激进的后现代主义者都秉承了这种浪漫主义气质，追求一种碎片化、平面化的生活方式；而哈贝马斯作为理性主义的思想后裔，批评这种"从浪漫精神衍生出来的、摆脱了所有特殊历史束缚的激进化的现代意识""在传统与现代之间造成了一种抽象的对立"①，他本人力图回归于一种辩证的态度重新审视现代性的时间意识。比较理性主义和浪漫主义这两种现代性传统，这种历史观念和处世态度的差异体现两者在"时间本体论"上更为深刻的对立：理性主义所理解的时间本体是连续性和同质性的，注重历史感，往往具有一种目的论或决定论的取向；而浪漫主义的时间意识强调时间本体的非连续性和异质性，注重瞬间性体验，反抗任何形式的决定论。形象地说，前者是一种"线性时间"，而后者是一种"点状时间"。理性主义和浪漫主义作为两种典型的现代性态度，在对待"传统"与"现代"关系的问题上表现出针锋相对的立场，这种分歧在东西方的现代化进程中都有所体现。

综上所述，主体性、世俗化和进步历史观构成了现代性在哲学上的主要特征。其中，对主体精神的高扬成为现代性精神的核心，而理性是主体性最为突出的特征，理性使主体获得自由和个体人格，并为世界祛魅，推动历史进步。总之，理性是现代性自我确证的基点。如果我们把"现代性"理解为福柯所讲的一种"态度"，那么可以说"现代性"就是用人的理性看待和处理一切事物的态度和精神气质。

三 "现代性"的普遍性与特殊性

"现代性"是在西方社会和文化的背景中产生的，上文对其概念和基本特征的理解也是依据西方语境展开的。然而，"现代性"自身所追

---

① 〔德〕尤尔根·哈贝马斯：《论现代性》，第10页。

求的精神理念是普遍性的，因此"现代性"不能仅仅局限于一种地方性价值，而必须被理解为关联整个人类的历史叙事。而就现代性的发展历程而言，具有一个由西方的"中心"辐射到全球的过程，产生于西方文化的现代性"原型"在全球化的进程中难以避免来自其他文化的审视与责难，必然要回答"现代性是普适的还是特异的""是唯一的还是多样的"问题。

启蒙时代的"现代性"观念具有同一性、普遍性和单维性的特征。一方面，基于对人类共同理性的信奉，这种起源于欧洲的现代性被视为对所有人类普遍有效的精神理念和生活方式，其本身具有内涵上的同一性和外延上的广泛性；另一方面，这种现代性观念仅仅着眼于从"时间"维度展开叙事，而空间维度及其相关的地域性、民族性和文化性等都未能进入现代性的问题视域之中。这种一元模式的现代性观念必然是普遍主义的，因为启蒙理性将普遍性作为自身的本质设定，并且具有消除差异的同质化的倾向；同时它也必然是西方中心主义的，因为这种西方的现代性是迄今为止的世界史上唯一原发的现代性形态，这决定了其典范性和优先性，而其余地域和文明则往往成为反面例证。黑格尔是这种一元现代性观念的典型代表，他认为世界历史的发展如同太阳的升落一样，从东方到西方的发展，因此"欧洲绝对地是历史的终点"①，只有欧洲（"日耳曼世界"）才具有"现代的精神"，在他看来如果存在着"西方现代性"这一概念，那么其完全可以涵盖"现代性"概念本身的所有内容。韦伯的理论无疑也支持着这种看法，他一方面揭示了西方基督教文明对现代性的促进因素，另一方面考察了西方以外的其他文明对现代性的阻碍因素，指出在儒家、印度教、犹太教以及伊斯兰教等文明中缺乏孕育现代性的内在机制，严重阻碍了这些社会现代化的发生。②这种根深蒂固的一元现代性观念一直延续到当代，如福山把"历史的终结"看作西方现代性的胜利，人类历史如同荒原上行进的不同马车，尽管有先有后，但只有单一的道路和唯一的目的地，这就是西方的自由民主制度及其意识形态。③

---

① 〔德〕黑格尔：《历史哲学》，王造时译，上海书店，2001，第106页。

② 参见〔德〕马克斯·韦伯《儒家与道教》，王容芬译，商务印书馆，1995。

③ 参见〔美〕弗朗西斯·福山《历史的终结及最后之人》，黄胜强、许铭原译，社会科学出版社，2003。

　　然而，伴随着民族历史向世界历史的演进，这种普遍主义的现代性观念受到挑战：首先是近代民族国家的兴起，北美和欧洲诸国各自的民族意识觉醒，地理意义上的"西方"成为文化上饱含张力的概念；其次是资本和市场的全球扩张以及世界殖民体系的建立，非西方地区被强行纳入以西方为中心的世界体系，随着这些地区经济政治地位的提高，不同的民族、语言、文化传统和宗教信仰等因素对单一维度的现代性观念产生了巨大冲击；最后是晚近兴起的后现代主义思潮对普遍理性和"中心/边缘"二元结构的解构，颠覆了启蒙以来基于本质主义和西方中心主义的现代性话语，倡导一种具有多元性、开放性和交互性的现代性观念。以上因素促使人们反思启蒙以来的一元现代性观念，质疑西方现代性的唯一性和普世性，解构这种话语的霸权和同质化倾向，在非西方社会和文化背景之下探寻新的现代性的可能性。

　　针对上述问题，以色列现代化理论家艾森斯塔特提出了"多元现代性"（multiple modernities）的观念，其包括三层含义："第一种含义是，现代性和西方化不是一回事；西方模式或现代性模式不是惟一的、'真正的'现代性，尽管相对其他现代图景而言，它们在历史上出现的时间在前并继续成为其他现代图景的至关重要的参照点。第二种含义是，这类多元现代性的成形，不仅在不同国家间的冲突上留下了烙印，因而需要将民族—国家和'社会'作为社会学分析的普通单位，而且在不同的纵贯全国的和跨国的领域打下了烙印。多元现代性概念的最后一层含义是认识到这类现代性不是'固定不变'的，而是不断变化的。"①"多元现代性"概念首先突破了将"现代性"置于时间单一维度的理解框架，并将这一概念的真理性和普遍性与其最初生发的历史经验剥离开来，否定了"现代化等于西方化"的公式；其次将"现代性"在不同社会和文化语境中予以重新审视，扬弃了对于这一概念的普遍主义、本质主义界定；复次突出"现代性"在时间上和空间上所呈现的多元性特征，特别关注不同民族国家、宗教传统的差异；最后，"西方现代性"基于历史和现实上的优先地位，成为考察现代性问题的一个基本参照点。

----

① 〔以〕S. N. 艾森斯塔特：《反思现代性》，旷新年、王爱松译，生活·读书·新知三联书店，2006，第412页。

美籍华裔学者杜维明也探讨了"多元现代性"的概念。他指出不同文化实体内存在的"原初联系"形成防御性的文化认同，与现代化所带来的同质化趋势形成巨大的张力。在描述的意义上，他列举了导致现代世界多元化的七种"原初联系"：族群、语言、性别、地域、年龄、阶级和宗教，这些因素日益突出，是当代世界矛盾冲突的主要原因。① 他援引雅斯贝尔斯的"轴心时代"理论借以说明人类文明起源的多元性，轴心时代产生的各个文明经两三千年的发展成为人类文化的主要精神传统，在现代社会依然具有强大的生命力，而现代性的全球开展必须尊重这种根源上的文化多元性。而"新轴心时代"的构想建立于不同文明之间进行对话的基础上，超越了西方中心主义的一元观及启蒙心态。作为现代新儒家的海外传人，杜维明着重阐发儒家传统的现代意义，参与文明对话和多元现代性的建构。

在后现代思潮的影响下，"后殖民主义"日渐兴起，这一思潮力图解构殖民时代所形成的"西方/东方""中心/边缘"的二元话语结构，批判全球化时代西方对非西方的文化侵略和话语霸权，要求重建非西方文化的身份认同，呼唤平等对话的文化交往新秩序。在现代性的问题上，以爱德华·萨义德、霍米·芭芭等为代表的后殖民理论家将以往欧洲中心主义话语中的文化间关系由历时态置换为共时态，由一元性改写为差异性，探索非西方社会基于多元文化之间相互"混杂"（hybridity）与"商讨"（negotiation）所塑造的现代性的可能形态。②

加拿大哲学家查尔斯·泰勒从现代性的文化维度探讨了"多元现代性"的规范意涵。泰勒区分了两种现代性理论，一种是文化的（cultural），另一种是非文化的（acultural）。"非文化的现代性理论"从某种文化上中立的角度出发来描绘产生于西方的那些被称作现代性的变化，并把这些变化看作任何文化都可能经历或被迫经历的过程。这种观点的典型是把现代化当作合理化。根据这种观点，"任何文化都可能受到日益增长的科学意识的冲击，任何宗教都可能经历世俗化，任何一套终极目标系统都可能因工具性思维的发展而受到挑战，任何形而上学都可能由于

---

① 〔美〕杜维明《东亚价值与多元现代性》，中国社会科学出版社，2001，第 96～98 页。
② 参见〔美〕霍米·芭芭《献身理论》，马海良译，载罗钢、刘象愚主编《后殖民主义文化理论》，中国社会科学出版社，1999，第 196～201 页。

事实与价值的分裂而出现紊乱"。而所谓"文化的现代性理论",则把西方社会发生的转型理解为一种新文化的兴起,把现代性的成就与西方文化联系起来,将其视为某种特定文化的产物,因此非西方社会基于不同的文化背景都会对现代性的结果产生不可忽视的影响,那么就很自然会出现种种不同于西方现代性的现代性形态,泰勒把这些现代性称为"另类现代性"(alternative modernities)。① 他指出以往西方的各种现代性理论,从韦伯到哈贝马斯都不外是"非文化的",其背后隐含了一种"种族中心主义"和"启蒙整体观谬误"。泰勒的"多元现代性"思想所关心的核心问题在于"非西方的其他文化能否以其各自的方式成为现代的",为现代性理论补充了不可或缺的文化维度。另外,泰勒指出了这种"文化多元主义"观念可能带来的弊端:在文化平等的旗号下拒斥文化自身的进步和文化之间的交往,以保存文化的名义行使暴政,无视文化成员的自由权利和民主要求,甚至为种族中心主义和原教旨主义张目。鉴于此,与文化多元主义者所强调的特殊主义的"认同的政治"(politics of identity) 有所区别,泰勒倡导一种普遍主义的"承认的政治"(politics of recognition),在这里,"认同"一词表示一个人对于他是谁及其作为人的本质特征的理解,而"承认"一词强调了我们的认同一部分是由他人的承认构成的,如果得不到他人的承认或者只是得到他人扭曲的承认都会影响我们自身的认同,因此,"我们总是在同某种东西的对话(有时候是同它的斗争)中建构我们的认同的,这种东西是有意义的他者(significant others)希望在我们身上看到的"。② 因此,他把不同文化具有平等价值作为一个假设或逻辑起点,而并非实质性的判断,强调"承认的政治"是在公共交往的前提下进行的,倡导多元文化之间的对话和互动。

综合以上诸种关于"多元现代性"的理论,其共同的特点在于:一方面承认现代性理念的普遍适用性,同时将现代性的规范内涵与西方文化的特殊语境区分开来,使之成为多元文化参与对话的产物;另一方面

① 〔加〕查尔斯·泰勒:《两种现代性理论》,吴志杰译,载周宪主编《文化现代性精粹读本》,中国人民大学出版社,2006,第 128~133 页。

② 〔加〕查尔斯·泰勒:《承认的政治》,董之林、陈燕谷译,载汪晖等主编《文化与公共性》,第 297 页。

凸显现代性实践的文化特殊性，强调某一特定的文化单位所实现的现代性必然与其民族性格与文化传统密不可分，而西方文化作为"重要的他者"也参与到本土现代性的建构之中，既是借鉴的资源，也是反思的对象。

"多元现代性"理论的核心在于如何处理"现代性"这一概念本身的普遍性与特殊性之间的关系。对于这一问题，本书的基本立场如下。首先，"现代性"的普遍性不能从西方现代性一枝独秀的现实来论断，而必须回到现代性哲学的核心理念所蕴含的普遍性来考察，现代性所高扬的"理性""自由""进步""解放"等理念不仅是西方文化的精华，而且是人类自身所追求的精神理想，因此现代性基本理念具有超越于特定文化之上的普遍内涵。其次，"现代性"的特殊性也不能仅仅从文化传统的差异来理解，特定的文化传统不能成为抗拒现代性的理由，而应当在深入考察西方现代性的成就与问题的基础上，从其他文化系统中挖掘可能的思想资源以克服西方现代性的弊病，在理想的层面成就一种更高水平上的现代性形态，由于可资借鉴的资源的多样性，这种理想的现代性形态不是唯一的，而是多元的；不是独尊的、排他的，而是相互对话、彼此开放的。同时，在现实的层面，应当探索中国文化传统与现代性的接榫之处，将西方现代性作为平等对话、双向参照的"他者"，在"多元现代性"的背景之下凸显现代性在中国文化语境中的自主言说方式。

第二节　"现代性"的西方典范

基于上文的探讨，本书将"现代性"与"西方现代性"作为两个概念区分开来，将二者视为"共相"与"殊相"的关系。由于"西方现代性"作为现代性这一人类普遍共相唯一获得现实性的形态，具有典范（paradigm）的意义，本节简略地勾勒西方现代性的发展轨迹及其内在问题，以期更深入地理解"现代性"本身。

一　西方现代性的发生和发展

1. 西方文化传统与现代性的发生和开展

尽管现代性标榜与过去相断裂，然而一旦追问现代性何以在西方首先发生的问题，就不得不回溯到西方文化的传统。正如美国社会学家希尔斯所说，任何个人和社会都无法跳出"过去的掌心"①，西方现代性也不例外。

　　一般认为，西方文化起源于"双希"传统，即希腊文明（Hellenism）和希伯来文明（Hebraism）。英国批评家阿诺德将西方文明看成两种力量共同作用的产物：希腊精神为其注入了趋向思想的理性和智慧，希伯来精神为其注入了趋向行动的活力和热忱。在他看来，两种文明的基本精神尽管有相通之处，但在一些重要的方面是彼此对立互补的：希腊精神关心知识，而希伯来精神关心实践；希腊精神的最高观念是"如实看清事物之本相"，而希伯来人认为"训诫和服从"高于一切；希腊人的支配性观念乃是"意识的自发性"，而希伯来人强调"良知的严格性"。② 美国学者巴雷特继承了阿诺德关于"双希"精神的概括，在对两者进行比较的基础上更加直接地指出：希腊人缔造了西方人的科学和哲学，希伯来人创立了西方人的宗教。③ 在这个意义上，我们不能脱离"双希"文明的源头来理解西方文化的特质，同时也不能忽略由两者之间的差异所形成的西方文化的内在张力。理性与信仰之间、作为万物尺度的人与作为蒙神眷顾的人之间存在不可消弭的矛盾，西方现代性在产生之初采取了理性反对信仰的形式，力图扩张主体性以克服有限性，然而随着现代性的开展，双方的矛盾不仅依然存在，而且演变成更为深刻的对立，因此西方现代性的内在问题也应当从这一对立中得以考察。

　　西方现代性的发生植根于轴心时代的"双希"文化传统之中，其开展与近 600 年来的西方历史经验相结合，因此西方现代性不能脱离其具体的历史语境和特定的民族精神来理解。概括而言，西方近代历史的以下几个历史事件可以作为西方现代性发展的界标。

　　第一，"文艺复兴"作为西方现代性的开端，为其注入了人文主义的内涵。瑞士史学家布克哈特指出，14 世纪兴起于意大利的文艺复兴运动粉碎了中世纪的精神枷锁，重新发现了外部自然和丰满完整的人性，

---

① 参见〔美〕E. 希尔斯《论传统》，第 60 页。

② 参见〔英〕马修·阿诺德《文化与无政府状态》，韩敏中译，生活·读书·新知三联书店，2002，第 110 ~ 113 页。

③ 〔美〕威廉·巴雷特：《非理性的人》，段德智译，上海译文出版社，1992，第 75 页。

开启了西方人文主义传统，而个人主义是这种人文主义世界观的基础，文艺复兴整体上是个人主义的经典展示。一方面，外部自然"洗刷掉罪恶的污染，摆脱了一切恶魔势力的羁绊"①，成为人类认知、改造和审美的对象；另一方面，肉体生命也从禁欲主义的压抑下解放出来，成为独立自足的感性个体，从事于科学和艺术的创造。

第二，"地理大发现"拓展了西方现代性的空间范围，为其由一种"地方经验"转变为"全球规则"奠定了基础。15 世纪新航路的开辟一方面突破了文明发展的地理局限，促进了人类文明的世界性联系，开启了现代性的"世界历史"进程；另一方面为西方现代性的发展开拓了广阔的空间场域，同时赋予了西方现代性一种探索征服未知世界的意志冲动和勇于冒险、外向扩张的民族性格。马克思和恩格斯曾深刻地揭示了这种资本主义的全球扩张带来的"民族历史"向"世界历史"的转变：随着世界市场的开拓，物质和精神的生产消费都成为世界性的，民族的片面性和局限性日益成为不可能，西方现代性所产生的全球效应"使未开化和半开化的国家从属于文明的国家，使农民的民族从属于资产阶级的民族，使东方从属于西方"。②

第三，"宗教改革"实现了精神信仰领域的深刻变革，宗教精神的世俗转型赋予西方现代性以新的合理性内涵。黑格尔将 16 世纪的宗教改革看作"跟着黎明的曙光升起来的光耀万物的太阳"，标志着中世纪的漫长黑夜的结束。③ 在路德的新教那里，个人无须中介地同上帝交流，个人内心虔诚地信仰上帝，等待恩典和救赎，因而教会对人身的控制和神权等级制度瓦解了，这一变革就是宗教精神世俗化的过程。韦伯从"宗教冲动力"的角度揭示了世俗化的新教伦理如节俭、勤奋、天职等观念对资本主义的推动作用，④ 而桑巴特从"经济冲动力"的角度揭示了世俗化带来的功利追求和感官享乐对资本主义产生的促进作用，⑤ 丹

---

① 〔瑞士〕雅各布·布克哈特：《意大利文艺复兴时期的文化》，何新译，商务印书馆，1979，第 293 页。
② 〔德〕马克思、恩格斯：《共产党宣言》，载《马克思恩格斯选集》第 1 卷，人民出版社，1995，第 276～277 页。
③ 〔德〕黑格尔：《历史哲学》，第 407 页。
④ 参见〔德〕马克斯·韦伯《新教伦理与资本主义精神》。
⑤ 参见〔德〕维尔纳·桑巴特《奢侈与自由主义》，王燕平等译，上海人民出版社，2000。

尼尔·贝尔将两者的研究结合起来,指出资本主义有着双重的起源:"从一开始,禁欲苦行和贪婪攫取这一对冲动力就被锁合在一起。前者代表了资产阶级精打细算的谨慎持家精神;后者是体现在经济和技术领域的那种浮士德式骚动激情,它声称'边疆没有边际',以彻底改造自然为己任。这两种原始冲动的交织混合形成了现代理性观念。"① 西方现代性在宗教世俗化所产生的两种冲动力共同作用下向前发展,由于两者之间存在的张力,也带来一系列西方现代性自身难以克服的问题。

第四,"资产阶级政治革命"与"工业革命"的开展确立了西方现代性在政治和经济上的地位,极大地改变了人们的生活方式和世界的面貌。吉登斯认为现代性带来了西方社会的剧烈变迁,"这些变迁的核心就是 18 和 19 世纪欧洲发生的'两次大革命'"②,即法国的政治革命和英国的工业革命。资产阶级政治革命要求确立民主政治的基本原则,将现代性从旧制度中解放出来,法国大革命是其最彻底的形式,它高举"自由、平等、博爱"的旗帜,通过革命的方式使主体自由原则由观念形态转化为国家和法律的政治形态。以英国为主导的工业革命实现了由"人的依赖关系"到"以物的依赖性为基础的人的独立性"的转变③,不仅标志着人与自然之间"对象性"关系的产生,而且为这种"对象化"提供了强大的技术支持。经过"两次大革命",西方现代性的基本形态得以确立:在经济上表现为商品经济为基础的社会化大生产,在政治上表现为宪法基础上的民主政治,在社会生活上表现为追求效率、利益和遵守法律,在价值观念上表现为功利主义和个人主义原则。

第五,"启蒙运动"完成了西方现代性在思想层面的自我确证,标志着西方现代性在文化上的最终确立。这里,"启蒙"不仅指 18 世纪发生于法国的思想运动,而且更广泛地指 17 ~ 18 世纪欧洲思想史上一次影响深远的文化运动。正如"启蒙"(Enlightenment)一词的本义"照亮"所昭示的,这种运动的主旨就是用理性的光芒照亮整个世界。康德把启

---

① 〔美〕丹尼尔·贝尔:《资本主义文化矛盾》,赵一凡等译,生活·读书·新知三联书店,1989,第 29 页。

② Anthony Giddens, *Sociology: A Brief but Critical Introduction*. London: Macmillan Education Ltd. 1982, p. 46.

③ 参见马克思《政治经济学批判:1857—1858 年手稿》,载《马克思恩格斯全集》第 30 卷,人民出版社,1995,第 107 ~ 108 页。

蒙运动定义为"人类脱离自己所加之于自己的不成熟状态",所谓"不成熟状态"就是指一种蒙昧和束缚的状态,即不经别人的引导就无法运用自己的理性,而启蒙的口号就是:"要有勇气运用你自己的理智!"要达到这一目标的条件就是"在一切事情上都有公开运用自己理性的自由"。① 启蒙不是一个事件,而是一个时代,即"真正的批判时代",一切都必须经受理性法庭"自由而公开的检验",而以往凭借神圣性和权威确立的东西必然激起理性的怀疑和批判。② 在康德看来,启蒙实现了思想方式的深刻变革,首先是强调理性的公共性和批判权利,其次是对理性和知识进步的信念,再次是按照人的尊严看待人③。康德在《什么是启蒙?》一文中的论述揭示了启蒙时代鲜明的理性主义、乐观主义和人本主义特征,因而福柯将该文称为"现代性态度的纲领"④。卡西尔分析了启蒙时代的思想家对理性的信仰,"18 世纪浸染着一种关于理性的统一性和不变性的信仰。理性在一切思维主体、一切民族、一切时代和一切文化中都是同样的。宗教信条、道德格言和道德信念,理论见解和判断,是可变的,但从这种可变性中却能够抽取出一种坚实的、持久的因素,这种因素本身是永恒的,它的这种同一性和永恒性表现出理性的真正本质"。⑤ 在启蒙运动的普遍理性观念支配下,西方现代性与其发生发展的历史文化传统分离开来,抽象化为人类普遍的思想行为方式和世界历史的终极目的。

综上所述,14 世纪以来的西方历史是现代性的孕育、产生和发展的历史,也是西方社会在经济上、政治上和文化上全面现代化的历史。思想层面的启蒙运动标志着"西方现代性"作为人类文化的时代精神典范的最终确立,这一典范具有前所未有的时空影响力,在一定程度上成为人类文明前进方向的主导力量。

---

① 〔德〕康德:《历史理性批判文集》,何兆武译,商务印书馆,1990,第 22、24 页;AA,Bd. Ⅷ,S. 35。
② 参见〔德〕康德《纯粹理性批判》第一版序,邓晓芒译,人民出版社,2004,第 3 页;AA,Bd. Ⅳ,S. 9。
③ 参见〔德〕康德《历史理性批判文集》,第 24、27、31 页;AA,Bd. Ⅷ,S. 35、36、42。
④ 〔法〕福柯:《什么是启蒙?》,载汪晖等主编《文化与公共性》,第 429 页。
⑤ 〔德〕恩斯特·卡西尔:《启蒙哲学》,第 4 页。

2. 西方现代性的两大传统

如前所述，西方现代性的总体特征是理性主义（rationalism）[1]，而具体考察其内部构成，可以发现其并非无差别的单纯，而包含了具有张力的两大传统：理想主义（idealism）传统与经验主义（empiricism）传统。这两个传统的差异不仅仅限于认识论领域，而且广泛地表现在制度安排、思想观念和处世方式等各个方面。

这两大传统在西方思想史上源远流长，可以分别追溯到柏拉图和亚里士多德。柏拉图的"理念"（idea）既是"理想主义"（idealism，亦译"唯心论"）的词源，也是这一传统的开创者，他强调理念的超验性质而否认经验世界的实在性。亚里士多德在批判乃师的理念论的基础上提出了关于本体的学说，认为作为事物本质的"形式"并非脱离个别事物而存在，个别的对象或个体存在物才是真正的实体，因而他重视对经验事实的观察和自然科学的研究，尽管亚里士多德的思想包含许多矛盾之处，但这并不妨碍他成为西方哲学中经验主义传统的开启者。德国希腊哲学专家策勒尔精辟地论述了两位哲学巨人的根本差别："柏拉图对于从理念下降到现象世界中的个别事物很少兴趣，对他来说只有纯粹的理念才是哲学知识的唯一本质对象。亚里士多德承认科学知识必然是有关事物的普遍本质，但是他不停留在这一点上，他认为从普遍推演到个别乃是哲学特有的任务；而科学却从一般不确定的东西开始，但又必须进入确定的东西。它必须解释材料，揭示现象，所以它不能忽略任何东西。"[2]

中世纪的经院哲学中的实在论与唯名论分别继承了这两大传统，实在论者强调共相实在性，如安瑟伦站在柏拉图的极端实在论立场上，认为共相不仅作为一般概念存在于我们的思维中，而且是先于个别事物并脱离个别事物独立存在的实体；而唯名论者肯定个别事物的实在性，而认为共相仅仅是一个名称，如极端唯名论者罗色林继承了亚里士多德《范畴篇》的思想，将共相视为一个语词，甚至只是其物质载体即发出

---

[1] 这里的"理性主义"一词是在广义上的使用，与"浪漫主义"（romanticism）相对："一般而言，理性主义指诉诸人类理性能力和理性原则的一切理论和实践，它与强调宗教信仰、道德情感和情绪以及其他非理性成分的见解相对立。"参见尼古拉斯·布宁、余纪元编《西方哲学英汉对照词典》，人民出版社，2001，第 853 页。

[2] 转引自汪子嵩等主编《希腊哲学史》第 3 卷，人民出版社，2003，第 80~81 页。

这个语词的声音。尽管经院哲学主要是为了神学的论证,但其作为西方哲学发展史上承前启后的阶段,将起源于古希腊的理想主义传统和经验主义传统继承下来并做了深入的探讨,对塑造西方现代性起了不容忽视的作用。①

　　西方近代哲学的发展使这两大传统及其差异更加突出地表现出来。首先,两者的对立最鲜明地表现在认识论领域,以笛卡尔、斯宾诺莎、莱布尼茨等为代表的大陆唯理派②和以洛克、贝克莱、休谟等为代表的英国经验派围绕着知识的本性和如何获得知识的问题展开:对于人类知识的根源问题,唯理派诉诸理性思维,经验派诉诸感觉经验;对于主体的认识能力,唯理派认为人具有天赋观念,而经验派认为人的心灵不过是一块有待书写的白板;对于获得普遍必然知识的方法和途径,唯理派诉诸自明原则和演绎法,而经验派诉诸证实原则和归纳法;对于真理的认定,唯理派强调观念的清楚明白和思维的逻辑一贯,而经验派强调知识与经验对象相符合。其次,在政治哲学领域,理想主义传统与经验主义传统之间也存在分歧,表现为罗尔斯所讲的以德法"与卢梭相联系的传统"和英美"与洛克相联系的传统"之间的差异③:在自由观上,前者强调伯林所讲的"积极自由",即"去做某事的自由"(free to),而后者强调"消极自由",即"免于某种限制的自由"(free from)④;在民主观上,前者重视社会公平和人民主权,后者重视法制规则和个人权利;在社会改造的方式上,前者主张诉诸暴力的激进革命,后者主张和平稳健的渐进改良;在法律制度上,形成了尊重系统法典的大陆法系与尊重判例的英美法系两大法律传统。

　　概括言之,西方现代性两大传统的根本差异在于:理想主义强调超验的"理想"对现实世界的引导和建构作用,这种"理想"既可能是某种完美的政治制度或道德秩序,也可能是某种本体论理念或宇宙图式;经验主义强调经验对于观念世界的基础地位,感觉经验和现实世界具有内容确定性和逻辑优先性。在对人的理解上,理想主义侧重于人作为类

---

① 参见赵敦华《基督教哲学 1500 年》第 5 章,人民出版社,1994。
② 这里的"唯理派"(rationalism)是取"理性"概念的狭义,认识论意义上的哲学派别。
③ 参见〔美〕约翰·罗尔斯《政治自由主义》,万俊人译,译林出版社,2000,第 4 页。
④ 参见〔英〕以赛亚·伯林《自由论》,胡传胜译,译林出版社,2003,第 189~203 页。

存在所禀赋的普遍人性，而经验主义侧重于人的个体存在及其权利诉求。理想主义者对于人类理性能力怀着充分的信心，力图通过逻辑化的理论体系表达对某种应然秩序的向往；而经验主义者往往表现出对理性有限性的体察及对人可能犯错的警惕，更加务实而不尚玄虚。就地理范围而言，一般认为以德法为中心的欧洲大陆代表了理想主义传统，而英美是经验主义传统的代表。这两种现代性传统的形成与欧洲大陆和英美自身的历史进程密切联系，其在思想观念、制度安排、精神气质等方面所表现出来的差异也反映了民族性格和文化传统的差异，这正从一个侧面印证了查尔斯·泰勒所强调的现代性的文化维度。以上两大传统在西方历史进程中形成了一种张力结构，在这种结构中两者通过彼此消长和相互作用共同塑造了西方现代性的基本面貌，构成了其存在和发展缺一不可的两大支柱。因此，对西方现代性的全面理解和深入探讨不能割裂这两大传统而脱离其中任何一方。

3. 现代性谱系中的康德黑格尔哲学

在西方现代性的哲学话语谱系中，以康德和黑格尔为代表的德国古典哲学占据着特殊的地位。从时间上看，康德、黑格尔生活于启蒙运动充分开展的 18～19 世纪，西方现代性在各方面都已初具规模，同时其内在问题也开始萌芽，时代呼唤着思想上的理论综合和体系建构。就哲学史来看，作为经验主义逻辑归结的休谟哲学导致了对知识确定性和理性能力的怀疑，为了捍卫作为现代性核心理念的"理性"，必须重建主体性哲学和形而上学体系。通过康德、黑格尔等哲学巨人的努力，西方现代性在哲学上得以完成，此后的西方哲学在他们所揭示的现代性哲学问题上继续前进，无论继承者还是反对者都不能否认康德、黑格尔哲学的里程碑地位。

毋庸置疑，康德、黑格尔代表的德国古典哲学属于西方现代性的理想主义传统。首先，尽管康德在认识论上具有综合唯理论和经验论的倾向，但是他对人类理性（包括理论理性和实践理性）的能力表现出了坚定的信念，着力建构了一个在先验主体性基础上统一真善美的哲学体系；黑格尔更是将理性推至其极，以合乎理性的概念形式作为一切事物的现实性标准，构筑了一个无所不包的概念大厦，一切存在物都被纳入绝对理性的辩证法中得以秩序化。其次，在对自由的理解上，康德强调人具有先天的自由意志，其遵从于理性的普遍必然法则，自由在道德上表现为自律、在政治上表现为个体权利的协调一致；黑格尔同样将自由视为意志的根本规定，并且将意志自由扩展到整个客观精神领域，更加强调自由的实践品格及其观念现实化的过程。在康德、黑格尔那里，真正的自由是包含着必然性和普遍性的具体概念，其内在结构是一个超验的理性主体对欲望冲动的支配和控制，这种自由观设定了一个完善的自我理想作为人的普遍本质，在表达成为自己主人的同时取消了自我的个体性和经验性，这在伯林看来是一种最为典型的"积极自由"观念。① 再次，在政治哲学方面，康德将义务论的道德原则推广为政治的一般原则，强调国家和法律必须建立在先验理性的基础上，社会契约的达成来自道德目的而并非基于个人对功利和幸福的追求；黑格尔更加鲜明地反对社会契约论，强调国家建立在自由意志的神圣性基础之上，是绝对理念的客观体现。最后，在历史观方面，康德、黑格尔都主张一种历史目的论，将人类整体活动理解为某种理性目的的实现，并且设计了人类历史发展的理想目标，即自由的完全实现和人类社会的永久和平。以上诸方面都体现了德国古典哲学所具有的典型的超验性和理想性特征，因此可以说，康德、黑格尔哲学达到了西方现代性理想主义传统的最高峰。

康德认为自己的哲学解决了以下三个问题：（1）"我能够知道什么"由形而上学回答；（2）"我应当做什么"由伦理学回答；（3）"我可以希望什么"由宗教回答。这三个问题又归结为"人是什么"的问题，由人类学回答。② 贯穿康德整个哲学思考的核心问题就是人性问题，相应于人的认识、情感和意志而为真、善、美诸价值进行现代性的奠基，通过理性批判的方式重建理论活动和实践活动的形而上学基础。康德哲学体现了最为彻底的现代主体性原则，实现了理性观念由实体理性向批判理性的转变，一切知识的有效性必须接受批判理性的审视。康德所面对的时代课题是现代性所带来的事实与价值的对峙关系，即由牛顿创立的经

---

① 参见〔英〕以赛亚·伯林：《自由论》，第 201 页。

② 〔德〕康德：《纯粹理性批判》，A805－B833，第 612 页。另见康德《逻辑学讲义》，许景行译，商务印书馆，1991，第 15 页；AA，Bd. IX，S. 25。康德：《致司徒林》（1793年 5 月 4 日），《康德书信百封》，李秋零编译，上海人民出版社，1992，第 200 页；AA，Bd. XI，S. 429。

典物理学与卢梭所表达的道德良心之间的紧张，前者意味着自然因果律和决定论，后者意味着意志自由和人的主体性，康德将这一对立表述为"自然与自由的二律背反"。康德解决这一背反的方式是通过现象和物自身两个世界的划分，前者是经验的范围和知识的对象，后者超出了经验的界限，只能由理性的实践运用所开启；对应于这种区分有了两种因果性，自然因果性对应于理论理性，自由因果性对应于实践理性。① 康德通过现象界与本体界、理论理性与实践理性的两分在形式上解决了自然与自由的二律背反。

"黑格尔不是第一位现代性哲学家，但他是第一位意识到现代性问题的哲学家。他的理论第一次用概念把现代性、时间意识和合理性之间的格局凸显出来。"② 哈贝马斯指出，黑格尔清楚地意识到新的时代的来临，同时深刻地揭示了现代性所带来的生活世界的分裂，并力图从主体性哲学出发克服这种分裂。③ 尽管黑格尔的努力并未成功，但他把现代性哲学的理性主义原则发挥到极致，赋予整个世界及其历史进程一种总体性结构，同时也把现代性哲学的内在问题和理论困境清晰地展现出来。黑格尔哲学标志着启蒙的终结，理性通过绝对化而自我膨胀为上帝的替代物，重新扮演了启蒙思想家所批判的权威和命运的角色，使基于启蒙理性的现代性哲学处于无法克服的困境之中。黑格尔之后的西方哲学家力图从理性主义和主体性哲学中走出来，通过各种方式对启蒙的辩证法进行批判和超越，预示着一个新的哲学时代即将来临。

二　西方现代性的问题及其批判

1. 西方现代性的内在悖论

如上所述，西方现代性在五六个世纪的发展中取得了辉煌的成就，极大地改变了西方社会甚至整个世界的面貌。然而，在这些成就背后，隐藏着深刻的问题与悖论。随着西方现代性的深入发展，这些问题逐渐浮现出来并日益严重，成为西方社会与文化必须严肃面对的时代症结。

① 参见〔德〕康德《纯粹理性批判》A533/541－B561/569，第433～439页；康德《实践理性批判》，邓晓芒译，人民出版社，2003，第16～17页；AA，Bd. Ⅴ，S.15。

② 〔德〕于尔根·哈贝马斯：《现代性的哲学话语》，第51页。

③ 〔德〕于尔根·哈贝马斯：《现代性的哲学话语》，第24～26页。

查尔斯·泰勒深刻揭示了西方现代性的三大隐忧：（1）个人主义的片面发展所带来的意义丧失、道德褪色和认同危机；（2）工具合理性猖獗导致的技术支配、生活世界的狭隘化和平庸化；（3）所谓"温和的专制主义"带来的自由的丧失。① 本来，"个人主义""理性"和"自由"是西方现代性的核心理念，也是启蒙借以战胜蒙昧的重要武器，但是西方现代性的自身逻辑导致了三种无法克服的悖论。

第一，"个人主义悖论"。泰勒区分了两种意义的"个人主义"："作为道德原则或理想的个人主义"与"反常和破裂的个人主义"，前者又被称为"自我的本真性"（authenticity），是一种自我做主和自我负责的道德理想，后者是一种自我中心而对共同体和他人漠不关心的态度。泰勒对后一种个人主义进行了深刻的批判，指出其将自我之外的社会和他人视为纯粹工具性的，使生活缺失了深度和意义，进而导致了社会原子主义、自恋主义文化、道德主观主义和相对主义等消极后果，这种个人主义的极端表现为一种"激进的人类中心论"，忽视一切来自历史、传统、社会、自然以至上帝的要求。② 丹尼尔·贝尔更为鲜明地揭示了极端个人主义所导致的文化虚无主义和信仰危机："现代主义的真正问题是信仰问题。用不时兴的语言来说，它就是一种精神危机，因为这种新生的稳定意识本身充满了空幻，而旧的信念又不复存在了。如此局势将我们带回到虚无。由于既无过去又无将来，我们正面临一片空白。"③ 自文艺复兴以来，西方现代性以追求个性独立、反抗权威为宗旨，并将个人主义理念贯彻政治制度、社会生活和文学艺术等各个领域，然而悖论之处在于这种个性的张扬和自我的中心化导致了整体性的精神空场和意义失落，普遍的功利取向使人与人之间变得冷漠世故，启蒙本身所蕴含的道德理想被市场逻辑和平庸化的社会所瓦解。

第二，"合理性悖论"。韦伯揭示了现代性发展的两重合理性内涵：工具合理性与价值合理性，而社会合理化的过程实际上是以工具合理性为主导的，因此"世界的祛魅"就成为工具合理性侵犯、排斥价值合理性的过程。作为工具合理性的集中体现，现代科学兴盛起来并逐渐演化

---

① 参见〔加〕查尔斯·泰勒《现代性之隐忧》，程炼译，中央编译出版社，2001，第12页。

② 参见〔加〕查尔斯·泰勒《现代性之隐忧》，第5、18、51、66页。

③ 〔美〕丹尼尔·贝尔：《资本主义文化矛盾》，第74页。

为一种意识形态，通过专业化的学科手段整理人类对于自我和世界的全部知识，从自然领域到社会领域最终扩展到人文领域，以往由宗教和形而上学统合的真、善、美诸价值产生了分化，被纳入各自不同的学科分别加以研究，"对文化传统所作的这种职业化处理办法先于文化这三方面的每一个内在结构，那么出现的认识—工具结构、道德—实践结构，以及审美表现的合理性结构，每一结构都无一例外地处于专家们的控制掌握之中"。① 这种价值分化和专门化的后果是原有的价值统一性不复存在，各领域的专家把持了对真、善、美的话语权力，并且专家之学的分化程度和抽象程度日益增强使之越来越远离日常生活，造成了整个生活世界的丰富性日益枯竭。在韦伯看来，现代社会的合理化所带来的价值多元与冲突是一种"诸神不和"状况："那些古老的神，魔力已逝，于是以非人格力量的形式，又从坟墓里站了起来，既对我们的生活施威，同时他们之间也再度陷入无休止的争斗之中。"② 启蒙标榜理性，对整个生活世界进行了理性的设计，但令启蒙思想家意想不到的是这些设计导致了价值领域的混乱和分裂这样一个非理性的后果，工具合理性的无限膨胀造成了信仰的塌陷、权威的颠覆、意义的迷失、人生的无所依归、生活世界的殖民化等一系列现代性难题。

第三，"自由悖论"。马克思深刻剖析了资本主义私有制条件下商品生产所带来的异化现象，在生产结果上劳动产品和劳动者相异化，在生产过程中劳动本身和劳动者相异化，在存在论上人同自己的类本质相异化，在交往方式上人与人相异化，整个资本主义社会是一个异化的社会，人在劳动中所体现的自由和创造性被这种生产关系所束缚。③ 韦伯揭示了基于工具合理性，科层体制在追求技术效率和秩序形式的同时对人的非人格化，一切事务都成为可计算的、可预测的和可控制的，整个社会成为一个巨大的"铁笼"（iron cage）宰制了人的自由，制造出没有灵魂的专家和没有心肝的享乐者。④ 马尔库塞激烈的批判发达工业社会的技

① 〔德〕尤尔根·哈贝马斯：《论现代性》，第16页。
② 〔德〕马克斯·韦伯：《学术与政治》，第41页。
③ 参见马克思《1844年经济学哲学手稿》，《马克思恩格斯全集》第42卷，人民出版社，1979，第93~99页。
④ 参见〔德〕马克斯·韦伯《经济与社会》（下卷），第296~298页；《新教伦理与资本主义精神》，第142~143页。

术控制，技术及其控制方式成为一种意识形态，通过造就人的虚假需要并满足这些需要达到对人的操纵，造成了"单向度的人"和"合理的极权主义社会"，因此"发达工业文明的奴隶是受到抬举的奴隶，但他们毕竟是奴隶。作为一种技术（工具）、一种物而存在，是奴隶状态的纯粹形式"。① 资产阶级政治革命所高扬的"自由""平等""博爱"的理想在高度工业化、市场化的现代社会中沦为空谈，人被束缚于商品关系、工业技术和科层制度共同编织的锁链之上，人本身的丰富性被单一化、主体性被工具化、创造性被平庸化。所以，西方现代性所造就的社会是物质条件最为优越但人最不自由的社会。

以上三个悖论是西方现代性发展进程中难以自愈的社会病症，这表明西方现代性在理想与现实之间存在巨大的鸿沟。因此，面对西方现代性的悖论，反思其理想的不切实性与批判其现实的不合理性成为必要而迫切的理论工作。

2. 西方现代性的自我批判

从西方现代性产生之日起，眼光敏锐的思想家就对其展开了反思和批判。随着 20 世纪西方现代性充分发展，其所包含的问题也凸显，因而这种反思和批判逐渐成为西方整个思想界的主流呼声。归纳而言，在对西方现代性进行学理批判的思想流派中，根据其所持立场的不同，可以划分为以下三个向度：第一，力图颠覆和解构现代性的否定性向度；第二，力图救治和重建现代性的反思性向度；第三，力图超越现代性而回归信仰的超越性向度。以上三者共同构成了纷繁复杂的"现代性之后"思想景观。

（1）现代性批判的否定性向度

这一向度由尼采开启，主要涵括了 20 世纪六七十年代以来兴起的解构主义哲学思潮以及相关人文社会领域的"反现代性"思潮，在一般意义上被学界称为"激进的后现代主义"②。这一向度的哲学家包括福柯、德里达、利奥塔、德勒兹、鲍德里亚、费耶阿本德、罗蒂等人，尽管他

---

① 〔美〕赫伯特·马尔库塞：《单向度的人——发达工业社会意识形态研究》，刘继译，上海译文出版社，1989，第 31 ~ 32 页。

② 〔美〕道格拉斯·凯尔纳、斯蒂文·贝斯特：《后现代理论——批判性的质疑》，张志斌译，中央编译出版社，1999，第 38 页。

们的思想各异，但在颠覆和解构现代性的理性主义、本质主义、中心主义的话语，强调不可通约性、不确定性、易逝性、碎片性、平面化、虚无化的理论态度方面表现了某种"家族相似性"。概括而言，现代性批判的否定性向度有以下几个主要特征。

首先，颠覆理性主义。针对现代性对理性的高扬，尼采努力寻求一个"理性的他者"，即浪漫主义的"酒神精神"，以对抗理性主义的"日神精神"，肯定生命中的意志、激情、本能、欲望等非理性精神，以极端的方式摆脱法则和道德的束缚，以达到生命的彻底解放。① 德里达对西方古希腊以来的"逻各斯中心主义"和"在场形而上学"进行了颠覆，要求消解这种本质与中心及其基础上的二元对立，同时使原有文本的意义从"在场形而上学"的封闭结构中解放出来，在不断"延异"和"撒播"的过程中获得新的意义。② 此外，德勒兹主张用非层级化的"茎块思维"代替整体性的"树状思维"，罗蒂主张以协同性取代基于客观性的"镜式哲学"，费耶阿本德倡导一种"怎么都行"的无政府主义认识论和多元方法论，他们都对西方理性主义传统进行了激烈的批判。理性主义所提供的明晰的真理、确定的意义、稳定的结构、永恒的实体、严格的方法等一系列"现代性承诺"都面临着颠覆和解构的命运，西方现代性的核心观念经历着前所未有的冲击。

其次，解构主体。尼采将现代性的症结归因于现代人缺乏生命意志和创造力，奉行一种驯服的奴隶道德，这种颓废的现代精神造就一种消极的虚无主义，因此"现代精神已无可救药了"。继尼采喊出"上帝死了"③ 之后，福柯向世人宣布"人死了"，即作为主体的人终结了。他反对笛卡尔以来的近代哲学将人视为独立自足、自我决定的主体，认为这种主体是在一种"知识—权力"的关系中被建立起来的，通过对话语形成考古学的分析，他发现现代社会通过知识、技术和道德编织了一张权力之网，对人进行着支配和控制，处于其中的人并非"主体"，而所谓

① 参见〔德〕尼采《悲剧的诞生》，周国平译，生活·读书·新知三联书店，1986，第330~334页。
② 参见〔法〕雅克·德里达《论文字学》，汪堂家译，上海译文出版社，1999，第13页以下。
③ 尼采：《快乐的知识》，黄明嘉译，中央编译出版社，1999，第127、247页。

"普遍的人性""人的本质"不过是人道主义的虚构。福柯提出一种"后人道主义"的叙事，对人的主体性、先验性、中心性、自主性等予以颠覆。① 西方现代性所挺立的主体性和人道主义受到了后现代思想家激烈的抨击，通过知识考古学、权力谱系学、微观欲望政治学等解构策略，"主体性"话语之中所隐藏的权力、欲望、压制性结构等都被揭示出来，现代性对"人"精心编织的光环在后现代哲学的批判之下变得黯然失色。

最后，质疑合法性。利奥塔将"元叙事"视为现代性的标志，现代性是由"自由""进步""解放"等形而上学理念所构成的"元叙事"所导引并被赋予合法性的，而科学技术的发展和政治现实宣告了元叙事的合法化危机。利奥塔力图探索一种后现代的合法化模式，他借助维特根斯坦后期的"语言游戏说"来解释社会结合的本质，倡导"游戏"的多元性、异质性和公正性和无标准性，而知识的合法性只能来自人们的语言实践和交流活动。他还指出，后现代的思维方式是以一种"悖谬逻辑"（paralogy）来替代现代性所依赖的"专家一致性"，倡导体系的开放性、局部决定论、反方法论以反对现代性所追求的同一性、普遍性和确定性的哲学方法。② 利奥塔将批判的触角进一步深入现代性话语的合法性问题，不仅仅是现代性的"理性""自由""主体"等哲学理念的瓦解，而且这种提出问题的方式本身就缺乏合法性，也就是说现代性的根本失误在于这种思维方式的先天缺陷，要摆脱现代性的危机必须坚决抛弃整个现代性，因此激进后现代主义对现代性的批判是彻底的、根源性的、毫不妥协的。

（2）现代性批判的反思性向度

这一向度承继了马克思和韦伯的社会批判思想，从意识形态、人的异化、工具理性等视角对现代性进行批判，全面反思现代社会的病症并力图通过理论的方式予以救治和修正。与前一向度对现代性的彻底否定不同，反思性向度宣称现代性仍然是一个"未竟的事业"，批判的目的是重建更为合理的现代性。这一向度主要指通常所说的"西方马克思主

---

① 参见〔法〕福柯《福柯集》，杜小真编选，上海远东出版社，2003，第78～82页。
② 〔法〕让－弗朗索瓦·利奥塔尔：《后现代状态——关于知识的报告》，第4、86、140页。

义",包括卢卡奇、本雅明、法兰克福学派以及詹姆逊等思想家,在更为宽泛的意义上还包括布迪厄、吉登斯等社会理论家。概括而言,现代性批判的反思性向度有以下几个特征。

首先,意识形态批判。法兰克福学派将批判的视野由统治阶级意识形态拓展到整个社会的意识形态,认为发达工业社会的统治方式已由政治经济统治转变为意识形态的控制,意识形态在本质上具有欺骗性,其功能在于通过美化现实生活而为现状辩护,其功能已经通过技术、媒体、大众文化等手段内化于人们的生活方式和心理机制之中。这种意识形态批判的理路继承了马克思的思想,针对现代资本主义社会中人所面临的普遍的异化现象及其成因进行了深入的剖析,指出对异化的扬弃必须上升到社会意识形态的层面的革命,在此基础上回归于人的自由、解放和全面发展的本质要求。

其次,工具合理性批判。卢卡奇考察了以可计算为特征的工具合理性在社会生产过程中对人的物化现象,他指出"资本主义生产的整个结构"表现为"一方面,一切个别现象中存在着严格且合乎规律的必然性;另一方面,总过程却具有相对的不合理性"。① 法兰克福学派进一步挖掘工具合理性批判的理论基础,并把物化过程从现代资本主义的发生继续向前追溯到人类文明的源头。霍克海默和阿多诺揭示了启蒙理性自身的辩证法,他们指出,启蒙运动试图把整个世界从神话和迷信的支配中解放出来,但这种努力却深深陷入一种致命的辩证法,即启蒙所赋予人类的工具性宰制自然的态度必然扩展到对待人类自身的关系上,启蒙本身返回了神话,并且助长了各种新的支配和极权主义,而这些支配由于声称得到理性本身的证明显得更加隐蔽。② 马尔库塞指出在发达工业社会"科学—技术合理性"成为一种新型的社会控制形式,人被自愿整合或一体化到现存的技术体系和社会制度中,尽管社会财富和生活水平得以增长,但人丧失了否定性和超越性的向度成为"单面人",而科学

---

① 〔匈〕卢卡奇:《历史与阶级意识》,杜章智等译,商务印书馆,1992,第166页。
② 参见〔德〕马克斯·霍克海默、西奥多·阿道尔诺《启蒙辩证法:哲学断片》,渠敬东、曹卫东译,上海人民出版社,2006,第4~8页。

所代表的肯定性方法成为一种"社会控制和统治形式的技术学"。① 如前所述，工具合理性批判肇端于韦伯，在他看来，这种合理性基于程序和手段的可计算性而追求利益和效率的最大化，在推动西方现代性的高速发展的同时也带来了严重的社会问题。社会批判理论承续了韦伯的理路，并且其对工具合理性的理论批判具有辩证性，并非完全否定现代性的理性观念和主体性原则，而是将这些理念与现代社会的权力运作机制分离开来，在意识形态批判的前提下重新确立现代社会的合理性。

最后，现代性重建。韦伯对现代性的诊断是悲观的，现代人无法逃脱"铁笼"的束缚；尼采对现代性的态度是极端的，意欲颠覆现代的一切价值。与他们不同，西方马克思主义在批判现代性的同时，力图探索走出"铁笼"的方法，通过理论的良方恢复现代性自身的生命力，因而其批判理论包含了某种解放的旨趣和人道主义的关怀。典型的代表是哈贝马斯，他在后现代主义思潮汹涌高涨的时候发出"现代性是一项未竟的事业"的呼声，认为现代性具有进步和压迫的双重性，其基本精神在今天仍具有尚未实现的潜能。他认为要真正走出现代性的困境，必须由"意识哲学"范式转变为"交往理性"范式，即话语的合理性基础由独白式的"主体性"转变为对话式的"主体间性"（inter-subjectivity），由此他提出了"普遍语用学"，致力于建构普遍对话和交往的话语平台。哈贝马斯以"命题的真实性""规范的正当性""主观的真诚性"和"审美的和谐性"为交往行为的语用学规范②，因而现代性所造成的彼此分离的真、善、美诸价值有可能在一个成功的交往行为中得以统一。由此可见，哈贝马斯通过"交往理性"对现代性进行了重建，在肯定现代性的"自由""理性""主体"等基本理念的基础上对其进行了范式转换，重新确立了现代性的规范内涵与合理性原则，将现代性自身所蕴含的潜能完全实现出来，为后工业时代社会存在和思想文化的确定性奠基。

（3）现代性批判的超越性向度

这一向度由克尔凯郭尔开启，基本特征是在现代性批判的立场上体现某种对传统和信仰的回归，通过挖掘西方文化传统的精神价值展开对

---

① 参见〔美〕赫伯特·马尔库塞《单向度的人——发达工业社会意识形态研究》，第 141 ~ 142 页。

② 参见〔德〕于尔根·哈贝马斯《现代性的哲学话语》，第 366 ~ 367 页。

现代性的超越。严格地说，这一向度没有一个明确的思想谱系和流派传承，思想家出于个人对现代性的理解和体验而在理论的某些方面产生了相近性。因此，这里无法用一种本质归纳的方式概括他们的思想特征，只能用枚举的方法列出以下一系列名单：克尔凯郭尔、海德格尔、怀特海、麦金太尔、丹尼尔·贝尔、大卫·格里芬等。

与尼采截然相反，克尔凯郭尔十分推崇苏格拉底，而他们共同的敌人都是黑格尔。克氏批评理性主义所追求的整体性、普遍性扼杀了个人，强调只有孤独的个体才是真正的人，而真理本身也是个人性、内在性和主观性的。个体的生存有三种不同的方式：审美的、伦理的和宗教的，这是三个依次提升的人生境界。个体只有在宗教境界中才达到真正的存在，因此人生的道路就是走向上帝的道路。他将个人的存在视为非理性的存在，是感到自己有罪而处于恐惧、厌烦、忧郁、绝望等消极情绪中的存在，也是孤独地站立于上帝之前的存在，而这只有在宗教阶段才得到充分的体现。相对于现代性理性主义的立场，克尔凯郭尔以一种信仰主义的方式与之对立，对个体的生存方式和意义根基进行了转变，成为存在主义哲学的先驱。

海德格尔的存在哲学被许多人视为后现代的先驱，甚至被称为后现代最激进的思想。① 不可否认，一方面，海德格尔对现代性的批判影响过许多激进的后现代思想家，他将现代性归结为一种源于对存在的遗忘而导致的"世界图像的时代"，现代技术的"座架"（Gestell，或译"集置"）本质使人的生存方式成为被预订和被控制的，现代哲学在本质上是一种虚无主义的形而上学，现代人身处"无家可归"的境地。② 另一方面，海德格尔并没有导出激进的后现代主义那样的虚无主义结论，而是复归于前苏格拉底时期形而上学的源头，在与早期希腊哲人的对话中达到对"存在本身"的真实敞开和澄明，通过"运思"来体悟和倾听存

---

① 参见〔德〕沃尔夫冈·韦尔施《我们的后现代的现代》，洪天富译，商务印书馆，2004，第314页。

② 参见〔德〕马丁·海德格尔《世界图像的时代》，载《林中路》，孙周兴译，上海译文出版社，1997，第89~90页；《对技术的追问》，载《演讲与论文集》，孙周兴译，生活·读书·新知三联书店，2005，第18页。

在的"大道"（Ereignis）。① 他的这种"寻根"和"还乡"式的解决方案，所指向的是某种"前现代性"，或者更确切地说是一种"本真性"，因而他后期回归于诗和艺术，并反复吟咏荷尔德林的话"人诗意地栖居"，人在"做诗"的过程中构筑存在的住所。②

与前两者的信仰超越和艺术超越不同，麦金太尔走向现代性的道德超越。他分析了休谟、康德等人论证道德合理性的启蒙筹划之所以失败的原因，指出启蒙时代的道德哲学家主张道德证明应当诉诸"人性"观念，因而他们从各自所理解的"人性"前提出发推导出有关道德规则和训诫。而麦金太尔指出，任何立足于人性基础上的道德论证都无法成立，其中的根本原因在于现代性剥离了西方古典伦理学的"目的"观念，只剩下"自然人性"和脱离了目的论语境的"道德命令"，前者显然不能为后者提供任何和理性证明。基于以上诊断，麦金太尔所开出的现代性道德困境的救治良方是回归亚里士多德的目的论伦理学，以"德性"为中心的古典伦理代替以"道德法则"为中心的现代伦理，以古典传统的"多元德性"代替现代性的"一元德性"，以古典社群价值代替现代个人主义价值。③

怀特海在"拒斥形而上学"的呼声之中重申形而上学的重要性，在后期着力建立一种"过程哲学"，在本体论上坚持"过程就是实在、实在就是过程"，整个宇宙是由各种事件及存在物相互联结、相互包含而形成的有机系统，并处于永恒的创造和进化过程之中。④ 在这种有机实在论和宇宙观的基础上，怀特海走向了"过程神学"，从作为演化过程的世界来把握实在的本质，由此体认和理解宗教中的上帝，他认为上帝具有两极本性：展示无限的"原初本性"和关联于有限的"后现本性"，两者的结合说明上帝参与现实世界的形成过程，强调了上帝作为"超越性"和"内在性"的统一："正如我们可以说世界内在于上帝之中，我

① 参见〔德〕马丁·海德格尔《语言的本质》，载《在通向语言的途中》，孙周兴译，商务印书馆，2004，第189页。
② 参见〔德〕马丁·海德格尔《筑·居·思》，载《演讲与论文集》，第190页
③ 参见〔美〕阿拉斯代尔·麦金太尔《追寻美德——伦理理论研究》，宋继杰译，译林出版社，2003，第66~70、278、330~332页。
④ 参见〔英〕怀特海《过程与实在》，杨富斌译，中国城市出版社，2003，第109、407、517页。

们同样可以说上帝内在于世界之中一样；正如我们可以说上帝超越世界一样，我们同样可以说世界超越上帝。"①

以约翰·柯布、大卫·格里芬等为代表的建设性后现代主义继承了怀特海的过程哲学思想，并在哲学、宗教、科学和社会生活等各个方面广泛地展开后现代的"建设"。在哲学层面，这一思潮强调在自我与他人之间以一种内在的、构成性关系取代现代哲学外在的、派生性关系；在人与自然之间以有机主义取代二元论和实利主义态度，以物种之间的亲情关系取代人类中心主义；转变了现代断裂性的时间观念，恢复了人们对过去的关注和敬意，也包含着对未来利益的关切。在信仰层面，他们持一种"自然主义的万有在神论"（naturalistic pantheism），即认为世界在神之中而神又在世界之中，通过恢复一种神圣的创造力克服现代性所导致的虚无主义后果。② 在科学层面，他们相对于现代性所带来的"自然的祛魅"而主张"科学的返魅"，依据生态学和量子物理学的最新成果证明世界的有机性，指出"任何原初的个体都是有机体，都具有哪怕是些许的目的因"，同时后现代的有机论也在真理和科学统一性问题提供了比以往更好的根据。③ 在社会层面，他们倡导社会政策的公共性和社区主义以取代现代性极端的个人主义，公共生活和道德观念反映宗教价值，理想的后现代社会应当是宗教多元的、"后父权制"的、平等与自由相平衡的社会。④

概括而言，以上思想家的现代性批判的一个共同点在于，他们都力图从各自的视角进行超越现代性的努力，或是从艺术和道德的层面，或是从形而上学和信仰的层面对现代性实现一种"范式转换"，更值得注意的是在这种"后现代性"的转换当中包含某种"前现代性"的意蕴，在思想资源上很大程度地借鉴和转化了西方古典文化传统，即前文提到的"双希"文明，接引西方文化的源头活水以灌溉现代性这片日渐贫瘠的土地。

---

① 〔英〕怀特海：《过程与实在》，第 631～632 页。
② 参见〔美〕大卫·格里芬编《后现代精神》，第 21～26 页。
③ 〔美〕大卫·格里芬编《后现代科学》，马季芳译，中央编译出版社，1995，第 32、43 页。
④ 参见〔美〕大卫·格里芬编《后现代精神》，第 27～35 页。

综观上文所述西方现代性批判的三个向度，在不严格的意义上，可以将否定性、反思性和超越性三者的立足点分别归于"坚定的后现代性""理想的现代性"和"转化了的前现代性"三种思想范式。当然，这三者并非决然对立的，很多思想家表现出多元和交叉的倾向，尤其在对西方现代性的理想和现实进行批判这一立场上是一致的。

第三节　中国语境中的"现代性"

"现代性"尽管起源于欧洲，但其效应已经远远超出西方的地理范围，深深影响了整个人类的历史文化进程。中国近现代[①]的社会和文化转型也是在"现代性"的挑战和刺激之下展开的，因此，将中国现代思想史上的事件和人物置于"现代性"的中国语境中加以考察，应当有助于更为充分地显示其真正的意义。

类似于金岳霖关于"中国的哲学"与"哲学在中国"的区分[②]，本节在切入主题之前首先对"中国的现代性"[③]（Chinese modernity）与"现代性在中国"（modernity in China）这两个概念进行探讨。如果在一元现代性的观念之下，西方现代性被视为唯一的和普遍的现代性形态，那么有意义的仅仅是"现代性在中国"，其内涵不过是西方现代性在地理意义上之中国的投影，而"中国的现代性"概念难以避免合法性的质疑。然而，如果我们扬弃对"现代性"概念的本质主义界定，将其理解为多元文化共同参与的家族相似概念，那么"现代性在中国"与"中国

---

① 在中国史学界，"近代"与"现代"一般分别指涉 1840～1919 年和 1919～1949 年两个不同历史阶段，而 1949 年以后称为"当代"。而在西文中，"近代"与"现代"都是一个词"modern"，与"古代"（ancient）相对应。本书在观念层面所探讨的中国语境中的"现代性"（modernity）概念在时间跨度上包括了史学上的"近代""现代"和"当代"，即从 1840 年开始一直延续到当下的思想观念和精神状况；而在思想史描述时依旧沿用以上具有明确所指的史学断代概念。

② 金岳霖认为写中国哲学史的根本态度至少有两个："一个态度是把中国哲学当作中国国学中之一种特别学问，与普遍哲学不必发生异同的程度问题；另一态度是把中国哲学当作发现于中国的哲学。"参见金岳霖《冯友兰〈中国哲学史〉审查报告》，金岳霖基金学术委员会编《金岳霖文集》第 1 卷，甘肃人民出版社，1995，第 627～628 页。

③ 为了行文顺畅，本书在使用这一概念时一般省去"的"字，直接称之为"中国现代性"，含义不变。

的现代性"就可以具有相同的所指,即普遍性的现代性理念在中国文化特殊语境中的具体表现。本书秉持"多元现代性"的立场,肯定这两个概念在外延上的相通性,同时在使用中也遵循两者之间的细微区分:前者侧重于现代性话语的规范内涵,后者侧重于中国文化的具体语境。

晚清以降,中国社会与"现代性"的遭遇导致了中国历史上"三千年未有之大变局"①,中国开始了面向现代性的社会转型,不仅传统的生产方式、制度安排和生活方式经历了根本性变革,而且人们在价值观念、思维方式以及文化认同等方面都面临着现代性的冲击。较之于西方现代性的原生性质,"中国的现代性"具有后发性、外生性的特征,因此其无法回避现代性与本土文化之间的关系问题,而这一问题恰恰成为中国近现代思想史上论争的焦点,可以说近代以来所有关于文化的争辩都实际上与这一问题直接或间接相联系,所有文化思潮和流派都必须面对这一问题做出回答。

一 时代课题:求索现代性

尽管不同的思想家对"现代性"的意涵有不同的理解,然而毋庸置疑,"求索现代性"是中国近现代思想史的主题。一方面,依据一种历史目的论解释框架,1840 年以来的中国社会谋求现代化的根本原因在于历史总体("世界精神"或"生产方式")自身发展的客观规律,由此产生了民族历史走向世界历史的必然趋势,因此"现代"成为人类社会发展所不能逾越的历史阶段,就此而言,现代性作为历史目的具有超越于民族与文明之上的普遍性意义。另一方面,从中国近代社会变迁的具体历史过程来看,"现代性"首先是一种在西方武力裹挟之下的强势话语,在"西风东渐"的过程中伴随着硝烟与血腥,因此对于中国人而言,"现代性"不仅是一个抽象的时间概念,而且是救亡图存、强国保种的民族使命,这是"中国现代性"的特殊性质。因而,中国社会的现代化过程一方面隶属于西方现代性世界扩张的历史进程,另一方面也是中国文化自我反省、自主选择、自身变革的主动性过程,在后者的意义上,"现代性"

---

① 语出李鸿章《筹议制造轮船未可裁撤折》,《李鸿章全集》第 5 册,安徽教育出版社,2008,第 107 页,原文为"三千余年一大变局"。

之于中国文化的自身演进具有内在性，是其发展必然的逻辑归结。

梁启超将近代以来的中西文化交往归结为"器物""制度""观念"三大阶段①，揭示了近代中国对现代性的追寻历程与现代性的层级结构之间所具有的内在统一性。经历了百余年求索现代性的历史，中国社会及其文化产生了全面的变革，在各个层面体现出现代性的特征：在器物层面，引进科学技术，开展工业化进程；在制度层面，确立共和宪政，促进商品经济；在观念层面，重塑民族国家认同，普及科学民主意识。对应于本章第一节所揭示的现代性在精神理念方面的基本特征，也可以将中国语境中的现代性风貌进行简单的勾勒，从中既能够展现"现代性在中国"与这一理念的规范性内涵之间的关联，也能够凸显"中国的现代性"与西方现代性的差异所在。

首先，个人的觉醒与自由的追寻。随着近代以来的中西文化交往，西方现代性高扬主体的精神对中国思想界产生了巨大的震荡，促使中国文化的主体意识逐步由传统儒学所重视的道德主体性转变为现代社会的权利主体性，突出地表现在对个体的人格尊严和自由权利的重视，以及对个性情感和功利欲求的肯定。在传统儒家的"为己之学"中，个人是作为宗法—伦理关系的实践起点得到重视的，自我意识侧重于对道德行为之合理性的反思，强调个人的伦理义务而轻视其政治权利，以至在历史上演变成为"以理杀人"的专制主义话语。而现代性的个体意识以权利—契约关系为基础，自我作为独立人格平等地具有天赋的权利，国家和法律的职能在于保障个人的自由权利不受侵犯，因此在不损害他人权利的前提下自我享有充分的自由。近代中国的知识分子在接触西学的过程中深切地感受到这种现代性个体意识和自由权利的可贵，严复鲜明地意识到："夫自由一言，真中国历古圣贤之所深畏，而从未尚立以为教者也。彼西人之言曰：唯天生民，各具赋畀，得自由者乃为全受。故人人各得自由，国国各得自由，第务令毋相侵损而已。侵人自由者，斯为逆

---

① 参见梁启超《五十年中国进化概论》，《饮冰室合集·文集之三十九》，中华书局，1989，第43～44页。在梁启超之前，湖南士绅曾廉和五四主将陈独秀都有类似的表述，参见庞朴《文化结构与近代中国》，载氏著《文化的民族性与时代性》，中国和平出版社，1988，第80页。

天理，贼人道。"① 梁启超更明确地将"自由"区分为"政治自由""经济自由""宗教自由""民族自由"四个方面②，不仅使这一理念在个体维度上落实于社会生活的各个方面，而且将群体维度的"民族自由"作为自由权利的关键性组成部分。

现代中国的个体主义话语在形式上沿袭了传统的"群己之辨"和"公私之辨"，激进的思想家猛烈地抨击封建纲常对"己"与"私"的压制，要求把人的功利追求和情感欲望从"重重网罗"中彻底解放出来③，改变了以往儒家"尚义轻利"的价值信条而将"去苦求乐""趋利避害"肯定为人的基本属性④，进而在这种自然主义人性论的基础上论证个体权利的合理性；而在更为审慎的思想家那里，如何达到"群"与"己"、"公"与"私"之间的权利平衡成为思考的中心。严复在译介西方的自由主义经典时已充分地意识到"自由的界限"问题，并将其置于"群己关系"的框架内进行讨论，他指出个体自由在本义上是"自主而无罣碍者"，"但自入群而后，我自繇者人亦自繇，使无限制约束，便入强权世界，而相冲突。故曰人得自繇，而必以他人之自繇为界"。⑤ 严复所强调的个体自由的"他者"，并不仅仅是另一个体，更主要的是指国家和社会，因而他引入西方自由观念的根本目的在于一方面捍卫个人的合法权利（"小己自繇"），另一方面争取民族国家的独立（"国群自繇"），而后者才是更为迫切的时代使命："今之所急者，非自由也，而在人人减损自由，而以利国善群为职志。"⑥ 梁启超更是强调"群"对"己"之权利的保障作用："团体自由者，个人自由之积也。人不能离团体而自生存，团体不保其自由，则将有他团体焉自外而侵之、压之、夺之，则个人之自由更何有也！"⑦ 从以上论述中可以看到，中国知识分子将对个人自由问题的思考与"民族独立"和"国家富强"的主题联系起来，将国群自由视为个人自由的逻辑结果和最终目的，使个人权利从属于民族—国家

---

① 严复：《论世变之亟》，《严复集》第 1 册，中华书局，1986，第 2～3 页。
② 梁启超：《新民说·论自由》，《饮冰室合集·专集之四》，第 40 页。
③ 参见谭嗣同《〈仁学〉自叙》，《谭嗣同全集》，中华书局，1981，第 290 页。
④ 参见康有为《大同书》，上海古籍出版社，2005，第 5 页。
⑤ 严复：《〈群己权界论〉译凡例》，《严复集》第 1 册，第 132 页。
⑥ 严复：《〈民约〉平议》，《严复集》第 2 册，中华书局，1986，第 337 页。
⑦ 梁启超：《新民说·论自由》，《饮冰室合集·专集之四》，第 46 页。

的权利，因而这种自由权利的诉求并不必然地导致西方式的个人主义。这构成了"中国现代性"的一个突出特点。

其次，世界的祛魅与领域的分化。伴随着西方科学和资本主义生产方式的引进，近现代中国社会开始了全面的合理化进程，在此过程中工具合理性逐渐发挥了显著的作用：新的科学知识重构了中国人的宇宙图式，实现了由传统"天理"世界观向现代"公理"世界观的转变①；以经验归纳和逻辑推理为特征的科学方法对中国传统的直觉内省的思维方式产生了巨大的冲击，对象世界逐渐被"祛魅"，造成了基于因果性的事实领域和基于目的性的价值领域的分化和对峙。不同于西方中世纪对一神宗教的尊崇，中国传统社会是一个世俗性"伦理本位的社会"②，因此韦伯所揭示的"世俗化"进程在中国社会实际针对儒家的圣贤理想和形上价值：传统儒家的人格修养指向纯粹性、完善性的"圣人"，具有强烈的理想主义和精英主义取向；古典哲学"天人合一"思想特征形成了生生变易的宇宙观、德化流行的生命观和天命在身的道德观，故而古代中国人生活于一个人文价值世界之中。在传统社会后期自发地产生了社会平民化的趋势，出现了思想观念和审美趣味世俗取向，而西方现代性的侵入加剧了这种世俗化的趋势，工商业的兴盛引导着全社会"务实尚利"的风气，传统的"圣人"和"君子"观念在道德上的"卡里斯玛"特征消退了，代之而起的理想人格是"德""智""力"兼备的"人才"观念，随着新式教育的兴办和科举制度的废除，掌握科学知识和专业技能成为"人才"的基本条件。在近代科学观念的冲击下，宋明以来以"天理"为核心的道德目的论逐渐瓦解，而以科学所揭示的自然法则和历史规律为内容的"公理"世界观逐渐兴起，这一转变标志着宇宙秩序和社会秩序的合理性来源由价值世界转移到了事实世界，这种以经验实证和公共承认为基础的"科学公理"成为普遍适用的真理标准和行为准则，甚至伦理道德的必要性也来自"天演之则"，而不再出于"天命"或"良知"。

---

① 关于中国近现代思想史上"天理"世界观向"公理"世界观的转变，较为深入的讨论参见汪晖《现代中国思想的兴起》上卷第 1 部，生活·读书·新知三联书店，2004，第 48 页以下。

② 梁漱溟：《中国文化要义》，《梁漱溟全集》第 3 卷，山东人民出版社，1990，第 80 页。

随着世界观的合理化，科学在中国的地位经历了一个由"奇技淫巧"逐步上升为"救国之道"的过程，在"中"与"西"、"旧"与"新"的冲突之中，"科学"更是超越了其原本的知识形态，进而成为一种价值观念，作为现代化的基本目标得到尊崇。在更为激进的思想家那里，"科学"观念进而演变为一种社会意识形态和权威性话语，泛化到思想文化和社会实践的方方面面，形成了一种颇具影响力的"唯科学主义"（scientism）① 思潮。这种思潮的实质是将工具合理性拓展到整个生活世界，加剧了科学与形而上学、知识与道德之间的对立和紧张。这种紧张在王国维内心表现为"可信"与"可爱"之间的二律背反："哲学上之说，大都可爱者不可信，可信者不可爱。余知真理，而余又爱其谬误。伟大之形而上学，高严之伦理学与纯粹之美学，此吾人所酷嗜也。然求其可信者，则宁在知识论上之实证论，伦理学上之快乐论与美学上之经验论。知其可信而不能爱，觉其可爱而不能信，此近二三年中最大之烦闷。"② 这一悖论不仅是王国维个人的内心焦虑，更是现代中国知识分子整体的思想困惑。事实与价值之间的对立无疑是现代性精神理念本身所产生的效应，但由于中国文化传统对价值世界的倚重，这种普遍性的领域分化在中国语境中与中西文化的冲突相交织，因此在中国近现代思想史上，哲学立场与文化态度往往存在对应关系：信奉实证主义的思想家大都是西化论者，而捍卫形而上学和人文价值的思想家多半具有文化保守主义倾向。这也是"中国现代性"的特征之一。

最后，进步的历史与竞争的世界。"现代性"所体现的注重当下、除旧布新的精神气质重构了传统中国的时间意识和历史哲学，"世道必进，后胜于今"③ 的"进步"话语取代了循环论和衰退论成为主导性的

---

① Scientism 按其字面翻译为"科学主义"，然而鉴于这一概念在西文中多义性，本文对以下两个中文译名进行区分："科学主义"指一种科学的态度和精神，与"人文主义"相对，是一个普泛而中性的概念；而"唯科学主义"指"对科学知识和技术万能的一种信念"（见《牛津英语词典》），在方法论上是"将自然科学的方法应用于包括哲学、人文和社会科学在内的一切研究领域的一种主张"（见《韦伯斯特大词典》），其常常含有贬义。

② 王国维：《静安文集续编·自序二》，《王国维遗书》第 5 册，上海古籍出版社，1983，第 21 页。

③ 严复：《〈天演论·导言十八〉按语》，《严复集》第 5 册，第 1360 页。

历史观，基于这种观念，"古""今"之间的价值倾向发生了转变；而"物竞天择，适者生存"的生物进化逻辑投射到社会领域，促使中国人体察弱肉强食的世界秩序，加剧了救国保种的紧迫感。严复在比较中西文化时发现了两种历史观念的对立："尝谓中西事理，其最不同而断乎不可合者，莫大于中之人好古而忽今，西之人力今以胜古；中之人以一治一乱、一盛一衰为天行人事之自然，西之人以日进无疆，既盛不可复衰，既治不可复乱，为学术政化之极则。"① 基于农业社会的生产方式，中国古代流行着循环模式和衰退模式的历史观：前者源于"物极必反、周而复始"的生生易道，表现为"治乱兴衰、攻守分合"的天下大势；后者源于儒家关于"三代之治"的历史想象，表现为尊法先王、以古非今的政治态度。而达尔文的生物进化论和斯宾塞的社会进化论对中国输入了一种全新的线性进化模式，自然界和人类社会都遵循着由低级向高级的发展规律，价值的重心跟随时间之矢而指向当下，并对未来做了一种目的论的预设；与此同时，进化论也带来了一种"竞争"的观念，以一种冷冰冰的生物逻辑和丛林法则对儒家"协和万邦"的天下观予以冲击，空前严重的种群危机促使民族意识高涨；另外，作为科学公理的"天择"观念预示了历史进程内在蕴含的合理性与合目的性，在历史看似盲目杂乱的表象背后存在不可改易的必然法则，因而在进化论的背景下，中国知识分子较为自然地接受了黑格尔式的历史目的论。

在这种进步主义的话语中，"传统"往往成为进步的对立物，新生事物总是在与传统的决裂中确证自身的真理性。1840 年以降，中国的固有文化传统逐渐受到批评和质疑，在趋新求变的时代氛围中，传统的思想学术被冠以"旧学""国故"的名称而失去了现实影响力，而西方文化以"新"的名义备受尊崇。这种现代性的断裂意识，一方面以疏离的方式使对传统进行全面彻底的反省、批判得以可能，另一方面过于简单地分判"新"与"旧"，缺乏对传统文化的内在转化，也使传统资源难以真正参与到中国现代化过程之中。中国知识分子在探讨现代化过程中的具体问题时，"新"成为一个关键的真理性来源，各派的争论也往往浮在各种新思潮之间的是非曲直之上，缺乏对问题本身的深入思考。与

---

① 严复：《论世变之亟》，《严复集》第 1 册，第 1 页。

之相关，中西文化之争也往往诉诸"古/今""旧/新"的二分模式，"现代化"与"西化"之间的关系问题在很长时间里都没能得到澄清。

同时，在这种现代性的进步主义话语中，也存在理性主义和浪漫主义两种时间观念的差异。基于各自的"时间本体论"预设，两者表现出对于"传统"与"现代"关系不同的理解，对文化态度上的分化产生了重要影响。一般地说，文化上的激进派多持浪漫主义式的"点状时间"观念，强调"过渡、短暂、偶然"的时间体验，勇于割断传统的脐带；而保守派多持理性主义式的"线性时间"观念，注重历史的连续性和进步的渐变性，主张内在于传统之中谋求现代性。而不论何种时间观念，"进步"的价值都首先得以尊重。

以上简要勾勒了中国近现代在思想观念层面求索现代性的三方面特征，从中可以看到：一方面，现代性的基本精神在中国语境中发挥了巨大的示范和导引作用，理性、自由、进步等理念作为人类文明的思想精华，具有理想性和普适性；另一方面，由于中国社会历史和文化传统的具体特征，"中国的现代性"尽管在很大程度上从属于西方现代性的世界效应，但在现代化过程中呈现不同于西方现代性的独特性质。中国近现代思想史上的现代性论争不仅表现为时间向度上的"古今之辩"，同时也交织着空间向度上的"中西之争"，两者在中国求索现代性的进程中呈现相当程度的复杂性和胶着性。

二 现代化进程中的民族认同与文化选择

较之于西方现代性的发生和演进，"中国的现代性"勃发于兴衰存亡之际，生长于内忧外患之秋，由空前的民族危机导致了严重的文化认同危机，进而导致了知识分子普遍的精神信仰危机。中国对现代性精神的接受是以西方资本主义的殖民体系为中介的，西方现代性在登陆东土之初并不以一个平等的"他者"身份出现，而是负载着浓厚的种族歧视和话语霸权。本着殖民主义的逻辑，西方文化着力消解中国人对民族文化的认同，力图使中国沦为西方在经济、政治和文化上的附属品。在这种背景之下，近代以来的中西文化交往是在"入侵/反抗"的对立话语中展开的，两种文化不仅在精神特质上呈现巨大的差异，而且在现实境遇中也存在激烈的冲突。职是之故，中国社会及其文化同时面对着两方面的压力：一方面是趋新求变的时代性诉求，另一方面是固本寻根的民族性认同。这两个不同向度上的作用力此消彼长，使两者所形成的合力不断改变着方向，因此中国现代化的历史就是不断在各种包含差异的文化要素之间进行选择与调试的过程。

1. 民族国家与"反现代性"

同样是现代性所产生的效应，近代的"民族国家"（nation-state）观念逐步取代了传统的"天下"观念，成为中国现代认同的基本形式。钱穆指出，在传统社会，"中国人常把民族观念消融在人类观念里，也常把国家观念消融在天下或世界的观念里。他们只把民族和国家当作一个文化机体，并不存有狭义的民族观与狭义的国家观，'民族'和'国家'都只为文化而存在"。① 在古代中国人看来，"天下"是一个文化概念，指以华夏文明为中心的辐射结构，在这一观念之下有"华夷之辨"，这种区分基于文明程度的高低而非血缘亲疏或地域远近，尽管存在中央政权与四夷之间的朝贡关系，但整个体系关注的重点在"德"而不在"力"，因而在华夏与夷狄之间可以进退转化，其关键在于礼教的存废："苟有礼也，夷可以进为华；苟无礼也，华则变为夷。"② 因此，古代的"中国"概念是一个文化单位③，其认同方式主要诉诸典章制度和礼乐教化。正如美国学者詹姆士·汤森所指出的，"传统中国人的自我形象被定义为'文化主义'而不是'民族主义'，前者是基于一份对共同的历史遗产以及一种共同信仰的认可，而后者则建立在'民族国家'这一近代观念的基础上"。④ 这种基于文化主义的"华夷之辨"并不强调种族、地域或语言上的差别，尽管有传统"族群意识"的历史积淀，而真正意义上的"中华民族"和"中国民族主义"则在很大程度上是现代性的

---

① 钱穆：《中国文化史导论》，商务印书馆，1994，第 23 页。
② 王韬：《弢园文新编》，朱维铮编，生活·读书·新知三联书店，1998，第 148 页。关于这一思想，中国古代比较有代表性的论述有："孔子之作《春秋》也，诸侯用夷礼，则夷之；进于中国，则中国之"（韩愈《原道》）。
③ 参见梁漱溟《中国文化要义》，《梁漱溟全集》第 3 卷，第 26~28、157~164 页。
④ James Harrison：*Modern Chinese Nationalism*，New York：Hunter College of the City of New York，1969，p. 2. 转引自〔美〕詹姆士·汤森《中国的民族主义》，莫亚军、林昱译，复旦大学历史系、复旦大学中外现代化进程研究中心编《近代中国的国家形象与国家认同》，上海古籍出版社，2003，第 175 页。

产物。

"民族国家"的观念源于欧洲,是人类学意义上的"民族"和政治学意义上的"国家"基于地理范围上的一致而产生的结合体,其形成一方面基于种族、语言和历史文化的民族认同,另一方面基于领土、主权和政权组织的国家认同,在这种双重认同之下,民族国家之间的界限相对固定,并且以独立自主为追求目标。哈贝马斯指出,随着现代社会的"合理化"进程,完成世俗化的国家必须为自己找到新的合法化源泉和社会整合形式以填补上帝信仰崩溃后的空白,因此正如哈贝马斯所分析的:"民族的自我理解形成了文化语境,过去的臣民在这个语境下会变成政治意义上的积极公民。民族归属感促使以往彼此生疏的人们团结一致。因此,民族国家的成就在于,它同时解决了这样两个问题:即在一个新的合法化形态的基础上,提供了一种更加抽象的新的社会一体化形式。"[①] 近代民族国家的产生孕育了"民族主义"(nationalism)[②] 思潮,该思潮的兴起进一步强化了共同体的民族认同取向,在第三世界成为抗拒西方现代性全球扩张的强大阻力,同时也在某种条件下演变为一种具有排外和反民主倾向的意识形态。

由于"民族国家"的双重内涵,对其认同内在包含指向历史—文化共同体的"民族认同"(national identity) 和指向政治共同体的"国家认同"(state identity) 两个不同的向度。在中国近现代历史上,作为一个民族国家意义上的"中国"概念,内在包含"重构中华民族的现代认同"和"建立现代主权国家"的双重历史使命,分别对应于以上两种认同形式,这两者在基本方向上保持着关联性和一致性,但在历史演变中也存在相当的张力。在一致性方面,典型的例子是康有为,他前后一贯地将"保种""保教"的民族认同与"保国"的政治目标结合起来[③],

---

① 〔德〕尤尔根·哈贝马斯:《欧洲民族国家——关于主权和公民资格的过去与未来》,《包容他者》(《哈贝马斯文集》第二卷),曹卫东译,上海人民出版社,2002,第131页。

② 英文中"nation"同时包含有"民族"和"国家"两方面含义,因此"nationalism"比较准确的译名是"国族主义"(台湾多用此译)。鉴于约定俗成,本文沿用"民族主义"的译名,但应当看到这两方面的含义。正基于此,学界普遍将其划分为"文化上的民族主义"和"政治上的民族主义",为了避免"民族主义"一词所引起的负面理解,本文用两种认同形式替代以上两者。

③ 参见康有为《保国会章程》(1898),《康有为全集》第4卷,第54页。

其中"保教"的要求突出强调了文化取向上的民族性诉求，康有为甚至倾向于"保教"对于"保国"的优先性，将"尊孔立教"的文化保守主义态度作为实现民族国家独立的必要前提。另外，"民族认同"与"国家认同"所代表的价值取向存在着紧张，具体表现为保存文化传统的民族特性与实现国家富强的时代目标之间的矛盾，在多数情况下，中国的知识分子会牺牲前者以成就后者，或者以"国家"的名义获得变革传统的合法性，正如列文森所揭示的："由于某种原因，当近代中国人被迫求助于外国的'道'时，将国家置于文化亦即'天下'之上，也就成了他们的策略之一。他们说，如果文化的改变有利于国家，那它就应该被改变。这样一个新的标准，无论在理智上，还是在情感上都是有益处的。依据这一标准，人们在号召与传统决裂时和看到它走向衰亡时，会觉得心安理得。"① 在严复那里，"国家富强"的目标成为其思想活动的前提，因此他更倾向于"把中国作为一个社会—国家，而不是一种文化来理解"。② 由此可见，"中国现代性"中的"民族国家"认同具有很大的内在张力，因而在对待传统文化的态度上表现出异常的复杂性："民族国家"既可以成为保守文化的理由，同样也可以成为颠覆传统的武器。

尽管这种民族认同取向和民族主义思潮是现代性的产物，但在某种特定的历史条件下转化为一种"反现代性"的立场，更确切地说是"对西方现代性的反动"。这种情形不仅出现在中国，而且在西方以外的国家和地区普遍存在。美国学者艾恺考察了世界范围内的反现代化思潮，他鲜明地指出这种思潮无一例外地坚持着一系列的二元对立，如"直觉/理智""道德/科学""精神的/物质的"，等等，在他所胪列的 96 对二分模式中，"二分的一端代表了论者心所向往的价值，另一边则不是他反对的，就是他痛恨的。后者同时是现代化过程的逻辑结果，也是所有社会

---

① 〔美〕列文森:《儒教中国及其现代命运》，郑大华、任菁译，中国社会科学出版社，2000，第 88 页。艾恺也有类似的观点，他指出："当一个文化单元或民族对峙于现代化时，其知识分子经常感到一种为其向现代化国家做文化引借辩解的必要。由于现代化国家明显的军事与经济优越性，他们感到被迫做文化引借以保护（或强化）一个新兴的效忠与心理认同的焦点——民族国家。"参见〔美〕艾恺《世界范围内的反现代化思潮——论文化守成主义》，贵州人民出版社，1991，第 90 页。
② 〔美〕本杰明·史华兹:《寻求富强——严复与西方》，叶凤美译，江苏人民出版社，1996，第 50 页。

经历任何程度现代化的实际经验结果"。① 然而在艾恺的论述中，以上种种"现代性/反现代性"的二分法被不自觉地等同于"西方/非西方"的二元对立，这种论题的转变标示着西方现代性作为一种具有既成性和规范性的"现代性之理想类型"（Ideal type of modernity），因而非西方地区的反现代化思潮是面对西方现代性之强势所产生的"民族主义"的必然结果，代表了外在刺激之下深植于普遍人性的一种同样有普遍性的反应，因而这种"现代性/反现代性"的二元对立将永远延续到未来。② 总之，艾恺所理解的"反现代性"思潮作为西方现代性的对立物，归根结底而言是消极意义上的。然而这仅仅是该问题的一个方面，被忽视的另一方面是"反现代性"对于现代性本身的积极意义。在这方面有代表性的探索来自中国学者汪晖，他将晚清以降中国思想的主要特征归结为"反现代性的现代性理论"，并指出，"对现代性的质疑和批判本身构成了中国现代性思想最基本的特征。因此，中国现代思想及其最为重要的思想家，是以悖论式的方式展开他们寻求中国现代性的思想努力和社会实践的。中国现代思想包含了对现代性的批判性反思……这种悖论式的方式有其文化根源，需要在中国现代化运动的双重历史语境（寻求现代化与对西方现代化的种种历史后果的反思）中解释"。③ 在汪晖的论述中，"反现代性"不仅仅是西方刺激之下的民族主义反应，而且也是基于中国文化思想资源而对西方现代性诸种历史后果的自觉反省和批判。在这种意义上的"反现代性"之"反"的含义不仅是"反对"与"反抗"（anti-），而且也包含"反思"与"反省"（re-），后者对于共相意义上的"现代性"理念而言具有积极的意义。尽管在这种意义上理解的"反现代性"同样体现了比较鲜明的民族认同和民族主义倾向，但是其在历史上的产生原因不能简单依据"冲击/回应"的模式予以归结，同时其思想史意义也绝非单一的民族主义解释框架所能穷尽。

2. 文化冲突与文化选择

在中国现代性的语境中，这种民族认同突出地表现在文化方面，即

---

① 参见〔美〕艾恺《世界范围内的反现代化思潮——论文化守成主义》，第 86～90、85 页。

② 参见〔美〕艾恺《世界范围内的反现代化思潮——论文化守成主义》，第 224、227、235 页。

③ 汪晖：《当代中国的思想状况与现代性问题》，《天涯》1997 年第 5 期，第 136～137 页。

关于"中国文化"的身份认同，而这种"自我"的身份正是在与西方文化之"他者"（the other）的交往中得以确证的。正如后殖民思想家爱德华·萨义德所说："每一文化的发展和维护都需要一种与其相异质并且与其相竞争的另一个自我（alter ego）的存在。自我身份的建构牵涉到与自己相反的'他者'身份的建构，而且总是牵涉到对与'我们'不同的特质的不断阐释和再阐释。每一时代和社会都重新创造自己的'他者'。因此，自我身份或'他者'身份绝非静止的东西，而在很大程度上是一种人为建构的历史、社会、学术和政治过程。"① 由于先在地获得了现代性，西方文化成为具有强势的"他者"，在某种程度上构成了近代以来中国文化言说自身的参照系，中国文化在不断调适与西方文化之间的关系中谋求自身的定位和现代化。因而，中西文化之间的冲突和选择构成了"中国现代性"的一大主题。

正如费正清所指出的，"西方殖民者的炮舰外交揭露了关于中西交往中谁说了算这个反复未决的争论。从根本上说，这是一场最广义的文化冲突"，"是扩张的、进行国际贸易和战争的西方同坚持农业经济和官僚政治的中国文明之间的文化对抗"。② 面对着空前严重的民族国家危机，中国知识分子普遍将"救亡"作为当务之急，纷纷寻求各种思想文化资源予以解决。在此过程中，中西文化之间的差异和冲突凸显出来，文化选择的问题成为中国现代化历程中一个反复出现的争论焦点。从中西文化照面的第一刻开始，关于觐见礼仪和传教问题之争就已经包含了文化价值观念之间的冲突与选择；近代以来的"西学东渐"使两种异质的文化传统之间的冲突得以沿着"技—政—教"的逻辑线索立体地展开。这种整体性文化冲突的产生既不仅仅在于文化传统自身的民族性差异（两种异质的文化并不必然导致冲突），也不单单在于现代性对于前现代的时代性变革（现代化本身并不必然带来文化传统的实质性断裂），而根本的原因在于，以上两个因素胶着在一起使中西文化之间呈现为一种"负

---

① 〔美〕爱德华·萨义德：《东方学》，王宇根译，生活·读书·新知三联书店，1999，第426页。

② 〔美〕费正清主编《剑桥中国晚清史》上卷，中国社会科学出版社，1985，第251、252页。

载着时代性的民族性"（nationality within epochal-character）的差异①，这种复合性的文化差异在中国近现代知识分子那里往往被单向度地理解，有意无意地在某一向度上夸大了中西之间的对立，因此，文化间的整体性冲突就成为无法避免的。加之世界殖民体系构成了中国现代化进程的外部环境，西方现代性作为一种具有侵犯性的强势文化，在本土文化内在资源不足的状况下获得了唯一的话语合法性，并且遵循着现代性"同质化"的逻辑消解着本土文化的民族认同，这种殖民霸权必然激起文化民族主义的反抗，使中西文化之间的冲突关系更加难以调和。

在这种整体性的文化冲突之中，现代性的诉求和民族国家的认同促使中国知识分子在中西文化之间做出选择和调适。近代以来关于中西文化关系的探索和争辩显示出比较清晰的两条主要线索：一是对中国传统文化的批判与转化，二是对西方现代文化的吸收与融会，两者相互交织，在具体的文化态度和文化纲领上表现出各种不同的形态。在思想史上出现过的文化范式主要有以下三种类型。第一种是"排斥型"，强调中西文化之间的对立性和文化整体的单一性，以顽固派的"用夏变夷"论和五四时期的"全盘西化"论为代表。第二种是"调和型"，力图在统一的框架之内安顿中西两种文化，最为典型的是洋务派的"中体西用"的范式及其变种。以上两种类型的共同基础是"中/西"二元模式，将双方各自视为不可离析的独立单元，要么以一方的整全性否定另一方，要么外在地摆置两者的位置关系。在这种二元模式之中，中国文化往往将自我塑造成为西方文化的对立物，其实质是依据西方文化的特征反向塑造了一个虚幻的"自我"形象，而在这一"去西方化"的过程中，"中国文化"与共相意义上的现代性本身产生了疏离，在这个意义上根本无所谓"中国的现代性"或"中国文化的现代化"可言。超越以上两者的第三种是"辩证型"，以中国马克思主义者所提出的"综合创新"为代表，在基本的思维方式上突破了"中/西"二元模式的窠臼，具体地分

---

① 汪晖指出："现代性的表述不仅需要置于现代与传统的时间关系之中，还要置于西方与非西方的空间关系之中，但这种空间关系是一种时间性的空间关系。"（见氏著《韦伯与中国现代性问题》，载《汪晖自选集》，广西师范大学出版社，1997，第13页。）汪氏所说的"时间性的空间关系"与本书所论的"负载着时代性的民族性"所谈的是同一个问题，但本书更侧重从文化层面进行讨论。

析对待各种文化之优长与缺陷,力图"兼取中西文化之长而创造新的中国文化"①。"辩证型"在文化观上强调文化自身的可离析性和可转化性,不固着于文化的时代性或民族性之一维,而是本着"古为今用、洋为中用"的原则力图实现两个要素的综合统一,在新的思想高度对古今中外的各种文化资源采取"批判"与"继承"的辩证态度,内在包含了"面向现代性进行中国文化自身创造性转化"的理论意旨。因此,就思想深度和文化心态而言,"辩证型"超越于"排斥型"和"调和型"之上,无疑是更具理论潜力和实践价值的文化范式,这种理想的理论设计如何实现却是一个非常复杂的问题。

综上所述,较之于西方现代性的原生典范,后发的"中国现代性"既表现为普遍性的时代性诉求,也寓含着特异性的民族性认同和价值取向,这两方面错综交织,使近代以来的中国思想界呈现纷繁复杂的景观,伴随着中西文化之间的融合与冲突、选择与调适的变奏。

---

① 张岱年:《〈文化与哲学〉自序》,《张岱年全集》第 8 卷,河北人民出版社,1996,第 78 页。

第二章　文化视域中的牟宗三
"现代"意识

在追随"现代性"的足迹掠影中西之后，本书开始将视角切入现代新儒家第二代重镇牟宗三先生的思想世界。如果说"中国现代性"是时间性与空间性、普遍性与特殊性之诸多问题的复杂集合，那么牟宗三哲学在这个谱系中正处于以上问题所汇聚的焦点之上，以一种哲学学理的方式将其复杂性突出地表现出来，同时其哲学的进路也代表了思考和处理这些问题的一种典型的立场。

本章首先从整体上对牟氏的"现代"意识进行梳理，侧重于在文化层面揭示其思想与"现代性"之间的关系。后两章则上升到哲学层面，首先在精神理念层面探析牟宗三哲学的现代性特征，进而在精神理念之具体展开的层面，揭示牟氏哲学与"现代性"之间的双向互动。

第一节　牟宗三的现代性视域

本节关注的问题是作为一个中国现代知识分子的牟宗三与作为人类文化之共相的"现代性"之间的关系，从他那个性鲜明的文字中考察其时代感受，在宏观上把握其对于"现代性"的基本态度。如果后文的哲学理念分析能够比之为工笔的话，那么这一部分可以说是对其思想肖像的一个剪影。

一　出入"传统"与"现代"的存在感受

正如马克思的名言："任何真正的哲学都是自己时代的精神上的精华"①，哲学家首先要面对自己所身处其中的时代。牟宗三生活的时代是"五

---

① 〔德〕卡尔·马克思：《〈科隆日报〉第 179 号社论》（1842），《马克思恩格斯全集》第 1 卷，人民出版社，1995，第 220 页。这句话在中文第 1 版中译为"任何真正的哲学都是自己时代精神的精华"（《马克思恩格斯全集》第 1 卷，人民出版社，1956，第 121 页），容易造成误解。

四"之后中国社会政治激烈动荡、思想文化百家争鸣的大时代，他对这个时代的历史境遇和精神状况有着切身的感受，这构成了其哲学思考的前提。本文这里的论述不同于一般意义上的评传①，而是着眼于其个体之现代性观念的形成与发展。

1. 学思心路

牟宗三在晚年的一次讲演中将自己一生的哲学思想进程划分为三大阶段②：第一阶段是 1927～1933 年北大求学，第二阶段是 1934～1949 年辗转流离，第三阶段是 1949 年以后港台从教，这三个阶段分别对应于其著《五十自述》所说的"直觉的解悟""架构的思辨""客观的悲情"三个阶段③。这个划分揭示了牟宗三一生思想中之"正—反—合"的辩证过程，正是其个体生命之"在其自己"—"离其自己"—"复归自己"④ 的曲折发展的真实写照。

（1）"直觉的解悟"——生命之在其自己

牟宗三区分了两种人生的模式：一种是"生命'在其自己'之生活"，这是"真正恰当意义的生活"，这是人生的本真状态，"生活如其为生活，当该是在生命中生活"；另一种是"生命'离其自己'之生活"，这是"耗费生命的生活"，"在所追求或所扑着的一个对象上生活，不是在生命中生活"。⑤ 他认为唯有农民的生活才是第一种生活，而他的

---

① 中文学界对牟宗三的学术评传有以下几部代表性的专著：颜炳罡《牟宗三学术思想评传》，北京图书馆出版社，1998；郑家栋《牟宗三》，东大图书股份有限公司，2000；李山《牟宗三传》（增订本），中央民族大学出版社，2006；林瑞生《牟宗三评传》，齐鲁书社，2009。

② 参见牟宗三《哲学之路——我的学思进程》，收入《时代与感受续编》，《牟宗三先生全集》第 24 卷，联经出版事业股份有限公司，2003，第 405～407 页。以下凡引此书简称《全集》。

③ 蔡仁厚将牟宗三一生的学思历程划分为六个阶段：（1）直觉的解悟（26 岁之前）；（2）架构的思辨（26～40 岁）；（3）客观的悲情与具体的解悟（41～50 岁）；（4）旧学商量加邃密（51～60 岁）；（5）新知培养转深沉（61～70 岁）；（6）学思的圆成（70 岁以后）。参见蔡仁厚《牟宗三先生学思年谱·学思历程》，台湾学生书局，1996。与牟宗三的自述相比，主要是将其 1949 年去台之后的思想发展进行了细化。

④ 这三阶段即黑格尔所说的"自在存在""自为存在""自在自为存在"。

⑤ 参见牟宗三《五十自述》，鹅湖出版社，1989，第 21 页；《全集》第 32 卷，第 18 页。需要说明的是，本文初稿写作时主要依据的是牟宗三著作的单行本（台版为主），而在出版前核对引文时则用全集本，原因是全集本在文字校对上更严谨、更规范，因此，本文的注释中有单行本和全集本两套页码。

人生头 15 年就是在这样的生活中度过的。

　　无论世事如何沧桑变幻，中国农村保存着数千年来的生活方式，在某种意义上成为希尔斯所说的"实质性传统"之稳定性的有力明证。牟宗三的童年充满了乡野情趣，带着一种无事雕琢的质朴和整全不分的混沌，体现生命与自然之间的原始同一性；然而在其内心中也存在类似于"日神精神"与"酒神精神"之间的紧张，"这些感应音调总不外是相反的两面：一面是清明的、圣洁的、安息恬静的，向往秩序的；一面是迷离的、荒漠的、懊恼不安的，企向于混沌的。这两面造成我生命中的矛盾"。① 在某种意义上，这两种对立的精神在每个人潜意识之中都存在，其在成为反思的对象时成为"理欲之辨"，而对此两者的自我调适形成了不同个体的性情差异。就童年的牟宗三而言，这两种精神都已萌芽，但尚未成为反思的对象。

　　黑格尔有言："胎儿自在地是人，但并非自为地是人；只有作为有教养的理性，它才是自为的人，而有教养的理性使自己成为自己自在地是的那个东西。这才是理性的现实。"② 牟宗三将自己从 15 岁离乡进入县立中学视为"生命离其自己的发展"，这里所谓"离其自己"是积极意义上的，正是黑格尔所说的"自在"之上的"自为"阶段，在这一阶段人具有了自我意识和反思能力。这在这个意义上，牟宗三认为"读书从学使我混沌的自然生命之直接的自然的发展，受了一曲，成为间接的发展"。"这一曲使生命不在其自己，而要使用其自己于'非存在'的领域中，即普通所谓追求真理。追求真理，或用之于非存在的领域中，即投射其自己于抽离的、挂空的概念关系中，这也就是虚空中。这是生命之外在化，因吊挂而外在化，生命不断的吊挂，即不断的投注。在其不断的投注中，其所投注的事物之理即不断的抽离，不断的凸显。生命之不断的吊挂与投注即是不断的远离其自己而成为'非存在的'，而其所投注的事物之理之不断的抽离凸显亦即是不断的远离'具体的真实'而成为形式的、非存在的真理。"③ 以上这些黑格尔式的思辨文字深刻地揭示了其生命的原始同一性由于对象化的求知活动而分裂的过程，这个过程

---

① 牟宗三：《五十自述》，第 16 页；《全集》第 32 卷，第 13 页。
② 〔德〕黑格尔：《精神现象学》（上卷），贺麟、王玖兴译，商务印书馆，1979，第 13 页。
③ 牟宗三：《五十自述》，第 17～18 页；《全集》第 32 卷，第 15 页。

一方面是个体意识的觉醒，另一方面是本真生命的外驰，这两个方面在牟氏生命的发展中都产生了作用。

在中学阶段，牟宗三有过一段"思想观念的泛滥与浪漫"的时期，这种情绪一方面是"五四"的时代风气所熏染的结果，另一方面也是他心底那种"酒神精神"的萌动。其时，在阅读了"科学与人生观论战"的文章之后，他认为张君劢、丁文江两人的文章平庸无光，却为吴稚晖那"漆黑一团的宇宙观"所倾倒，在其影响下行为和文字中颇有放荡不羁之风。这时，他的父亲读到其文字，大为震怒并加以斥责，牟宗三当时极为羞愧并对以外面风气使然，其父答曰："择其善者而从之，不善者而改之。何可如此不分好歹？外面那些风气算得了什么？"牟氏当时"肃然惊醒，心思顿觉凝聚，痛悔无地。大哉父言，一口范住吴氏的浩瀚与纵横，赤手搏住那奔驰的野马，使我顿时从漆黑一团的混沌中超拔。那些光彩，那些风姿，那些波澜壮阔，顿时收煞、降伏、止息，转向而为另一种境界之来临"。① 这可谓牟宗三人生之"第一次觉悟"，经由"父教"而从追随浪漫的时风转向理性的思考，亦标志着其与"无政府主义"以及任何形式的政治浪漫主义思潮相揖别。

19 岁那年（1927），牟宗三考入北大预科，两年后升入北大哲学系，1933 年毕业。他在这 6 年间接受了系统的哲学训练，逐渐由一个青年学生转变为一名哲学专业学者。牟宗三将这一时期称之为"直觉的解悟"："现在我的直觉力则不是顺生命的膨胀直接向外扑，而是收摄了一下，凝聚了一下，直接向外照。因为收摄了一下，凝聚了一下，所以灵觉浮上来，原始的生命沉下去。暂时是灵觉用事，不是生命用事。而灵觉用事，其形态是直接向外照。"② 这种直觉起源于其在预科时读《朱子语类》，起初不解其意，但连续一个月后豁然有所醒悟，了解到朱子所讲的是形上之道，是生化万物之理，这是牟氏第一次接触到儒家的形上学。但这种理解上仅停留在一种亲切的感受，"只是外在的、想象式的直觉解悟，说不上内在地体之于自家生命中以为自己之本根"。尽管如此，他也明确肯定了这种直觉的重要意义："我之感到这气氛下的道理，使我的生命，

---

① 牟宗三：《五十自述》，第 35 页；《全集》第 32 卷，第 31 页。
② 牟宗三：《五十自述》，第 41 页；《全集》第 32 卷，第 35 页。

我的心觉，有一种超越的超旷，越过现实的感触的尘世之拘系，而直通万化之源。""理想主义的情调始终是离不开我的，因为这超越的超旷是一切理想、灵感、光辉之源，也是一切理想主义之源。"① 牟氏通过朱子接触到了儒家的"理想主义"情调②，后者成为他一生哲学思考中不变的主题。此后，他通过朱子接近《周易》，由《周易》的象数上升到宇宙论和自然哲学，进而由对数学秩序的审美兴趣接近了怀特海的哲学，于是有了那本被沈有鼎盛赞为"化腐朽为神奇"的《从周易方面研究中国玄学及道德哲学》③，成为牟宗三哲学著述生涯的开始。

（2）"架构的思辨"——生命之离其自己

如果说牟宗三对周易的关注和研究仅是基于个人爱好而自我摸索的话，那么真正专业性的哲学训练则来自亲耳聆听著名哲学家的授课。在北大学习的岁月中，对牟氏影响最大的是张申府、金岳霖和张东荪，所受的训练主要集中在数理逻辑、知识论等方面。通过北大名师，牟宗三接触到的是以罗素、维特根斯坦为代表的西方经验主义传统之中的分析哲学、新实在论，由于牟宗三本人的超凡的思解能力以及踏实钻研的苦功，他在其中也深造自得。

早在 1931 年 5 月，大学二年级的牟宗三就撰文批判"唯物辩证法"④，该文颇有为黑格尔正名的味道；毕业后陆续发表文字参与这场论战，从逻辑和知识论的角度捍卫形式逻辑和黑格尔的唯心论，这个立场他一生未变。同时他也开始关注社会问题，在国家社会党的刊物《再

---

① 牟宗三：《五十自述》，第 42 页；《全集》第 32 卷，第 36 页。

② 值得注意的是，青年牟宗三初读朱子就从中读出了"理想主义"（idealism，亦译"观念论""唯心论"）的内涵，这显然不同于冯友兰从朱子身上找到了"实在论"（realism）的因素，因此在起点上就决定了两人理解路向的区别。尽管牟宗三在中年以后也在实在论意义上重新理解朱子哲学，但依然是站在唯心论立场上对其进行批判，同时也基于同样的理由批判冯友兰的"新理学"。

③ 该书写于 1932 年即牟宗三大学三年级之时，直到 1935 年 5 月才得以自费在天津大公报社刊行。1988 年该书略作修改，更名为《周易的自然哲学与道德函义》，由台北文津出版社出版，后载《全集》第 1 卷。

④ 参见牟宗三《辩证法是真理么?》，写于 1931 年 5 月 28 日，原载《北平晨报·北晨学园》第 162～163 期（1931 年 9 月 7～8 日）；收入《早期文集》，《全集》第 25 卷。该文是迄今所见牟氏公开发表的第一篇文字。而其后 9 月 18 日，张东荪的文章《我亦谈谈辩证法的唯物论》发表于《大公报·现代思潮》，才真正挑起了"唯物辩证法论战"。不过可以看出，牟氏此文深受张东荪"多元认识论"的影响。

生》上发表了数篇关于中国农村问题和民族命运的文章，由此为开端的对中国历史和政治问题的哲学思考一直是其思想的一大主题。

　　这一时期牟氏主要的精力放在逻辑学和知识论方面，先后写作了《逻辑典范》《理则学》《认识心之批判》以及大量论文。他自述这段时期的哲学思考："对于逻辑与数学之解析之扭转，与夫归于'知性主体'，敲开'认识主体'之门，'超越的逻辑我'之建立，这使我真正地进入哲学之域。我得到了在哲学上独立说话的思辨入路，我已确然涌现了安排名数、说明知识、进窥形上学的全部哲学系统之架构。这就是我所谓'架构的思辨'。这是一步积极的、真正的哲学工作。在这部工作上，我接近了康德。我不但接近他，还要进而了解他，去好好学习他那套架构的思辨。"[1] 牟宗三在知识论的研究中，由罗素的"数学实在论"转向康德的"先验观念论"，尤其在《认识心之批判》这部著作中，本着"智穷见德"的基本理路，说明了架构思辨的极致就是道德理性的开端，这也标志着牟氏本人的哲学思考中心由"真"转向"善"。在这个转变中，康德哲学的作用无疑是关键性的，但同时应当看到最后一步的飞跃不是康德式的而是黑格尔式的。[2] 同时，此书中在探讨认识主体时提出了所谓"天心坎陷为识心"，具备了其日后"良知坎陷说"的基本框架，成为其"两层存有论"的雏形。[3]

　　与理论上的收获相比，牟宗三在现实境遇中颇不得志，面临巨大的生存压力。一心专注于架构思辨的他身处在民族生命、文化生命和个体生命三种危机之中，内心被虚无主义所笼罩："心灵投于抽象之思考，自然生命则下坠而投于醇酒妇人。个体破裂之象由此开其端。普遍性与特殊性趋于两极化，此之谓个体性之破裂。此是生命离其自己而以种种因缘促成之结果，亦是最痛苦之境地。整个时代在破裂，吾之个体生命亦破裂。"[4] 如果说前面所说的由主体对象化而产生的"生命之离其自己"是人类精神发展的普遍过程，具有积极意义的话，这里提及的"生

---

① 牟宗三：《五十自述》，第 73 页；《全集》第 32 卷，第 65 页。

② 关于这一问题后文有详论，参见第四章第二节。

③ 相关论述参见拙文《牟宗三"良知坎陷说"的发展历程》，《中国哲学史》2008 年第 2 期。

④ 牟宗三：《五十自述》，第 100 页；《全集》第 32 卷，第 90 页。

命之离其自己"却是价值缺位的后果，在某种意义上说是一种自我迷失和生命异化的消极状态。这里我们再次看到牟氏内心之中"日神精神"与"酒神精神"的对立紧张：一方面是对逻辑秩序的理性建构，另一方面是对肉身形骸的感性放纵——这两者是如何同时存在于一个人身上的？究其根源，"架构的思辨"的实质是工具合理性支配下的强探力索，其在获取对象性知识的时候表现出一种向外逐物、往而不返的趋势，如果没有价值合理性的调适、润泽和引导，就难免造成人生意义的虚无。这是现代社会一种普遍的精神现象，在那段时间的牟宗三身上得到了突出的反映。可以肯定地说，这种关于现代性之精神危机的切身体验对其现代性态度的形成发生了非常重要的作用，从一个侧面说明了"现代性"问题对于牟宗三哲学的内在性。①

（3）"客观的悲情"——生命之复归自己

由于"架构的思辨"完全是形式的、抽象普遍的、纯粹知性的、与现实相疏离的，因而牟宗三借用克尔凯郭尔的术语将其称之为"非存在的"（non-existential），这种"非存在"往往沦为萨特所讲的"虚无"，即"对存在的虚无化"②。牟宗三毕竟不甘于在这种虚无中沉沦下去，必须超拔出来面对存在本身、面对时代现实："我在'非存在的'领域中，同时也常被打落在'存在的'领域中，正视着'存在的'现实。在时代的不断的刺激中，我不断地感受，不断地默识。在不断的默识中，我渐渐体会到时代的风气、学术的风气、知识分子的劣性、家国天下的多难、历史文化的绝续。这一切引发了我的'客观的悲情'。"③ 所谓"存在的"（existential）就是具体的、现实的、特殊的、在特定的时空之中的感受

---

① 我们无疑应当敬佩牟先生的真诚和勇气，在批判的意义上将自己生命堕落的情形如实展现给读者，这一行为本身就具有某种"英雄性"，因此我们不能以"侍仆的意识"去评价他。正如黑格尔对所谓"心理史学"的批判，他引用了法国谚语"侍仆眼中无英雄"，原因在于"英雄在他的侍仆面前所表现出来的乃是他的私人需要和私人表象的个别性"，而在所谓"侍仆的意识"看来，"没有任何行为它不能从中找出个人的个别性方面以与行为的普遍性方面相对立"，因此这种意识本身就是"卑鄙"和"伪善"的。参见黑格尔《精神现象学》下卷，第172页；《法哲学原理》，第127页；《历史哲学》，第32页。

② 参见〔法〕萨特《存在与虚无》，陈宣良等译，生活·读书·新知三联书店，1987，第52页。

③ 牟宗三：《五十自述》，第85页；《全集》第32卷，第75页。

和思考，其中具有一种关切于社会人生的"紧张强度"。① 牟氏所说的"客观的悲情"代表了一种"淑世济民"的社会政治关怀和"兴亡续绝"的历史文化意识，而这种悲情是儒家所特有的。在这个意义上，只有到了这个时候，牟宗三才成为一个真正意义上的儒者，而这个根本性的转变得益于一师一友。

牟宗三之所以皈依儒学，在很大程度上得益于熊十力的引领。据他回忆，他在大学三年级时始闻熊十力之名并拜读其《新唯识论》，对其文辞义理均钦佩不已，经人介绍得晤其面，此后从游于门下，毕业后仍不断书信往还。据牟宗三回忆，1934 年冯友兰访熊十力于北平二道桥，熊批评冯曰："你说良知是个假定。这怎么可以说是假定。良知是真真实实的，而且是个呈现，这须要直下自觉，直下肯定。"当时在场的牟氏感受到："良知是真实、是呈现，这在当时，是从所未闻的。这霹雳一声，直是振聋发聩，把人的觉悟提升到宋明儒者的层次"，"由熊先生的霹雳一声，直复活了中国的学脉"。② 熊十力的这一"狮子吼"深深地影响了牟宗三一生的哲学理路，通过熊十力，牟宗三接契了孟子到陆王的心学道统，皈依于儒家心性之学。正如台湾学者吴森所指出的："没有熊先生的启发，牟氏可能一辈子治逻辑及认识论而不会折返儒家的道路。这大转变，就像圣保罗的归于耶稣。"③ 近 20 年从游于熊十力的经历促使了牟宗三的"第二次觉悟"，经由"师教"而从虚无的沉沦中挣脱出来，走上自己独立的思想道路。

牟宗三常说："生我者父母，教我者熊师，知我者君毅兄也。"④ 在"父教"与"师教"之外，牟宗三还在治学方向和思想资源等方面受教于挚友唐君毅，后者是他"谈学问与性情最相契的一位朋友"。正如刘述先所总结的，唐君毅对牟宗三转向中国哲学智慧有"带路"的作用。⑤唐君毅是位早慧的哲学天才，在 30 岁以前就形成了自己对人生的基本信

---

① 参见牟宗三《存在主义》，《牟宗三先生晚期文集》，《全集》第 27 卷，第 182～185 页。

② 牟宗三：《五十自述》，第 88 页；《全集》第 32 卷，第 78 页。

③ 吴森：《论治哲学的门户与方法》，载《比较哲学与文化》，东大图书有限公司，1978，第 189 页。

④ 牟宗三：《五十自述》，第 100 页；《全集》第 32 卷，第 90 页。

⑤ 参见刘述先《从学理层次探讨新儒家思想本质》，《"当代新儒家与中国的现代化"座谈会》，台湾《中国论坛》第 15 卷第 1 期（总第 169 期），1982 年 10 月。

念，其相契于熊十力之学并持弟子礼，而哲学义理却"自谓已先自见得"。① 唐、牟二人同岁，在 1939 年正式晤面而一见订交，相互切磋讲习，同继师门心性之学，共担中国文化慧命。唐君毅对牟宗三的影响主要在对黑格尔哲学的理解上，牟氏此前一直对康德哲学与黑格尔哲学之间的分歧甚感困惑："康德的批判学实无以讲辩证，黑格尔的辩证学又实无以讲批判，这是一个大问题，须有以解决之。"② 经过与唐氏的探讨，牟氏得出了调解两者对立的方式："要分解，须先是'超越的分解'，如康德之所为，其次是辩证法的综合，而辩证的综合即含有辩证的分解，如黑格尔之所为。"③ "要讲黑格尔式的辩证综合，必须预设康德的超越分解。"④ 经由与唐君毅的论学，牟宗三对黑格尔的唯心论和辩证法都有了进一步的认识。徐复观曾将唐君毅称作"仁者型的儒者"，将牟宗三称作"智者型的儒者"，⑤ 准确地勾勒了二人在性情和学问风格上的特色，尽管如此，两人在哲学形态、理论旨趣和政治立场上都表现出了一致性，这在 1958 年元旦两人与徐复观、张君劢四人联名发表的"新儒家宣言"⑥ 中得以突出体现，这里应看作两人近 40 年交往论学的结果。如果说熊十力从中国传统哲学资源的角度给了牟宗三以方向的指导，那么唐君毅则从西方哲学资源中为牟氏的理路提供了有力的支持，在这个意义上，我们可以说与唐氏的往来论学给牟宗三带来了"第三次觉悟"，使之具有了完成体系建构的西学助缘，于纷繁的百家学说之中坚定地选择了"康德—黑格尔"一系的德国唯心论哲学，契接了西方现代性之理想主义传统。

---

① 参见唐君毅《生命存在与心灵境界》下册，学生书局，1986，第 479 页。

② 牟宗三：《纯粹理性与实践理性》，《牟宗三先生早期文集》，《全集》第 25 卷，第 389 页。

③ 牟宗三：《五十自述》，第 111 页；《全集》第 32 卷，第 100 页。对于牟宗三所使用的"综和"一词，本书依据现代汉语规范一律改为"综合"，以下同此。

④ 牟宗三：《超越的分解与辩证的综合》，《牟宗三先生晚期文集》，《全集》第 27 卷，第 459 页。

⑤ 参见徐复观《马一浮〈尔雅台答问〉代序》，广文书局，1963。

⑥ 该宣言正式名称为《为中国文化敬告世界人士宣言——我们对中国学术研究及中国文化与世界文化前途之共同认识》，以牟宗三、徐复观、张君劢、唐君毅四人的名义发表于 1958 年元旦的《民主评论》与《再生》两刊。后更名为《中国文化与世界——我们对中国学术研究及中国文化前途之共同认识》，收入唐君毅《中华人文与当今世界》（下），学生书局，1975。

　　在严父、良师、益友三方面的教导之下，牟宗三一生的哲学理路已然坚定不移。牟宗三 40 岁以后，在往来港台之间讲习授课之余，哲思不断、笔耕不辍，进入了哲学创造的"黄金时期"。纵览其后期的学术工作，大约可以分为五个方面，其代表性著作及出版时间如下：其一，历史与文化问题之思考，有《道德的理想主义》（1950）、《历史哲学》（1955）、《政道与治道》（1961）以及《生命的学问》（1970）、《时代与感受》（1984）等，其中前三种合称为"新外王三书"；其二，中国哲学义理之阐发，有《中国哲学的特质》（1963）、《才性与玄理》（1963）、《心体与性体》（1968～1969）、《佛性与般若》（1977）、《名家与荀子》（1979）、《从陆象山到刘蕺山》（1979）、《中国哲学十九讲》（1983）、《周易哲学讲演录》（1992）等；其三，道德形上学体系之建构，有《智的直觉与中国哲学》（1971）、《现象与物自身》（1975）、《圆善论》（1985）以及《真善美的分别说与合一说》（1992）；其四，中西哲学之会通，有《中西哲学之会通十四讲》（1990）、《四因说演讲录》（1994）、《康德第三批判讲演录》（2000）等；其五，西方哲学之译注，有《康德的道德哲学》（1982）、《康德〈纯粹理性批判〉译注》（1983）、《名理论》（1987）、《康德〈判断力之批判〉》（1992～1993）等；此外还有大量的文章、讲演发表于台湾刊物上。[①] 在哲学的运思和写作中，牟宗三的生命扬弃了异化并返回了自身，"直觉的解悟"与"架构的思辨"达到了和解，其个体自身由"苦"证"悲"、由"悲"证"觉"、由"觉"化"行"，最终臻于"觉行圆满"的人生至境。

　　牟宗三的哲学思考一直延续到生命的最后时刻，在弥留之际对自己一生做了如下的评价："我一生无少年运，无青年运，无中年运，只有一点老年运。无中年运，不能飞黄腾达、事业成功。教一辈子书，不能买一安身地。只写了一些书，却是有成，古今无两。"[②] 无论对所谓"古今无两"做何种解释，牟宗三在现代中国哲学史上的重要地位是不能轻视的，正如美籍学者傅伟勋所评价的："牟宗三是王阳明以后继承熊十力理

---

① 参见蔡仁厚《牟宗三先生学思年谱·著作出版年次表》；李明辉《牟宗三先生著作编年目录》，载《牟宗三先生全集》第 33 卷。

② 蔡仁厚：《牟宗三先生学思年谱》，第 89 页。蔡仁厚关于"古今无两"做了详细解释，见该书 90～91 页。

路而足以代表近代到现代中国哲学真正水平的第一人。中国哲学的未来发展课题也就关涉到如何消化牟先生的论著，如何超越牟先生理路的艰巨任务。"①

2. 时代感受

牟宗三作为一个学院中的哲学家，尽管称赏"任凭沧海变幻只管矇眬两眼订六经"的治学态度②，并且一生与政治和权力保持着距离，但其在读书、写作和授课的同时，从未放弃通过理论的方式关切当下的时代，以敏锐的感受力和洞察力关注着"现代"，始终保持着对于现实的批判眼光，在某种程度上充当着"社会的良知"和"权力的眼睛"的角色。

（1）把握"现代"

牟氏在晚年的一次访谈中比较详细地考察了"现代化"这一概念的含义及起源，特别澄清了"现代"与日常流行的"摩登"这两个概念的区别，在他看来，前者指的是"近代世界"（modern world），而后者尽管采取了音译，但实际上指的是一种"时尚"或"风尚"（fashion），因此追求时尚的人其心态未必就是"现代的"。故而，"现代化"（modernization）的含义关键在于思想观念层面，他对此举例说明："譬如美国的独立宣言、法国大革命的自由、平等、博爱等等，这不是'时尚'，而是需要奋斗的，是真正代表精神（spiritual），而有其理想的（idealistic）"，因此"它一旦出现，即有永恒性、普遍性，它是一个真理（truth）"。相比而言，"'时尚'有如一阵风，流行起来很热闹，过去便完"。③ 在此基础上，牟氏强调了这一概念的实践品格与价值意涵："近代化（即现代化——引者注）是一价值内容之观念，不是一时式之观念，而且单从科学方面亦并不能了解它。从客观实践方面倒真能把握住

---

① 傅伟勋：《从西方哲学到禅佛教》，生活·读书·新知三联书店，1989，第 25～26 页。

② 参见牟宗三《为学与为人》，载《生命的学问》，广西师范大学出版社，2005，第 99 页。此为孔尚任《桃花扇·听稗》中柳敬亭说论语的鼓辞，原文为"凭世上沧海变田田变海，俺那老师父只管矇眬着两眼定六经"。这里要说明的是《生命的学问》一书由于版权原因，未收入《全集》。

③ 参见牟宗三《"五四"与现代化》，载《时代与感受续编》，《全集》第 24 卷，第 257～259 页。

近代之所以为近代之真实内容。"① 从以上论述可以看出，尽管在牟氏著述中尚未出现过"现代性"（modernity）这一概念，但他已经对此具有了比较深刻的认识，强调必须从精神理念的层面把握"现代"的根本特征，在这个意义上"现代化"具有真理性和普遍性。

基于以上的认识，牟宗三对"现代"进行了如下界定："'现代'不只是一个时间观念，而乃是在精神发展上表示精神更进一步理性更丰富一步的实现。"② 这个理解无疑带有黑格尔哲学的鲜明色彩，认为"现代"是人类历史进程中的一个阶段，它较之此前的时代具有实质意义上的进步性，因而在绝对理性自我发展和世界精神辩证运动的意义上，"现代"具有历史必然性。以上可以视为对"现代性"之普遍性的一种"目的论"的证明。具体而言，"现代化"的"真实内容与含义，应是以欧洲文艺复兴后从中世纪'神本'思想解放出来的'人本主义'来充实的"。"人是人，人要尽人的能力，把人的全部所有充分发展出来，这就叫作'人的发现'，这就开出了'近代文明'。它的具体成就便是民主政治、自由经济与科学知识（下来便是科技的发展）。这是今日支配全人类的'人'的成就，凡没有这种成就的民族，通过自我的努力来成就这种成就，便是所谓近代化或现代化。"③ 在牟氏的理解中，"人本主义"构成了"现代化"的核心内容，其中所蕴含的科技、经济、政治等方面的成就，与本书第一章所界定的以"理性""自由""进步"等为代表的现代性精神理念是相互契合的，表明牟氏所讲的"现代化"就是本书所探讨的"现代性"概念。

然而，不同于黑格尔将"现代"视为人类历史之终极目的，牟宗三指出"现代化是必须经过的，然不是最后圆满的"。④ 也就是说，"现代性"的普遍性主要指空间向度上的"非地方性"，而对于人类历史之时间向度而言，"现代性"又不是绝对的和终极的，其同样包含着自身无法克服的问题，因此必然具有其历史性和相对性。牟氏指出："现代化并

① 牟宗三：《历史哲学》，学生书局，1985，第25页；《全集》第9卷，第459页。
② 牟宗三：《要求一个严肃的文化运动之时代》，载《时代与感受续编》，《全集》第24卷，第60页。
③ 牟宗三：《肯定自由、肯定民主》，载《时代与感受续编》，《全集》第24卷，第283页。
④ 牟宗三：《哲学之路——我的学思进程》，载《时代与感受续编》，《全集》第24卷，第410页。

非穷尽一切，并非绝对。我们需要科学，但科学并非绝对；我们需要民主政治，但民主政治也非绝对。如果明了这些，就知道有现代化的益处，也有现代化的弊病，也就接触到后现代化的问题"。① 可见，"现代之后"的问题已经进入牟宗三的理论视野之中，并且这种问题意识转化为其哲学运思的基本取向，他采取了对"现代性"的双向态度：一方面在人类精神之一般的高度对其积极成就予以肯定和接纳，另一方面从思想根源上对其内在弊病予以批判和超越。

即使是在对"现代性"展开批判时，牟宗三也与一般意义上的"后现代主义者"有所区别。他坚持认为如果对"现代性"本身的问题没有整全的把握，是没有资格谈论所谓"后现代"的问题的，因为在他看来，以康德为代表的 18 世纪是"人类理性最健康、最正常的一个时代"，而 20 世纪的人们却往往不能够真正理解那个时代的伟大思想，反而以"后现代"的名义妄加菲薄。牟氏强调："如果不经过十七、十八世纪的思想，只讲二十世纪的思想，认为这两世纪的思想都是过时的古董，则舍本逐末、漂浮无根，便丧失了开辟的思想与创造的智慧，而只以纤巧无本的思想为思想，或曰流于肤浅而只受制于科技的机械享受之牙慧，或曰旋转于现代化社会中的自由与多元而空说废话以为学术，此皆只有文明而无文化的末世之衰相。"② 正基于此，他晚年把主要精力放在译介和消化康德哲学之上，力图在回溯"现代性"的根源典范中把握其思想精髓，一则在理论层面将其与中国文化传统相会通，二则在现实层面为现代性之病症诊脉开方。

与此同时，牟宗三强调了"现代性"的文化维度，指出其"乃是有文化精神的特殊内容与特殊价值的，现代化正是西方文化发展在这三百年中的贡献"。③ 然而，"同是要求现代化，西方与中国的源泉不同：西方是根据阶级斗争而来，中国社会则只是'职业殊途，伦理本位'，阶级的分野不清楚"，因此"中国现代化的道路不能模仿西方通过阶级斗

---

① 牟宗三：《哲学之路——我的学思进程》，载《时代与感受续编》，《全集》第 24 卷，第 411 页。

② 牟宗三：《哲学之路——我的学思进程》，载《时代与感受续编》，《全集》第 24 卷，第 411 页。

③ 牟宗三：《九十年来中国人的思想活动》，载《时代与感受续编》，《全集》第 24 卷，第 413～414 页。

争的方式，这是因为社会背景、历史背景不同。"① 由此可见，在"现代性"实现的过程中，文化因素的作用是不容忽视的。故而，牟宗三在人类文化之"共相"的意义上肯定现代性理念的普遍意义的同时，也强调这些理念在历史实现过程中基于各个民族文化之"殊相"而表现出来的特殊性，这一辩证性的思考在下文即将论及的"文化通孔说"中得以更为系统地展开。

（2）感受时代精神

置身一个急剧变革的大时代，通常两种人会有不同于常人的强烈感受并将其形诸笔端，一种是诗人，另一种是哲学家。牟宗三极少写诗，却每每能够以一个哲学家的理论视角观照这个时代的精神状况，对其种种时风世相进行形上的反思与批判。

德国诗人荷尔德林在一首哀歌中吟咏道："当天父对众人背过脸去/悲哀理所当然地弥漫大地/当一位默默无闻的精灵（指基督——引者注）最后一次出现，带来天使般的/安慰，宣布白昼消逝后离去……"② 同样，尼采宣说："'上帝死了'，基督教的上帝不可信了，此乃最近发生的最大事件。这件事开始将其最初的阴影投射在欧洲的大地上，至少，那些以怀疑的目光密切注视这出戏的少数人认为，一个太阳陨落了，一种古老而深切的信任变成了怀疑，我们这个古老的世界必将日益黯淡、可疑、怪异、更加衰老。"③ 以上两人以不同的话语描述了同一个意象："上帝退隐、黑暗降临"。对这一隐喻，海德格尔做了深刻的阐释：对于尼采的断言，他表示"我们更愿意把'上帝死了'这句话的意思理解为：上帝本身从自身而来已经远离它的活生生的在场了"④；对于荷尔德林的诗句，他指出"上帝之缺席意味着，不再有上帝明显而确实地把人和物聚集在它周围，并且由于这种聚集，把世界历史和人在其中的栖留嵌合为一体"，不仅如此，"不光诸神和上帝逃遁了，而且神性之光辉也

① 牟宗三：《从儒家的当前使命说中国文化的现代意义》，载《时代与感受》，鹅湖出版社，1984，第322~323页；《全集》第23卷，第347~348页。
② 〔德〕荷尔德林：《面包与葡萄酒》，《荷尔德林诗选》，顾正祥译，北京大学出版社，1994，页146。
③ 〔德〕尼采：《快乐的知识》，黄明嘉译，中央编译出版社，1999，第127页。
④ 〔德〕海德格尔：《尼采的话"上帝死了"》，《林中路》，孙周兴译，上海译文出版社，1997，第265页。

已经在世界历史中黯然熄灭。世界黑夜的时代是贫困的时代，因为它一味地变得更加贫困"。[①] 以上三位思想家所论及的是同一个意象，即由现代社会的世俗化进程所带来的"上帝的隐退"（God's absence），面对这一意象，三者不无悲观地感叹：上帝隐退之后的世界陷入了虚无主义的深渊，而工具合理性的膨胀带来了价值的空场与意义的失落。

牟宗三也对荷尔德林所说的"上帝的隐退"进行了独到的阐释，深刻地把握了"现代性"的精神状况。对于荷尔德林和尼采所揭示的意象，牟氏分析道："上帝本身无所谓死亡不死亡，亦无所谓隐退不隐退。他们的呼声，实是表示时代精神的堕落。这是一个时代精神的方向问题。人间与上帝拉开了，把上帝推远了，各自奔前程，不再密切贯注着、照顾着。人的一切活动不再念兹在兹地想着上帝，而上帝亦不再明珠暗投，对牛弹琴了。上帝的时代已经过去了。"[②] 牟氏指出，以上说法未免过于伤感消极，他另辟蹊径，不说"上帝隐退"或"上帝死亡"，改称为"上帝闭关"或"上帝归寂"，其意在于强调这个时代"上帝"与"人"之间的隔离和两极化。从"上帝"这一方面说，"他的归寂是他自己暂时与人间及世界隔离。他要保持他的纯净性，归于他的'纯粹主体性'之自己。这样，他才真能建立其自己，保持其自己，而不流失"。"所以上帝归寂出缠，既所以澄清他自己，亦所以厘清人间世也。"[③] 从"人"这一方面说，人的精神表现方向出现了一种"下降的趋势，因其造成清一色的自然与物质之平面层，故一方推远了上帝，一方也澄清出一条界线。因为这清一色的自然与物质之平面层并没有精神，亦无所谓上帝，更无所谓意义与价值。所以这个平面层本身就是一界线，它清除了精神、意义、价值与上帝，它也干净了自然与物质。"人的精神"如是向下向外，而专倾注于自然与物质，则其精神即为自然与物质所吸住，而凝结黏着于自然物质上而丧失其自己"。[④] 牟宗三用形象化的语言描述了时代

---

① 〔德〕海德格尔：《诗人何为?》，载《林中路》，第273页。

② 牟宗三：《论"上帝隐退"》，载《道德的理想主义》，学生书局，1985，第186页；《全集》第9卷，第241页。

③ 牟宗三：《论"上帝隐退"》，载《道德的理想主义》，第187、188页；《全集》第9卷，第243页。

④ 牟宗三：《论"上帝隐退"》，载《道德的理想主义》，第187、186页；《全集》第9卷，第242页。

精神的两极化：一端是"上帝"的"后退""内敛"和"上升"趋势，另一端是人的"前进""外扩"和"下降"趋势，两者原先的混沌一体产生了分化，神的世界与人的世界、精神世界与物质世界泾渭分明。对于牟氏而言，"上帝"毋宁是一个象征和隐喻，代表了超越性的精神信仰和价值关切，而"上帝归寂"的过程就是韦伯所揭示的现代世界世俗化、合理化（即"祛魅"）的过程，这一过程的实质是工具合理性的兴起在给人们带来巨大的物质成就的同时，逐渐与价值合理性相分离，造成了"价值世界"与"事实世界"、"精神世界"与"物质世界"之间的分化。有别于荷尔德林的悲悯之感与尼采的义愤之情，牟宗三对这个分离过程给予了理性上充分的肯定，在他看来，经过分化了的"精神"和"物质"都更加纯粹化，这较之于先前两者的"自在"同一无疑是更高级的"自为"阶段，这是人类精神具有了自我反思性的积极成就，开显了以人为中心的世界图像。牟氏指出，这两者的分化始于文艺复兴，在某种意义上是"现代"的标志；但是，这种两极化的运动发展到了20世纪，"上帝之归寂"与"人之下堕"都到了极点，产生了深刻的时代危机，因此有了尼采关于"上帝已死"的断言，有了海德格尔关于"人之无家可归"的悲叹。

对于这一问题，牟宗三既不流于浪漫主义的激进，也不沦入虚无主义的悲观，而是从自身对于时代的实际感受出发，借用中国佛教华严宗的术语"事法界"和"理法界"进行更深层面的分析。在他看来，爱因斯坦的相对论代表了晚近科学的突出成就，因而"上帝归寂"的同时标志着"爱因斯坦时代"的到来。但是，牟氏强调"爱因斯坦时代"的基本精神是"事法界"的认识，而不是"理法界"的认识，前者是科学所面对的事实世界，其真理形式是强度的、外在的，而后者是价值世界和形而上学世界，其真理形式是广度的、内在的。在相对论主导下的世界观看来，世界是一堆"事件"（event）的集合，自亚里士多德以来的"本体—属性"模式被罗素式的"关系"模式所取代，任何关于"实体"的言说和对最终根据的形而上学探究都被视为无意义陈述而被"奥康剃刀"（Occam's razor）剔除，因而无所谓什么"本质""心灵""物质""意志"等"理法界"概念，整个世界只剩下一个个的"事件"，这就是所谓的"事法界的纯净化"。这种"纯净化"的实质是与"价值世界"

相疏离的过程，带给了我们一个平面化的事实世界。牟宗三进一步揭示了这个事实世界之"无体""无理""无力"的本质。"无体"是说由于截断了"究极本体"的形上追求，因此造成"整个人生与宇宙皆无根底"；"无理"是说现代人只在纯语句的意义上讲知识而不讲思想，因而排斥理性主义和先验主义，而沦为约定主义和形式主义；"无力"是说相对论排斥"力"这个概念所指示的事象背后的"所以然"，后者既可以是本体论上的"充足理由"或"实现原理"，也可以是宇宙论上的根据。简言之，科学所带来的世界图景是"只有事而无理，只有象而无体，只有既成事实之推移与平面之计算而无实体性的创造之力"。① 牟氏指出，在相对论的世界中，"体""力"和"理"的概念对于科学知识而言是不必要的，这本无可厚非；但是这种科学上的理性选择转变为一种对于"理法界"本身的情感排拒，这种情绪已然超出了科学的畛域，泛化为一种时代习气，沦为"理智一层论""科学一元论"和一种社会历史的"物势观"，导致整个世界的庸俗化和人生意义的失落，最终必然陷入虚无主义的深渊。②

在牟氏看来，这种纯粹"事法界"的世界观远未达到究竟之境，"理法界"在现代生活中依然具有不可或缺的重要意义，他指出："事法界的认识不能离开理法界的认识，而事无碍、理无碍、事理圆融，方是彻底透出的全幅学问之历程。在这里，方可使'内心的欣趣'有实着落，而不流于排他之僻执。"③ 而解决现时代精神危机的唯一出路在于重建"理法界"，即在现代性的语境中重建精神信仰，为现代人提供价值与意义的支持。因此牟宗三感到"人的呼唤就是人对于上帝的呼唤，也就是对于人自己的呼唤，这是一种悲情的呼声，这种悲情是一种对于时代的悲情"。那种科学认知的态度固然是一种"风雅的智者之趣味"，但倾听悲情的呼声、给予世界形上的关怀才是真正的"悲天悯人的高贵的仁者之情"。④ 在他看来，西哲荷尔德林与海德格尔已经具有了回归"神

---

① 牟宗三：《政道与治道》，学生书局，1983，第 158 页；《全集》第 10 卷，第 174 页。
② 参见牟宗三《论"上帝隐退"》，《道德的理想主义》，第 196～198 页；《全集》第 9 卷，第 254～257 页。
③ 牟宗三：《论"上帝隐退"》，《道德的理想主义》，第 195 页；《全集》第 9 卷，第 253 页。
④ 参见牟宗三《论"上帝隐退"》，《道德的理想主义》，第 200～201 页；《全集》第 9 卷，第 261 页。

性之真实"的洞见，然而囿于其所处的西方文化遗产，他们"于此一间未达"，尚不究竟；"哲学家进入'理法界'时所当从事的领域，不必限于'明智悟有'一路，因为这还只是'智'一面的事。而'诚意启化'亦是需要的。这是仁智双彰的路。不能接触到'仁'一面，哲学家的工作总不能算完全，对于上帝的呼唤亦总是隔一层。'神圣之感'固须诗人之唤起，而'神圣之名'亦须圣贤人格之证实。神性之寻求以及上帝一词之意义之澄清与确定，俱须圣贤人格之证实，由其所证实而寻求而确定"。① 这里，牟宗三鲜明地体现出其儒家人文主义的立场，凸显出"圣贤人格"对于这个时代的必要性，以此作为重建价值世界的精神旨归，力图通过"以仁统智"而达到"仁智双彰"的理想境界，挺立人作为价值存在的崇高性和神圣性之维，真正克服"上帝归寂"之后的虚无主义危机。

（3）针砭世风与学风

以上牟宗三所说的"事法界"和"理法界"实际上就是"科玄论战"之中所争辩的"科学"与"玄学"（"形而上学"）各自所面对的世界，牟宗三继承了张君劢等"玄学派"的基本理路，将科学的作用范围限定在事实世界之中，坚决捍卫现代性关于"事实/价值"的二元划分："在科学的'事实世界'以外，必有一个'价值世界'、'意义世界'，这不是科学的对象。这就是道德宗教的根源，事实世界以上或以外的真美善之根源。"② 这里，以"事实/价值"的逻辑划分来处理"科学/形而上学"问题是牟氏整体哲学架构的基本理路，其既有操作上的合理性，但也有理论上的难题，后文将对此进行详细的分析，这里仅就实际操作层面进行阐述。

本着"事实/价值"二分的基本思路，牟宗三对中国近代以来思想界的风气进行了数十年不懈的反思和批判，这一主题在他的著述演讲中反复出现，但核心意旨从未改变，即批判由"工具合理性"的膨胀所带来的"物化"与"僵化"两大顽疾，这种弊病可以视为西方现代性在中

---

① 牟宗三：《论"上帝隐退"》，载《道德的理想主义》，第202页；《全集》第9卷，第261页。

② 牟宗三：《关于文化与中国文化》，载《道德的理想主义》，第254页；《全集》第9卷，第328页。

国语境中的映像，因而牟氏这种批判在根本上指向于西方现代性本身。

其一是"物化"。所谓"物化"是指"视人纯为一物质的机器，不把人当人看，把生命中的人性、正义、理想、价值，全予以否定，此不得不视人民为刍狗"。① 牟宗三指出，自西方文艺复兴以来，"人"作为主体逐渐从中世纪的神学束缚中解放出来，产生了近代意义上的"人文主义"："这是直接面对现实人生而加以肯定，因着人性与自我的觉醒、生命的通透洋溢而来的肯定。""说到现实的人生，现实个性的自我，就不只是那普遍的理性一面，而且有特殊的气质一面；也不只是基于普遍的理性而来的普遍的人类爱，而且基于特殊的气质而有现实的人间爱。"② 其后的启蒙运动一方面将这种人文主义所代表的生活情调抽象化、"凝敛而具形化"为个人主义和自由主义，另一方面文艺复兴时代艺术性想象力创造精神"收缩沉着"而成为知性层的"理性主义"，转变为科学精神。牟氏指出，这些现代性成就固然可贵，但文艺复兴时所兴起的"人文主义"思潮经过启蒙运动之后成为"非人文的"，甚至走向了其对立面即"反人文主义"，表现为人沉溺于物的世界不能自拔，整个社会将个人视同草芥刍狗，人对人完全成为工具利用的关系，这就是"物化"。

马克思在《巴黎手稿》中曾从主体劳动和生产关系的视角深刻地揭示了劳动者在四个层面的"异化"现象，其中最核心的是："人的类本质——无论是自然界，还是人的精神的类能力——变成对人来说是异己的本质，变成维持他的个人生存的手段。异化劳动使人自己的身体，同样使在他之外的自然界，使他的精神本质，他的人的本质同人相异化。"③ 如果我们将马克思所讲的"人的类本质"理解为人之为人并且区别于物的特质——"人性"（Humanity）的话，那么人与"人性"的异化就是"物化"。牟宗三所讲的"物化"与马克思所讲的"异化"（乃至于卢卡奇所讲的"物化"）在某种程度上都带有黑格尔哲学的色彩。尽

① 牟宗三：《人文主义的基本精神》，载《道德的理想主义》，第 151 页；《全集》第 9 卷，第 195 页。

② 牟宗三：《人文主义的完成》，载《道德的理想主义》，第 166～167 页；《全集》第 9 卷，第 216 页。

③ 马克思：《1844 年经济学哲学手稿》，《马克思恩格斯选集》第 1 卷，人民出版社，1995，第 47 页。

管由于各自不同的"人性"理解，产生了进路上的差异，但不可否认，他们都是基于某种人道主义（Humanism①）立场对人的自身存在进行关怀。

其二是"僵化"。所谓"僵化"指的是"只承认'经验事实'为学问的唯一对象"，"理智主义者在主体方面，只承认'理智的分析'……理智活动以上的情意心灵乃至理智本身的内在根源，他们不视为学问的对象，也不认为这里有大学问。因此，人生全部活动的总根源，成了人类心思所不及的荒地"。因此，牟宗三对这种倾向命名为"理智一元论""科学一层论"，其仅仅停滞于官觉经验这一个层面，并将价值世界化约为一系列事实，因而将丰富而立体的价值世界单一化、平面化，具有一种自我封闭和机械还原论的倾向。②

牟氏指出，"事实世界"与"价值世界"所对应的主体机能是不一样的，前者是人类理智（即康德所讲的"理论理性"，牟氏译为"观解理性"）的对象，"因为事实一层是没有价值观念的，理智分析是将一切外在化而为平面的"；而后者则是超理智（即康德所讲的"实践理性"）的对象，在其后期思想中更加明确地将这种主体机能定位为"智的直觉"。牟氏认为这种理智的运用是有其限度的，"人性中的父慈子孝、兄友弟恭，是经不起理论的追问的。正义、理想，这都发自于不容已的心愿"。③"人为什么当该'孝'？这是经不起理智的疑问与分析的。这不是一个科学的对象，这是不能平铺而为具体事实的。这是没有理由的。"④以上所谓"没有理由""经不起理论追问"并不意味着伦理原则的基础是非理性的或神秘的，而是说单纯以理智分析的态度无法解释道德行为的必然性，独立的价值世界的存在构成了"理论理性"运用的限度。以上的态度尚是康德意义上的划界，而牟宗三之所以坚持这种划界的理由

---

① 英文"Humanism"在中文语境中存在三个译名："人文主义""人本主义""人道主义"，三者所强调的内容各有侧重，简单地理解可以分析三者各自的对立概念："科学主义""神本主义"和"反人道主义"（或"兽道主义"），此处反对在将人物化的意义上使用"人道主义"的译名。

② 参见牟宗三《人文主义的基本精神》，载《道德的理想主义》，第151页；《全集》第9卷，第195页。

③ 牟宗三：《人文主义的基本精神》，载《道德的理想主义》，第152页；《全集》第9卷，第196页。

④ 牟宗三：《关于文化与中国文化》，载《道德的理想主义》，第255页；《全集》第9卷，第329页。

则完全基于儒家人文主义的立场。如同孔子回答宰我"短丧"之问的态度①，牟氏反诘那些理智主义者："关于这类的事可以这样去追问去分析吗？当他这样一问时，他的心已经死了，可谓全无心肝。"② 这里，道德行为完全基于"当然而不容已""定然而不可移"的本心良知，是一种本体性的道德情感，因此在儒家看来，以理智的态度质疑道德原则的正当性这一行为本身就是"失其本心"的表现，严重地说就是"人义有缺""是禽兽也"。

同时，牟宗三还着力对功利主义的科学观进行了批判。他首先澄清了所谓"用科学"的两种含义：一种是积极意义，即"真正献身于科学研究""用科学之成果而从事工业制造"，对此他并不反对，但也指出当前中国的科技发展水平"尚未达到这个程度"；另一种是"浅尝辄止""不能潜心于科学本身之研究，而只是'用科学'，成为科学一层论，理智一元论的态度"，这实际上是一种外在于科学本身而对科学的功利主义态度，也就是前文所论的在社会文化领域的"唯科学主义"的态度，这种态度对于"任何学问不能入：既不能入于科学，亦不能入于哲学，复不能入于文学，而只是扫边，讲科学方法，不落于学问本身，而只是在外边转，顶无聊、顶害事"。这种"用科学"之风十分盛行，"读科学的人舍弃了科学研究而从政而革命而做校长做官的，比比皆是。三十年来内在地浸润于科学所得之利，抵不过其跳出来'用科学'所成之害"。③ 牟氏指出这种功利主义态度不但不利于科学研究自身的进步，反而玷污了科学的圣名，更严重的是毁灭了文化生命和价值世界。

综上所论，牟宗三站在儒家人文主义的立场上批判了时风中的"物化"和"僵化"两种倾向，在他看来，前者是"反人文的"（Anti-humanistic），后者是"非人文的"（Non-humanistic）。这也分别代表了现代社会中的两种人：一种是沉沦物欲的纵欲者（牟称之为"漆黑一团的唯物论者"），另一种是玩弄理智的专家（牟称之为"自我封闭的理智主义

---

① 参见《论语·阳货》17：21，宰我欲短三年之丧，孔子质问他"于女安乎？"责其"不仁"。

② 牟宗三：《关于文化与中国文化》，载《道德的理想主义》，第256页；《全集》第9卷，第329页。

③ 牟宗三：《关于文化与中国文化》，载《道德的理想主义》，第255页；《全集》第9卷，第329、328页。

者")。这不禁使我们想起韦伯在对现代性之"铁笼"所做的辛辣讽刺："专家没有灵魂,纵欲者没有心肝;这个废物(指现代社会——引者注)幻想着它自己已达到了前所未有的文明程度。"[①] 尽管牟宗三对韦伯的学说基本上没有太多的接触,但就其对现代社会精神实质的把握而言,具有深刻洞见的思想家难免所见相同。

牟宗三不仅停留于在现象层面对世风和学风的反思和批判,而且进一步深入更深的文化和哲学领域寻本探源。他指出,就以上现象的历史渊源而言,远因在于西方文化自古希腊以来的"物本"精神,近缘在于中国"五四"新文化运动对西方精神的片面理解;就其理论渊源而言,是西方哲学和文化传统在根本精神上有所缺失,造成了"西方现代性"自身无法克服的症结,而必须借鉴中国文化尤其是儒家文化的思想资源予以救治。因此牟氏对于中国当时之世风和学风的剖析实际上是针对西方现代性自身弊端的批判,在其视域之中,中国的现实成了西方现代性的投影。本文下面将逐层展开牟氏的思想论域,对其富于个性的现代性态度进行解析。

3. "五四"评议

"五四"作为在中国现代史上的启蒙运动,具有里程碑式的意义。"五四"的成就和问题是其后任何的中国知识分子所无法回避的,后者若要进一步对"中国现代性"问题有所言说,就必然从"五四"的起点上前行。牟宗三虽未亲身经历五四运动,但他在"后五四"的思想氛围中成长,直接享受着"五四"的恩泽,对其时代效应有着真情实感,因而"五四"成了他一生著述中反复出现的一大主题;另外,由于在时间上同"五四"存在着一定的距离,使他具有了反思的空间,能够更为全面地把握这场运动的意义,更为深刻地体察其中的问题,以此在更高的层面接续"五四"的使命。

(1) 对"五四"之成就的继承

如果我们全面地把握"五四"作为启蒙运动的现代性意义,而不仅仅将其定位于"全盘反传统",那么可以清楚地看到 20 世纪兴起的现代

---

① 〔德〕马克斯·韦伯:《新教伦理与资本主义精神》,于晓、陈维纲译,生活·读书·新知三联书店,1989,第 143 页。

新儒学与这场运动之间正向的内在关联。作为这一学派第二代的代表人物，牟宗三对"五四"的态度可以说是具有代表性的，尽管他对"五四"的直接评论多侧重于反省批评的角度，但就其基本立场而言，对于"五四"的基本精神具有继承性。

牟宗三多次提到"五四"与"现代化"的内在关联："如果我们只用一句话来概括这个新文化运动，那就是现代化"①，而其主要成就在于高度肯定了"德先生"与"赛先生"，因此"五四运动以后，新文化运动正面喊出的口号即是要求科学与民主，当时是抓住了现代化的关键所在"。② "我们开始就讲新文化运动就是科学和民主，这两个口号是中肯的。"③ 以上两者被牟氏继承下来，成为面向现代的"新外王之学"。

牟宗三不仅接过了"五四"所高扬的"科学"与"民主"两面旗帜，而且进一步将其在学理上进行更为深入的探讨。他指出，这两者具有共同的形上学基础，即"对列之局"（Co-ordination），这被他视为"现代化最本质的意义"④。牟氏进一步分析认为，在"新外王"中"科学"与"民主"的地位并不是平等并列的，而具有层次的分别："要求民主政治乃是'新外王'的第一义，此乃新外王的形式意义、形式条件"；"另一方面则是科学，科学是就'新外王'的材质条件，亦即新外王的材料、内容"。因此，"民主"比"科学"更为根本，代表着"现代化"的本质，"科学知识是新外王中的一个材质条件，但是必得套在民主政治下，这个新外王中的材质条件才能充分实现。否则，缺乏民主政治的形式条件而孤离地讲中性的科学，亦不足称为真正的现代化。一般人只从科技的层面去了解现代化，殊不知现代化之所以为现代化的关键不在科学，而是在民主政治；民主政治所涵摄的自由、平等、人权运动，才是现代化的本质意义之所在"。⑤ 牟宗三做这样的区分并不是基于个人

① 牟宗三：《"五四"与现代化》，载《时代与感受续编》，《全集》第24卷，第251页。
② 牟宗三：《从儒家的当前使命说中国文化的现代意义》，载《时代与感受》，第319页；《全集》第23卷，第344页。
③ 牟宗三：《"五四"与现代化》，载《时代与感受续编》，《全集》第24卷，第256页。
④ 牟宗三：《从儒家的当前使命说中国文化的现代意义》，载《时代与感受》，第320页；《全集》第23卷，第345~346页。关于牟宗三所说的"对列之局"，下文将有详论。
⑤ 牟宗三：《从儒家的当前使命说中国文化的现代意义》，载《时代与感受》，第312、313页；《全集》第23卷，第338、339页。

好恶的选择，而是揭示了"科学"与"民主"之间深层的区别："科学"是事实领域的存在，用牟氏的话说是"无颜色的"；而"民主"则是"有颜色的"，即带有一定的价值倾向性，对社会整体的走向有指导作用。一个典型的例子是纳粹德国大力发展科学进行对内独裁对外侵略，这里没有制度保障和价值导引的"科学"就是成为实现"恶"的手段。因此，真正的"民主"就不能仅仅是一套空洞的程序操作，而必须具有实质性价值内涵。这里对"民主"本身的认识已然在"五四"的基础上向前迈进了一步。

（2）对"五四"的反省与批评

从文本篇幅上来看，牟宗三针对"五四"新文化运动本身的反省和批评明显多于其对这场运动的正面肯定，原因在于这场运动过于浓重的"西化"色彩和对儒学的不宽容态度。他的反省集中于以下三个方面。

首先，"五四"精神的"歧出"。牟宗三细致地分析了五四运动的取向在现实发展中的变形："五四运动后的新文化运动，可以说是接触到了文化背景的问题，但只是横剖面地提出科学与民主两个口号，还不能说是相应'新政体的实现'的文化运动。科学与民主是正面的两个口号，还有反面的两个口号，便是反帝反封建。而最易打动人之心坎，首先进入人之意识中的，却是反帝反封建。反帝是因为中国受帝国主义的压迫，此中直接所函的意识是要求富强的意识，反封建是觉得中国老文化不能适应这个时代，此中直接所函的意识是打倒老的，趋骛新的。这两个意识在社会上极为普遍流行，无孔不入。种种反应都以此两意识为底子，然如何富强，如何新，却很少有能相应新政体的充分实现而用其诚。"①牟氏指出，这种由政治上"反封建"演变为文化上"反传统"的过程，构成了"五四"精神的"歧出"和"滑转"，其实质是将"古今之异"简单归结为"中西之别"②："他们把科学与民主视为文化之全部，而此两者又是西方的，所以也是西方文化之全部，是中国所没有的。中国文

---

① 牟宗三：《尊理性》，载《生命的学问》，第43页。

② 对于五四时代这种"现代化＝西方化"的等式，冯友兰在晚年回忆中一语道破："在五四运动时期，我对于东西文化问题，也感觉兴趣。后来逐渐认识到这不是一个东西的问题，而是一个古今的问题。一般人所说的东西之分，其实不过是古今之异……至于一般人所说的西洋文化，实际上是近代文化。所谓西化，应该说是近代化。"参见氏著《三松堂自序》，《三松堂全集》第1卷，河南人民出版社，2001，第218页。

化有这两者，所以中国文化全是老的，而'老'以封建来规定，所以中国文化是封建的、过时的，全当否定。而且以为要吸收这个新的，必须去掉老的，视中国文化与科学及民主为不兼容的对立。"① 可见牟氏非常清醒地意识到"现代化"与"西化"的区别，以这一点为基础展开对"五四"的反省和对"中国现代性"的思考。

其次，"五四"时代的浪漫主义情绪。牟宗三将"五四"的时代称为"大浪漫的时代"，整个时代笼罩着一种"大浪漫的精神"②。"五四时的新文化运动，本无在生命中生根的积极的思想与义理，只是一种情感的气机之鼓荡。它只要求这，要求那，而并无实现'这'或'那'的真实生命，与夫本真实生命而来的真实思想与义理。情感的气机鼓荡不会久，自然是一阵风。而且无思想义理作支持的鼓荡亦必久而生厌，因为其中本无物事故。"③ 这种浮躁的时代风气产生了恶劣的后果：一方面造成了自然生命的"物化"，在官僚军人和社会大众身上表现为在物欲中的放纵恣肆，在政治上的争名逐利；另一方面造成了文化生命的"僵化"，对一般知识分子而言，"大浪漫"的风气过后，反而转向了"饾饤琐碎的考据""对现实政治的漠然""浅薄的干枯的理智主义""反义理反哲学的唯科学主义"种种倾向。在逻辑上，"浪漫主义"与"理智主义"是完全不同甚至对立的两种态度，但在现实中，两者却往往如影随形。这在牟氏看来都归因于缺乏一种真正的"理想主义"作为时代思想的主导，而导致了"无体""无理""无力"的种种病症。

最后，"五四"知识分子的功利态度。牟宗三指出，"科学"和"民主"作为西方现代性的思想结晶，具有深刻的文化背景和形上根源，不是一样现成的东西可以说拿来就拿得来。但"五四"时代的知识分子出于实用的目的将"现代化"本身做了简单而又机械的理解。"他们对于西方文化是：'我需要民主与科学，所以我要拿民主与科学'的态度，而且也只是孤离地看民主与科学的态度。而对于自己的文化，则是外在离碎的观点，结果是一无所有。对于西方是百货商店的态度，对于自己

① 牟宗三：《关于文化与中国文化》，载《道德的理想主义》，第 252～253 页；《全集》第 9 卷，第 325～326 页。

② 参见牟宗三《五十自述》，第 32 页；《全集》第 32 卷，第 28 页。

③ 牟宗三：《五十自述》，第 94 页；《全集》第 32 卷，第 84 页。

是垃圾堆的态度。他们不是真正精神上理性上的觉醒，因此对西方现代的国家、政治、法律，系于知性的逻辑、数学、科学，都不能疏通其文化生命上的本原，渗透到其人类精神上的庄严性与丰富性。同时，亦不能疏通自己的文化生命，先把自己立在一个清醒的境地上，依据一个精神理性上的原则，如何转出近代化的精神与心境，如何讲出近代化的学术本原。他们只是昏沉睡眠于五光十色之中，因而其基本灵魂是浅薄的理智主义、自然主义、功利主义。这个，一落在具体生活上，便转出个人的自私主义。"① 因此牟氏指责道："五四的知识分子实在是落后的。他们那样的文明、进步，其实都是落后，这叫趋时、紊乱、浅薄，这就是落后。"② 这里的"落后"不是说他们思想不够开放，而是说他们的心态过于功利化，而对于西方文化何以"现代"、中国文化何以"非现代"的问题没有进行深入的学理探究，而大多停留于"破旧立新"的外在立场，而这种简单头脑和浮躁风气必然会被时代所抛弃，在这个意义上成为"落后"的。而牟氏本人所要做的工作就是要在学理上内在地探究"现代性"的形上根源和文化特质，目的正在于超越"五四"的这种功利主义的态度，以一种更为理性、更为稳健的立场重建"中国的现代性"。

自由主义者殷海光曾自我定位为"五四后期人物"（a post-May-fourthian）和"五四之子"，并且说明"这种人，吸引了五四的许多观念，五四的血液尚在他的血管里奔流，他也居然保持着那一时代传衍下来的锐气和浪漫主义色彩"。③ 与他相比，牟宗三也可以称为某种意义上的"五四之子"，"五四"所倡导的科学、民主的精神已然融入了他的血液之中，但在他的身上却涤除了那个时代的浪漫主义色彩，而更多地呈现一种理性主义的精神气质。如果我们更强调"后"一词的辩证法意味④，那

---

① 牟宗三：《要求一个严肃的文化运动之时代》，载《时代与感受续编》，《全集》第 24 卷，第 66 ~ 67 页。

② 牟宗三：《三十年来大陆上的知识分子想些什么?》，载《时代与感受》，第 77 页；《全集》第 23 卷，第 101 页。

③ 殷海光：《致张灏》（1967 年 3 月 8 日），收入《殷海光书信录》，《殷海光全集》第 10 卷，林正宏编，桂冠图书股份有限公司，1990，第 163 ~ 164 页。

④ 在黑格尔那里，"后"（Nach）兼有"跟随"和"反思"的含义，例如"后思"（Nachdenken）就被理解为"跟随在事实后面的反复思考"。参见氏著《小逻辑》，贺麟译，商务印书馆，1980，第 7 页。

么牟宗三可以在更准确的意义上被称为"后五四人物"，这可以视为其在更高层级上对"五四"启蒙精神的继承与推进。

二　度衡"普遍"与"特殊"的哲理思辨

牟宗三对"中国现代性"问题思考的逻辑起点在于"普遍性"与"特殊性"之间的辩证法，在这里，清晰的逻辑层次和概念分殊显示出良好的专业训练以及其青年时代"架构的思辨"的影响，也蕴含着其深刻的哲理洞见和人文关切。牟宗三将自己对中国文化的民族性认同以一种思辨化的学理方式表达出来，以此回应时代性的诉求，鲜明地体现出其理性主义和理想主义的现代性建构路向。

1. "常道"与"共法"——普遍性之维

（1）两种普遍性

在牟宗三的思考中，实际上区分了两种不同意义上的"普遍性"，即"形而上的普遍性"和"逻辑的普遍性"，这两者虽然在牟氏的文本中未明确提出，但其关于"存在之理"和"形构之理"的区分内在包含了这两种普遍性的划分。

在对宋明理学的研究中，牟宗三区分了两种意义上的"理"："存在之理"（principle of existence）［亦称之为"实现之理"（principle of actualization）①］与"形构之理"（principle of formation）。前者是一个形而上学（存有论）的概念，后者是一个知识论概念；前者是具有创造性的本体，类似于朱子所讲的"太极"或莱布尼茨讲的"充足理由律"，而后者是"类概念"，相当于亚里士多德讲的"本质"或"定义"。两者都可以说是某种"所以然之理"："存在之理"是超越的、统摄性的、形而上的"所以然"，而"形构之理"是经验的、分析性的、形而下的"所以然"。"存在之理"是没有个别性的，每一事物都秉承着无差别的"太极"之理；而"形构之理"是每一类事物的概念，因此是千差万别的，

---

① 在牟宗三那里，"存在之理"与"实现之理"的含义略有区别：前者"就存在之然而推证说"，是"存在之存在性"，强调"存有义"；后者"就此理能使'然者然'说"，即"实现其如此而不如彼"，强调"活动义"（参见氏著《心体与性体》下，第326页；《全集》第7卷，第399页）。由于儒学之"即存有即活动"的特征，以上两者在大多数情况下可以互换，只是随行文语境而各有侧重。

概念的目的就在于将此类与彼类区别开来。[①] 如果说以上的区分过于抽象，那么让我们试分析以下两个形象的例子：一个是"月映万川"，另一个是"白马非马"。在前者中，"空中之月"类比为"存在之理"，其与"万川之月"之间是"体"与"用"的关系，"空中之月"统一而不可分，同时是"万川之月"得以产生的"形式因"和"动力因"[②]，在"形式因"的意义上讲"存有"和"超越"，在"动力因"的意义上讲"创生"和"实现"；在后者中，"马"类比为"形构之理"，其与"白马"或"某一匹（白）马"之间是"类名"（属概念）与"私名"（种概念）的关系，"马"的属概念可以分为"白马""黑马"等种概念，作为共相的"马"只是殊相的"某匹马"的"形式因"（"概念"），而没有牟氏所谓的"活动义"。因此，"存在之理"与"形构之理"之间区别的核心有两点：其一是此"理"是否可分，其二是此"理"是否包含动力因（"活动义"）。

　　暂且不论以上划分的学术史意义，而关注这两种不同的"理"。毋庸置疑，这两种"理"都具有普遍性，但其各自的普遍性的来源和含义有所不同。"存在之理"自在自为地就是普遍的，原因在于其是一个形而上的超越本体，其普遍性是绝对的和无限的，无论经验世界如何变化都不影响其普遍性，正如朱子所言："未有天地之先，毕竟是先有此理"，"且如万一山河大地都陷了，毕竟理却只在这里"（《朱子语类》卷一）。与此不同，"形构之理"的普遍性可以转化为一个"全称命题"的有效性加以考察，"属概念"（"马"）的真值取决于其所包含"种概念"（"白马""黑马"等）的真值，而最终取决于是否有个体对象（"某匹马"）实存，因此"形构之理"的普遍性是相对的、有条件的，一旦出现了个体的反例或对象的空集就无法成立：就"属概念"而言，其普遍性依赖于其所包含的每个子项的符合；就"种概念"或个体而言，其作为某个集合之中的子项的存在就预设了其他子项的存在，诸子项之间的

---

① 参见牟宗三《心体与性体》（上），上海古籍出版社，1999，第77～81页；《全集》第5卷，第93～99页。

② 这里借用了亚里士多德的术语，但须指出，"存在之理"之为"形式因"是亚氏意义上的"最高的形式"（"纯形式"），其之为"动力因"具有与亚氏所谓"第一推动者"相当的地位，但其本身并非"不动者"。

联系是外在的、抽象的，仅仅在于共享着同一个性质，因此普遍性就还原为"诸子项之共在"。基于以上的区分，本书将这两种不同意义上的普遍性分别称之为"形而上的普遍性"（metaphysical universality）和"逻辑的普遍性"（logical universality）。① 两者区别的核心也是两点：其一"普遍性"之构成是自在自为的还是有所依待的，其二普遍性与特殊性之间是"体用关系"还是"属种关系"。

　　基于以上两种普遍性的区分，我们可以比较清晰地看出中国传统的"天下"观念和近代以来输入的"世界"观念的内在区别，简言之，前者基于"形而上的普遍性"，而后者基于"逻辑的普遍性"。前文已述，"天下"是一个文化意义上的概念，在这个秩序结构之中，作为核心的华夏文明具有"推而放诸四海而皆准"的普遍意义，这种效力来源于形上之"道"的普遍性，无论将这个"道"解释为宇宙大化、纲常名教还是礼乐典章，这个"道"自在自为地就是普遍的、无限的和绝对的，而不管是东夷、西狄、南蛮、北戎，只要秉承此"道"就"进而为中国"，而天下之"道"本身是同一不分的，也不存在任何"他者意识"，其与各个诸侯国之"道"之间呈现为"体用关系"。然而，产生于西方近代的"世界"观念则与此不同，其是由不同的独立的"民族国家"组成的地理概念，每个"民族国家"之间是相互外在互不隶属的，这一概念所指向的普遍性即所谓"世界性"是由各个成员之诸种"民族性"中抽绎出来的共同点，因此两者之间是概念外延上的"属种关系"，因而这种普遍性是相对的、有限的。在"世界"观念之下的"中国"与"英国""法国"居于同等的逻辑层次上，因而在中国语境中所说的"民族性"（即"中国性"）这一概念就预设了其他"民族性"之"他者"的存在，因此现代意义上的"中国"的概念意味着在"世界"观念之下"与他者的共在"。

　　基于这种划分反观牟宗三的文化哲学，可以发现他在"形而上的普遍性"的意义上肯定了儒家道德原则所具有的"常道"性格，在"逻辑的普遍性"的意义上肯定了科学与民主所代表的人类文化之"共法"。

---

① 牟宗三区分了"形而上的必然性"（metaphysical necessity）和"逻辑的必然性"（logical necessity），参见本书第三章第三节。本书关于两种"普遍性"的这种区分受到牟氏两种"必然性"之区分的启发，并与后者具有对应性。

由于两种普遍性的性质不同，儒家道德与科学民主的地位也有所不同，本书借用佛教的术语，前者是"真谛"，即究竟法门；后者是"俗谛"，即方便法门。① 具体析论如下。

（2）儒家之"常道"——"形而上的普遍性"

作为一位信奉儒学的思想家，牟宗三力图论证儒家价值在时间上和空间上的普遍性，他将其称为儒家的"常道性格"："儒家这个学问，从古至今，发展了几千年，它代表一个'常道'——恒常不变的道理。中国人常说'常道'，它有两层意义：一是恒常不变，这是纵贯地讲它的不变性；一是普遍于每一个人都能适应的，这是横地讲、广扩地讲它的普遍性，即说明这个道理是普遍于全人类的。"②

这里的"常道"二词颇有深意。先来看这里所说的"常"，此概念包含两义：一方面是"恒常不变"，另一方面是"简易平常"，因此我们完全可以借"中庸"之"庸"字以训之③。基于训诂上的理由，牟宗三在强调儒家道德学说之普遍性的同时也指出了其现世性格和实践面向："'常道'没有什么特别的颜色，就如同我们平常所说的'家常便饭'。"基于"常道"之"常"的这两方面的含义，牟氏强调儒学切入现实生活的"教化"作用，导引时代精神回归于德性生命的本质含义："原儒家学术之所以为常道，乃因其本质本为教化的，而其所以为教化之本质则在主重提撕人之觉醒（从现实推移中觉醒）。""儒家言学，以此为宗，实欲在现实混沌之中透露一线光明，而为现实之指导，人类之灵魂。故其在现实社会中之作用与价值，常居于指导社会，推动社会之高一层地位，而不可视为成功某事之某一特殊思想也。孟子言分定之'君子之所

---

① 牟宗三虽然没有直接标示"真谛"与"俗谛"之名，但其基本意旨已蕴含此义，这在他的"两层存有论"和"判教"理论中可以得到明确的印证。他的这种倾向无疑深受乃师熊十力的影响，熊氏明言："佛家本立真俗二谛，就俗谛言，知识不可遮拨；就真谛言，知识必须遮拨，此二谛义，乃名相反而实相成也。"（见氏著《佛家名相通释》，《熊十力全集》第二卷，湖北教育出版社，2001，第414页。）

② 牟宗三：《从儒家的当前使命说中国文化的现代意义》，载《时代与感受》，第297页；《全集》第23卷，第323页。

③ 在古典文献中"常"与"庸"可以互训，《周易·乾·文言》"庸言之信，庸行之谨"，孔颖达疏："庸，常也。"《中庸》中的"庸"也包含着"平常"和"恒常"两方面意思，如《说文》："庸，用也"，"用，可施行也"；程颐《中庸纂疏》："不易之为庸"，朱熹《中庸章句》引之。

性'即就此儒家学术之普遍性而言。既为常道，又有此普遍性，故可以居于高一层地位而为推动社会之精神原则也。若将其僵化而凝结于某一时代，视为历史之陈迹，过时古董，则谬矣。"① 牟氏指出，儒学之所以为"常道"，一方面不能固着化为某一个时代的陈迹，另一方面不能被特殊化、抽象化而沦为一种"主义"话语和一种意识形态教条，"它不是一个特殊的理论、学说，儒家的学问不可视为一套学说、一套理论，也不是时下一般人所说的某某主义、某某 ism，这些都是西方人喜欢用的方式。凡是理论、学说，都是相对地就着某一特点而说话；局限于某一特点，就不能成为恒常不变的、普遍的道理。儒家的学问更不可视为教条（dogma）"。② 在牟氏看来，儒学不是社会上各逞己说、相互争鸣的"主义"之一，而是超越于诸种"主义"之上的生活常轨和人生智慧，代表了人之为人的生命存在的本真状态，因此他将儒学称之为"生命的学问"，在这个意义上儒学所具有的普遍性是"形而上的普遍性"。

再来看这里所说的"道"，其本着《易传·系辞》关于"形而上者谓之道"的规定，成为一个超越有形世界之上的本体概念。在儒家看来，"道"具有价值指向和德性内涵，正如韩愈所言"博爱之谓仁，行而宜之之谓义，由是而之焉之谓道"（《原道》，《韩昌黎文集》卷一）。正基于此，牟宗三将儒家之学称为"道统"，强调其作为价值实体和宇宙本体的统一，这构成儒家"道德的形上学"的基本意涵。在牟氏看来，由先秦儒者所开辟、宋明儒者所完成的"道德的形上学"是儒家生命智慧的根本所在，其揭示了这样一个真理："道德"不仅是人之为人之本质属性，同时也是宇宙万物的存有论根据，换言之，"仁义之理"为人与物所共同禀赋，两者区别在于"心"而不在"理"。牟宗三对此论述道："仁，内在于人，是人之实现之理之性，通出去，便是普万物而为言的生化之理。""惟人与万物虽同具此仁理以为性，而落于人之形体下，则仁中之心义与理义能全幅恰如其性而彰著于人之道德实践之心性中。""而

① 牟宗三：《儒家学术之发展及其使命》，载《道德的理想主义》，第 7 页；《全集》第 9 卷，第 9 页。

② 牟宗三：《从儒家的当前使命说中国文化的现代意义》，载《时代与感受》，第 297 页；《全集》第 23 卷，第 323 页。

落于其他物之形体下，则无此心性而不能善继。"① 在这个意义上，儒家以"仁义"为内涵的"道"所具有的普遍性是"形而上的普遍性"，儒家"道德的形上学"之真理也具有这种普遍性。

综上所述，牟宗三将儒家思想定位为"常道"，从实践和理论两个层面肯定了其"形而上的普遍性"，基于这种自在自为的、绝对的普遍性，儒学不仅不会由于其产生于古代中国而在时间和空间上有所限制，不会由于时代的变迁而失去意义，而且在他看来，西方哲学"最后的圆熟归宿是向中国的'生命之学问'走。不管它如何摇摆动荡，最后向这里投注。"② 牟氏这里的思路依然延续着中国传统的"天下"观念，抱有一种"我自有德，万邦来朝"的潜在心态。

（3）现代性之"共法"——"逻辑的普遍性"

作为一名"五四"之后的现代中国人，牟宗三在思想上接纳以科学民主为内容的"现代性"的同时，还要说明这种"现代性"不仅是西方的，而且也是世界的，其具有真理性和普遍性："民主政体与科学是共法，不是西方所独有，虽然从他们那里先表现出来。"③ "我们要自己做主，要继续生存下去，现代化是我们必得做的事。现代化虽先发自西方，但是只要它一旦出现，它就没有地方性，只要它是个真理，它就有普遍性，只要有普遍性，任何一个民族都当该承认它。"④

这里牟宗三借用了佛教术语"共法"一词来说明"科学"与"民主"的普遍性。在佛教中，"共法"指佛和凡夫共同具有的功德，而佛自身的殊胜功德称为"不共法"，这说明"共法"这一术语指称的是具体的善功善行，侧重于实践层面的含义。⑤ 牟氏借用之指称中西方共同适用的现代性成果，既包括了现成的科学知识和民主制度，也包括其背

---

① 牟宗三：《论无人性与人无定义》，载《道德的理想主义》，第130～131页；《全集》第9卷，第169页。

② 牟宗三：《中国哲学的特质》，上海古籍出版社，1997，第8页；《全集》第28卷，第8页。

③ 牟宗三：《略论道统、学统、政统》，载《生命的学问》，广西师范大学出版社，2005，第55页。

④ 牟宗三：《从儒家的当前使命说中国文化的现代意义》，载《时代与感受》，第318～319页；《全集》第23卷，第344页。

⑤ 参见丁福保编纂《佛学大辞典》之"共法""不共法""功德"条，文物出版社，1984。

后的精神理念和理论内容。"共法"所表达出来的普遍性不同于"常道"的普遍性，两者的层次有所不同，后者自身作为超越本体自在自为地具有普遍性，而前者的普遍性是由"西方""东方"这样的子项所构成的，因而这种普遍性是"共在的普遍"，即"逻辑的普遍性"。落实于言说"现代性"，其普遍性是有限的：仅对于人有效，而对于物无效；仅对于现代人有效，对于古代人无效。进一步具体落实于"科学"和"民主"，即便其背后根本性的"形构之理"也不具有"本体"地位，而其之所以是普遍的，在牟氏看来是基于"文化生命"自身发展的客观需要，而这种需要可能在于人类普遍具有的心灵构造："一切学术文化，从文化生命发展方面说，都是心灵的表现，心灵之创造。学统之成是心灵之智用之转为知性形态以成系统的知识（此即学之为学）所发展成。自知性形态以成系统知识言，这是无国界，无颜色的。故科学就其成为科学言，是无国界无颜色的。""如是，科学虽先出现于西方，其心灵之智用虽先表现为知性形态，然吾人居今日，将不再说科学是西方文化，或西方文化所特有，而当说这是每一民族文化生命在发展中所共有，这亦如佛教所谓'共法'，非'不共法'也。"①"科学与民主是人类理性中的应有事，并非是'非理性的事'，焉有不能至者？又有何可反对者？"②

这里还有一点需要说明，就是既然牟宗三将科学民主的普遍性最终归结为人类共同之心灵构造和能力，那么这里是否可以根据"人同此心、心同此理"的逻辑将其视为一个形上学层面的论证？在牟氏那里，如果将"此心"理解为"道德本心"，"此理"理解为"存在之理"或"实现之理"，那么这一论证无疑是诉诸主体的形上学论证，事实上牟氏本人在建构"道德的形上学"之时就是本着这一理路，贞定了"知体明觉"之"形而上的普遍性"。然而，在论述科学民主之时，对于同一命题，"此心"就是"认识心"，"此理"就是"形构之理"，这个命题就是一个典型的认识论描述，旨在说明认知主体的先天要素，而这些要素的普遍性和必然性都是牟宗三所说的"逻辑的"而非"形而上的"。

① 牟宗三：《略论道统、学统、政统》，载《生命的学问》，第51、52页。引文专论科学，而民主亦然。
② 牟宗三：《哲学之路——我的学思进程》，载《时代与感受续编》，《全集》第24卷，第410页。

基于对"现代性"之"逻辑的普遍性"的肯定，牟宗三揭示了接纳科学民主的"现代化"与所谓"西化"之间的根本区别：尽管科学和民主产生于西方特殊性的文化背景之中，"虽说是希腊精神的传统，虽说是源远流长，然从文化生命之发展方面说，究非西方所可独占"。"这是每一个民族文化生命在发展中所应视为固有的本分事。（注意这是说发展出科学是固有的本分事，不是说我们已固有科学了。）""既是每一民族文化生命在发展中所固有的本分事，则由自己文化生命之发展以开出学统（开出科学），并非是西化，乃是自己文化生命之发展与充实。西化不西化不在这里说。""本此认识以逼出民主政体建国之大业，乃是华族自尽其性之本分，不是西化。"①"五四"时代的根本症结在于没有认识到"现代性"实质上是超越文化特殊性之上的"共法"，而将科学民主视为西方文化特有的成就，因此将"现代化"等同于"西化"，并使之与中国文化传统成为非此即彼的对立。牟宗三有进于"五四"之处就在于肯定了科学民主之"逻辑的普遍性"，使"现代化"成为中国文化"自尽其性"的"固有本分"，使内在于中国文化自身考察"现代性"问题得以可能，在根本上克服了"五四"时代对"现代性"的外在化认识。

应当看到，牟宗三在"逻辑的普遍性"上肯定了"现代性"的同时，也暗示了其相对性和有限性，这本身就构成了"现代化"的限度，本书对这一问题详论于后。

2. "通孔"与"特质"——特殊性之维

（1）"一孔之见"与文化的特殊性

《旧约·创世纪》第十一章记载了上帝为了制止人们建造"通天塔"而"变乱天下人的言语"，"使他们的言语彼此不通"，并且"使众人分散在全地上"，永远互相隔绝不能共事。与此类似，《庄子·天下》有云："天下大乱，圣贤不明，道德不一，天下多得一察焉以自好……道术将为天下裂。"

对于"通天塔"的神话可以有不同的诠释，本书在这里将其视为关于语言和文化起源多样性的隐喻，意在说明文化间的差异既是人类在历史上的存在状态，同时也是其自身无法逃脱的宿命。《庄子·天下》篇

---

① 牟宗三：《略论道统、学统、政统》，载《生命的学问》，第51、52、55页。

描述了春秋战国以降 "道术" 分裂的状况，各个学派都试图揭示真理但都由于自身的局限而 "各见一孔"。以上两个典故共同揭示了文化和学术的 "特殊性" 之维，这是我们在考察 "普遍性" 时不能忽略的重要问题；同时两个典故在某种意义上都具有 "应当" 与 "现实" 两个层面以及 "由同而异、从一到多" 之 "分化" 的主题，耐人寻味。

牟宗三在普遍性之维上肯定儒家道德和科学民主的同时，也于特殊性之维上对文化的现实定在进行了考察，体现出了思维的辩证性。他借用 "通孔之喻" 来说明这个特殊性："在限制中表现就是在一通孔中表现，所谓一孔之见。""人是在通孔中表现他的精神生活，人须受感性的限制，这是内在地说，这是人的生命所本有的固具的限制或内在的限制（intrinsic limitation）。另外我们还可以外在地说，也就是生命本有的限制之外，还有外在的限制（external limitation）。这个外在的限制就是外部世界的环境。"① 人毕竟不是上帝，他是有限的存在者，不能脱离主客观两方面的限制，牟氏将其称为 "人的悲剧性"，因而人的生命表现必然是 "各得一察焉以自好"，其思想所及也必然是 "一孔之见"。

在文化的宏观视域之中，种种 "一孔之见" 就构成了不同的文明类型和文化传统。牟宗三指出："每个文化的开端，不管是从哪个地方开始，它一定是通过一通孔来表现，这有形而上的必然性。但是为什么单单是这个孔，而不是那个孔，这就完全没有形而上的必然性，也没有逻辑的必然性，只有历史的必然性。历史的必然性，不是逻辑的必然性，也不是形而上学的必然性，也不是科学的因果性，它是在辩证发展中的那个必然性。"② 牟氏所谓 "历史的必然性" 带有浓重的黑格尔色彩，也就是说特定文化传统的形成不是上帝能够决定的，也不是由逻辑法则可以推知的，而是受到自然环境、社会历史、民族性格等诸多因素共同影响的结果。就文化之核心的哲学而言，"中西哲学，由于民族气质、地理环境与社会形态的不同，自始即已采取不同的方向。经过后来各自的发展，显然亦各有其不同的胜场"。③ 这里所谓各自不同的 "胜场" 就是每

---

① 牟宗三：《中国哲学十九讲》，上海古籍出版社，1997，第 7、8 页；《全集》第 29 卷，第 8、9 页。

② 牟宗三：《中国哲学十九讲》，第 13 页；《全集》第 29 卷，第 15 页。

③ 牟宗三：《中国哲学的特质》，第 1 页；《全集》第 28 卷，第 1 页。

种文化自身的特质，构成了此种文化区别于其他文化的本质特征，这就是文化的特殊性。尽管每一种文化有发展程度的高低先后，但在作为"各见一孔"之特殊性的意义上具有平等的价值。这并不是一种文化相对主义，而是基于对每一种文化所体现出的人类精神之"普遍真理"的尊重。在牟氏看来，尽管每种文化只是"一孔之见"，但其中也具有真理性和普遍性，这个普遍性就不是抽象的、空洞的普遍性，而是通过特殊的文化类型所表现出来的普遍性（"通孔所透出的光芒"），这即是一种黑格尔所谓的"具体的普遍性"。

（2）"具体的普遍性"与中西文化之会通

黑格尔曾揭示了三种不同含义的"普遍性"："'普遍性'这个词使表象首先见到抽象的和外在的普遍性。但这里它所规定自己的是'自在自为地存在着的普遍性'，这种普遍性既不可看作共同性或全体性等'反思的普遍性'，也不可看作站在单一物之外而与之相对立的'抽象普遍性'，即抽象的理智的同一性。正是其自身是具体的从而又是自为地存在的这种普遍性，才是自我意识的实体，自我意识内在的类或内在的理念。"[1]这三种普遍性实际上也构成一个辩证过程。首先是狭义上的"抽象普遍性"（die abstrakte Allgemeinheit），其是指排斥个别性和特殊性的于其外的纯粹普遍性，在黑格尔看来，这不过是一种知性思维的抽象。其次是"反思的普遍性"（die Allgemeinheit der Reflexion），其是思维将个体事物作为反思的基础，对这些独立自存、互不相干的个体事物综括起来而抽绎出某种共同特征，在这种所谓的"共同性"和"全体性"中，每个个体之间的联系是外在的，个别性（特殊性）与普遍性之间是对立的，因此"反思的普遍性"也是一种知性思维的抽象。因而黑格尔往往将以上两者统称为"抽象的普遍性"（广义的）、"外在的普遍性"或"表面的普遍性"。与以上两种不同，第三种"自在自为地存在着的普遍性"（der an und für sich seienden Allgemeinheit）也称为"具体的普遍性""真正的普遍性"，"这种普遍性并不只是某种在人的别的抽象的质之外或之旁的东西，也不只是单纯的反思特性，而毋宁是贯穿于一切特殊性之内，并包括一切特殊性于其中的东西"。这种普遍性"并非单

---

①〔德〕黑格尔：《法哲学原理》，第33页。

纯是一个与独立自存的特殊事物相对立的共同的东西，而毋宁是不断地在自己特殊化自己，在它的对方里仍明晰不混地保持它自己本身的东西"。① 简言之，这种普遍性包含特殊性和个别性于其中，并且不断将自己特殊化并在个体之中体现出普遍性，因而在这里普遍与特殊达到具体的统一。综上所述，黑格尔的辩证法洞见在于实质性地区分了两种意义的普遍性："抽象的普遍性"（英文 the abstract universality）和"具体的普遍性"（the concrete universality），两者的根本区别就是普遍性之中是否包含特殊性。牟宗三沿用了这种区分并将其分别对应于其所说的"外延的普遍性"和"内容的普遍性"。②

牟氏继承了黑格尔所倡导的"具体的普遍性"，强调在文化上"普遍性"与"特殊性"的和解，"世界性"与"民族性"的统一："每一文化系统皆有其世界性，从其气质之表现方面言，则是其特殊性。特殊性不能泯，其共通性亦必然有。文化就是这样在各尽其诚之自我表现中而向共通以前进。睽而知其通，异而知其类，此之谓也。勿以为有特殊性即停于特殊性，停于特殊性而不进，则其文化生命死矣，此真所谓顽固也。除此，不得谓顽固。亦勿以为有共通性，即颟顸于共通性而忽视民族气质表现之不同，迷妄于浑同之中而妄言大同，茫然不知个性之特殊，不知历史文化之可尊，不知民族国家之在文化上之价值。理路虽是客观而普遍的，然各人各民族之表现必有其细微不同处。此不同即是价值之增加，真理表现之增加。此即其可贵处。"③

基于这种辩证的观点，牟宗三的文化观和哲学观最终落实于在肯定特殊性的基础上讲"特质"，在肯定普遍性的基础上讲"会通"："可相沟通就有其普遍性，由此可言会通，若无普遍性就不能会通。虽然可以沟通会通，也不能只成为一个哲学，这是很微妙的，可以会通，但可以各保持其本来的特性，中国的保持其本有的特色，西方也保持其本有的特色，而不是相互变成一样。故有普遍性也不失其特殊性，有特殊性也

---

① 〔德〕黑格尔：《小逻辑》，第 351、332 页。
② 参见牟宗三《中国哲学十九讲》，第 31 页；《全集》第 29 卷，第 32 页。
③ 牟宗三：《关于文化与中国文化》，载《道德的理想主义》，第 250 页；《全集》第 9
　　卷，第 322 页。

不失其普遍性，由此可言中西哲学的会通，也可言多姿多彩。"① 就牟氏本人的哲学工作而言，他一方面对中国文化和中国哲学传统的精华加以阐释，突出了中国文化自身独特的智慧进路；另一方面在积极寻找中西文化的契合点，力图"援西学入儒学"，重建具有现代性格的中国哲学。尽管牟宗三的哲学也存在着许多问题，但这种辩证的现代性意识和文化观无疑超越了"五四"时代，具有深远的意义。

三　贯通"内圣"与"外王"的致思取向

牟宗三在其八十寿宴席间自述其自大学读书以来 60 年中只做一件事："反省中国之文化生命，以重开中国哲学之途径。"② 不论这件事本身在客观上是否如其所愿，其"返本开新"的思想理路已昭然于世。作为现代新儒家的代表人物之一，探索"儒学之内圣"与"现代之新外王"之间的内在联结是牟宗三始终一贯的致思取向。

1. 中国文化生命的阐发

（1）中国文化："化石"还是"生命"

美国汉学家列文森曾颇为惋惜地喟叹儒学在现代中国的没落："儒教已经失去了创造性。仍然停滞不前的正统孔教徒们已经并且在继续走向死亡。起初，他们的思想是一种力量，是一个活的社会产品和知识分子的支柱。最后，在需要它并且产生了它的社会已开始解体之后，它仅仅是停留在人们的思想记忆中的幽灵——它所以还珍藏在人们的思想中是因为它自身的缘故。"③ 在他看来，在科学精神和革命热情高涨的现代中国，失去了制度载体的儒学已经退出了历史，孔子作为"一个逝去的古人"被"光荣地迎请进静寂的博物馆中"，"被妥善地锁藏在玻璃橱窗里"，与现实生活完全脱离开来，成为仅供后人凭吊和学者研究的历史遗迹。④ 列文森的观点在 20 世纪 70 年代以前的西方汉学界颇具代表性，在

---

① 牟宗三：《中西哲学之会通十四讲》，上海古籍出版社，1997，第 5 ~ 6 页；《全集》第 30 卷，第 9 页。

② 蔡仁厚：《牟宗三先生学思年谱·学行纪要》，第 73 页。

③ 〔美〕列文森：《梁启超与中国近代思想》，刘伟等译，四川人民出版社，1986，第 302 页。

④ 〔美〕列文森：《儒教中国及其现代命运》，郑大华等译，中国社会科学出版社，2000，第 336 ~ 343 页。

他们看来，中国文化已经成为"化石"，而"汉学"（Sinology）作为与"埃及学"（Egyptology）、"印度学"（Indology）等并列的"东方学"（Oriental studies）的一部分，其存在的价值仅仅是为了满足西方人异域考古和探秘猎奇的兴趣。

现代新儒家坚决反对这种将中国文化视为"死物"的做法，他们敬告世界人士："须肯定承认中国文化之活的生命之存在"，"把此过去之历史文化，当作是一客观的人类之精神生命之表现"，因此对中国文化和儒学应当怀着一种"同情"与"敬意"的态度。① 在牟宗三个人的著述中，这种立场表现得更为鲜明。他对"文化生命"的概念做了以下界定，强调了其"兼赅体用"的涵括力："严格言之，只是生物生命固然不是文化生命，就是隔离的宗教生命亦不是文化生命。文化生命等于超越的宗教生命与形而下的生命之综合。"②

总的来看，牟宗三批判了三种对待中国文化的错误态度，这三者既有害于对中国文化思想精髓的把握，也不利于中国文化的现代化，因而对其力辟之。

第一种是"考古董"的态度。这是以上西方汉学家的态度，他们往往到中国来"寻找"中国文化，实际上是本着一种"考古"或"解剖尸体"的心态来对待中国文化，因此在牟宗三看来，"在这种态度下，'汉学'这个名词亦包藏了不利于中国文化的轻视心理"。而有些中国人受其影响，也以这种态度为标准从事研究，被牟斥为"非常可恶的洋奴心理"。③

第二种是"数家珍"的态度。这是许多中国人经常采取的一种态度，把文化作为外在的一堆东西来看，而看不到其中所蕴含的创造性、超越性的精神，因此在言说中国文化时只能采取"列举的方式"，毫无同情者列举出诸如"打板子、缠足、太监、姨太太"等一串丑陋的历史，而稍有同情者列举出"长城、故宫、唐诗、京剧"等一串具体的文化成就。牟宗三指出，以这种"列举的方式"讲文化就其本质而言是一

① 牟宗三等：《中国文化与世界》（1958），载唐君毅《中华人文与当今世界》（下），第872～873页。

② 牟宗三：《救国中的文化意识》，载《道德的理想主义》，第230页；《全集》第9卷，第297页。

③ 参见牟宗三《从儒家的当前使命说中国文化的现代意义》，载《时代与感受》，第315～316页；《全集》第23卷，第340～341页。

种"理智一元论"的立场，将中国文化外在化、静态化，同样将其等同于一堆毫无生气的陈迹。牟宗三痛斥那些仅凭历史上的丑陋而否定中国文化之价值的人"极端轻薄无心肝"。①

第三种是"逞能斗富"的态度。这是一些"国粹派"学者经常采取的态度，为了要显示孔子的伟大，而将孔子尊为伟大的"政治家""外交家""哲学家""科学家"，等等，甚至把所有的"家"都堆在孔夫子身上。牟宗三指出："依这种方式来了解孔子、了解圣人，是拿斗富的心态来了解圣人。表面上看来，似乎是在推尊孔子，实际上是在糟蹋孔子。事实上，没有一个人能成为那么多的专家。凡是拿这种心理来了解孔子，都是不善于体会圣人的生命，不能体会圣人之所以为圣人的道理安在。"② 牟氏分析到，这种心态在表面上作为以上理智一元论者之"文化虚无主义"的对立面而出现，但本质上却是一种"情感的拥护"，究其根源，"情感的拥护与情感的反对是同一层次上的对立，而且也必然都落在以'列举的方式'说文化，以'外在的东西'之观点看文化。这便失掉我们今日讨论反省文化问题的意义。以列举的方式，外在的观点，说好说坏，都是于事无补的"。牟氏指出，身为中国人而对民族文化具有深厚情感，这是天经地义、毋庸置疑的，但这对于时代的课题而言尚且不够，"惟是今日中国乃至整个世界的总症结是在文化理想之冲突，可以说整个是一文化问题，则吾今日之反省文化，就不应当只是情感的拥护"。"若是明白了文化是此心此理的表现，则亦根本不是好坏问题，乃是发展的问题。这就是引导我们深入一层，内在于创造动力与精神表现上看文化。这是论文化的基根观点之认识。"③

综上所述，牟宗三对中国文化和儒学的看法有以下几点。首先，文化是人类之精神生命的客观表现，是具有精神性和超越性的存在，不能以"物"视之而列举地讲；其次，中国文化是"活的文化"，依然具有强大的生命力和发展潜力，不能以"化石""古董"视之；再次，对待

---

① 参见牟宗三《关于文化与中国文化》，载《道德的理想主义》，第259页；《全集》第9卷，第334页。

② 牟宗三：《从儒家的当前使命说中国文化的现代意义》，载《时代与感受》，第298页；《全集》第23卷，第324页。

③ 牟宗三：《关于文化与中国文化》，载《道德的理想主义》，第260页；《全集》第9卷，第334~335页。

中国文化需要理性分析、哲学阐发，而不应仅仅停留于情感回护；最后，中国文化之生命不能停滞衰亡，必须内在地有所发展以回应时代要求。基于上述见解，牟宗三对"中国文化"的根本理解是："'中国文化'乃是以儒家作主流所决定的那个文化生命的方向以及文化生命的形态，所以我们讲中国文化的现代意义，也即是在讲这个文化生命的方向与形态的现代意义、现代使命。生命是一条流，有过去、有现在、有未来，过去、现在、未来是一条连续的流，依此，我们才能谈这个问题。我们从尧、舜、禹、汤、文、武、周公、孔子，一代代传下来的，不是那些业绩，而是创造这些文化业绩的那个文化生命的方向以及它的形态。"①

牟宗三上述观念的核心在于以一种辩证的理性主义态度审视本民族文化，以一种"入乎其内"的、"同情式理解"的诠释进路切入中国文化之中，挖掘和阐发中国文化传统面对现代所可能具有的积极要素，一方面对"现代性"进行"中国化"的诠解，另一方面对中国文化进行"现代化"的改铸。较之"五四"时代的文化观念，牟宗三的这种看法无疑前进了一大步。同时也应当看到，他的这种文化观深受黑格尔历史哲学的影响，具有鲜明的"历史目的论"倾向。

（2）儒家思想之定位

如上所述，牟宗三将儒家思想作为生生不息之中国文化的主流，从过去到今天进而延续至未来都代表着这一文化生命的发展方向和表现形态。对于儒家思想的具体内涵，牟氏进行了大量的阐释工作。本书此处仅就其对儒家哲学的定位略作概述。

尽管在不同著述中对儒家思想定位的名称不尽相同，但其核心意旨一以贯之，只是根据不同的语境有所侧重。概言之，以下三者是最具代表性的："道德的理想主义""道德的形上学""实践的智慧学"。以下分别论之。

首先是"道德的理想主义"（Moral idealism）。牟宗三在20世纪50年代的著述中比较集中地阐发了这一概念，并将一系列相关论文结集为同名文集，在书序中自述道："此中心观念为何？曰即孔孟之文化生命与

① 牟宗三：《从儒家的当前使命说中国文化的现代意义》，载《时代与感受》，第316页；《全集》第23卷，第341页。

德慧生命所印证之'怵惕恻隐之仁'是也。由吾人当下反归于己之主体以亲证此怵惕恻隐之仁，此即为价值之根源，亦即理想之根源。直就此义而曰'道德的理想主义'。"① 从他的论述中可以总结出这一概念所表达的儒学的五个特征：（1）道德特征：强调儒家对主体道德性的肯定，指明"道德的心，浅显言之，就是一种'道德感'。经典地言之，就是一种生动活泼怵惕恻隐的仁心。生动活泼，是言其生命之不滞，随时随处感通而沛然莫之能御。怵惕恻隐是生动活泼之特殊化，或说是它的内容。在不滞之心之感通中，常是好善恶恶，为善去恶，有所不忍，迁善改过"。②（2）理想主义③特征：强调儒家义理的精神性和超越性面向，这一方面相当于以下将论及的"道德的形上学"。（3）理性主义特征："所谓理性是指道德实践的理性言：一方简别理智主义而非理想主义的逻辑理性，一方简别只讲生命冲动不讲实践理性的直觉主义、浪漫的理想主义，而非理性的理想主义。"④ 在这个意义上，儒家思想与各种形式的"浪漫的理想主义"相区别，成为一种"理性主义的理想主义"（Rationalistic idealism）或称"理想主义的理性主义"（Ideal rationalism）。（4）人文主义特征："今日讲人文主义，首先注意到人性的觉醒、人道的觉醒，反物化、反僵化，把人的价值观念开出来，其次就要注视到由这种觉醒如何转为文制之建立以为日常生活之常轨。这两面合起来就是张横渠所说的

① 牟宗三：《道德的理想主义》，序第5页；《全集》第9卷，第（7）页。

② 牟宗三：《理性的理想主义》，载《道德的理想主义》，第13页；《全集》第9卷，第18页。

③ 在这里的"理想主义"（idealism）亦可以称为"唯心论"，即强调"心"作为独立的实体和超越的本体。牟宗三对"idealism"一词在中西方哲学史上的含义及译名做了严格的区分：在柏拉图那里是"理型主义"，在贝克莱那里是"觉象主义"，在康德那里是"观念论"，在孟子陆王和佛教那里是"唯心论"，四个概念不能互换，原因在于"西方人讲的理型、觉象、理念，都是Object，都是客观的东西，都是心所思的对象"。"真正的唯心论在中国才有，而这个唯心论并不坏，这个从实践智慧学上讲，从道德上讲，不是从知识上讲。"西方的各种"idealism"都是从知识上讲，"所以西方人不见道、不透，往上只讲到Idea，提出那些空洞的Idea"。见氏著《四因说演讲录》，上海古籍出版社，1998，第129~139页。另参见氏著《中西哲学之会通十四讲》，第44~48页。

④ 牟宗三：《理性的理想主义》，载《道德的理想主义》，第17页；《全集》第9卷，第22页。

'为天地立心，为生民立命，为往圣继绝学，为万世开太平'。"① 儒家思想尊重人性和历史文化，不反对个性、自由、民主、民族国家等现代性成就，因而在这个意义上可以称之为"人文主义的理想主义"（Humanistic idealism）②。（5）实践特征："儒家的传统精神是在尽伦尽性践仁：在此种实践中，显示出'仁'这个普遍的原理、形上的实在，即'恻隐之感的良知之觉'这个'心理合一'的形上实在；显示出这个实在，即表示在实践中实现这个实在；因而反过来，藉这个实在成就一切实践，使一切实践成为有价值的、积极的、有理想意义的。所以，他们的实践是积极的，从家庭社会的日常生活起以至治国平天下，所谓以天下为己任，层层扩大、层层客观化，都是在实践中完成，所以是积极的实践，而实践必本他们由践仁中所显示的学术或原则，并非一气流走，泛滥无归，所以他们的实践又有理论的积极性，即有学术或原则作指导。"③ 因而，儒家之"道德的理想主义"是"知行合一"的理想主义，必然要面对时代课题的现实从事积极的实践，而这种"新外王"之实践也必然是"内圣"之理论的贯彻落实。综合上述五点以观之，牟宗三所阐发的儒家"道德的理想主义"具有理想追求与现实关切相统一、超越企向与人文情怀相统一的思想性格。

其次是"道德的形上学"（Moral metaphysics）。这既是牟宗三在20世纪60年代以后对儒家哲学传统进行集中阐发时的核心概念，也是他本人所着力建构的哲学体系的根本特征。这一概念是他在将儒学与康德的道德哲学进行比观之时所提出的，他认为后者是关于"道德"的一种形而上学的研究，目的在于讨论道德本身之所成立的基本原理，其所研究的对象是道德，形上学只是手段，不具有独立的意义。因而这种道德哲学被称为"道德底形上学"（Metaphysics of morals），实际上不过是"关于道德的形而上学解析"或"关于道德的形而上学推述"。而儒家哲学所完成的却是一套"道德的形上学"，是以形上学本身（包含本体论与

① 牟宗三：《人文主义的基本精神》，载《道德的理想主义》，第154页；《全集》第9卷，第198~199页。

② 参见牟宗三《领导时代之积极原理》，收入《时代与感受续编》，《全集》第24卷，第35~38页。

③ 牟宗三：《理想主义的实践之函义》，载《道德的理想主义》，第39页；《全集》第9卷，第51页。

宇宙论）为主，而从道德的进路契入，由道德行为本身所体现的心性本源进而通达至于宇宙本源，即由道德进至了形上学。① 两者的根本区别在于对"形上学"的理解不同：在康德那里不过是一种论证道德哲学的方法，而在儒家（更确切地说是在牟宗三所理解的儒家哲学）这里是一种理论建构的目标。简言之，牟宗三所讲的"道德的形上学"具有以下四个特征。（1）"即内在即超越"："天道高高在上，有超越的意义。天道贯注于人身之时，又内在于人而为人的性，这时天道又是内在的（Immanent）。因此，我们可以康德喜用的字眼，说天道一方面是超越的（Transcendent），另一方面又是内在的。"② "性体无外，宇宙秩序即是道德秩序，道德秩序即是宇宙秩序。"③ （2）"即存有即活动"："自其为'形而上的心'言，与'於穆不已'之体合一而为一，则心也而性矣。自其为'道德的心'而言，则性因此始有真实的道德创造（道德行为之纯亦不已）之可言，是则性也而心矣。""此实体、性体、本义是'即存有即活动'者，故能妙运万物而起宇宙生化与道德创造之大用。"④ （3）"即本体即工夫"："自宋、明儒观之，就道德论道德，其中心问题首先在讨论道德实践所以可能之先验依据（或超越的根据），此即心性问题是也。由此进而复讨论实践之下手问题，此即工夫入路问题是也。前者是道德实践所以可能之客观根据，后者是道德实践所以可能之主观根据。"⑤ （4）"即道德即宗教"："此'内圣之学'亦曰'成德之教'。'成德'之最高目标是圣、是仁者、是大人，而其真实意义则在于个人有限之生命中取得一无限而圆满之意义。此则即道德即宗教，而为人类建立一'道德的宗教'也。"⑥ 综观上述四方面特征，在牟氏看来，由先秦儒者开其端、宋明儒者竟其绪的"道德的形上学"体现了一种"精诚的道德意识所贯注的原始而通透的直悟"和"具体清澈精诚恻怛的圆而神之境"⑦，铸就了儒家之"圆教模型"。

---

① 参见牟宗三《心体与性体》（上），第120页；《全集》第5卷，第145页。

② 牟宗三：《中国哲学的特质》，第21页；《全集》第28卷，第22页。

③ 牟宗三：《心体与性体》（上），第32页；《全集》第5卷，第40页。

④ 牟宗三：《心体与性体》（上），第36页；《全集》第5卷，第45页。

⑤ 牟宗三：《心体与性体》（上），第7页；《全集》第5卷，第10页。

⑥ 牟宗三：《心体与性体》（上），第5页；《全集》第5卷，第8页。

⑦ 牟宗三：《心体与性体》（上），第162页；《全集》第5卷，第195页。

　　最后是"实践的智慧学"（Practical wisdom doctrine）。这是牟宗三晚年在会通中西哲学基础之上所提出的概念，尽管直接论述的文本有限，但其学术意义却十分巨大。"实践的智慧学"概念源于康德《实践理性批判》中的"Weisheitslehre"一词，在那里的原意是"智慧学"。康德指出："把这个理念（"至善"——引者注）在实践上也就是为了我们的合乎理性的行为准则来加以充分的规定，这就是智慧学，而当智慧学又作为科学时就是古人所理解的这个词的含义上的哲学，在他们那里，哲学曾是对至善必须由以建立的那个概念及至善必须借以获得的那个行为的指示。"① 众所周知，"哲学"一词的希腊文原意是"爱智慧"（philos-ophia），因而"智慧之学"是其古义，在古希腊人那里这门学问在于追求"最高善"，因而在原初的意义上"智慧学"本身就是"实践的"。而在牟宗三看来，柏拉图、亚里士多德讲"最高善"是以理论理性的方式讲，基督教是一个以人格神为中心的"信仰学"，到了近代"哲学"转向了认识论，其作为"实践的智慧学"的古义更是泯而不显，只有康德在思考道德问题时具有恢复古义的倾向。② 牟氏认为，所谓"爱智慧"之"爱"的含义是"衷心地向往那人生最高之善而且念兹在兹地要去付诸实践"③，基于此"实践的智慧学"作为哲学之古义在中西方皆然，但此意义上的哲学在现代西方已经不复存在，而仅仅保存在中国文化之中，即儒释道之所谓"教"："凡圣人之所说为教，一般言之，凡能启发人之理性，使人运用其理性从事于道德的实践，或解脱的实践，或纯净化或圣洁化其生命之实践，以达至最高的理想之境者为教。"④ 同在"教"的意义上就有高下的分别即所谓"判教"，而儒家的义理最为圆满充实，被牟氏命之曰"大中至正之圆教"⑤，成为"实践的智慧学"之极致。就牟宗三这里对儒家义理本身的阐发而言，并没有超出以上所论之"道德的形上学"的纲维，但以"实践的智慧学"来定位儒家哲学却具有更为

———————

① 〔德〕康德：《实践理性批判》，第148页；AA，Bd. Ⅴ，S. 108。
② 参见牟宗三《四因说演讲录》，第102～103、111页；《全集》第31卷，第109、118页。
③ 牟宗三：《客观的了解与中国文化之再造》，《牟宗三先生晚期文集》，《全集》第27卷，第432页。
④ 牟宗三：《圆善论》，学生书局，1985，第267、306页，《全集》第22卷，第260、297页。
⑤ 牟宗三关于"判教"的思想，详见本章第三节和第五章第一节。

开放的理论视野。姑且不论牟氏对于儒学的具体言说，仅就"实践的智慧学"而论，这一概念为中西哲学对话与会通提供了广阔的空间，在这一平台上，儒家不仅与康德哲学，更与自古希腊以降的整个西方实践哲学传统具有共同的思想论域，因而这一概念本身必然会具有超越牟氏哲学本身的深远意义。

2. 本内圣之学解决外王问题

牟宗三一生著述等身，而"其中心观念，扼要言之，实欲本中国内圣之学解决外王问题者"。① 这道出了其本人一以贯之的文化立场和致思取向，在某种意义上也代表了现代新儒家这一思想流派的突出特征以及对"现代性"的根本态度，一言以蔽之，曰"内圣开出新外王"。

牟宗三将中国文化视为绵延不绝的生命之流，这一文化生命在时间之维中沿着前后两个向度进行延伸，因而对中国文化之价值的肯定不仅是对历史的回溯，更重要的在于对未来的展望，而后者立足于对当下（即"中国文化之现代处境"）本身的全面把握和深刻反思。

自"五四"以来，中国人普遍将"科学"与"民主"视为"现代化"的核心内容。由于"科学"与"民主"生发并成熟于西方文化的母体之中，因而中国社会在自觉追求这两者之时不可避免地面对异质文化之间的张力，对于这种张力不同的文化派别表现出巨大的差异。西化派将由科学民主代表之"现代化"与由儒家代表之"传统"视为根本对立的，因此"现代化"之于中国文化是全然外在的，其中温和者主张中国文化必须"适应"现代化的需要而实现全面性变革，激进者甚至直接宣称应当彻底放弃中国文化，以一种全盘西化的立场促使"现代性"在地理上的中国生根成长。与此相反，现代新儒学则将"现代化"的实现问题置于中国文化的语境之中进行考察，将其视为以儒家为主导的中国文化之生存和发展的内在要求，其既是中国文化生命之延续的必要条件，同时也是中国文化精神自我开展的必然表现，是中华文明"可久可大之道"的题中应有之义。可以说，以上两派都在"逻辑的普遍性"意义上肯定了"科学"与"民主"之于中国的有效性，关键在于这种"普遍性"所针对的逻辑子项有所不同：西化派着眼于地理意义上的中国，而

① 牟宗三：《历史哲学》，增订版自序第1页；《全集》第9卷，第（15）页。

新儒家着眼于文化意义上的中国。

牟宗三将"科学"和"民主"视为儒家思想面对时代的"新外王之学",无论其如何之"新",终究能够在儒学"内圣—外王"的思想架构之中得以安顿。"现代化"之学理不仅在形式上隶属于"现代新儒学"的体系,而且在实质内容上也由儒家"内圣之学"所开出。牟宗三指出,"内圣"之于"新外王"的关系不是外在的"适应"(adapt),而是内在的"实现"(realize):"事实上,儒家与现代化并不冲突,儒家亦不只是消极地去'适应'、'凑合'现代化,它更要在此中积极地尽它的责任。我们说儒家这个学问能在现代化的过程中积极地负起它的责任,即是表明从儒家内部的生命中即积极地要求这个东西,而且能促进、实现这个东西,亦即从儒家的'内在目的'就要发出这个东西、要求这个东西。所以儒家之于现代化,不能看成个'适应'的问题,而应看成'实现'的问题,唯有如此,方能讲'使命'。"① 这里可以清楚地看出牟宗三深受黑格尔哲学之影响,对历史发展具有一种目的论的预设,认为"现代化"本身是以儒学为代表的中国文化生命之具体化和现实化,科学和民主是儒学发展的历史进程之中的"内在目的",是儒家所透显的超越精神之"实现"。

对于"实现"一词,牟宗三有比较深入的思考:"这实现只有两义:一、在客观实践中复活创造的文化生命,二、本自本自根的创造的文化生命以建设近代化的新中国。复活自本自根的创造的文化生命,便不能不有畅通自己的文化生命之积极的真实思想与真实义理。"② 如果在借喻的意义上理解"文化生命"这一概念,那么所谓"实现"就是"孕育""产生"和"生长"的过程,是"播种育苗"而不是"成株移植",因此"科学和民主不是一个现成的东西可以拿来的,乃是要在自己的生命中生出来的。这是要展开自己的心灵的,乃是要在自己的生命中生出来的。这是要展开自己之心灵的,要多开出心灵之角度与方向的"。③ 受黑格尔的影响,牟氏将一切精神现象归之于人类之"心灵"(相当于黑氏

① 牟宗三:《从儒家的当前使命说中国文化的现代意义》,载《时代与感受》,第300页;《全集》第23卷,第326页。
② 牟宗三:《五十自述》,第94~95页;《全集》第32卷,第84~85页。
③ 牟宗三:《略论道统、学统、政统》,载《生命的学问》,第56页。

所说的"绝对精神")的产物,"心灵"不能封闭于自身之中而沦为知性的抽象,必须具体化自身以丰富自身,因而包括科学、民主等在内的一切文化成就都要由这绝对的"心灵"开显出来。对科学而言,"则在经过曲折酝酿步步逼至之今日迫使着要孳生出。此'迫使',表面观之,好像是外在的,然若深一层看,内在于自己文化生命而观之,则是内在的:文化生命开展之必然要求,心灵开展之必然要求。此内在地迫使着要孳生出'知识之学'来,是自己文化生命发展中固有之本分事,不是西化"。同样,就民主而言,"本此认识以逼出民主政体建国之大业,乃是华族自尽其性之本分,不是西化"。① 牟氏这里所谓"迫使""逼出"都代表一种典型的目的论式的话语,这种目的论不同于西方亚里士多德以降的"神学目的论",而是一种具有内在性和辩证性的"历史目的论"。

这里还有一个非常关键的问题需要辨明,以上论述似乎暗示"内圣开出新外王"是由道德直接"开出"科学和民主,这实际上是对这一学说极大的误解,这在很大程度上也归咎于牟宗三本人在一些文本中的模糊表述。统观他前后期的著述,无论是"开出"还是"坎陷",都只是在精神理念层面的言说,而不涉及具体的科学和民主之实存,即是在"理"的层面而不在"事"的层面。正如黑格尔的辩证法只对"精神"(Geist)讲而不对"定在"(Dasein)讲,牟氏所谓"坎陷"也只能得到"认识心""分解的尽理精神""形构之理""执的存有论"等精神性"存有"(Being),而不能得到科学知识、民主制度之类的"存在"(Existence)。② 因此,从"道德不能开出科学民主"的事实来反驳"开出说"或"坎陷说"都没有抓住这一学说的要害,因而尚未触及牟氏哲学的真正问题所在,这个问题在本书后面的阐述中将得到进一步的讨论。

综合本节的相关论述,牟宗三对于"现代性"的时代精神有着深切的把握,其关于"普遍"与"特殊"的思辨展现了"现代性"的多元向度,其通过"内圣开出新外王"的思想框架为中国文化内在地实现"现代性"进行了理论上的积极探索。在这个意义上,牟宗三其人其学与"现代性"之间的关系非常密切,其哲学代表了一种典型的现代性话语,

---

① 牟宗三:《略论道统、学统、政统》,载《生命的学问》,第55页。
② 参见拙文《牟宗三"良知坎陷说"的发展历程》,《中国哲学史》2008年第2期。

换言之,"现代性"是内在于牟氏哲学之中的核心问题。

第二节 牟宗三哲学与西方现代性之间的张力

牟宗三哲学作为儒学思想发展的新阶段的重要代表,体现出鲜明的"现代性"特征。如前所述,这里所说的"现代性"呈现出"具体的普遍性"的特征:一方面认同于"现代性"哲学理念的基本内涵,另一方面又立足于中国文化这一特定的历史文化语境展开"现代性"的言说。在后面这个方面,牟氏哲学极力凸显中国文化的民族性特质,力图成就一种"新儒学的现代性"或曰"以儒家思想为主导的中国现代性",因此表现出与西方现代性之间的巨大张力。这种张力不仅源于中西文化传统本身的差异,而且也源于牟氏对于西方现代性内在包含的种种弊端的反思与批判。由于这种张力的存在,牟氏哲学与"现代性"之间的关系更为复杂。

一 牟宗三论"现代性"的文化之维

如前所述,在牟宗三看来,尽管"现代性"具有普遍性,而其具体表现则必然是"一孔之见"。在文化哲学的视域中,"现代性"是文化生命之所"实现",因而必然由"文化生命"本身的气质之限而呈现多元样态,因此,"现代性"在历史发展中必然具有文化间的差异,而正由于这种文化之维上的特殊性,"现代性"自身才成为"具体的普遍性"。牟宗三突出地强调了现代性在中国文化语境中所表现出的特殊性,以其为思考中国现代化问题的前提条件,因此,他在中西文化传统之间进行了深入而细致的比较、阐释以及"判教"的工作,力图在民族文化传统之中为"中国现代性"开掘出积极的思想资源。

1. 中国文化之主位性——"文化民族性"层面的论证

牟宗三对现代性的文化之维予以凸显,其根本目的在于挺立中国文化的"主位性"(即在中国语境之中的"民族文化主体性"),据此重建中国人对民族文化的认同。在本书看来,牟宗三对于中国文化之主位性问题进行了两重论证:第一重是从"文化民族性"的角度所进行的论证,通过中西文化之间的比较彰显出中国文化的优长之处,强调中国文化自立于世界所必须坚持对于自身文化的民族认同，而不能被西方文化所取代；第二重是从"道德恒常性"的角度所进行的论证，通过人之为人最根本的道德诉求强调儒学作为中国文化之主导价值的永恒性，不随时代的变迁而有所改易。具体分析这两重论证可以发现，两者分别属于"世界—民族国家"和"天下—华夷"两种不同的话语系统，这两种话语系统背后分别指向前文所揭示的"逻辑的普遍性"和"形而上的普遍性"。这里首先论析牟氏在"文化民族性"层面对于"中国文化主位性"所做的第一重论证，而其第二重论证留待后文予以详论。

牟氏指出："假如中国文化还有发展、还有它发展的动源、还有它的文化生命，那么，我们不能单由民主政治、科学、事功这些地方来看中国文化的问题，而必得往后、往深处看这个文化的动源、文化生命的方向。这是从高一层次来看中国文化如何维持其本身之永恒性的问题，且是个如何维持其本身主位性的问题。儒家是中国文化的主流，中国文化是以儒家作主的一个生命方向与形态，假如这个文化动源的主位性保持不住，则其他那些民主、科学等等都是假的，即使现代化了，此中亦无中国文化，亦只不过是个'殖民地'的身份。所以，中国文化若想最后还能保持得住、还能往前发展、开无限的未来，只有维持他自己的主位性；对于这个文化生命动源的主位性，我们要念兹在兹，把他维持住，才算是对得起中国文化。"[1] 牟宗三的立场很明显，科学、民主等成就固然很可贵，但只能代表"现代社会"之所成立的"现代性"，而并不能代表"中国文化"之所成立的"中国性"，而后者只有绵延数千年而不绝的、以儒家传统为主导的文化生命形态能够代表。这种文化上的"民族认同"是超越于"现代性"之上的，没有民族认同作为基础的现代化是抽象的和空洞的，尽管物质上如何发达，终究难免沦为"文化殖民地"的命运。这里可以比较明确地看到，在以文化的"民族性"与"时代性"为两端的天平上，牟氏无疑偏向于前者，在他看来尽管两者都是必要的，但"民族认同"优先于"时代诉求"，做一个"中国人"优先于做一个"现代人"。

① 牟宗三：《从儒家的当前使命说中国文化的现代意义》，载《时代与感受》，第 327 ~ 328 页；《全集》第 23 卷，第 352 页。

牟宗三进一步对"民族认同"进行了论证，首先将其与"信仰自由"区别开来："信仰自由是一回事，这是不能干涉的，然而生为中国人，要自觉地去作一个中国人、存在地去作一个中国人，此则属于自己抉择的问题，而不是信仰自由的问题。从自己抉择的立场看，我们即应念兹在兹，护持住儒家为中国文化的主流。""我个人并不反对基督教，亦不反对信仰自由，然而，现在每一个中国人在面临这个问题时，都应该有双重的身份、双重的责任。"① 这里牟氏是针对基督教而言，强调中国文化必须坚持儒家作为主流。如果我们暂时悬置牟氏的新儒家立场，而将这一问题提升为文化上的"选择自由"与"民族认同"之间的关系问题，那么牟氏所讲的"双重身份""双重责任"就具有了更为深刻的启发意义。一方面，"现代性"肯定了每个个体作为自己行为的主体，享有文化上认同的自由和选择的权利，可以认同于任何一种文化或价值系统，甚至可以自由选择自己的国籍；另一方面，个体的自然生命必然归属于某个种族或血缘共同体，其社会身份也必然归属于现代世界体系中的某个国家，不论拥有怎样的选择自由，终究要获得某种"民族国家"的确定属性，因而必然面对文化上的"认同"问题。就任何一个黑发黄种、以汉语为母语并且具有中国国籍的个体而言，无疑都具有"双重身份"：一方面作为一个现代社会的"公民"，享有基本的人权和自由；另一方面作为一个"中国人"，自然认同于自我的这种身份。由此决定其"双重责任"：一方面要尽一个"公民"对社会的义务，这由宪法所规定、法律所保证；另一方面要尽一个"中国人"对民族国家的责任，既包括捍卫民族尊严、保护国家荣誉，也包括自觉认同于民族的历史文化传统和基本价值规范，否则不免产生与"中国"的疏离感或被文化共同体所排斥（诉诸道德谴责）。依牟宗三的观点，上述第二个方面的责任尚是消极的，应当更为积极地尊奉儒学为中国文化的主导力量，这在本书看来既难以实现，也不必要。尽管如此，本书支持牟氏在这一问题上的两点见解：一、在文化上的"民族认同"优先于"个体自由"，"中国人"的身份决定了个人选择的取向不能与之相冲突；二、"民族文

① 牟宗三：《从儒家的当前使命说中国文化的现代意义》，载《时代与感受》，第328～329页；《全集》第23卷，第353页。

化认同"方面的责任不仅是消极地遵从固有价值规范，还要求积极地建设新的民族文化，这里体现出一种"继往开来"的使命感。牟宗三并不讳言这种立场为"本位主义"，面对质疑直言道"本位主义有什么不对？每一个民族事实上都是本位主义，英国人以英国为本位，美国人以美国为本位，何以独不许我们中国人以中国为本位呢？若是这叫本位主义，又怎么能反对呢？"① 牟氏所持的这种"文化本位主义"（也可以称之为"文化保守主义"）立场使之既与"文化虚无主义"相对立，亦与"文化相对主义"相区别。

牟宗三认为中国文化之主位性的维持必须依靠在中西文化比较的基础上对西方文化进行"判教"，这种判教的哲学依据即在于"普遍性"与"特殊性"的辩证法："和西方文化相摩荡，即是个最高的判教的问题。在此，每一个文化系统皆有其双重性，一个是普遍性，一个是特殊性，每一个民族都该如此反省其自身的文化。只要它是个真理，它就有普遍性。但是真理并不是空挂着的，而必须通过生命来表现。通过一个生命来表现，就有特殊性。通过这双重性来进行最高的判教，也可以渐渐地得到一个谐和。"② 故而，牟宗三于"普遍性"上讲中西文化之"会通"，于"特殊性"上讲中西文化之"判教"。

2. 中西文化传统之比较

文化的特质往往是在与"他者"的对话、比较中得以展现的，而在"现代性"的论域之中，"西方文化"无疑是"中国文化"所面对的最具影响力的"他者"，在这个意义上，与西方文化传统的对话既有助于中国文化的自我理解，同时也能够揭示中国文化对于现代性本身的积极意义。牟宗三正是在这个意义上开启了对于中西文化传统之比较的视野。

（1）中西文化根本精神之分判——"返本"

较之于"五四"时代以经验特征之列举来对比文化的做法，牟宗三对中西文化传统的分析要深刻许多，他上升到文化精神和思维方式层面探讨两者的根源性差异。牟氏的这一工作可以区分为两个层次：第一个

①　牟宗三：《从儒家的当前使命说中国文化的现代意义》，载《时代与感受》，第 330 页；《全集》第 23 卷，第 354 页。
②　牟宗三：《从儒家的当前使命说中国文化的现代意义》，载《时代与感受》，第 330 ~ 331 页；《全集》第 23 卷，第 355 页。

层次是在对真理的把握方面分判中西文化各自的根本精神,其结论在于,中国文化在境界上高于西方文化,后者必然要向前者予以"投注";第二个层次是在"通孔"的意义上比较两种文化各自的表现形态,其结论在于,面对"现代性"的时代要求,中国文化应当自觉"开出"西方文化所代表的精神。简言之,中国文化在与西方文化之"他者"的比较中,一方面要"返本",另一方面要"开新"。同时,这两方面也是统一而不可分的。

在文化哲学的高度比较中西文化,不能停留于对"气之限制"的经验罗列,而必须上升于对"理之实现"的精神论析,后者在牟宗三那里就是"人类创造性心灵之表现"。在他看来,"中华民族是最有原初性的民族。惟其是一个原初的民族,所以它才能独特地、根源地运用其心灵,这种独特地、根源地运用心灵,我们叫它是这个民族的'特有的文化生命'。这个特有文化生命的最初表现,首先它与西方文化生命的源泉之一的希腊不同的地方,是在:它首先把握'生命',而希腊则首先把握'自然'"。[①] "中国文化生命之首先把握'生命',而讲正德利用厚生以安顿生命,由之以点出仁义之心性,一方客观地开而为礼乐型教化系统,一方主观地开而为心性之学,综起来名曰内圣外王,成为道德政治的文化系统,而以仁为最高原则,为笼罩者,故亦曰仁的系统。而西方希腊传统,则首先把握自然,表现'理智',因而开出逻辑数学与科学,此以'智'为罩笼者,故亦曰智的系统。"[②] 借用《易传》中的术语,前者是"圆而神"的精神,后者是"方以智"的精神。[③] 中西文化之差异在总体上被定位于"尊仁"与"重智"的区别,其关注点分别在于"生命"和"自然"。牟氏这里所讲的"生命"不是生物学意义上的"自然生命",而是人之为人的"德性生命",相当于黑格尔所讲的"精神"[④],

---

[①] 牟宗三:《历史哲学》,第164页;《全集》第9卷,第189页。

[②] 牟宗三:《关于文化与中国文化》,载《道德的理想主义》,第249页;《全集》第9卷,第321页。

[③] 语出《易传·系辞上》:"是故蓍之德圆而神,卦之德方以知,六爻之义易以贡。"

[④] 在黑格尔那里,"生命"(Leben)与"精神"(Geist)是两个不同的概念:前者指灵魂与肉体的直接统一,属于研究"理念之外在化"的"自然哲学"的范围;后者是比"自然"(Natur)更高级的理念形式,是"精神哲学"所讨论的对象,在"精神"阶段中理念扬弃了"自然"阶段的外在性而返回自身。

而在黑氏的概念序列中，"精神"是比"自然"更高级的东西，"精神是自然的真理性和终极目的，是理念的真正现实"①，"精神正是通过在它里面得到实现的对外在性和有限性的克服而把自己本身同自然区分开来"②。由于克服了"自然"的外在性，对内在的"生命"之关切指向了人自身的意义世界，而以儒家为主导的中国文化传统以此为中心，展现为一种"生命的学问"。因而，牟氏在以"生命"和"自然"两个概念衡断中西文化之特质的时候，已然内在地包含了中国文化在关切对象的层级上高于西方文化的价值评判，同时，"以感通为性、以润物为用"之"仁"也在境界上高于"以觉照为性、以及物为用"之"智"③。可见，以上对中西文化之比较暗示了对两种文化精神的高下分判，潜在地包含着"文化判教"的理论动机。④

基于中西方文化关切方向的分别，牟氏进而考察了两种文化生命在历史上的发展经历了不同的命运。德国历史学家斯宾格勒断言，历史上任何文明都如同生物个体一样不免于"生长衰亡"的命运。⑤牟宗三指出，斯氏的这种"周期断灭论"背后所依据的原则是"以气尽理"，而西方文化正是以此为根本原则；而中国文化却本着"以理生气"的超越原则，故能悠久不断。具体言之，中国文化之心灵表现以德性为主，突出了生命的"精神性"方面，以德性之"理"涵润生命、调护才情气；而西方文化之心灵表现以"才情气"为主，突出了生命的"材质性"方面，顺着生命的强度而发散，追逐对象而"尽理"，因而这里的"理"是外在对象之理。牟氏认为中国文化是"逆之则成圣成贤"，关键在"逆转"上展现"心性之学""成德之教"，故而能够引生无尽的未来；西方文化是"顺之则生天生地"，往而不反地"顺生命之凸出而滚下去"，虽有巨大的物质成就，但生命之强度必有耗竭之时，故而难免

①　〔德〕黑格尔：《自然哲学》，梁志学等译，商务印书馆，1980，第34页。

②　〔德〕黑格尔：《精神哲学》，杨祖陶译，人民出版社，2006，第14页。

③　参见牟宗三《历史哲学》，第178页；《全集》第9卷，第204页。

④　对于这一问题的探讨参见李翔海《牟宗三"中国哲学特征"论评析》，《哲学研究》2008年第4期。

⑤　参见〔德〕奥斯瓦尔德·斯宾格勒《西方的没落》第一卷第三、四章，吴琼译，上海三联书店，2006。

"周期断灭"的命运。① 不难看出，牟氏的上述分判带有儒家"理气之辩"的意蕴，文化生命之重心落在"气"上则必然是有限的、暂时的，而只有在"理"上才能超越时空的局限，致其悠久广大之道。尽管牟氏最后指出"以理生气"和"以气尽理"这两者应当协和统一、相资相补，但中国文化要想保持绵延不断，必须保持住"以理生气"的根本精神，相比而言，"以气尽理"并不是一种被积极肯定的精神，其中的价值倾向十分明显。

基于中西文化精神表现的分别，两种文化中的形上学表现出了巨大的差异：同样是讲人之为人，西方哲学讲的是"形构之理"，即人的概念；而中国哲学讲的是"实现之理"，即人成其为人的本体宇宙论②根据。在牟宗三看来，"西方哲学尚未能就个人自己之实践主体以言性，故其言人性之定然性只是外在的、观解的形上学中之定然性，即只就'成之谓性'之形成之理（类名之性）向上推进一步以言人性之定然性，此尚不足以真能见出人之可贵，人性之可尊，故人亦易于以一套理论视之也"。而中国儒家哲学"其言外在于人之'实现之理'即由内在于人之'实现之理'之性以通之。此为以实通实，而不是以虚点实、以实带虚。故无外在的、观解的形上学，而惟是一内在的、实践的形上学"。③ 所谓"观解的"（theoretical）与"实践的"（practical）的区分本于康德关于"理论理性"与"实践理性"的分别，在牟氏看来，中西哲人思考形而上学问题的进路各有侧重，中国儒者的生命智慧在于"实践理性充其极"，而西方哲学家注重理智的探索。同时牟氏本着其所理解的康德哲学，认定"实践理性优先于理论理性"④，因此在形而上学方面中国文化的智慧也超过了西方文化。

通过上述关于中西文化之"生命/自然""仁的系统/智的系统""以

---

① 参见牟宗三《世界有穷愿无穷》，载《道德的理想主义》。
② "本体宇宙论"（onto-cosmology）是牟宗三为了突出儒家形上学之"即存有即活动"的特征而自造的术语，强调超越的本体即是宇宙生化之动力，因而不同于西方哲学"本体论"（ontology）与"宇宙论"（cosmology）相分离的形态。参见氏著《心体与性体》（中），第 68 页；《全集》第 6 卷，第 84 页。
③ 牟宗三：《论无人性与人无定义》，载《道德的理想主义》，第 130 页；《全集》第 9 卷，第 168 页。
④ 牟宗三对康德此言的理解有偏差，容后文详论。

理生气/以气尽理""实践的形上学/观解的形上学"的分判，牟宗三在根本特质的层面对以儒家为主导的中国文化进行了充分的肯定，并且认定西方文化在究极的意义上"见道不真"，因此其"最后的圆熟归宿是向中国的'生命之学问'走。不管它如何摇摆动荡，最后向这里投注"。①

（2）中西文化表现形态之比较——"开新"

综观牟宗三对中西文化之精神表现的研判，以下三对范畴最具代表性。

第一对是"综合的尽理—尽气精神"与"分解的尽理精神"。这里的"综合的"（synthetic）与"分解的"（analytic）来源于逻辑学的术语，按牟氏的界定，"综合"一词指"上下通彻、内外贯通"；"分解"一词具有三层含义：抽象的、偏至的、使用概念的。牟氏指出："我这里所谓综合、分解，不是指各门学问内部的理论过程中的综合分解言，亦不是就文化系统内部的内容之形成过程中的综合分解说。这是反省中西文化系统，而从其文化系统之形成之背后的精神处说。所以这里所谓综合与分解是就最顶尖一层次上而说的。它有历史的绝对性，虽然不是逻辑的。"② 中国文化表现为"综合的尽理精神"和"综合的尽气精神"：前者表现为"由尽心尽性而直贯到尽伦尽制"，"由个人的内圣实践工夫而直贯到外王礼制"的精神；后者则表现为一种"能超越一切物气之僵固，打破一切物质之对碍，以表现其一往挥洒表现其生命之风姿"的精神。在主体方面，前者表现为"道德的主体自由"；后者表现为"艺术的主体自由"。在人格方面，前者使人成为"道德的存在"或"宗教的存在"，即"圣人""君子"或者"教主""圣徒"，在政治上表现为"圣君贤相"；后者使人成为"艺术性的存在"，即"天才""豪侠""诗人""隐逸"等，在政治上表现为"打天下之英雄"。西方文化表现为"分解的尽理精神"，一方面推至对象而外在化，以形成主客对列，另一方面使用概念，抽象地观解地思考对象，以此形成三方面成就：一是神人相分的"离教型"的宗教；二是以概念分解、规定对象的科学；三是通过阶级集团向外争取自由人权而形成的民主政治。这种精神在主体上

---

① 牟宗三：《中国哲学的特质》，第8页；《全集》第28卷，第8页。
② 牟宗三：《历史哲学》，第174页；《全集》第9卷，第200页。

表现为"思想的主体自由"和"政治的主体自由"，前者使人成为"理智的存在"，即思想家、科学家，后者使人成为"政治的存在"，表现为"公民"。①

第二对是"理性的运用表现"与"理性的架构表现"。这里所说的"运用"（function）亦名"作用"或"功能"，指的是实践理性的辩证性运用；"架构"（construction）指的是由观解理性所形成的主客对立的格局。牟宗三判定，中国文化是"理性的运用表现"，可从三方面界定：在人格上表现为"圣贤人格的感召"，在政治上表现为"儒家德化的治道"，在知识上"道德心灵之'智'一面收摄于仁而成为道心之观照或寂照，此则为智的直觉形态，而非知性形态。"而西方文化是"理性的架构表现"，其成就在于"科学"和"民主"。牟宗三进而分析两种表现的根本机制：前者基于"隶属关系"（Sub-ordination），即"摄所归能""摄物归心"，泯出对待；而后者基于"对列之局"（Co-ordination），包含着一种"能/所""心/物"之间的对待关系，在"架构"之中出现了所谓"敌体"（即本书使用的"他者"［the other］概念）。②

第三对是"理性的内容表现"与"理性的外延表现"。"内容"（intension，一般称为"内涵"）与"外延"（extension）也是逻辑学的术语，牟宗三这里是借用了罗素关于"内容命题"与"外延命题"的概念，转化为两种真理的区分："内容的真理"（亦名"强度的真理"）和"外延的真理"（亦名"广度的真理"），前者指道德宗教审美等揭示的真理，属于主体的立场和态度；后者指数学和自然科学所揭示的真理，可以脱离人的主观态度而客观地得以成立。③在规定理性的表现方式上，牟氏用这个术语并不分别表示理性的"内涵"和"外延"，而是对应于上述两种真理的区分，指出中国文化是"理性的内容表现"，"单就生活实体上事理之当然，自'仁者德治'之措施与运用上以表现其理性"；西方文化是"理性的外延表现"，"则内容即限在一定界域中能使一概念当身之自性，因客观的内容与外延之确定而被建立"。落实于政治精神，"由'仁者德治'所开出的'物各付物'之精神与'就个体而顺成'之原则

---

① 参见牟宗三《历史哲学》，第三部第二、三章。
② 参见牟宗三《政道与治道》，第三章。
③ 参见牟宗三《中国哲学十九讲》，第二讲。

是'理性之内容的表现'；而通过阶级对立以争人权、权利、自由、平等，并进而论国家之主权、政府权力之分配与限制等，则是'理性之外延的表现'"。两者各有优长与缺失，前者"虽能极尽其出入与牵连而显圆通与谐和，然而不能尽其方正与界域，遂显漫荡而软罢"，因而造成了中国历史上的"治乱循环""人治集权"等弊病；后者"虽不能尽其具体之牵连与出入，然而可以使人正视每一概念之自性。此虽不免于抽象，然在政治上（乃至科学知识上）却是必须的"。①

以上三对概念的实质具有一致性，只是从不同的方面进行诠解。牟宗三指出，中西文化各自的成就和问题都能够从以上这几方面中予以揭示。

首先，就精神境界而言，中国文化超过了西方文化，在"形而上的普遍性"的意义上中国文化所体现出的精神特征是人类精神之"真谛"："论境界，运用表现高于架构表现。所以中国不出现科学与民主，不能近代化，乃是超过的不能，不是不及的不能。"② 这里所说的"不能"是相对于"现代性"而言，这里的"超过"是立足于人类精神之一般的高度所进行的评判，"超过的不能"是一个具有辩证意味的"诡词"，暗示出西方文化虽然"行时"，但也有其"不及"之处。此前，梁漱溟也曾说过：中国文化与西方文化相比，"我则以为是因其'不同'，而后'不及'的——如果让我更准确地说，则正因其'过'，而后'不及'的"。因此有"中国文化盖人类文化之早熟"的论断。③ 牟氏对中西文化的比较虽然在理论背景上不同于梁漱溟，但在结论上是一致的，因而"超过的不能"也成为现代新儒家学派对中国文化的一种定论。

其次，就现实效应而言，西方文化有其优胜之处，而中国文化精神在面对"现代性"时的表现有所不足。概言之，中国文化之所以没有发展出科学和民主，关键在于缺少了"分解的尽理精神""理性的架构表现"和"理性的外延表现"，上述精神是人类精神之整全所不可忽略的重要部分，具有强大的现实力量，因而"缺少了这一环节"的中国文化

---

① 参见牟宗三《政道与治道》，第 8 章。
② 牟宗三：《政道与治道》，第 51~52 页；《全集》第 10 卷，第 57 页。
③ 梁漱溟：《中国民族自救运动之最后觉悟》（1930），《梁漱溟全集》第 5 卷，山东人民出版社，1992，第 63、100 页。

要在现代世界中占有一席之地，必须自觉地"开出"这些精神。在此，一方面，牟宗三在"人类精神之一般"的高度肯定了上述精神的积极意义，将其实现视之为人类历史发展的必然要求，而不将其仅仅理解为西方文化的特殊产物，在这个意义上以言"开出"或"坎陷"就是"现代化"而不是"西化"。另一方面，这里的"综合的尽理精神""理性的运用表现"和"理性的内容表现"三个概念不仅是描述性的概念，而且是反思性的概念，以一种内在批判的进路，对中国文化传统之根本症结进行了剖析和揭示，这种态度无疑超越了"情感拥护者"对中国文化的一味赞美。

最后，文化比较的根本目的在于会通，即汇聚中西文化之长以达至一个更完满的人类精神之理想形态。因此，中西文化是双向互动的，而不同于"文化根本精神"层次上西方文化的单向投注。牟宗三言道："西方的文化生命虽是分解的尽理之精神，亦未尝不可再从根上消融一下，融化出综合的尽理之精神。而中国的文化生命虽是综合的尽理之精神，亦未尝不可再从其本源处，转折一下，开辟出分解的尽理之精神。这里将有中西文化会通的途径。"① 就理想的层面而言，"返本开新"不仅是中国文化现代化的历史使命，也是西方文化自身健康发展的必要任务，因而中西文化之交流理应是双向的，输入与输出的过程都应当是积极的和建设性的。尽管这在现实中很难实现，但牟氏本着一种"理想主义"的精神和态度进行学理思考，其中西文化比较的意义就在于他从哲学的高度把握了某种"理之应当"。

综上所论，牟宗三关于中西文化传统的比较研究在他思想整体中的地位和作用在于：一方面为中国文化的现代重建提供了反思的平台，另一方面为西方现代性的儒学批判奠定了理论基础。牟氏的中西文化比较思想凸显了"现代性"的文化之维，推进了"中国现代性"之自我认识、自我确证的思想进程。

3. 对西方文化传统的"判教"

在中西文化传统比较的基础上，有一个孰优孰劣、孰高孰低的价值评判，牟宗三借用佛教的术语，将其称为"判教"。在佛教中，正所谓

---

① 牟宗三：《历史哲学》，第174页；《全集》第9卷，第200页。

"佛以一音演说法，众生随类各得解，皆谓世尊同其语，斯则神力不共法"（《维摩经·佛国品》），佛所说法本来是同一真理，但由于众生根器不一，所以理解上就出现了不一致。因此，要根据佛所说的"经"对各种理解进行辨别和评断，审视谁的理解更符合佛法原义、更加"圆满究竟"。因此，"判教"的工作针对"特殊性"层面的"教相"而进行，而其依据尺度是"形而上的普遍性"层面的"佛所说法"。牟宗三的"判教"与佛教判教的实质是相同的，但他拓展了判教的范围和对象，这一工作有两个层次：首先是所谓"广义的判教"（"外判"），即立足于"人类精神之表现"的标准在中西文化之间进行判教；其次是"狭义的判教"（"内判"），即立足于"道德的形上学之圆教"的标准在中国文化内部进行判教——以上两层的标准都是基于"形而上的普遍性"。本书这里就"现代性"问题而论，针对其"外判"思想进行阐述；关于其"内判"思想，详见第四章第一节。

（1）追本溯源：衡论"双希文明"

西方文化起源于"双希文明"，西方现代性的种种特征都可以追溯于这两个源头得以理解，因此牟宗三对西方文化的"判教"首先针对这两者。

首先，对希腊传统的判定："以物为本"。牟氏指出："在思想或学统上说，则希腊的文化精神总是偏倾于物本或可演变而为物本的。其求真爱美向善亦常是偏倾于外在的自然，从客体方面而为言，并未打开主体之门，从主体方面开而出之。盖希腊文化尚是一种青年期的文化。其基本特性是艺术性的（Artistic）与理智的（Intellectual）。这一文化系统，在青年期的美学情调之气氛或鼓舞中，含有两方面的头绪：一是求解自然，明辨形式；一是多神教下而言上帝（是众神中一最高之神）。顺前一头绪言，则它不能不经过一步收敛凝聚的抽象化或严格化，否则，它不能成科学。而收敛凝聚的抽象化或严格化是顺这头绪下来必然有的一步发展。而此步发展之表现为思想学统，则即是物本的。这是希腊文化中主干之一。"①尽管牟氏反对黑格尔将东方文化称为"世界历史的幼

---

① 牟宗三：《人文主义的完成》，载《道德的理想主义》，第 161～162 页；《全集》第 9 卷，第 209～210 页。

年时期"，但赞同黑氏对希腊文化是"青年时期"的论断，同时与黑氏一样将希腊精神定位于"艺术性的美学情调"。所谓"物本"并非完全消极意义上的概念，而是说希腊人的文化生命将注意力的中心置于外在对象上，侧重于对客观对象的认知解析或审美观照，在这个意义上牟氏说其"为打开主体之门"，当然这里的"主体"指的是"道德主体"。

其次，对希伯来传统（犹太—基督教传统）的判定："以神为本"。牟宗三指出："耶稣的宗教精神是神本，不是人本。他自己的生命，就是在放弃现实的一切甚至其自己的生命而回归于上帝，因而亦就藉其回归于上帝的宗教精神，而归证那个高高在上独一无二的真神，即纯粹的绝对。所以他所成的宗教自身，就是'非人文的'或超人文的。""耶稣在其宗教精神上，亦没有开主体之门，没有从人方面树立起主体来，没有通过人的主体之树立而上彻于神。他树立了神这个主体，而没有树立起人的主体。"① 所谓"神本"相对于"人本"而言，有三方面特征："一是上帝与人与世界的对立，以显上帝之高高在上，超越而外在；二是人的原罪；三是神的恩宠。"② 这种精神强调了"神"作为至高无上的实体高踞于人的世界之外，现实世界与彼岸世界具有一道不可跨越的鸿沟，因此人是"有限者"，其只能依凭上帝的力量得以拯救，但无论如何也不可能成为"无限者"，因而这种价值系统之中只有神才能讲"超越"（transcendent），因而这种超越方式是外在的。在牟氏看来，基督教源于一种"恐怖意识"，这种意识不需要有恐怖的对象，而人是面对虚无的深渊，消解自身的存在而依托于以信仰中的超越存在（上帝）。③ 这样就造成了一种"宿命论"和"悲观主义"的思想形态："基督教只是神话式地讲原罪，而无真切的罪恶意识，亦以其有宗无教（只有一个空头的上帝），主体之门不开，无慎独之实践工夫故也。一切都交给上帝来决定，这真成了命定主义，亦无实践上命之观念乃至正命之观念也。"④ 牟氏进一步分析耶稣的生命精神："他的生命自然全幅就是那慧根觉情之自

① 牟宗三：《人文主义的完成》，载《道德的理想主义》，第159页；《全集》第9卷，第206、207页。
② 牟宗三：《人文主义的完成》，载《道德的理想主义》，第164页；《全集》第9卷，第212页。
③ 参见牟宗三《中国哲学的特质》，第15～16页；《全集》第28卷，第15～16页。
④ 牟宗三：《圆善论》，第155页；《全集》第22卷，第151～152页。

身，但是他的心灵却全融于这慧根觉情之自身而至于迷醉。""他即以其全幅是慧根觉情的燃烧着的生命来证他自己之外在化而为上帝，他把在他自己处呈现的慧根觉情推到上帝身上而为'所'。此即所谓'证所不证能，泯能而归所'。"① 牟氏将耶稣将生命外推归于上帝的过程称为"顺习决定、以权为实"，而不同于"天理决定、开权显实"的儒家；同时西方人的生命失去自我主宰而成为祈神仰望的心灵，只有"激情的特殊性"，而没有儒家德性之学所透显出的"真实的普遍性"和"真实的个体性"。② 在这个意义上，牟氏借用《墨经》中的术语，将基督教称之为"离教"，意谓其为"隔离形态之教"，而将儒家称之为"盈教"，意谓其为"圆盈形态之教"。③

综上所述，牟宗三对西方文化两大源头的判定为："顺基督教下来是神本，顺希腊传统下来，从客体方面说话，停于理智一层上，是物本。这两个本，在西方的文化精神下、学术传统里，特别彰著。而在这两个本的夹逼下，把人本闷住了。所以人文主义在西方始终抬不起头来。"④ 而以儒家为代表的中国文化自起源之时就显示出鲜明的人文主义取向，指点"道德主体性"而挺立了"人道之尊"，因此在牟氏看来在根源上中国文化高于西方文化。

（2）索迹寻踪：审视"西方现代文化"

牟宗三继而考察了西方近代以来哲学与文化精神的命运，可以根据"西方现代性"发展将这种考察划分为以下四个历史阶段。

第一阶段，文艺复兴：人文主义的初兴。文艺复兴时代人性从中世纪的"神本"中解放出来，开启了近代西方的人文主义传统。但牟宗三指出，这种人文主义的背后是一种"美学的兴趣情调"或称"艺术的建构精神"为主导，作为"神本"的反动，重视个人的"才情气"之表现，但个性自我只是一个"浑沦的整全"，尚缺少"反省的破裂"与"超越的分解"，因此这一时期的人文主义只停留于行动层面，尚未成为

---

① 牟宗三：《五十自述》，第183页；《全集》第32卷，第171页。

② 参见牟宗三《五十自述》，第182~184页；《全集》第32卷，第170~172页。

③ 参见牟宗三《历史哲学》，第168页；《全集》第9卷，第194页。

④ 牟宗三：《人文主义的完成》，载《道德的理想主义》，第159页；《全集》第9卷，第207页。

一个思想系统。牟氏的意思是文艺复兴在反对"神本"的同时也遗落了人文精神的超越向度，成为一个"只内在而不超越"的文化形态，为此后西方文化向着"物化"方向发展埋下隐患。

第二阶段，启蒙运动："非人文"的特征。启蒙运动由"才情"回归于"理智"，"艺术主体"开始抽象化、"收缩凝敛"为建构的、分解的、对列的"知性主体"，西方文化具有理论的系统性。同时牟宗三指出："可是也正因为这一收缩沉着，你可以见出启蒙思想虽接上了希腊的学之传统，而同时亦脱离了人文主义的母体，而成为'非人文的'。在收缩沉着而为个人主义、自由主义、人权运动、民主政治一面，可以说是'不自觉的非人文的'；在收缩沉着而为知性与科学以及理性主义的哲学系统一面，则可以说是'自觉的非人文的'。若胶着于此种自觉或不自觉的非人文的，限于此两面，就其成就之自身之所是而观之，而不知自拔自反，此开始之非人文的亦可转而为多或少之'反人文的'，或忽视人文而鄙薄之。"① 在牟氏看来，西方启蒙运动的基调是"非人文"的，延续了希腊精神对于"外物"的关注兴趣，逐渐背离了文艺复兴所开启的人文主义传统，此后人文主义日渐式微，"物化""僵化"的倾向日益严重。

第三阶段，德国理想主义：西方人文主义的全幅开展。18～19世纪德国理想主义沿着两个向度展开。一方面是"浪漫主义的理想主义"，以莱辛、歌德等人为代表，其重新赋予人文主义以超越的性格，正视生命的价值意义和根源诉求，因而与宗教相处融洽，成为西方文化中反物化、反僵化的中坚力量。其完成了西方人文主义的全幅规模：(1)"充分的浪漫精神"：由抽象的知性回归生命主体；(2)"绝对的主体主义"：摒除习气的执着而使生命纯粹化；(3)"古典精神的客观主义"：通过"人格"观念使柏拉图之"理型"(idea)内在化于生命之中，同时也将"理型"客观化、生命化，以提升人文主义的"理想性"。尽管如此，牟宗三评价道，这一时期的浪漫主义虽然重视了审美和宗教领域的人文价值，却与古希腊以降的哲学传统、近代以来的科学传统相疏离，不能统

---

① 牟宗三：《人文主义的完成》，载《道德的理想主义》，第171～172页；《全集》第9卷，第222页。

摄"知性"及其成果，因此仅仅达到了孔子所言的"兴于诗"，缺少了"立于礼"的一环，因此这种人文主义局限于"小家气"，在西方文化中沦为旁支。①

另一方面是"理性主义的理想主义"，以康德、黑格尔哲学为代表。牟宗三对康德评价颇高，认为他"完成了启蒙思想又克服了启蒙思想"："他克服了启蒙思想，正因为他从客体转到主体上所形成的主体主义。他完成了启蒙思想，是因为一方面他仍是理性主义，他仍是抽象的思考者，而另一方面则因为他又检定了知性的本性、成就及限度，检定了逻辑数学的理性之限度。因此，他归于主体，不只停在'知性主体'上，他把主体方面心之诸能力统统给透现出来，因之，知性主体、道德主体、审美主体，全幅予以彰显。他大开主体之门，这是哲学史上的一个大扭转。"② 因而在牟氏看来，康德代表了西方哲学的最高成就。尽管如此，与儒家义理相比较，康德哲学仍有以下几方面的不足之处：（1）现象界与本体界的隔绝，"超越"与"内在"的对立；（2）人之有限性：不能有"智的直觉"；（3）"自由意志"是一实践理性的"设准"而非真实的"呈现"；（4）"圆善"的实现交予上帝；（5）不能极成"道德的形上学"，而仅成就"道德的神学"。③ 因此牟氏不无惋惜地喟叹康德"未达一间"，根本原因在于"实践理性之未充其极"，因而在判教的体系中的地位只是"实践理性之始教或别教"④。对于黑格尔，牟宗三认为其接续了由康德开启的人文主体性精神并使之"充其极"，"已进于道德的实践之精神生活及其历史文化之客观的意义"。⑤ 但是，"从西方纯哲学的立场上说，黑格尔不是一好的哲学家，而是一好的历史哲学家"。"黑格尔学问的精华，以及辩证法的真正义用与其恰当的表现处，只可限于人

---

① 参见牟宗三《人文主义的完成》，载《道德的理想主义》，第 173 ~ 179 页；《全集》第 9 卷，第 223 ~ 232 页。

② 牟宗三：《人文主义的完成》，载《道德的理想主义》，第 179 ~ 180 页；《全集》第 9 卷，第 232 页。

③ 以上参见牟宗三《心体与性体》（上）、《现象与物自身》、《圆善论》等著作。

④ 参见牟宗三《圆善论》，第 332 页；《全集》第 22 卷，第 323 页。

⑤ 牟宗三：《理性的理想主义》，载《道德的理想主义》，第 20 页；《全集》第 9 卷，第 26 页。

文的、人之实践的精神表现之辩证发展。"① 同时牟氏对黑格尔哲学也有相当严肃的批评："唯有在工夫中才能引起黑格尔所说的'理性底诡谲'、'辩证的综合'。存在本身无所谓诡谲，亦无所谓辩证。黑格尔最大的错误是在这里有所混漫！""辩证的过程即是存在的过程，这就成了最坏最危险的思想，足以扰乱天下。"相比较而言，"在中国儒释道三教，既如理地把辩证看成工夫中事，则它是虚层的精神修养中事，不是着实地粘着于存在的东西。我要它有，则可以无限拉长其历程；我要它没有，则可以当下停止，消除其过程，所谓辩证来个辩证，一切归于平平"。② 牟氏是批评黑格尔的"逻辑学"针对存在讲辩证，由此造成对存在本身的不断的自我否定，永远处于矛盾之中③；而真正要消除这种"恶无限"，必须依赖中国文化中儒释道三家的"圆顿之教"，既讲"工夫之不可已"，又讲"当下具足圆满"，在这个意义上成就"辩证法"的本义。因此在总体上理解黑格尔式的"辩证综合"，必须预设康德式的"超越分解"作为基础，同时也要认清"辩证法"的适用范围和限度。

第四阶段，当代西方哲学与文化：纤巧支离而不见体。20 世纪以来的西方哲学呈现为英美"分析哲学"和欧陆"现象学—存在主义"两大主流，牟宗三对这两派的评价都不高。首先，对于前者，他评价道："今日在英美流行之分析哲学，严格来说，并非哲学，不过是一种哲学上的方法而已。分析哲学以分析为其所长，在分析的过程中却可训练我们的思考。英美的分析哲学家在这方面都表现出一种高度的精巧，甚而转为纤巧而生流弊。"本来，所谓"精巧"所代表的概念准确、层次清晰、逻辑严密等要求都是哲学思考所必需的，牟氏本人在早年也曾长期着力于逻辑、知识论方面的研究，因此他强调这方面的训练对青年尤为重要。但同时指出，"若被这学问全盘吸引住了，陷在里面拔不出来，亦可流为纤巧，而此纤巧却是一大弊病"。"盖纤者，细义，太纤细的结果乃至一

---

① 牟宗三：《论黑格尔的辩证法》，载《生命的学问》，第 176、178 页。
② 牟宗三：《超越的分解与辩证的综合》，《牟宗三先生晚期文集》，《全集》第 27 卷，第 463、459、465 页。
③ 这里牟宗三是针对现实而言，实际上在黑格尔的体系中不会出现这样的"恶无限"，此处不及具论。

无所有。"① 结合上文所述牟宗三的学思历程，可以体会到这确是他的亲身
经验，所谓"纤巧"之弊就是他早年由"架构的思辨"而带来的生命意义
的虚无化，他曾有过一个形象的比喻："这就好像细刀刻木，刻久了的确
很细致，但不小心一碰就碎了、没有了。所以在另一方面，一成纤巧就出
毛病。"② 其次，对于后者，牟宗三评价道："实际说来，胡塞尔的现象学
并无真正的洞见，而其流行，实亦为西方当代哲学的一种纤巧表现。"而
存在主义本意在于讲实存的感受，以对治分析哲学的"非存在性"，但其
中一些哲学家却专门暴露人性的黑暗面，挑动人们的虚无感，却不为人类
指出一条光明的出路，因此就转而成为一种"非存在的哲学理论"，在牟
氏看来这无异于将"虚无"合法化，人成为一个"空虚而麻木的存在物"，
永远沉沦于黑暗而难以自拔。总而言之，牟氏指出："由当代西方哲学发
展之趋势看，作为两条主流的分析哲学与存在主义均流为纤细，均为西方
哲学之陷溺。其所以如此，故为受整个文化纤巧之背景所牵引。"而当代
西方的整个文化"都在一不健康的低潮，在一危机四伏的逆流中"。③

　　纵览牟宗三对西方哲学与文化以上四个阶段的评判，归结为一点即
在于："普遍的人性这个普遍性只停在'外在的用'之阶段上，因而普
遍的人性亦只是泛说，并没有从人心上点出其最内在的本质，即点出
'道德的心性'以实之。这总是西方人文主义之缺点，亦是西方文化的
大病源。"④ 可见，"道德心性"的缺失是西方文化最为根本的弊端，正
因如此，其超越精神投向外在神祇，其人文主义传统一直隐而不显，其
理想主义传统至康德、黑格尔之后而无有善继者，其现代性精神难免沦
为"无体""无理""无力"的时代病症。牟氏对西方文化的"判教"
所得结论是：西方文化在境界上未至圆满、在理论上有所虚欠、在实践
上弊病重重，而以儒家为主导的中国文化在人生境界和哲学理论上都超过
了西方文化，因而不仅没有"西化"的必要，而且应当是反向之"投注"。

---

① 牟宗三：《康德与西方当代哲学之趋势》，《牟宗三先生晚期文集》，《全集》第 27 卷，
　第 299～300 页。

② 牟宗三：《中国哲学十九讲》，第 221 页；《全集》第 29 卷，第 235 页。

③ 牟宗三：《康德与西方当代哲学之趋势》，《牟宗三先生晚期文集》，《全集》第 27 卷，
　第 301 页。

④ 牟宗三：《人文主义的完成》，载《道德的理想主义》，第 169 页；《全集》第 9 卷，第
　218～219 页。

（3）相关问题之申论

牟宗三关于中西文化传统的比较及其对西方文化之"判教"，核心意旨在于突出中西文化之间的差异，这是在根源上文化生命形态的差异，这种"差异"凸显了"中国现代性"的"特质"。同时，在牟氏看来，立足于民族文化传统而论"现代性"之多元性，不只是客观事实的描述，而且更重要的是积极主动的实践，就中国而言就是要对内进行立体的"护教"（彰显中国文化之优长），对外进行广度的"判教"（遮拨西方文化之缺失），以此维持中国文化之主位性。不难看出，牟氏抱持非常强烈的民族文化认同感，甚至表现为对西方文化的对抗性态度，他不仅要说明中国文化作为"通孔之一"具有特殊性，而且还要论证"中国文化"作为"圆教之极"具有优越性，相较而论西方文化由于"见道不真"而终将向此而趋。透过他在学理上的分析文字，可以看到其思想深处藏着一种民族文化优位意识，这作为"全盘西化论"和"欧洲中心主义"的反话语而出现，却以同样极端的方式表达出来。正如李翔海先生所指出的，牟氏在深层心态上表现为相当程度的"华夏文化中心论"[1]，这突出地表现在他的"判教"学说当中，这既是基于对中国文化的自信和使命感，同时也是一种学术个性的偏执和独断，因此其对中西哲学的判释难以使人信服，"投注说"也引起颇多非议。

应当看到，在牟宗三的论述中，文化的"通孔说"与"投注说"之间存在相当大的张力，而这种张力的实质在于牟氏混淆了两套不可通约的话语："天下—华夷"话语和"世界—民族"话语。如前所述，"民族认同"本身也是"现代性"所带来的重要效应，其在政治上表现为建立"民族国家"的诉求，在文化上表现为对本民族语言和历史独特性的强调，这种现象首先出现在欧洲的文艺复兴时代，然后逐渐拓展到世界各地。这种现代"民族认同"取向的背景是由众多主权国家构成的"世界"体系，每一民族相对于世界其他民族而凸显其与众不同的个别性。而中国古代的"华夷之辨"的背景是"天下"体系，是以"礼制"和"德性"为核心的辐射结构，因而其基本特征在于通过"教化"而达到"天下大同"的目标。就话语基础而言，"天下"基于"形而上的普遍性"，而"世

---

[1]　参见李翔海《牟宗三"中国哲学特征"论评析》，《哲学研究》2008 年第 4 期。

界"基于"逻辑的普遍性";就根本目的而言,"华夷之辨"在于"求同",而"民族认同"在于"立异"。在这个意义上,牟氏的"通孔说"及其对"中国文化民族性"的捍卫是在"世界—民族"话语之下的叙事,建基于现代世界体系之下的"民族认同";而其关于中西文化的"判教"以及"投注说"属于"天下—华夷"话语,可以视为儒家"华夷之辨"的现代形态。进而言之,"通孔说"在于强调"逻辑的普遍性"(世界)之下的"特殊性"(民族国家),将中西文化各定位于"一孔之见"意在"别异";而"判教"的尺度具有"形而上的普遍性","投注说"意在说明人类精神由低级向高级的运动方向,就"精神之圆满"而言"趋同"。

以上两种话语具有各自的应用范围,不能互相混淆。一方面,不能用现代性的"世界—民族"话语来解释儒家传统的"华夷之辨"。正如牟宗三本人所指出的,"儒家的'夷夏之辨',不完全是种族观念,乃是文化观念。他们看夷狄,亦不以种族的眼孔看,而是以文化的观点看。华夏的自尊亦不完全是种族的自尊,及是文化的自尊"。[①] 因而"华夷"之别不在"民族国家"意义上讲,而在"德性""礼教"上讲,因此孔子所说的"夷狄之有君,不如诸夏之亡也"(《论语·八佾》),孟子所讲的"吾闻用夏变夷者,未闻变于夷者也"(《孟子·滕文公上》),都不是针对种族、地域或政权而言,而是针对教化程度而言;《春秋公羊传》有云:"《春秋》内其国而外诸夏,内诸夏而外夷狄。王者欲一乎天下,曷为以外内之辞言之? 言自近者始也。"(《春秋公羊传·成公十五年》)可见,"诸夏"与"夷狄"的内外之别是相对于国都而言的,两者的划分是相对的,并且都属于"天下"的范围内,都是"大一统"的王道所应当遍及的地方,差别源自文化辐射结构中距离中心的远近不同。因此,不应以现代"民族国家"的意义去理解"夷夏之别",也不应以"民族主义"来界定"华夷之辨"[②],更不应斥之以"狭隘的民族意识",这些

---

① 牟宗三:《理想主义的实践之函义》,收入《道德的理想主义》,第46页;《全集》第9卷,第60页。

② 蒋庆认为"华夷之辨"具有民族主义色彩,但同时又强调其与西方近代民族主义的区别。参见氏著《公羊学引论——儒家的政治智慧和历史信仰》,辽宁教育出版社,1995,第227~230页。这种做法似显赘滞。鉴于"nation"一词所包含政治国家含义,不适宜用"nationalism"来定位"华夷之辨",因而本文借用 J. Harrison 的观点将其称之为"文化主义"(culturalism)。

说法都属于"历史性错置"之谬。

另一方面，也不能套用"华夷之辨"的模式来处理现代世界体系中的各民族关系。"世界"是由各个"民族国家"所组成的，每一个"民族国家"都有特定的领土、主权以及文化，这种差异具有确定性和绝对性。就文化层面而言，"中国文化"与"西方文化"是两种各自独立的文化传统，有着不同的历史经验、精神特质和民族认同，因而不同于"天下"体系之中"华夏"与"夷狄"的关系，根本原因在于不存在这样一个被普遍认同的形上之"道"（"德性""礼教"）。同时，就现实而言，现代社会之"势"与儒家之"德"存在巨大反差，"有德而无势"的中国文化难以再维持其"天下之中心"的地位，只能成为"世界"体系中的一员参与其中。牟宗三的失误在于在现代"世界"的语境中依然沿用"华夷之辨"的模式来处理中西文化之间的关系，同样陷入"历史性错置"之谬。正如牟氏所明言："夷夏之辨为儒家所固有，由历史文化之夷夏之辨最易转至民族国家之自觉建立。"[1] 在本书看来，这里所谓"最易转至"却大有问题：对以上两种话语范式的混淆遮蔽了中国作为"民族国家"的真实处境，不免延续传统"天下"体系中的"我自有德，万邦来朝"的闭锁心态，难以真正以"平等的他者"的身份审视西方文化，最终对于中国的现代化产生消极的作用。在这个意义上，牟宗三基于"天下—华夷"话语对西方文化所进行的"判教"虽不无深刻之处，但在根本上显示出一种偏执和保守的心态，不能真正而全面地把握西方历史文化的根本精神。

综上所论，传统儒家在"天下"观念下的"华夷之辨"不再适用于现代"世界"体系中的"民族国家"，因此"中西之别"不同于"华夷之别"，牟氏的根本失误在于混淆了这两种话语，造成了其在中西文化比较过程中的"华夏文化中心论"的倾向，其教训值得我们引以为鉴。

以上所论仅仅着眼于牟宗三的"判教"对西方文化一方的意义与问题，尚未涉及其对中国文化自身定位的评析，后一方面展现其对于中国文化精神之同情的理解、深入的把握以及内在的提升，更多地具有学理

---

[1]　牟宗三：《儒家学术之发展及其使命》，载《道德的理想主义》，第 11 页；《全集》第 9 卷，第 14 页。

性和建设性的意义。牟氏对中国文化的自我理解与其对"道统"的重建相结合，因此本书将在后面论述。

二　牟宗三眼中的西方现代性

在考察了西方文化的源流之后，牟宗三直面"西方现代性"本身展开论述。概言之，西方现代性作为唯一具有现实性的"现代性"形态，在牟氏的视野中呈现"成就"与"问题"两个不同的面相。

1. 西方现代性的积极成就

西方现代性极大地改变了这个世界的面貌，同时成为各种文化之"现代化"的重要参照。对于身处于中国文化语境中的牟宗三而言，对西方现代性的认知首先来自其强大的现实力量，因而在他看来，"西方文化入近代以来，本有其积极之成就：一为民族国家之建立，二为科学之发展，三为自由民主之实现。此中皆有人类之积极精神在"。[1] 这里所谓的"人类之积极精神"就是西方文化传统中自古希腊以降的"分解的尽理之精神"，这种精神具有创造性和建构性，在文艺复兴的人文主义运动的刺激下得以充分地表现："我们也可以说这是一切建构、一切成就之本源。故它能开启西方近代的文明与文化：由于'知性'的解放，而得以成科学；由于民族的自觉，而得以建立民族国家；由于人性人权的自觉，而得以建立民主政治。"[2] 在这种精神的推动下，西方现代性推动了西方乃至整个世界的历史产生了巨大的进步："'民族国家'的独立和'人权运动'的兴起，造成了西方的民主政治；再加上'知识解放'而后有科学的进步，三者即为西方现代化的条件。更进一步讲，从中世纪解放而来的现代化，具有中世纪以前所没有的丰富内容；这些内容使得人类真正的精神价值，比以往实现得更多，这就是进步。"[3] 这里，牟氏立足于"人类精神之实现"的立场，对西方现代性的积极成就予以高度的肯定。以下就其三个方面分别进行阐述。

首先，民族国家之建立。牟宗三对"国家"的理解是："国家是一

---

① 牟宗三：《道德的理想主义》，序第 3 页；《全集》第 9 卷，第 5~6 页。

② 牟宗三：《人文主义的完成》，载《道德的理想主义》，第 168 页；《全集》第 9 卷，第 218 页。

③ 牟宗三：《"五四"与现代化》，载《时代与感受续编》，《全集》第 24 卷，第 266~267 页。

民族的集团生命在民主政体之成立中而被建立起。国家既不是一个破碎，它当然是一谐和的统一体与整体。成就国家的普遍性与成就民主政体的普遍性是相同的。""国家是紧扣着民主政体之建立而建立，故国家亦是主观自由（意志或精神）与客观自由（意志或精神）之统一。不过民主政体是单就政体说，而国家则就此民主政体以及其所笼罩之全社会整个说。"① 牟氏将"国家"视为"自由"的实现，"民族国家"的独立内在地包含着"民主政体"的建立，正如他反复引证的，这种对"国家"的基本观念来自黑格尔哲学。在黑格尔那里，国家是"客观精神"发展的顶点，"国家是绝对自在自为的〔合乎〕理性〔的〕东西，因为它是实体性意志的现实，它在被提升到普遍性的特殊自我意识中具有这种现实性"。"抽象地说，合理性一般是普遍性和单一性相互渗透的统一。具体地说，这里合理性按其内容是客观自由（即普遍的实体性意志）与主观自由（即个人知识和他追求特殊目的的意志）两者的统一。"② 牟氏考察了文艺复兴以来欧洲民族国家建立的历史进程：随着人文主义思潮的兴起，中世纪以来罗马天主教会的统治受到质疑，被"上帝之城"的观念所遮蔽的世俗世界中的民族、文化差异得到重视，方言俗语逐渐代替拉丁语成为民族国家的日常用语，在此基础上逐步建立了各民族对自身文化传统的认同；经由人权运动，国家形式得到了制度保证。③ 牟氏指出，"民族国家"的本质在于精神的客观化而获得了"现实性"，中国现代化的首先目标是建立独立的民族国家，使之由"主观形态"转为"客观形态"，而这一步与民主政治的建立是同步的。

其次，科学知识之发展。牟宗三将西方科学的渊源追溯于古希腊文化对"自然"的关切，但同时强调希腊精神并非直接就是"科学精神"，这里有一步"坎陷"的过程。他指出，"希腊精神毕竟是质的，而不是量的，其心灵是依于审美精神而向上，而不是转为冷静的理智落于'实然'而向下。由希腊的审美精神转到中世纪的宗教精神，这都是向上的，

---

① 牟宗三：《自由与理想》，载《道德的理想主义》，第 148、149 页；《全集》第 9 卷，第 192、193 页。

② 〔德〕黑格尔：《法哲学原理》，第 253、254 页，译文有改动。

③ 参见牟宗三《人文主义的完成》，载《道德的理想主义》，第 179～180 页；《全集》第 9 卷，第 232～233 页。

其本身俱不足以形成自然科学"。严格地说，古希腊的外向关切属于一种"自然哲学"，而真正意义上的"自然科学"由近代的哥白尼、伽利略、牛顿等人所建立，自然科学"所代表的精神就是以前向上浸润或向上昂扬的精神之冷静下来。这一步冷静，我们依精神之辩证的发展说，也可以叫它是一步坎陷，坎陷于'实然'中而实事求是。所以这一步坎陷是有成果的，与堕落的物化不同。这一步坎陷，从心灵方面说，不是向上求清净解脱，而是转为冷静的理智向下落于实然中以成对于外物的理解。从其所理解的外物方面说，必须把属于质的完全抽掉，而只剩下量的。这就是科学的化质归量"。① 在牟氏看来，科学之所以产生的本质在于"化质归量"，这一过程在于人类精神之"坎陷"（自我否定）。因此，科学将事物内在的"质"抽象为外在的"量"，因而成就了数学以及形式逻辑，以此观察世界获取经验材料，成就了自然科学。因此，牟宗三将科学的主要原理归结为"数学与经验的合一"，这是科学的客观条件。在此之外，牟氏指出科学的主观条件在于"知性之解放"："学之为学的成立，科学之成立，必须暂时离开感触的状态、实用的状态，而进于'知性'的解放，从感触状态中解放出来。知性解放出来，成为纯粹的理解，即对于外物成为纯粹理性的理解，然后科学始能成立，科学之'学之为学'始能成立。是以'学之为学'的基础必须是在：内而纯粹'知性主体'呈露，外而纯粹的'理性理解'成立。"② 也就是说，科学之所以产生，在于人的纯粹理智摆脱直觉情感、习惯经验等现实因素的纠缠，同时从实用诉求和价值关切中抽身出来，成为冷静客观的"知性主体"。用韦伯的术语，这种"价值中立"的"知性主体"所代表的是"目的—工具合理性"或"形式合理性"，这一步可以称作"主体的祛魅"。牟氏将"知性主体的解放"视为科学产生的关键，而中国文化"以仁统智"的传统中正因为缺少了这一步而未出现科学，因此牟氏本人的哲学根本取向也就在于力图主动完成这一步。

最后，自由民主之实现。牟宗三指出，西方文化能够产生民主政治，其"本质的因缘是他们形成智的文化系统之'概念的心灵'，而现实的

---

① 牟宗三：《道德的理想主义》，第92页；《全集》第9卷，第121页。

② 牟宗三：《道德的理想主义》，第95页；《全集》第9卷，第124页。

因缘则是他们历史现实中的'阶级'。他们是在'阶级'本身的认定与阶级间的限制与争取中而走上'理性之外延的表现'"①。西方近代的民主政治有四条发展线索：其一是阶级之间差别对立及其权利斗争，个人对自身利益的争取以阶级集团的方式表现出来，因而个人之"私利"成为阶级之"公利"，后者具有了政治的客观的意义；其二是自古希腊以来的伦理学对"正义""公道"等客观性、社会性价值的关注；其三是基督教肯定"上帝面前人人平等"，具有一种"超越的平等性"（transcendent equality），经过近代宗教改革，使人获得了第一步解放，成为"灵的存在""精神的存在"；其四是西方的"自然法"传统，从斯多葛学派、西塞罗、阿奎那以至洛克、霍布斯、卢梭等人，这种"天赋人权"的观念具有一种"内在的平等性"（immanent equality），促进了近代人权运动，使人获得了第二步的解放，成为"实际权利的存在"和"政治的存在"，肯定了每一个人作为权利的主体。② 因而西方确立了民主政治之"政道"，这种安排政权的方式的根本在于将"精神"客观化、合理化为"对列之局"，使人民成为具有独立个性的"敌体"，"只有在此敌体关系上才能把政权从个人身上拖下来，使之寄托在抽象的制度上，而为大家所总持地共有之。人民一有其政治上的独立个性，则对待关系与对立之局成。此即政道之所由来。政道出现，则民主政体出现。政道是民主政体所以出现之本质的关键"。③ 基于人民之为自觉的、独立的、个体性的"政治主体"，这种"政道"具体表现为以下三方面。（1）国家（政权）方面：阶级集团共同享有政权，依据宪法而组织，而不是靠武力夺取；（2）治权方面：依据代议制和选举制产生稳定的治权，对人民充分开放；（3）法律方面：遵从一定的程序而立法，具有客观性和实效性，司法权独立。④ 牟氏指出，民主政治的根本机制在于"政权"与"治权"的分离："政权"是定常不变的，属于"第一义的制度"，逆之而成以为"政道"；"治权"是因时而变的，属于"第二义的制度"，顺

---

① 牟宗三：《政道与治道》，第145页；《全集》第10卷，第160页。
② 参见牟宗三《政道与治道》，第145～154页；《全集》第10卷，第160～170页。
③ 牟宗三：《政道与治道》，第53页；《全集》第10卷，第59页。
④ 参见牟宗三《政道与治道》，第53～54页；《全集》第10卷，第59～60页。

之而生以为"治道"——简言之，政道"自持其体"，治道"以新其用"。① 牟氏比较深刻地剖析了民主政治的本质，并将这种源自西方的政治形态在"政道"的意义上肯定为普遍的："人类自有史以来，其政治形态，大体可以分为封建贵族政治，君主专制政治，以及立宪的民主政治。"② "依我看，民主政治是个最后的型态。政治型态是没有很多的变化的，就是这三个。那两个已经过去了，民主政治才有永久性、有普遍性。"③ 当然，这里所说的"普遍性"依然属于"逻辑的普遍性"，基于这种普遍性，中国文化要谋求现代化必须内在地将"民主政治"实现出来。

综上所述，牟宗三对西方现代性的积极成就仍然可以归结于"民主"和"科学"两端，但与"五四"时代相比，其对这两者的认识无疑更加深刻。他将其背后的精神归结为"分解的尽理精神""理性的架构表现"和"理性的外延表现"，触及西方现代性的精神根源，这些认识归功于他对黑格尔哲学的借鉴和消化。同时，牟氏指出以上精神是中国文化传统自身所缺乏的，而因应现代性必须内在的"开出"或"坎陷"出来，实现精神之客观化。

2. 西方现代性的内在问题和弊病

面对西方现代性，牟宗三有进于黑格尔之处在于，不仅肯定了科学民主的巨大成就，同时也从儒家"道德理想主义"的立场揭示其内在问题、批判其时代病症。这里体现出牟氏哲学中所蕴含的辩证态度和哲学慧识。

牟宗三根据观察指出，"近时整个时代之症结端在文化理想之失调与冲突"。西方现代性所体现的积极成就却在历史的演进中产生了种种蜕变："民族国家之建立固是每一民族之佳事，而因缘际会，演变而为帝国主义，则国家亦适为近人诉诋之对象。科学之发展固是知识上之佳事，然人之心思为科学所吸住，转而为对于价值德性学问之忽视，则亦正是时代之大病。自由民主之实现固是政体上之佳事，然于一般生活上亦易使人之心思益趋于社会（泛化）、庸俗化，而流于真实个性、真实主观

---

① 参见牟宗三《政道与治道》，第 21～23 页；《全集》第 10 卷，第 23～24 页。

② 牟宗三：《政道与治道》，第 1 页；《全集》第 10 卷，第 1 页。

③ 牟宗三：《中国哲学十九讲》，第 65 页；《全集》第 29 卷，第 68 页。

性之丧失，真实人格、创造灵感之丧失，则亦是时代精神下低沉之征象。此后两者所转生之时代病，吾人名之曰人类精神之量化，亦曰外在化。"① 牟氏进一步分析这种"时代之大病"产生的文化根源："西方名数之学虽昌大（赅摄自然科学），而见道不真。民族国家虽早日成立，而文化背景不实。所以能维持而有今日之文物者，形下之坚强成就也。形上者虽迷离惝恍，不真不实。而远于人事，则于一般社会群体，亦不必顿感迫切之需要。然见道不真，文化背景不实，则不足以持永久，终见其弊。中世而还，其宗教神学之格局一经拆穿，终不能复。近代精神，乃步步下降，日趋堕落。由个人主义而自然主义，自由平等博爱之思潮兴。近代英美之政治民主，即由此而孕育。然个人主义自由主义，如不获一超越理性根据为其生命之安顿，则个人必只为躯壳之个人，自由必只为情欲之自由。"②

　　对应以上所论的西方现代性的三个方面的积极成就，牟宗三批评了其三个方面的弊病，将其实质归结为人类精神的"物化"与"僵化"。具体论述如下。

　　首先，帝国主义之弊。西方现代性依靠科学民主产生了巨大的物质成就，但其却凭借这些成就进行世界拓殖，以侵地掠财和消灭别国文化为能事，演变为一种"帝国主义"和"殖民主义"。"民族国家"本是精神的客观表现，但西方现代之民族国家其发展到 19 世纪末至 20 世纪，由"国家至上"演变成为"军国主义"，由"民族认同"演变成为"种族主义"，牟宗三指出这在本质上也是一种对民族国家的"僵化"："凡死在国家一概念下，成为国家主义，其背后之意识决定不是文化的，它当是权力欲的泛滥，或是种族的优秀。尼采、希特勒等即犯此病。"而作为对立面的"反帝国主义""反军国主义"等思潮均未能认清其本质，往往将"民族国家"本身视为万恶之源而加以否定，演变为"无政府主义"或"乌托邦主义"，牟氏分析道："而凡因此病而来的反动，欲彻底否定国家者，其背后的意识，在下面或现实方面，只是赤裸裸的个人主义，在上面或理想方面，则是虚无不着边际的世界主义、个个散立的世

① 牟宗三：《道德的理想主义》，序第 3 页；《全集》第 9 卷，第（6）页。
② 牟宗三：《儒家学术之发展及其使命》，载《道德的理想主义》，第 4 页；《全集》第 9 卷，第 5 页。

界主义。此种意识亦根本不是文化的，根本是反人文的。"因而，在牟氏看来，以上两方面都没有认清"民族国家"的本质及其背后的人文理想，故而"两种'反人文'的意识都是'清一色的生物生命'在泛滥，都是僵化"。①

其次，泛民主主义之弊。牟宗三指出，自由民主的制度本身是有界限的，只能在政治体制上讲，而不能在社会日常生活中讲，后者属于社会风气问题，应当通过文化教养来完成。但随着西方现代性发展，"民主""自由""人权"等僭越了政治的范围而泛滥于社会生活，演变成一种"泛民主主义"或"泛自由主义"，其实质都是"泛政治主义"，其与所谓"泛道德主义"在本质上都是格律化、教条化的"立理以限事"。②这种"泛民主主义"的恶果在于："政治上的民主下散流走而转为社会日常生活上无律无守的泛滥民主主义。民主里面含有自由、平等两观念，如是自由、平等亦失掉它政治上宪法上的意义，而下散流走，转为日常生活上无律无守个人自私的泛自由泛平等。""师生之间讲民主，则先生无法教学生。父子之间讲民主，则父兄不能管教其子弟。夫妇之间讲民主，则夫妻之恩情薄。民主泛滥于社会日常生活，则人与人间无真正的师友，无真正之人品，只是你不能管我，我不能管你，一句话是'你管不着'。民主本是政治上对权力的大防，现在则转而为掩护生活堕落的防线。"因此，"社会上泛民主主义愈流行、愈堕落，则政治上愈专制、愈极权"。③牟宗三着重指出，这种"泛民主主义"源于社会生活层面缺乏道德理想的提撕，在很大程度上归咎于西方文化传统中个人主义和浪漫主义在历史中的异化，而这种弊病在"五四"以后的中国更为严重。

最后，唯科学主义之弊。科学的本质在于"化质归量"，一个纯量的世界是一个平面的、机械的世界，缺失了立体性、灵动性的价值之维。西方现代性在其发展中将科学所代表工具合理性拓展到社会、人文领域，甚至具有取消价值合理性的倾向，这就是牟宗三反复批判的"理智一层

---

① 牟宗三：《救国中的文化意识》，载《道德的理想主义》，第241~242页；《全集》第9卷，第311~312页。

② 参见牟宗三《政道与治道》，第61~62页；《全集》第10卷，第68页。

③ 牟宗三：《关于文化与中国文化》，载《道德的理想主义》，第257~258页；《全集》第9卷，第331~332页。

论""科学一元论"。其危害在于："一切皆成为科学一元的机械混沌，皆组于科学一元的机械系统中而为一纯量的整体。科学本是人之心灵之照察于自然界而成知识，今则以科学为模型反而物化人间，窒息人之心灵，把属于质的价值的成素全铲除了。在物化的、机械的、纯量的观点下，天地是没有意义的，伦常孝弟是没有意义的，师友是没有意义的，民族国家、自由民主、个性价值等亦是没有意义的。"[①] 这种唯科学主义在西方起源于启蒙运动，在中国肇端于"五四"时期，后者表现得更为极端，甚至形成了一种整体性的世风和学风，成为西方现代性的中国投影。牟宗三的批判多以中国社会现实立言，但其思想的根本所指正是西方文化传统的精神特质，其立论宗旨即在于捍卫人文价值领域的独立性，限制工具合理性的膨胀，接引科学但摒弃唯科学主义。

综上所述，西方现代性作为"成就"和"问题"的集合体进入牟宗三的理论视野，两者可谓西方文化精神"一体之两面"。但在牟氏看来，两者的地位是不同的：这里的"成就"虽首先在西方表现出来，但其内涵在"人类精神之表现"的意义上具有真理性，因而是共相之"现代性"的普遍性成就；而这里的"问题"和"弊病"的产生是由于西方文化"见道不真"而没能将人类精神之应然形态表现出来，因而属于殊相之"西方现代性"的内在特殊性问题，相比之下，同样作为殊相的"中国现代性"由于其文化生命的优越性可以避免这些问题，将一个理想性的"现代性"应然形态表现出来——尽管后者只是可能性。

鉴于西方现代性的"成就"和"问题"两方面，牟宗三对中国文化之现代化的思考内在地包含了两个向度：其一，自觉开出普遍之"现代性"；其二，以儒家价值系统范导"现代性"之特殊表现，扬中国文化之长、避西方文化之短。以上两方面不存在时间上和逻辑上的先后，"开新"与"返本"并重、"时代性"与"民族性"兼顾。牟氏对"中国现代性"之理论构想固然圆满，但是以上两个向度之间的张力同样不容忽视，因此弥合这种张力成为其整个哲学体系的重点与难点。如果我们在更宽泛的意义上理解"中国文化"和"现代性"这两个概念，那么弥合两者之间的张力也可以说是"中国现代性"本身在理论上得以成立的重

---

① 牟宗三：《自由与理想》，载《道德的理想主义》，第 141 页；《全集》第 9 卷，第 183 页。

点和难点，在这个意义上，牟宗三哲学不失为我们考察"中国现代性"的一个非常切题的个案。

三　牟宗三对"现代化"的限定

牟宗三明确指出，"现代化"是中国所必须经过的一关，而不能跨越；但是，所谓"中国之现代化"也不是一个格式塔式（Gestalt）的全盘转换，对于中国文化的整体结构而言，"现代化"有其限度。

1. 永恒问题与时代问题

牟宗三指出，任何一个文化系统都是体用兼备的整体，在面对不同的历史环境时都有所因革损益，然而在这种"应运随时"的变动之中总有其不变的"定常之体"（constant being）以维持自性。就儒家思想而言，"礼乐，若从其为文制方面看，则可随时斟酌损益，此可与民变革者。儒家之所以为儒家，不在死守这些文具。然由之所见之伦常、性情，乃至道德的心性（此亦即礼乐之所本），则不可与民变革，此是亘古之常道、定然之大经。儒家之所以为儒家，即在点出这一点，亦即在完成这一个'德'"。[①] 这里体现出两种不同性质的问题："永恒问题"与"时代问题"，前者为"内圣"的方面，是儒家之所以为儒家的"定常之体"，不可与民变革（否则就不是儒家）；后者为"外王"的方面，是儒家针对一定历史阶段现实问题的"应时之用"，能够而且必须"随时而化""日新不已"。这在某种程度上体现了《周易》之"不易"与"变易"的辩证法，"内圣"所肯定之道德心性为"亘古之常道、定然之大经"，因其为"不易"故无所谓"新旧"；"外王"所涉及之典章制度为"变易"者，故面对现代化的要求有所谓"新外王"。

基于以上观念，牟宗三严分"永恒问题"与"时代问题"：就社会整体结构而言，"道德"是一个永恒问题，无所谓"现代化"与否，而广义的"政治"是一个时代问题，这才是"现代化"的论域。"因为moral不是一个现代化的问题，而是一个永恒的问题，自有人类以来直到现在，再往后延伸至无穷的未来，此一问题永恒常在。""中国为什么需要现代化？绝不在道德方面。不管孔、孟或宋明理学家，他们讲道德都

---

① 牟宗三：《政道与治道》，第 27 页；《全集》第 10 卷，第 30～31 页。

讲得很好。以前讲得好，现在仍然要讲，这中间无所谓落伍的问题，这是永恒的、普遍的。因此现代化之所以和以往不同者，只能从政治上来讲，不能从道德上讲。"① 正如前文所分析的，牟氏对儒家内圣之"常道"与科学民主之"共法"的定位有所区别，前者基于"形而上的普遍性"，后者基于"逻辑的普遍性"。因而，现代化尽管是对中国文化和西方文化普遍适用的，但也是一定历史阶段的特定问题，是属于第二义的问题。可以根据牟氏的意思这样表述，哪怕不要科学、不要民主，也要做一个有道德的人，后者才是根本的、第一义的问题。

这里也涉及中国文化的主位性问题。前文是从"文化之民族性"的角度对这一问题提供了第一重论证，针对西方文化而言"主位性"，这个论证属于"世界—民族国家"话语系统，以"逻辑的普遍性"为基础。这里从"道德之永恒性"的角度对这一问题进行第二重论证，针对中国文化自身现代化而言"主位性"。在牟宗三看来，在这个意义上的"主位性"首先在于民族文化之延续，这在根本上是一个超越的道德理想问题，"若于此而言理上不应变动，则一方系于自己民族之奋斗，一方系于普遍之道德理想。此则属于高一层之道德心愿问题，而不属于一民族之政权本身之义也。此高一层之道德心愿即孔子所谓'兴灭国，继绝世'。亦即《公羊春秋》所谓：'灭国者，亡国之善辞也。灭者不应灭也。'即亡人之国实大恶。自己'鱼烂而亡'（亦《公羊传》云）亦是大恶。是以无论自亡或被亡，皆非道德心愿所允许。自'不应自亡'言，即示一民族应常常提撕向上而不可堕落；自'不应被亡'言，即示国与国上有一普遍的道德上的是非善恶之标准"。② 这里所说的"亡国"实际上是顾炎武所说的"亡天下"，侧重于中国民族文化传统的断灭、儒家道德的沦丧，而不局限于某个政权本身的存废。因而，在"道德心愿"层面对中国文化之"主位性"的论证属于"天下—华夷"话语系统，其根据在于"形而上的普遍性"。在这个意义上，牟氏将"主位性"问题视为超时空的"永恒问题"："由其本身看，中国文化是否有其本身的主位性？此则不只是一个应付一时需要的问题，此乃永恒性、高一层

---

① 牟宗三：《"五四"与现代化》，载《时代与感受续编》，《全集》第24卷，第252、269页。
② 牟宗三：《政道与治道》，第21页；《全集》第10卷，第23页。

次的问题，不是方才所谈那些新外王等的时代问题。"①

由此可见，牟宗三所谓"中国文化之主位性"问题具有两重意涵：其一是相对于西方文化之"他者"而言中国文化的主导地位，强调文化的民族认同；其二是相对于器物制度之"外王"而言"内圣"的永恒价值，强调儒家道德的根本性和超越性。两者都能够以"体用"范畴②加以说明：前者是"中体西用"，"体用"取"本末""主辅"之义；后者是"圣体王用"，"体用"取"道器""常变"之义。尽管两者在"普遍性"上有所区别，但都统一于中国哲学的"体—用"的理论架构之中。同时，不论何种含义之下，"科学"与"民主"都处于"用"的地位：就其首先出现于西方文化之中、代表了西方现代性的文化精神而言，相对于作为"主位"的中国文化而处于"辅位"的地位；就其表现人类普遍的精神、代表了现代性之"共法"而言，相对于的儒家"内圣"而言处于"外王"③的地位。在"用"的意义上，所谓"现代化"问题只是一个特定历史范围内的"时代问题"，从这里就体现出了牟氏对"现代性"的限定。

2. "新外王"：现代性的限定

立足于维持中国文化之"主位性"，牟宗三在以上两个意义上对"现代性"的地位进行了限定，其中第二个意义上的限定更为重要：科学、民主、民族国家等现代性成就及其所代表的人类精神具有"逻辑的普遍性"，被归入"新外王学"的范畴之中。概言之，牟宗三以"新外王"来界定"现代性"的做法有以下几方面意蕴。

首先，于儒家"内圣—外王"的思想架构之中对普遍意义的"现代性"予以安立，将"现代化"的问题视为儒家思想演进的内在必然。牟

---

① 牟宗三：《从儒家的当前使命说中国文化的现代意义》，载《时代与感受》，第 327 页；《全集》第 23 卷，第 352 页。

② 方克立先生考察了中国哲学史上的"体用"范畴，具体分析了其丰富的含义，指出"体用"范畴的基本含义是"实体/属性"关系和"本体/现象"关系，此外还有"内容/形式""原因/结果""必然/偶然""全体/部分""主要/次要""未发/已发""常住性/变动性""第一性/第二性"等多种含义。参见氏著《论中国哲学中的体用范畴》，《中国哲学范畴集》，人民出版社，1985，第 130～141 页。

③ 这里的"外王"不限于"器物""制度"的层次，也包含了现代性之"精神"和"观念"，但这种精神却是第二义的精神，在这个意义上的"体用"包含"真谛/俗谛"的区别。

氏指出，“儒家学术第三期的发展，所应负的责任即是要开这个时代所需要的外王，亦即开新的外王”，“儒家的理性主义在今天这个时代，要求新的外王，才能充分地表现。今天这个时代所要求的新外王，即是科学与民主政治。”① 这里无疑具有一个“历史目的论”的预设：“此心此理的内容，文化的创造，决不可能一下子都出现，它注定要在历史发展中完成其自己。以前没有开出来，将来都要开出来。这里决定没有不兼容的地方，而且还是本末一贯的一个谐和体。”② 在这种观念之下，现代化是儒家思想发展的内在目的，由“内圣”开出“新外王”具有一种“辩证的必然性”。本书认为，这种历史目的论在根本上深受启蒙以来的现代性意识的影响，代表了一种典型的理性主义的态度，下一章将有比较细致的讨论。

其次，较之于传统儒家“内圣”与“外王”之间的“直贯”关系，“新外王”之“新”体现在其与“内圣”之间的“曲通”。牟宗三对比了这两种沟通方式：“以前儒者所讲的外王是由内圣直接推出来：以为正心、诚意即可直接函外王，以为尽心、尽性、尽伦、尽制即可直接推出外王，以为圣君、贤相一心妙用之神治即可函外王之极致：此为外王之‘直接形态’。这个直接形态的外王是不够的。现在我们知道，积极的外王，外王之充分地实现，客观地实现，必须经过一曲折，即前文所说的转一个弯，而建立一个政道，一个制度，而为间接的实现：此为外王之间接形态。亦如向上透所呈露之仁智合一之心需要再向下曲折一下而转出‘知性’来，以备道德理性（即仁智合一的心性）之更进一步的实现。经过这一曲折，亦是间接实现。”③ “这层转折有两方面的意义：一、内圣之德性与科学民主有关系，但不是直接关系；二、科学民主有其独立之特性。这两方面的意义即表示既独立而又相关。”④ 可以看出，牟氏承认科学民主及其背后精神的独立性，本着“事实／价值”二分的原则将其与道德宗教相互区别开来，但同样强调两方面的相关性和统一

---

① 牟宗三：《从儒家的当前使命说中国文化的现代意义》，载《时代与感受》，第309、312页；《全集》第23卷，第334、337页。

② 牟宗三：《关于文化与中国文化》，载《道德的理想主义》，第258页；《全集》第9卷，第332页。

③ 牟宗三：《历史哲学》，第192页；《全集》第9卷，第219～220页。

④ 牟宗三：《政道与治道》，第56页；《全集》第10卷，第62页。

性，甚至将这种相关性转化为一种黑格尔意义上的辩证必然性，双方在"精神发展之表现"的意义上具有层级性和可转化性。

最后，由于"内圣—外王"架构的"体用"层级特征，在这一架构中的"现代性"就理论地位而言是"权用"，就实践境界而言是"俗谛"，因而具有不可逾越的界限。姑且不论器物、制度层面的现代性成就，仅就其观念层面之"分解的尽理精神""理性的架构表现""理性的外延表现"而论，亦落于第二义上。由上文所论之"判教"可知，尽管这些精神具有真理性，但其发生作用有其界限范围，只有在事实层面才能表现出巨大的成就，而上升到价值层面就显出其问题与缺陷，其根本原因在于这些精神的实质是主客二元之间的"对待关系"，一有"对待"就有所"执"，就成为有限的精神存在。就主体机能而言，科学知识的根源于"观解理性"，其特点是指向客观对象，具有外向性、静态性和价值中立性；在牟氏看来民主政治在本质上也根源于"观解理性"①。在牟宗三的哲学体系中，"知性""理论理性""认知主体"等都不具有真正的"体"的地位，即使是关于认知活动的存有论（ontology）②也仅仅是"执的存有论"。"道德"与"知识"之间的存有论地位总是不平等的，总有体用的分别、高下的分判。这体现了牟氏作为新儒家的"价值优位"立场，与之相对的自然就是"事实的弱势""知识的缺位"。

牟宗三对"现代化"在理论地位、效用范围等方面进行了限制，其根本目的在于捍卫儒家道德的价值之体。学界对于其中存在的问题已有很多深入的研究，本书在这里只就以下一点稍作申论。牟宗三确实比较严格地遵守"事实/价值"的二分法，将"现代性"和"现代化"完全限定在"事实世界"，不容许其越界，相应地将道德、宗教及其审美等归于"价值世界"。应当看到他基本上是以"知识"的模式来定位"现代性"的，将其完全理解为"理论理性"的创造物，这种做法似乎失之于简单化。分析其思想根源，关键之处在于牟氏根深蒂固的"价值领域

---

① 在康德那里，道德、政治、历史、法、宗教等都属于"理性的实践运用"（即"实践理性"），遵从"自由的因果性"。由于牟宗三将"实践"仅仅理解为"道德实践"，因此只有道德、宗教属于"实践理性"，而政治、国家、法等则被视为"观解理性"，被排除于"价值世界""人文世界"之外。

② "Ontology"一词，现在学界一般译作"本体论"，牟宗三译为"存有论"。

的一元论"。这种思想不同于与"事实一层论"相对立的"价值一层论"（即"泛价值主义"），后者不承认独立的"事实世界"的存在，将一切笼罩在某种价值观念之下，这种情况在牟氏身上并非不存在，但这并不是主要的，而且就他对科学民主及其背后精神的分析而言、就他对逻辑学和知识论的研究而言，"事实世界"的独立性还是被肯定的，甚至于像"民主政治"这样具有价值指向的存在也被他归入"事实世界"。牟宗三思想的关键症结在于，他在"价值世界"之中仅仅承认儒家之道德价值是唯一的价值，而对其他形式的价值抱持着不宽容的态度，如果说对西方基督教价值的不认同尚且出于文化层面之民族认同的话，那么对认知活动所包含的价值指向和形上内涵的否认就是一种思想上的偏执和理论上的失误。这种失误一方面是启蒙以来关于"事实/价值"二元划分这种理论自身的局限，另一方面在于牟氏将"现象/本体""科学/形而上学"的划分与以上"事实/价值"的划分等同起来，这样就取消了"事实世界的本体""关于事实的形而上学"（即康德所讲的"自然科学的形而上学"）的可能性，因此知识活动及其背后的"理论理性"不能享有真正的"本体"的地位①。通过后文的分析，可以看到"现代性"的基本理念不仅仅具有"逻辑的普遍性"，而且具有"形而上的普遍性"，其自身是"体用兼备"的思想系统。因此，本书对于这一问题的结论是，即使"现代化"本身有其限度，这种限度也不能在"体用"上讲，而只能在"现代性"理念的实现过程上讲。

---

① 尽管牟宗三在后期的"两层存有论"体系中将"理论理性"视为"执的存有论"，但将其归于"现象"（Phaenomena）而非"本体"（Noumena）。详见后文。

第三章　牟宗三哲学与现代性精神理念

上一章从文化层面对牟宗三与"现代性"的基本立场进行了概览，下文上升到哲学层面，从"现代性精神理念"和"理念的展开"两方面具体分析其哲学思想。本章立足于哲学理念的层面审视牟氏哲学的现代性特征。就牟宗三思想的西学渊源来看，以康德、黑格尔为代表的"理想主义现代性"传统对其哲学思考的影响无疑最为明显，因而深入探析其与这两位德国哲人在思想上的关系，对于理解牟氏哲学的现代性内涵具有重要的意义。相应于"现代性"哲学理念的三方面基本特征，"人格主体性""世界统一性"和"历史目的性"三者突出地显示了牟宗三哲学与现代性精神理念之间的一致性，同时也体现了他对于儒家传统和现代精神的双向继承和辩证综合。

第一节　主体性的形而上学

如本书第一章所述，以"理性"和"自由"理念为核心的"主体性精神"是现代性哲学的根本标志，而牟宗三哲学的突出特征正在于通过阐发和融会中西方文化传统的思想资源，构造了一个具有鲜明"主体性"的形而上学体系，将富于道德意蕴的"主体"提升为至高无上的本体论概念，由之开显整个价值世界，甚至变现出事实世界。因此，对"人格主体性"的高扬是牟氏哲学的根本特征。

牟宗三哲学的"主体性"特征具有两个来源：首先是儒家传统对"道德主体性"的注重，其次是"认识论转向"以来西方哲学对"主体"之基础地位的肯定。基于此，牟宗三在建构其"道德的形上学"体系时自觉体现出对于中西方哲学传统的双向诠释：一方面，以康德、黑格尔的主体性哲学提升儒家之"德性主体"的超越性和绝对性，强化了其本体论（存有论）意义，并且补充了"认知主体"一层使之适应现代性的需要；另一方面，以儒家"内圣之学"改造康德的道德哲学，突出了德性的优位性和主体的实践性。在这种双向的吸收和诠释的过程中，也包含着双向的批判和提升，使牟氏的主体性形上学成为一种更高水平的综合形态。

就实质而言，牟宗三在对儒家思想传统中主体性精神的阐发过程中完成了对于儒家哲学体系的重建，这两方面是不可分割的同一个过程，因此本书在下一章对此加以详论。本章则着重从哲学理念的层面考察牟氏哲学的现代性特征，故而集中探讨其对于康德、黑格尔哲学的借鉴和改造。

一　牟宗三与西方近代主体性哲学

如前所述，以康德、黑格尔为代表的德国古典哲学在总体上属于西方现代性的"理想主义"传统，因此在哲学史上被直接称为"德国理想主义"。牟宗三对近现代西方哲学有广泛的涉猎，而在纵览百家之后，他独钟情于康德与黑格尔哲学，究其原因，在根本上是儒家传统本身同样表现出鲜明的"理想主义"特征，这在思想气质上与康德、黑格尔哲学具有很强的亲和性。正基于此，牟宗三力图以儒家义理融会"德国理想主义"哲学的主体性精神，具体表现为对于康德实践哲学和黑格尔精神辩证法的借鉴和消化。

1. 对康德实践哲学的借鉴

牟宗三认为，在西方哲学史上切入"存有"（Being）的进路有多种，如知识论的进路（柏拉图、罗素）、宇宙论的进路（亚里士多德、怀特海）、存有论的进路（胡塞尔、海德格尔）、生物学的进路（柏格森、摩根）、实用论的进路（席勒、杜威）、独断形上学的进路（斯宾诺莎、莱布尼茨），等等，只有康德是例外，他独以道德的进路接近本体界，因此与中国儒家哲学内在相互契合，故而牟氏深有感触地说："假若中国这一套之本义、实义与深远义能呈现出来，则我以为真能懂中国儒学者还是康德。"[1]

牟氏60岁以后的哲学工作的重心有二：一是译注康德三大批判，二

---

[1]　牟宗三：《智的直觉与中国哲学》，台湾商务印书馆，1994，序第4~5页；《全集》第20卷，第7页。

是建构自身的哲学体系，这两方面是相互结合的，其哲学体系倚重于康德哲学的概念框架和思考方式，他本人甚至表现出对康德以后的西方哲学不屑一顾的情感态度。他对康德哲学的借鉴是多方面的，本章此处仅就实践哲学领域的主体性精神进行阐述，至于知识论方面则置于后一章论析。

首先，牟宗三借鉴康德的"自律"观念，强调德性主体的纯粹性和自主性。

康德在西方伦理学史上是义务论的代表，将"自律"作为整个道德哲学的根本原则。康德的理路是，从"意志自由"的设准出发，推出实践理性自身作为"善良意志"，只有准则（Maxime）的单纯立法形式才能充当行为的法则（Gesetz），在命题形式上表现为"定言命令"，因此有"普遍立法""人是目的"和"目的王国"三条道德律令，而按照实践理性自己颁布的命令行动成为强制性的"义务"。在康德看来，真正具有道德意义的是在主观动机上"出于义务"的行为，而不是在客观效果上"合乎义务"的行为。康德在道德哲学上坚持"理性"与"感性"的截然二分，认定道德立法之所以具有普遍性，在于从"自身就是实践的"纯粹理性出发，而不是从某种习惯性的感性"爱好"（Neigung）出发，亦即从实践准则的单纯形式出发，而不是从其质料（意志的对象）出发，以后者为依据的道德准则都是"他律"，不论其对象是经验性的"幸福"还是理性的"完善"。他以"意志自律性"作为道德的最高原则："意志的自律性，是意志由之成为自身规律的属性，而不管意志对象的属性是什么。所以自律原则就是：在同一意愿中，除非所选择的准则同时也被理解为普遍规律，就不要做出选择。"①

牟宗三认为，"在西方哲学家中，只有康德始认真地认识了这彻底而严整的道德意识"②，这种道德意识就是强调意志的自律，因此"唯是心之自主、自律、自决、自定方向方真正是道德，此是道德之本义，并不是只要顺理即是道德也"。③ 牟氏认为，自孔孟以来的儒家正宗所完成的

① 〔德〕康德：《道德形而上学原理》，苗力田译，上海人民出版社，1986，第94页；AA，Bd. Ⅳ，S. 440。

② 牟宗三：《心体与性体》（上），第103页；《全集》第5卷，第124~125页。

③ 牟宗三：《心体与性体》（上），第96页；《全集》第5卷，第116~117页。

义理系统都强调德性主体的自我立法和纯粹动机，因而道德理论上的"自律"与"他律"是区分儒家之"大宗"与"别子"的基本依据。儒家正宗之所以符合康德"自律"之义，关键在于德性主体自身的活动性，这里的德性主体对应于康德的术语是"自由意志"，对应于儒家的术语有二："理"（"性体"）和"本心"，前者表示客观性的道德法则，表征无条件的绝对命令（"决定的当然"）；后者表示主观性的道德动机，表征自觉履行义务的实践（"呈现的实然"）。由于儒家正宗肯定"本心即性"，"摄理归心，心即是理，如是，心亦即是'道德判断之标准'：同时是标准，同时是呈现，此为主客观性之统一"①。这里的"心"不是感性经验层面的"运动知觉"的"气心"，而是形上的"本心"，"本心"自身不仅包含道德理性的原则，同时也包含一种超越的"道德情感"，后者在"理性/感性"二分法之外。从这里可以看出牟宗三不同于康德道德哲学的地方，概言之，有以下三个关键性的概念。

其一，"良心"。康德所讲的"良心"（Gewissen）② 是人内心中所具有的公正裁决的能力③，康德通过"法庭审判"的比喻对其作用进行说明，人内在的良心作为自己的"他者"而裁决自己行为的"法官"，这个获得授权的"良心法官"是一种纯然理想的"人格"（Person），即"作为本体的人"（homo noumenon），因此"良心就必须设想为在上帝面前应当为其行为承担责任的主观原则"。④ 康德认为"良心"只是道德的主观条件，因此不同于客观性、强制性的"义务"："良心的关系不是与一个客体的关系，而是仅仅与主体的关系（通过其行为激发道德情感）；因而是一种必然发生的事实，并不是责任和义务。""按照良心去行动，本身不可能是义务，因为若不然，就还必须有一个第二个良心，来意识

① 牟宗三：《心体与性体》（上），第142页；《全集》第5卷，第171页。

② 德语中"Gewissen"一词就构词法而言由前缀"Ge-"与名词"Wissen"（意为"知识"）组成，因而可译为"良知"（如李秋零），但大多数译者将其译为"良心"（如关文运、韩水法、邓晓芒）。牟宗三鉴于康德这一概念与儒家所讲"良知教"的区别，将其译为"良心"。

③ 参见〔德〕康德《实践理性批判》，邓晓芒译，人民出版社，2003，第134页；AA，Bd. V，S. 98。

④ 参见〔德〕康德《道德形而上学》，张荣、李秋零译，《康德著作全集》第6卷，中国人民大学出版社，2007，第448~450页；AA，Bd. Ⅵ，S. 438~439。原译文中的"良知"改为"良心"。

前者的行为。"①　在牟宗三看来，康德这里就存在"析心与理为二"的倾向，将客观的"义务"（道德法则）和主观的"良心"（道德意识）分裂开来，理性义务无活动之"心"以实现之而抽象空洞，良心旁落为感受的能力而不能决定义务，因而道德"摇摆不定"，"疲软无力"，"形式虚悬"。②　有鉴于此，牟宗三根据儒家"心即理"思想传统，肯定"良心"的超越性和活动性，"良心上提而与自由意志为一，它是道德底主观条件同时亦即是其客观条件。此时之良心不再是材质的，而同时亦是形式的，因为它就是理性。它同时是心，同时亦是理"。"只有这样的'心理为一'，智的直觉始可能。"③　经过"良心之上提"，"良心"不仅是道德行为的裁决者，而且是道德法则的制定者，并且还是道德义务的执行者，可谓集"立法""司法""执法"于一身的德性主体，这里康德的"良心"概念就被转化为孟子、阳明的"本心"或"良知"概念。

其二，"道德自愿"。康德囿于启蒙时代的思想氛围，坚持"理性"与"感性"的截然对立，追求一种拒斥经验的"纯粹理性"，在强调道德律令的绝对性同时将"道德情感"视为"质料性原则"予以排斥，因此其身后难免受到"形式主义"的指责。④　在牟宗三看来，在康德的"自律"原则之外，还要强调"自愿"的原则，后者的基础在于肯定"道德情感"的形上地位。他主张道德情感之"上下其讲"：儒家所说的"情"不仅是心理学上的感性情绪（emotion），还是超越理智之上的"本情"，牟宗三称之为"本体论的觉情"（Ontological feeling），儒者所描述的"不安""不忍""恻然""识痛痒""不麻木"等都是这种"仁心之觉情"。就孔子斥责宰我短丧之例而论，"仁不仁着重在安不安本身，不着重在所安不安的对象"，"此不安、不忍、恻然之觉体（觉即是体）仁体（仁心即是体）一旦呈现，自能随事感通，当机而发，而所不安不忍者自不能外。此即为仁体之感润无方，其极也即为'以天地万物为一

① 〔德〕康德：《道德形而上学》，张荣、李秋零译，《康德著作全集》第 6 卷，第 412 ～ 413 页；AA, Bd. Ⅵ, S. 400、401。原译文中的"良知"悉改为"良心"。

② 牟宗三：《现象与物自身》，第 65 ～ 66 页；《全集》第 21 卷，第 68 ～ 69 页。

③ 牟宗三：《现象与物自身》，第 67 页；《全集》第 21 卷，第 70 页。

④ 关于康德道德哲学的"形式主义"特征及其在西方所面临的批评，详见本书第五章第二节。

体'，亦所谓'浑然与物同体'也"。① 由于这种超越的"觉情"的作用，有孟子所谓"理义之悦我心，犹刍豢之悦我口"（《孟子·告子上》），牟氏解释道：本心"它自给法则就是它悦这法则，它自己决定自己就是它甘愿这样决定。它愿它悦，它自身就是兴趣，就是兴发的力量，就能生效起作用，并不须要外来的兴趣来激发它"。② 这里，"心立理义"代表了"自律"原则，"心悦理义"代表了"自愿"原则，两者是不可分割的同一个过程，代表了"本心"的活动性："心与理义不单是外在的悦底关系，而且即在悦中表现理义、创发理义。理义底'悦'与理义底'有'是同一的，悦是活动，有是存在，即实理底存在（存有或实有）。"③ 在牟氏看来，此理此性此心此情无不是"即存有即活动"的，道德行为并不像康德那样纯粹理性的冷峻立法而对情感产生一种强制性，而是自然而然地生发出来的一种心灵的必需，表现为不由仁义而行就不悦、不安、不忍，在道德哲学上突破了"理性/情感"彼此对立的启蒙理性主义的藩篱，实现了自律原则与自愿原则的统一。

其三，"神圣的意志"。康德认为人由于其有限性，故而其意志所遵循的准则并不能先天地与道德律一致，因此道德律对于人的意志具有一种强制性，根源于人不具有"神圣的意志"（der helige Wille），后者是上帝才可能具有的、纯粹而绝对善良的意志。④ 在牟宗三看来，儒家之圣人就具有这种"神圣的意志"，正如孔子所达到的"从心所欲不逾矩"（《论语·为政》）的境界，而"圣人"是通过实践工夫而现世可成者。牟氏指出："依孟子学，现实的被造物的人不是神圣的，但自由自律的纯粹意志本身必须是神圣的。""在这里，说纯粹等于说神圣，俱表理想之境。虽是理想，而可随时呈现。及其圆满实现，则人亦神圣。""本心自身是潜存的神圣，其充尽的体现是朗现的神圣。"⑤ 在牟氏所认定的"儒家正统"看来，"本心良知"自身就具有神圣性，是纯然至善的道德意志，正如阳明所谓"至善者心之本体"（《传习录》下），"本心"所发

---

① 牟宗三：《心体与性体》（下），第 252 页；《全集》第 7 卷，第 307～308 页。

② 牟宗三：《心体与性体》（上），第 142 页；《全集》第 5 卷，第 171 页。

③ 牟宗三：《心体与性体》（上），第 143 页；《全集》第 5 卷，第 172 页。

④ 参见〔德〕康德《实践理性批判》，第 42 页；AA，Bd. Ⅴ，S. 32。

⑤ 牟宗三译注《康德的道德哲学》按语，学生书局，1982，第 265 页；《全集》第 15 卷，第 290 页。

之准则先天地就是普遍的立法原则，这里没有任何外在的强制性。在现实世界中，人的意志总不免带有感性欲望的牵绊，但这并不妨碍人可以通过具体的道德实践达到"神圣的意志"，最终成为"圣人"（"人而神"）。牟氏指出，这种"神圣的意志"之所以可能，根源于"智的直觉"之可能，后者是儒家传统超越于康德道德哲学的关键所在。

其次，牟宗三改造康德的"智性直观"概念，高扬主体的能动性和创造性。

所谓"智的直觉"即康德哲学中的"智性直观"（die intellektuelle Anschauung）概念，在康德看来，"直观"有两种："感性直观"和"智性直观"，前者是人的经验的来源，其特征是被动的感受性，其纯粹形式是"时间"和"空间"；而后者的特征是能动的自发性、创造性和本源性，是一种理论上的设定，人类并不具有，但并非没有可能为其他存在物（上帝）所具有，尽管这种可能性不能为我们人类所确知。① 牟宗三通过对康德的翻译和研究，总结出"智的直觉"的四个特征："（1）就其为理解言，它的理解作用是直觉的，而不是辨解的，即不使用概念。（2）就其为直觉言，它的直觉作用是纯智的，而不是感触的。（3）智的直觉就是灵魂心灵之自我活动而单表象或判断灵魂心体自己者。（4）智的直觉自身就能把它的对象之存在给予我们，直觉活动自身就能现实存在，直觉之即实现之（存在之），此是智的直觉之创造性。"② 前两个特征即"直觉性"和"纯智性"是康德继承传统哲学的说法，后两者即"自彰性"和"创造性"是康德自己的思考。牟宗三不满于康德对于人自身具有"智的直觉"之可能性的否认，而力图证明人的这种超越而无限的创造力，他指出："如果吾人不承认人类这有限存在可有智的直觉，则依康德所说的这种直觉之意义与作用，不但全部中国哲学不可能，即康德本人所讲的全部道德哲学亦全成空话。这非吾人之所能安。智的直觉之所以可能，须依中国哲学的传统来建立。西方无此传统，所以虽康德之智思犹无法觉其为可能。"③ 由此可见，在牟氏看来，是否承认"智

---

① 关于康德"智性直观"的具体含义，参见邓晓芒《康德"智性直观"探微》，《文史哲》2006 年第 1 期。

② 牟宗三：《智的直觉与中国哲学》，第 145 页；《全集》第 20 卷，第 187 页。

③ 牟宗三：《智的直觉与中国哲学》，序第 2～3 页；《全集》第 20 卷，第 5 页。

的直觉"之可能是中西哲学的一个根本性差异，也是中国哲学"超胜"西方哲学的关键所在。

正如"自由"的概念是康德哲学体系的拱顶石一样，"智的直觉"及其等位概念（如"本心仁体""知体明觉"等）可谓牟宗三哲学的拱顶石，在牟氏看来，"'智的直觉'是中西文化差别的一个主要观念"①，对于康德之洞见、中国儒释道三家之慧解，"此中重要的关键即在智的直觉之有无"，"这所关甚大，我们必须正视这个问题"②。对比康德所讲的"智性直观"和牟宗三所讲的"智的直觉"两个概念，有以下共通之处和相异之处。

两者的共通之处在于都具有朗现本体的"明觉性"，这是其区别于"感性直观"（"感触直觉"）的基本特征。在康德那里，尽管"智性直观"不能确定，但就其规定性而言仍被设定为以"本体"为对象的特殊的直观类型，因此他通过"智性直观"的概念来规定"本体"："如果我假定诸物只是知性的对象，但仍然能够作为这种对象而被给予某种直观，虽然并非感性直观（作为智性直观［intuitu intellectuali］的对象）；那么这样一类物就叫作本体［Noumena］（理知的东西［Intelligibilia］）。"③实际上，"智性直观"与"本体"是可以相互规定的：前者的"对象"是"本体"（理知物），后者之可以被肯定的"主观依据"是"智性直观"，这里的"主体"和"对象"都是虚指，是类比于知识层面的"先验统觉"和"现象"的主客关系而言，实际上是"无对象义""无认知相"的④，因而智的直觉所觉照者是牟氏所谓"内生的自在相"（Eject）而非对象（Object）⑤。由于康德将"自我"和"世界"都视为"先验对象"，因而相应的就有"指向自我的智性直观"（"心而上的直观"）和

① 牟宗三：《四因说演讲录》，第196页；《全集》第31卷，第209页。
② 牟宗三：《现象与物自身》，序第3页；《全集》第21卷，第5页。
③〔德〕康德：《纯粹理性批判》，A249，邓晓芒译，人民出版社，2004，第227页。方括号内为拉丁文原文。
④ 参见牟宗三《现象与物自身》，第99～100页；《全集》第21卷，第103～104页。
⑤ 牟宗三追随海德格尔，将康德所用的"Gegenstand"析分为"感性直观"所对之"对象"和"智性直观"所对之"自在相"：前者为"立在那里而对于与某某者"，在知性感性处才可言"对象"；后者为"自来自在而非对反于某某者"，无"对象"之义、无"对象"之相，主客能所圆融而为一。参见氏著《智的直觉与中国哲学》，第32～33页；《全集》第20卷，第42～43页。

"指向世界的智性直观"（"形而上的直观"），这两者在牟宗三看来就是本心仁体之"自照（自觉）"与"照他（觉他）"。所谓"照"实际上是"本心之感通"，本体在这种感应中如如呈现："自照"是"本体之心"在感应中的自我呈现，"照他"是"本体之物"在感应中的得以实现（存有论意义的创生）。

两者的相异之处在于：第一，是否承认人具有"智性直观"（"智的直觉"）。康德明确指出："如果我们把它（本体——引者注）理解为一个非感性的直观的客体，那么我们就假定了一种特殊的直观方式，即智性的直观方式，但它不是我们所具有的，我们甚至不能看出它的可能性。"① 作为"有理性的存在者"的人，并不具有这种"智性直观"，甚至也不能确定地知道是否存在具有这种能力的"其他存在者"的可能，总之，"对这种知性（在智性直观中直觉地认识其对象的知性——引者注）的可能性我们是不能产生最起码的表象的"②。牟宗三根据中国儒释道三家义理而认定："智的直觉"在理论上必须被肯定，在实践上必然会呈现，人因其具有"智的直觉"而"虽有限而可无限"是"人之最内在的本质"③。第二，是否承认其在存有论上的"创生性"。康德认为，相对于"感性直观"的消极的"接受性"，"智性直观"是一种完全"自发性"的直观，因此后者被称为"本源的直观"，前者相对于后者是"派生的直观"④。"智性直观"具有主动的"创造性"，即不需要由外在的客体给出经验杂多，仅仅通过其本身的"自发性"而由其自己的知性直接提供对象，简言之，他"思想"一个对象，该对象就被直观地给予出来，如同上帝说要有光，于是就有了光⑤，因此康德也将其称为"神的知性"，"它不想像各种被给予的对象，而是通过它的表象同时就给出或产生出这些对象本身"⑥。而在牟宗三看来，康德所谓由"智性直观"的自发性所给予的对象的"存有"（Being）"只是形式意义的存有，或者着实一点说，只是'存有'底观念或概念，并不是具体、真实、而呈

---

① 〔德〕康德：《纯粹理性批判》，B307，第226页。

② 〔德〕康德：《纯粹理性批判》，A256 = B312，第232页。

③ 参见牟宗三《现象与物自身》，第29页；《全集》第21卷，第29页。

④ 参见〔德〕康德《纯粹理性批判》，B72，第50页。

⑤ 《旧约·创世纪》1：3。

⑥ 康德：《纯粹理性批判》，B145，第97页。

现的存有"①。因而康德所讲的"智性直观"具有的"创造性"只是观念论意义上的，所谓上帝创造某物仅仅在于"决定"这个对象之"存有的概念"，而不是真实地"创造"这个对象的"存在"或"实存"（Existence），后者是实在论意义上的"创造性"，这种"超越的实在性"是康德所不承认的（因为康德只承认"先验的观念性"和"经验的实在性"）。牟宗三将"智的直觉"的"创造性"理解为本体宇宙论上的"创生性"，其"觉照之即呈现之、呈现之即实现之"，不仅创生一切对象的"存有"，而且创生一切对象的"存在"，因为在智的直觉感应中"存有与存在是一"。这种"创生性"在根本上依据着儒家"生生大化"的宇宙论，而在西学助缘上并非源自康德哲学，而是源自中世纪的神学："吾人根据神学知道上帝以智的直觉去觉一物即是创造地去实现一物。我们据此知道了智的直觉之创造性。"② 然而，一旦牟宗三引进了"上帝造物"的神学式解说这种"创生性"，则必然面临一系列相关的难题，例如这里的"物"是何种意义？是有限还是无限？上帝与人是何种关系？以上这些问题，本书将在下文阐述"物自身"概念时予以详论。

　　综合牟宗三对康德实践哲学的借鉴、阐发和改造，可以看到其一方面以康德的主体性哲学提升了中国哲学的体系性和思辨性，另一方面以中国传统哲学尤其是儒家思想提升了康德哲学的圆融性和实践性。尽管牟氏在根本意图上在于判教，即以康德之"不足"反衬中国哲学之"超胜"，这种心态很难说是平正的③，但作为身处中西方哲学大传统之中的哲学家，自觉采取了"中国"与"西方"、"传统"与"现代"之间的双向诠释，正如他本人所说："我们由中国哲学传统与康德哲学之相会合激出一个浪花来，见到中国哲学传统之意义与价值以及其时代之使命与新生，并见到康德哲学之不足。"④"中国哲学可以使康德百尺竿头更进一步。"⑤

---

① 牟宗三：《智的直觉与中国哲学》，第 160 页；《全集》第 20 卷，第 206 页。原文中的"存在"悉改为"存有"。

② 牟宗三：《现象与物自身》，第 10 页；《全集》第 21 卷，第 10 页。

③ 相关批评参见李翔海《牟宗三"中国哲学特征"论评析》，《哲学研究》2008 年第 4 期。

④ 牟宗三：《现象与物自身》，序第 4 页；《全集》第 21 卷，第 6 页。

⑤ 牟宗三：《客观的了解与中国文化之再造》，《牟宗三先生晚期文集》，《全集》第 27 卷，第 435 页。

2. 对黑格尔精神辩证法的借鉴

尽管牟宗三对黑格尔哲学的了解不及其对康德哲学的了解深入，但他也深刻地揭示黑氏哲学的精髓在于精神的辩证法："黑氏的思想，十分深入而复杂。既是综合的，而又笼罩的；既是人文的（历史文化），而又贯彻到自然的；既是精神的、价值的，而又是思想的、纯理智的。实则，他有一个综合的通慧作底子，他以精神的发展作纲领。他的综合的通慧，实是开始于把握精神的发展过程。"① 牟氏借鉴了黑格尔关于精神之逻辑演进与历史发展的辩证法，将其融纳于自身的哲学体系之中。

黑格尔的庞大哲学体系由"逻辑学"（研究理念自在自为的科学）、"自然哲学"（研究理念的异在或外在化的科学）和"精神哲学"（研究理念由它的异在而返回到它自身的科学）三大部分组成②，后两者也被称为"应用逻辑学"，其中"精神哲学"部分是黑格尔哲学体系的最终归宿，因而也是"最具体的""最高和最难的"③。"精神"的发展经历三个阶段："主观精神"（在与自己本身相联系的形式中）、"客观精神"（在由自身产生的实在性的形式中）和"绝对精神"（在其绝对的真理即其观念性与实在性的统一中）三个阶段④，按照黑氏后期的理解，"主观精神"是精神在个体中的发展（包括人类学、精神现象学和心理学），"客观精神"是精神在社会和历史领域的发展（包括法、道德和伦理），"绝对精神"是精神返回自身而显示自身（包括艺术、宗教和哲学）。

"精神"（Geist）⑤ 概念是黑格尔整个哲学体系的核心概念之一，正如德国新黑格尔主义者拉松所说："他的体系是从精神整体性概念出发并以这一概念结束的。"⑥ 黑格尔本人也将其视为贯穿体系始终的概念。"精神不是一个静止的东西，而宁可是绝对不静止的东西、纯粹的活动、一切不变的知性规定的否定或观念性；不是抽象单纯的，而是在其单纯

① 牟宗三：《论黑格尔的辩证法》，收入《生命的学问》，第 176 页。
② 〔德〕黑格尔：《小逻辑》，第 60 页。
③ 〔德〕黑格尔：《精神哲学》，第 1 页。
④ 〔德〕黑格尔：《精神哲学》，第 27 页。
⑤ 〔德〕黑格尔著作中的德文"Geist"有两种英译"spirit"和"mind"，前者侧重于该词的"实体性"意义，后者侧重于该词的"主体性"意义。
⑥ 〔德〕拉松：《什么是黑格尔主义》，陈嘉映译，载张世英主编《新黑格尔主义哲学论著选辑》上册，商务印书馆，1997，第 652 页。

性中自己与自己本身相区别的活动；不是一个在其显现以前就已经完成了的、躲藏在重重现象之后的本质，而是只有通过其必然自我显示的种种确定的形态才是真正现实的，而且不是一个只与身体处于外在联系中的灵魂物，而是由于概念的统一性而与身体内在地联结在一起的。"① 简言之，精神具有"主体能动性""自我否定性""现实具体性"和"概念统一性"等内涵。归根结底，黑格尔的"精神"概念具有"实体性"（Substantialität）和"主体性"（Subjektiviät）两大本质特征："实体性"意味着"精神"作为"一切存在的存在""各个偶性的全体""自在自为的永恒存在"②，是一切存在背后的根据和具有现实性的真理；"主体性"意味着"精神"作为"能思者""自身实现的普遍性""产生其自身、发展其自身并返回其自身的进程"③，是能够进行自我认识、自我否定、自我分化、自我运动的能动性。黑格尔的著名的论断是"实体即是主体"："一切问题的关键在于：不仅把真实的东西或真理理解和表述为实体，而且同样理解和表述为主体。""活的实体，只当它是建立自身的运动时，或者说，只当它是自身转化与其自己之间的中介时，它才真正是个现实的存在，或换个说法也一样，它这个存在才真正是主体。"④

牟宗三对本心仁体之"即存有即活动"的认定与黑格尔对精神是"实体性与主体性的统一"的论述有相通之处，但前者主要来自对儒家传统尤其是王阳明哲学的继承和阐发⑤，而其对黑格尔精神哲学的借鉴主要表现为以下两个方面。

第一，借鉴黑格尔关于"绝对精神"的概念，将"本心仁体"绝对化，强化了德性主体的实体性。

---

① 〔德〕黑格尔：《精神哲学》，第 4 页。

② 〔德〕黑格尔：《逻辑学》（下卷），杨一之译，商务印书馆，1976，第 211 页；《小逻辑》，第 313 页。

③ 〔德〕黑格尔：《小逻辑》，第 68 页；《精神现象学》（上卷），第 44 页。

④ 〔德〕黑格尔：《精神现象学》（上卷），第 10、11 页。

⑤ 杨国荣先生指出，王阳明的"良知"具有实体性与主体性、普遍性与个体性二重倾向，"既指主体意识，又兼有万物的本体之意。作为主体意识，它融自心与普遍之理为一体，而这种合一又表现为一个具体化的过程；作为本体，它既是万物一般的根据，由展开于具体对象之中。"参见杨国荣《王学通论——从王阳明到熊十力》，华东师范大学出版社，2003，第 43 页；《心学之思——王阳明哲学的阐释》，生活·读书·新知三联书店，1997，第 88 页。

在黑格尔那里，精神的最高阶段是"绝对精神"，它是"永恒地在自身内存在着的、同样是向自身内回复着的和已回到自身的同一性"①，是"显示着自己的、有自我意识的、无限创造的精神"②。"绝对精神"之所以为"绝对"的，一方面在于其"无所对立"，是自身与他物的"和解"（Versöhnung）和"统一"，扬弃了对立面的外在性，是矛盾双方的"相互承认"③，因而具有真理性和现实性；另一方面在于其"创造一切"："绝对精神，它出现为万有的具体的、最后的最高真理，将更加被认识到它在发展的终结时，自由地使自己外化，并使自己消失于一个直接的存在的形态——决意于一个世界的创造，这个世界包含在结果以前的发展中的全部事物。"④"绝对精神"就是黑格尔的"上帝"，其具有最具体的普遍性、最现实的理想性、最神圣的真理性，"一切源于此，一切复归于此，一切取决于此，外在于此再无任何具有绝对的、真的独立性者"。⑤

与黑格尔所谓"绝对精神"相类似，牟宗三指出，主体具有"主观性""客观性""绝对性"三方面特征："本心即性即理之本心即是一自由无限心，它既是主观的，亦是客观的，复是绝对的。主观的，自其知是知非言；客观的，自其为理言；绝对的，自其'体物而不可遗'，因而为之体言。由其主观性与客观性开道德界，由其绝对性开存在界。"⑥牟氏所谓"自由无限心"的"主观性"是指"智地认识的感受力"，是对道德是非的判断能力；"客观性"是指"自发自律的实体性的理性"，决定道德行为应当与否，为其订立道德法则。以上两特征是道德领域的主客观根据，分别代表了主体性之"心"与实体性之"理"，并且后者是前者的前提："只因它是独感中的实体性的理性，它始有那智地认知的感受性"⑦。而"自由无限心"的"绝对性"是在存有论的层面讲，"自其为存有论的实体而言，它是万物底创生原理或实现原理，是乾坤万有

①　〔德〕黑格尔：《精神哲学》，第 371 页。
②　〔德〕黑格尔：《精神哲学》，第 26 页。
③　参见〔德〕黑格尔《精神现象学》（下卷），第 176 页。
④　〔德〕黑格尔：《逻辑学》（上卷），第 56 页。原译文中的"有"（Sein）改为"存在"。
⑤　〔德〕黑格尔：《宗教哲学》（上），魏庆征译，中国社会出版社，1999，第 69 页。
⑥　牟宗三：《现象与物自身》，序第 12 页；《全集》第 21 卷，第 14 页。
⑦　牟宗三：《现象与物自身》，第 64 页；《全集》第 21 卷，第 67 页。

之基，是造化底精灵。由此开存在界"。① 在存有论意义上，牟氏所讲的"自由无限心"类似于黑格尔所讲的"绝对精神"，其一方面表现为"绝对的实体性"，为一切存在背后的形上根据；另一方面表现为"绝对的主体性"，能够创生万物，使一切存在得以真实地实现。就这种实现的过程而论，黑格尔通过"绝对精神"的外化及其扬弃这一"否定之否定"的过程，认识到存在的本质即思维，通过反思在对象中回复到自身，最终达到思维与存在的同一；而牟宗三通过"推心及物"而又"摄物归心"的辩证法，达到了"心体与物在明觉感应中如如地一起朗现"，以同样的方式确证了"心"与"物"的内在同一性。由于有了黑格尔哲学关于"精神之绝对性"的思想助缘，牟氏极力彰显了王阳明哲学中"良知"的"实体性"之维，这一维度在儒家传统之中并非没有，然而儒家所关注的不在于独立的实体性，而是将其隶属于境界而立言②；而在牟宗三哲学中，"实体性"之维得以凸显，力图将主体性绝对化而通向绝对的实体性，达到"主体性"与"实体性"的统一，这一理路源于其对黑格尔哲学的融契。

第二，借鉴黑格尔关于"正—反—合"的辩证法，构造了一个上通下贯的理论体系。

黑格尔的整个哲学体系贯穿着"否定之否定"的辩证法，作为"主体"的精神不断外化自身，同时进一步扬弃这种外化而返回自身，获得了更高的具体性和现实性，表现为一个个概念运动的圆圈。牟宗三对黑格尔的辩证法推崇备至，同时也将这种辩证法限定在精神领域。他强调："黑格尔学问的精华，以及辩证法的真正义用与其恰当的表现处，只可限于人文的、人之实践的精神表现之辩证发展"，"辩证根本是实践上的事，并且亦是精神表现上的事。辩证法不能在知性上讲，亦不能在知性

---

① 牟宗三：《现象与物自身》，第92页；《全集》第21卷，第96页。
② 陈来先生指出，对于儒家"与天地万物为一体"的思想，"与其用存有论的方式去考察，不如从境界论方面去理解"，对于王阳明所言"良知是造化的精灵，这些精灵生天生地，成鬼成帝"等语，陈先生认为，孤立地就这一则材料而言似乎可以认为王阳明在存有论上以良知为宇宙本体，"但这一思想在整个阳明思想中并不能找到支持，因此，毋宁说这也是以文学性的夸张语言表示心为万事主的思想"。参见陈来《有无之境——王阳明哲学的精神》，人民出版社，1991，第63页。

所对之‘对象’上讲。"① 概观牟宗三本人的哲学体系，可以看到其中也显示出一个"正—反—合"的辩证过程。首先，由"自由无限心"（"本心仁体""知体明觉"）所开显的"无执的存有论"（"道德的形上学"）是"正题"，这是德性主体自我确证、自我肯定的过程，此心体现出直接的自我同一性（"与物无对"）。其次，经由此心"自我坎陷"（Self-negation）而转出的"认知主体"进而开显的"执的存有论"（知识论）是"反题"，这一"坎陷"的过程就是"自我否定"的过程，牟氏明确说明"此步开显是辩证的（黑格尔意义的辩证，非康德意义的辩证）"。"它必须经由这一步自我坎陷，它始能充分实现其自己，此即所谓辩证的开显。它经由自我坎陷转为知性，它始能解决那属于人的一切特殊问题，而其道德的心愿亦始能畅达无阻。否则，险阻不能克服，其道德心愿即枯萎而退缩。"② 这一步"执"的过程是由无限到有限、由本体到现象、由形上世界到经验世界的过程，是具有绝对性的主体自觉地外化自身、异化自身、现实化自身的过程，是面对现代性成就而不断丰富此心之内容的过程。最后，"圆善"问题的解决是将经验性的幸福观念统摄于超越性的德性观念之下，扬弃了经验世界的外在性和异己性，通过"圆教"义理之下的"诡谲的相即"证成"德福一致"的境界，这成为经过"否定之否定"而达到的"合题"。牟氏指出，在"圆圣之境"，"福"已经内在化为"德"之"迹用"，经验世界中的限制之"命"也已经被"圆教"所消解而归之于此心之流转。因此，牟宗三的整个哲学体系可以说是"由体达用""摄用归体"的一个"大圆圈"，在根本上继承了黑格尔关于精神的辩证法思想。本书下一章将对牟氏的哲学体系予以较为详细的探讨。

　　除以上所揭橥的两个方面，牟宗三还对黑格尔的历史哲学有比较深入的理解和吸收，留待本章第三部分加以详论。总之，黑格尔哲学对牟氏哲学产生了非常深刻的影响，后者在对康德哲学的超越方式上基本沿着黑格尔辩证法的理路前进。有的学者指出牟宗三对康德哲学的改造接近于费希特的理路，两者同样是通过"自我"的无限扩张取消了康德哲

---

① 牟宗三：《论黑格尔的辩证法》，载《生命的学问》，第178页。
② 牟宗三：《现象与物自身》，第122页；《全集》第21卷，第126页。

学中所不可企及的"物自身"，同样强调"自我"是实践的主体和存在的实体。① 本书认为，这种说法在比较哲学的意义上是可以成立的，能够说明牟氏哲学与费希特哲学的某些相似之处；但在牟氏自身的文献之中，很难找到其受费希特思想影响的文献材料，更多的是他对黑格尔辩证法的借用，因而本书更支持以下观点：牟宗三以黑格尔的方式超越康德的"划界"，以康德的超越分解为黑格尔的辩证综合奠基，最终以儒家哲学融摄康德、黑格尔哲学。正如下文将详细论述的，可以将牟氏的西学助缘归结为"康骨黑魂"。

二　牟宗三的主体性哲学理念

牟宗三对以康德、黑格尔为代表的"德国理想主义"哲学传统的借鉴和吸收在深度上和广度上都超越了前人，康德、黑格尔哲学所具有的现代性精神使牟氏自身的哲学体系呈现出典型的现代性特征。就"主体性"这一方面而言，突出地表现为"自我""理性""自由"这三个现代性哲学理念。

1. "自我"之理念

"自我"是西方哲学传统中的基本概念之一，也是现代性关于"主体"的核心理念。在英文中，这个词有两个相近的词来表达，分别是"Self"和"Ego"，对应的德文是"Selbst"和"Ich"②。海德格尔深刻地指出，"自身性"（Selbstheit）作为人之为人的本质方式，绝不与"自我性"（Ichheit）相等同，前者是"根据与存在本身的关联而得到规定的"，而后者是指与作为"图像"的世界相对应的作为"一般主体"（Subjectum）的人。这两者的区别就是普罗泰戈拉所讲的"作为万物之尺度的我"与笛卡尔所讲的"作为'我思'的我"之间的区别。③ 海德

---

① 参见郑家栋《本体与方法——从熊十力到牟宗三》，第281页；另见李明辉《牟宗三思想中的儒家与康德》，载氏著《当代儒学的自我转化》，中国社会科学出版社，2001，第63页。

② 倪梁康先生指出，德文中的"Selbst"（自身）与"Ich"（自我）有区别，前者也可以包含"意识活动本身"的含义，"自身意识"在逻辑顺序上要先于"自我意识"（参见氏著《自识与反思——近现代西方哲学的基本问题》，商务印书馆，2002，第17～18页）。同理，英语中的"Self"在逻辑上先于"Ego"。

③ 参见〔德〕海德格尔《世界图像的时代·附录》，载《林中路》，第101～109页。

格尔通过概念的区分揭示了西方哲学史上前现代的"自我"概念与现代性的"自我"概念的本质区别：前者关联于人的存在本身，而后者关联于自我意识的对象。

正如伽达默尔所指出的，在现代性哲学中，"自我意识的中心地位，基本上是通过德国唯心论及其严格根据自我意识在其整体中构建真理的要求首先确立的，它的方法是将笛卡尔对思维实体及其对于确实性的首要地位的说明，作为建构真理的首要前提"。① 康德继承了笛卡尔以来的近代认识论传统，以一种"主客二分"的方式处理"自我"（Ich）和"自我意识"的问题，将"主体的我"和"客体的我"区分开来：前者是"正在思维的我"，即"先验统觉"（die transzendentale Apperzeption），其具有最本源的自发性和能动的综合能力，在认识过程中伴随着一切表象而作为其统一性的根源，因而可以称之为"先验自我"；后者是"直观到自身的我"，作为内感官的对象，实际上是由先验想象力综合而来的对"我"的直观，属于现象的范围内，因而可以称为"经验性自我"。② 康德指出，笛卡尔所谓的"我思"实际上混淆了以上的两种不同的"自我"之"我思"，因而将认识论上的"先验自我"与心理学上的"经验性自我"等同观之，因此应当在先验意义上理解的"我思故我在"的命题就涉及"经验性自我"的存在，实际上沦为经验性的心理学，而由此推出的"灵魂"实体就是理性心理学的谬误推理（Paralogismen）。③ 在康德看来，对于"自我"也应当贯彻"现象"与"物自身"的划分，"对于内直观而言，我们只是把自己的主体当作现象来认识，但却不是按照它自在地本身所示的东西来认识"。④ 而对于作为物自身的"自我"即"我自身"（Ich an sich），是只能被思维而不能有任何感性直观的"先验客体"，也可以说只能是"智性直观"的对象。这里，康德遗留了一个关键的问题："先验统觉"（作为主体的"我"）与"我自身"（作为物自身的"我"）是什么关系？是同一个东西还是不同的东西？由于"我

① 〔德〕汉斯 - 格奥尔格·伽达默尔：《科学时代的理性》，薛华等译，国际文化出版公司，1988，第 11～12 页。
② 参见〔德〕康德《纯粹理性批判》，B153～156，第 102～103 页。
③ 参见〔德〕康德《纯粹理性批判》，A343＝B401，第 289 页。
④ 〔德〕康德：《纯粹理性批判》，B157，第 104 页。

自身"对于人而言是一个不可认识的"黑箱",所以康德对于这一问题始终语焉不详。

牟宗三在阅读和翻译康德第一批判的时候敏锐地洞察了这一问题,指出以上两者分别处于不同的两个层次:"在思或统觉处,我们自亦意识到一个'我',但这个我,我们意许其有一种特殊的规定(姿态),亦即形式的我、逻辑的我、架构的我,我们不意许其是真我;真我是它后面的一个底子,一个支持者,真我与它之间尚有一段距离,尚有一种本质的而又可辩证地通而为一的差异:它们两者不一不异、不即不离,但却不是同层的同一物。"① 牟氏认为康德将"统觉的我"与"本体的我"混同为一,归咎于"想得太快",是"一种滑转",而牟氏的立场是"把它拉开,叫它成为异层的异物,而分别地观之。这样,对于'我'底不同理境当可有更清楚的了解,而其意义与作用底重大亦可有充分的表示。这是经过康德的批判工作,推进一步说"。② 基于这种区分,牟宗三揭示了异质异层的三重"自我":(1)"真我"("超绝的我""单纯实体的我"):对应于康德所谓"作为物自身的我",是"超验的"(transzendent),但与康德不同的是,牟氏所理解的"真我"不是上帝的"智性直观"所对的"物自身",而是"本心仁体""知体明觉"本身;(2)"架构的我"("逻辑的我""形式的我"):认知活动的主体,即康德所谓"作为先验统觉的我(我思的我)",是"先验的"(transzendental);(3)"假我"("组构的我""心理学的我"):认知心所决定、形构的"我",与"感触直觉"相对,即康德所谓"作为现象的我",是"经验性的"(empirisch)。③ 具言之,在牟氏看来,所谓"真我"就是存有论意义的主体,同时即为德性主体,这个"我"无"我相",也就是超越性的本体。所谓"架构的我"是有"我相"的、"纯一而定常"的思维主体,"架构者因使用概念把它自己撑架起来而成为一客观的、形式的我之谓也"。④ 对于"架构的我"不能以"现象"或"物自身"来划分,因为其既不是

---

① 牟宗三:《智的直觉与中国哲学》,第163页;《全集》第20卷,第211页。
② 牟宗三:《智的直觉与中国哲学》,第164页;《全集》第20卷,第211页。
③ 参见牟宗三《智的直觉与中国哲学》,第168、170、172页;《全集》第20卷,第216、220、221页。
④ 牟宗三:《现象与物自身》,第124页;《全集》第21卷,第128页。

感触直觉的对象，也不是智的直觉的对象，"它是认知地驾临而控制经验乃至经验对象，他的超越性是认知的超越性"①。这里所谓"认知的超越性"与"形上学（存有论）的超越性"有所不同：前者是"横列的"，超越于经验之上而能够使用范畴整理感性杂多；而后者是"纵贯的"，具有创造性和无限性，不使用概念、无主客对立，这是"真我"所具有的超越性。所谓"假我"是由感性直观的内感官所获得的一系列表象、由先验想象力综合而成的一个关于"自我"的经验（现象），作为自我意识的客体，有时也指经验心理学意义上的"心象之集合"，因而这是被"构造"和"组合"而成的"自我之表象"。牟氏进一步指出，以上三重"自我"分别对应于三种"直觉"："（1）知体明觉之真我，此由智的直觉以应之；（2）认知我，此由形式直觉②以应之；（3）心理学意义的虚构我，此由感触直觉以应之。"③ 牟宗三指出，以上三重"自我"在康德哲学中都有体现，但"只因康德只说一个我，而又因接近之之路不同而有三种不同的面向，所以才有这许多缠夹"④，为了避免康德那样的"混漫""未安处"，必须将"自我"分解为三重异质异层的"自我"。

但是，以上三重"自我"之间也并非殊绝，"真我"与"假我"之间是"物自身"与"现象"之间的关系，"架构的我"与"假我"之间是主体与客体、决定者与被决定者之间的关系，比较特殊的是"真我"与"架构的我"之间的关系。对于此，牟宗三提出两者之间由"自我坎陷"进行沟通，这是其"良知坎陷说"在"自我"问题上的反映。他认为："我们如果通着真我来说，此正是真我之一曲折（自我坎陷），由此曲折而拧成这么一个架构的我（认知主体）。其所以要如此，正为的要成经验知识（闻见之知）。""若通着真我之纵贯（形而上地超越的纵贯）说，则此架构的我亦可以说是那真我之示现，示现为一虚结，因而亦可以说是那真我之一现相，是真我之通贯呈现或发展中之一现相，不过此

① 牟宗三：《智的直觉与中国哲学》，第180页；《全集》第20卷，第232页。
② 牟宗三所言的"形式直觉"来源于康德所讲的"形式的直观"（die formale An-schauung），康德也将其称为"先天的直观"或"纯粹的直观"，是指时间和空间本身所提供的"表象的统一性"，其以知性的综合为前提，但先行于一切概念。参见康德《纯粹理性批判》，B161，第107页。
③ 牟宗三：《现象与物自身》，第165页；《全集》第21卷，第170～171页。
④ 牟宗三：《智的直觉与中国哲学》，第174页；《全集》第20卷，第224页。

现相不是感触直觉所觉的现象，而其本身亦不可感。"① 对于"良知坎陷说"的具体内容，下文将予以详述，此处就"真我之坎陷"提示两点。首先，"坎陷说"的真正意义只能在主体自我的意义上理解，而不是在对象的意义上理解，即只能讲"真我"（德性主体）坎陷出"架构的我"（认知主体），不能讲"道德界"坎陷出"知识界"；其次，由于"架构的我"既不属于"物自身"（"本体界"），也不属于"现象界"，而是属于"现象界的存有论"（"执的存有论"）的范围，因此以上坎陷过程不是由"本体"到"现象"的过程，而是由"无执的存有论之我"到"执的存有论之我"的过程，而"现象"、经验世界和具体知识都是由"架构的我"所产生的，不是"坎陷"的产物。关于这两方面，下文将进一步阐发。

牟宗三改造了康德哲学中的"自我"理念，肯定了"真我"的独立地位，目的在于凸显德性主体的超越性和绝对性，这种做法之所以可能在于牟氏肯定了人具有"智的直觉"的可能。同时，牟宗三的"自我"理念融纳了同样具有独立地位的认知主体，其不仅作为感性直观的接受者、知性范畴的运用者、科学知识的生产者和经验世界的建构者，同时还是具有反思性的自我意识，能够将"自我"作为对象进行思考，这种意识本身的自我反思（即笛卡尔的"我思"）可谓现代性之主体精神的标志。牟宗三通过消化康德哲学，接契了西方近代主体性哲学的核心观念，并将其与儒家传统中的德性主体之间的关系问题当作一个理论问题进行了深入的思考，显示出其思想所蕴含的鲜明的现代性特征。

2. "理性"之理念

"理性"（英文 Reason，德文 Vernunft）概念对于人类文明而言至关重要，整个西方哲学与科学都围绕着这一概念展开，共相意义上的现代性精神也依赖于这一概念得以奠基。在某种意义上，"理性"是人的根本特质，因此人的生活方式的现代转变在"理性"这一概念的内涵上得以突出体现。

（1）从"实体理性"到"主体理性"："理性"概念的现代嬗变

"理性"这一概念在西方哲学中的起源可以追溯到古希腊的"logos"

---

① 牟宗三：《智的直觉与中国哲学》，第 181 页；《全集》第 20 卷，第 233 页。

和"nous"两个词：前者的基本含义是"言谈"和"叙述"，引申为"世界的规则性和根基"；后者的最初含义是"看"，引申为人的"心灵"或"精神"。在古希腊哲学中，"理性"的概念不仅仅局限于人的领域，更多的是涉及真理本身的显示方式，或者说这时的"理性"是一个本体论意义上的概念，可以称之为"实体理性"（Substantial reason）或"存在理性"（Reason of Being）。中世纪的神学延续了这一概念的本体论含义，将其视为上帝的神圣能力，而人所具有的理性能力同样是上帝的创造，隶属于"上帝的理性"，是有限的和不完善的。只有到了近代，"理性"这一概念才具有了独立的认识论意义。笛卡尔确立了"我思"作为哲学不可怀疑的起点，使知识的确定性奠基于能思主体的自我确定性之上，这样"理性"概念就从客体意义上的"实体理性"转变为人内在的"主体理性"（Subjective reason），人通过这种理性对世界加以认识并予以改造。因此，理性的主观化或主体性化是近代哲学的产物，也是近代哲学的基本原则。① 正是在与近代以前的"存在理性"相区别的意义上，我们才把"主体理性"作为现代性的基本特征之一。

康德把这种近代哲学的"主体理性"推到极致，甚至在根本上取消了"存在理性"的含义，这一趋向的突出表现就是他所做的"现象"与"自在之物"的划分。康德把知识限定于主体经验的范围（现象界）之内，将"灵魂""世界"和"上帝"等传统形而上学的实体归之于"自在之物"的领域，这些实体超出了人的理性认知能力，仅仅在"实践理性"的范围内发挥着范导性作用。因此，在康德那里，主体与"客体"（"物自身"）之间存在不可逾越的鸿沟，"理性"这一概念完全被限定于主体的范围之内。其后的哲学家们不满足于康德的这种限定，力图从主体性自身出发进而达到客体世界。在黑格尔那里，康德哲学所设定的对立转变为"思维"和"存在"之间的矛盾，与康德消解客体以限定主体的做法相反，黑格尔力图通过主体自身的概念运动达到与客体的"和解"。因此，在黑格尔那里，"理性"就不仅仅是一个"主体理性"，而且包含"实体理性"，是主观性与客观性的统一，即"绝对理念"。可以说，黑格尔的"理性"概念在某种程度上恢复了其"逻各斯"和"努

---

① 参见张汝伦《历史与实践》，上海人民出版社，1995，第269页以下。

斯"相统一的古义①，但同时其达到主客统一的方式也带有鲜明的近代主体性哲学的印记。②

在黑格尔那里，"理性"概念具有多重含义，一方面指涉外在世界，具有客体性的含义："理性自身是一切事物性，甚至于是纯粹客观的事物性。"③"理性是世界的灵魂，理性居住在世界中，理性构成世界的内在的、固有的、深邃的本性，或者说，理性是世界的共性。"④"理性是世界的主宰"，"理性是宇宙的实体和无限的权力"⑤。另一方面作为主体所具有的认知能力和思维的高级形式：与有限的知性能力相对，"理性即是认识无条件的事物的能力"⑥，黑格尔批评康德割裂了知性与理性、有限与无限，而"只有无条件者与有条件者的结合才是理性的具体概念"⑦，因此要求理性扬弃有限的知性并且发展这种有限认识，达到真正无限性的认识即对"绝对理念"或"绝对精神"的认识。由此可见，黑格尔的"理性"观念既是主观的（理性是把握无限的思维），又是客观的（理性是存在的本质和规律），在这个意义上思维和存在具有同一性，这种同一的最终达到就是绝对理念自身的实现，因此哲学上真正意义的理性就是绝对理念。⑧

基于以上对康德与黑格尔哲学"理性"概念的分析，可以看出两者之间鲜明的区别：康德的"理性"是主体范围之内的先验自我意识和自由意志，而黑格尔的"理性"则超出了主体范围而获得了本体论上的绝对性。在这一结论的基础上审视牟宗三的哲学，其理性观在根本倾向上无疑更接近黑格尔：他所面对的问题同样是如何打通康德设置的主客观之间的隔阂，他所采取的进路也正是从主体自身出发达到主观与客观的同一性，这一过程亦即主体绝对性的自我确证。因而，牟宗三哲学中的"理性"观念同黑格尔一样，是以"主体理性"统摄"实体理性"，最终

---

①　参见邓晓芒《思辨的张力——黑格尔辩证法新探》第一章，湖南教育出版社，1992。

②　参见张汝伦《历史与实践》，第285页以下。

③　〔德〕黑格尔：《精神现象学》（上卷），第231页。

④　〔德〕黑格尔：《小逻辑》，第80页。

⑤　〔德〕黑格尔：《历史哲学》，第8~9页。

⑥　〔德〕黑格尔：《小逻辑》，第126页。

⑦　〔德〕黑格尔：《哲学史讲演录》第四卷，第276页。

⑧　参见〔德〕黑格尔《小逻辑》，第400页。

成就一个"摄存有于活动"的绝对性的理性主体。

（2）理论理性与实践理性

在西方哲学史上，"理论"（theoria）和"实践"（praxis）的区分始于古希腊，尽管他们将这两个概念理解为两种不同的生活方式，这与近代以来的理解有很大差异。柏拉图明确地区分了"理论科学"（"纯粹的"）和"实践科学"（"应用性的"）①，亚里士多德则进一步将"nous"（人的心灵、理性）区分为"思辨心灵"和"实践心灵"："心灵乃是为着某一目的而进行计算的东西，亦即实践心灵：它与作为其目的的思辨心灵不同。"② 此后"理论理性"与"实践理性"的区分成为西方哲学的传统。康德继承了这一传统，在他那里，"理论理性"（die theoretisch Vernuft）又称为"思辨理性"（die spekulativ Vernuft），与"实践理性"（die praktische Vernuft）并列为"同一个纯粹理性"的两种不同的运用方式，尽管两者所关心的对象有所差异③，但是并非两个对立的理性："现在，只要承认在这些科学中有理性，那么在其中就必须有某种东西先天地被认识，理性知识也就能以两种方式与其对象发生关系，即要么是仅仅规定这个对象及其概念（这对象必须从别的地方被给予），要么还要现实地把对象做出来。前者是理性的理论知识，后者是理性的实践知识。"④ 形而上学根据纯粹理性的这两种运用区分为"自然的形而上学"与"道德的形而上学"。⑤ 康德并未把人的理性分裂为二，而是强调理性在不同的领域中应当遵守不同的原则：理性在理论领域（事实领域）的运用应当遵循自然的因果律，局限于感性直观和知性范畴的范围而不越界；其在实践领域（价值领域）的运用应当遵循自由的因果律，保有对神圣实体的敬畏和超越价值的追求。

---

① 参见〔古希腊〕柏拉图《政治家篇》，王晓朝译，《柏拉图全集》第3卷，人民出版社，2002，第87~89页；Plato：Politikos，258e~259d。

② 〔古希腊〕亚里士多德：《论灵魂》，秦典华译，苗力田主编《亚里士多德全集》第3卷，中国人民大学出版社，1992，第86页；Aristotle，*peri Psukhes*，IV，10，433a，14~15。

③ 〔德〕康德指出："理性的理论运用所关心的是单纯认识能力的对象"，"理性的实践运用则是另一种情况，在这种运用中理性所关心的是意志的规定根据"。参见《实践理性批判》，第16页；AA，Bd. V，S.15。

④ 〔德〕康德：《纯粹理性批判》第二版序，BIX，第11页。

⑤ 参见〔德〕康德《纯粹理性批判》，A841＝B869，第635页。

牟宗三在理解康德关于"同一理性的两种运用"的划分时有意识地将其转化为"两种理性"的划分，并且着力强调两者的差异性和不相容性。不仅如此，他还多次引述康德关于"实践理性优先于理论理性"的相关论述，指出"康德虽亦知实践理性底优先性，但因他不承认人可有智的直觉，故此优先性乃落空"。① 暂且不论康德所谓的"优先性"是否落空，首先分析一下康德在何种意义上讲"实践理性优先于理论理性"。康德的原话是："在纯粹思辨理性与纯粹实践理性结合为一种知识时，后者领有优先地位，因为前提是，这种结合绝不是偶然的和随意的，而是先天地建立在理性本身之上的，因而是必然的。"② 康德所谓的"优先地位"（Primat）或"优先权"（Vorzug）是指在多个由理性结合起来的事物中某一个"兴趣"（Interesse，或译"关切"）作为其他"兴趣"的基础和条件，实际上是一条理性的原则，唯一能够促进内心能力的实施，在这个意义上这一"兴趣"对于其他而言具有优先性。他指出："理性作为原则的能力，规定着一切内心能力的兴趣，但它自己的兴趣却是自我规定的。它的思辨运用的兴趣在于认识客体，直到那些最高的先天原则，而实践运用的兴趣则在于就最后的完整的目的而言规定意志。"③ 康德在对比"理论理性"和"实践理性"所具有的"兴趣"时才讲后者具有"优先权"，真正的意思是讲在促进主体能力实施方面"实践的兴趣"优先于"理论的兴趣"，因为前者能够扩展理性的范围，因此一个命题如果在理论理性中不能被肯定但却符合"实践的兴趣"，那么这个命题在理性上依然是成立的（在实践理性中被肯定）。康德之所以要肯定"实践的兴趣"的优先性，目的在于为实践理性的三个"悬设"留下余地，这种"优先性"是"人类学"④ 意义上的优先性，而并不是要在"存有论"的意义上断言"实践理性"绝对地优先于"理论理性"。康德自述其划分以上两种理性运用方式的目的："如果我不同时取消思辨理性对夸大其词的洞见的这种僭妄，我就连为了我的理性的必要的实践运用

---

① 牟宗三：《现象与物自身》，第23页；《全集》第21卷，第23页。
② 〔德〕康德：《实践理性批判》，第166～167页；AA，Bd. V，S. 121。
③ 〔德〕康德：《实践理性批判》，第164页；AA，Bd. V，S. 120。
④ 这里的"人类学"是指康德意义上的"先验人类学"，探讨人的诸种先天机能，详见本章第二节。

而假定上帝、自由和灵魂不死都不可能。""因此我不得不悬置知识，以便给信仰腾出位置。"① 这里的"悬置"（aufheben）一词在黑格尔那里就是"扬弃"，兼有"取消""舍弃"和"保持""保存"双重意义②，而不是单纯"否定"的意思，康德所谓"悬置知识"的实意在于为知识划定界限，使理论理性的领域与实践理性的领域各行其道、并行不悖。对于知识，康德不但没有否定和轻视的意思，反而颇费心血地建构一种确定的、合理的知识，同时也积极捍卫知识以外的价值和信仰的合理地位，可以说，康德强调理性本身的统一性，力图达到的是理论与实践、知识与信仰（道德）之间的平衡，并没有抬高一方以压制另一方的倾向，两方之间可以"沟通"，但不存在"坎陷"的问题。

　　牟宗三本着儒家"德行优先于知识"的传统，将康德的原意转变为存有论意义上"实践理性优先于理论理性"的断言，最终归咎于康德之"落空"，这显然不符合康德的本意。但是这也不失为一种"创造性的误读"，从牟氏的人文主义和理想主义的立场观之，这实际上代表了一种"价值合理性优先于工具合理性"的立场，面对由工具合理性的膨胀所造成的现代性之种种问题，这种"价值优位"的立场无疑具有对治时弊的积极意义，这也是其现代新儒家立场的根本所在。然而，这种"价值优位"的理性观潜在地具有矫枉过正的倾向，容易造成某种极端的"泛价值主义"或"唯价值主义"，使事实世界和客观知识的独立地位受到侵犯。

　　（3）理性与情感

　　西方自启蒙以降的近代哲学大都带有一种"理性主义"（广义）的思想倾向，其对人的情感、意志和欲望等抱持一种排斥、轻视的态度，康德、黑格尔哲学更是这种理性主义哲学的典型代表。

　　康德恪守"理性/感性""先天/经验"的二分法，在探讨"认识如何可能"的问题上，着眼于排除了经验因素的纯粹理性之原则，认为感性的直观只有消极被动的"接受性"而无积极主动的"自发性"；在探讨"道德如何可能"的问题上，着眼于排除了质料因素的道德命题的纯

---

① 〔德〕康德：《纯粹理性批判》第二版序，BXXX，第22页。
② 参见〔德〕黑格尔《小逻辑》，第213页。

形式，在实践理性的自我立法过程中排除了任何情感上的因素，认为建立于道德情感上的行为准则都是他律的（典型代表是英国哲学家哈奇逊）。康德认为在所谓道德情感中，只有一种情感具有积极的意义，能够充当实践理性的动机，这就是"对法则的敬重感"（die Achtung für Gesetz）："关于意志自由地、却又与某种不可避免的、但只是由自己的理性加于一切爱好上的强制结合着而服从法则的意识，就是对法则的敬重。那要求并且也引起这种敬重的法则，如我们所看到的，无非是道德律。""所以义务的概念客观上要求行动与法则相符合一致，但主观上要求行动的准则对法则的敬重，作为由法则规定意志的惟一的方式。"① 尽管这种"敬重感"可以充当实践理性的"动机"（Triebfeder），但仍然是感性的，而道德的真正"动因"（Bewegursache）只能是理性（即自由意志）而不能是情感，归根结底"纯粹实践理性的真正动机无非是纯粹道德律本身"。② 如果以情感为道德的"动因"，那么就是一种应当戒除的"道德的狂热"（der moralische Schwärmerei），康德指出："使人类有责任遵守道德律的那种意向就是：出于义务，而不是出于自愿的好感，也不是出于哪怕不用命令而自发乐意地从事的努力，而遵守道德律，而人一向都能够处于其中的那种道德状态就是德行，也就是在奋斗中的道德意向，而不是自以为具有了意志意向的某种完全的纯洁性时的神圣性。这纯粹是道德上的狂热和自大的膨胀。""这种精神在于那服从法则的意向，而不在于行动的合法则性（不论这条原则是一条什么原则）。"③ 在康德看来，"道德的狂热"把道德建基于情感性的"意向"（Gesinnung）而非理性的法则本身，因而这种做法是对人类之实践的纯粹理性所建立的界限的跨越，这种越界应当受到批判。

前文已述，牟宗三通过"道德情感上下其讲"的方式，突破了康德关于"理性/情感"的截然二分，强调了道德上的"自愿原则"作为"自律原则"的内在动力，以期实现"自愿"与"自律"的统一。这里就牟氏的"理性"观详细分析其关于"道德理性"与"道德情感"的看法。

---

① 〔德〕康德：《实践理性批判》，第110、111页；AA，Bd. V，S. 80、81。
② 参见〔德〕康德《实践理性批判》，第120页；AA，Bd. V，S. 88。
③ 〔德〕康德：《实践理性批判》，第115~116页；AA，Bd. V，S. 84~85。

　　就儒家自身而言，其自先秦以来就有重视"情"的传统。在孔子之前，就有关于人心中的自然情感的归纳总结，比较典型的是郑国大夫子大叔所说："民有好、恶、喜、怒、哀、乐，生于六气。是故审则宜类，以制六志。"（《左传·昭公二十五年》）这种"六志说"到战国时期被发展为"七情说"："何谓人情？喜、怒、哀、惧、爱、恶、欲，七者弗学而能。"（《礼记·礼运》）在这种理解之外，孔子又指点出了"爱""不安""耻""恭""敬""忠""好""恶"等具有道德意味的情感并将其与最高德性"仁"相关联。① 不仅如此，作为孔子学说核心观念的"仁"本身就是一种道德情感，是对人之为人的生命价值的尊重、珍惜、培育、呵护之情。孟子继承了孔子对于道德情感的体察，并建立了道德情感与德性品质的对应关系，提出了"四端说"作为性善论的核心观念，形成了系统的道德情感理论："恻隐之心，仁之端也；羞恶之心，义之端也；辞让之心，礼之端也；是非之心，智之端也。"（《孟子·公孙丑上》）综观先秦儒家文献中关于"情"的论述可见，其不仅指心理上的自然情感，如"七情"；也指在伦理生活中的道德情感，如"四端"等；还指审美活动中的欣喜愉悦之感，如孔子"三月不知肉味"之乐、曾点"春风咏归"之乐；同时还指面对形上本体的诚敬之情，如"戒慎恐惧""未发之中"；更指精神境界上的自由之感，如孔子之"乐以忘忧""从心所欲"。以上是以现代观点所做的分析，实际上儒者所讲的"情"往往兼具多种含义。如果在西方伦理学所谓"道德情感"（Moral emotion）的意义上来考察儒者所理解的"情"，后者显然与心理学意义上的"自然情感"（Natural emotion）有所区别，其不单纯是由一个外在对象的刺激所引起的主观情绪反应，而是具有一种明确价值关切和超越指向的内在心境，其既不同于理性认知，又不同于感官欲望和心理情绪，也与宗教中的神秘体验有所区别。

　　牟宗三敏锐地洞察到了儒家传统中在道德实践中所体现出的"情"

---

①　以上关于道德情感的概念都出自《论语》："樊迟问仁。子曰：'爱人。'"（《颜渊》12：22）"子曰：'食夫稻，衣夫锦，于女安乎？'……宰我出，子曰：'予之不仁也！'"（《阳货》17：21）"古者言之不出，耻躬之不逮也。"（《里仁》4：22）"樊迟问仁。子曰：'居处恭，执事敬，与人忠；虽之夷狄，不可弃也。'"（《子路》13：19）"唯仁者，能好人，能恶人。"（《里仁》4：3）

的重要性，指出了其相对于西方近代以来的伦理学体系的独立性，将其命名为"本体论的觉情"（Ontological feeling）或"实体性的觉情"（Substantial feeling），在英文中"feeling"较之于"emotion"所指的范围要广，可以包括"感觉"（sense）、"情绪"（emotion）、"知觉"（perception）、"情操"（sentiment）、"同情"（sympathy）、"仁慈"（benevolence）和"鉴赏力"（appreciation）等多重含义。"feeling"一词的多义性决定了其可以"上下其讲"：所谓"下讲"是将其理解为经验性的感觉或情绪，所谓"上讲"是将其理解为超越性的道德情操，"把这纯净的、本有的道德情感视作那作为心之本质的作用的自由意志之所透映，透映下来而成为这种纯净的感受。既是透映下来，亦可以返回去而与那自由自律的意志为一。此时，它不只是处于被动的状态而为一种感受之情，而却是主动地亦就是一种'道德的觉情'。此时，我们不是从'被动的感受'说情，而是从'主动的觉'说情"。① 这种上讲的"觉情"具有"即主观即客观"的特征：主观性是说其对于道德法则和义务的感受，这一点与康德的理解一致；客观性是说其作为道德法则的来源，这与康德关于"立法者只能是排斥情感的实践理性"有所区别。因此牟宗三指出，"这觉情是即心即理，即明觉即法则的，故是实体性的觉情。只有当把康德所说的道德情感复原为觉情，自由才不只是一设准，而是一朗现。盖亦正因此觉情，智的直觉始可能故"。② 而在牟氏看来，康德不能正视道德情感的超越性地位，未达儒者之境，"若以儒家义理衡之，康德的境界，是类乎尊性卑心而贱情者"。③

进一步，牟宗三探讨这种"道德情感"与"道德理性"之间的关系。牟氏指出，"理性本身就是觉情（非感性的故曰觉情，亦可曰智情），觉情亦就是理性：它既不先于理性，亦不后于理性，它与理性是一"。④ 这种"觉情"即是"本心"之所发，而"本心"不外乎是"道德理性充其极"者，因此牟氏所理解的本心超越了西方启蒙以来关于"理性/情感"的二分法，体现出一种"即心即理即情"的圆融特征，正

---

① 牟宗三：《现象与物自身》，第69页；《全集》第21卷，第73页。
② 牟宗三：《现象与物自身》，第70页；《全集》第21卷，第73~74页。
③ 牟宗三：《心体与性体》（上），第110页；《全集》第5卷，第133页。
④ 牟宗三译注《康德的道德哲学》按语，第297页；《全集》第15卷，第334页。

如他所讲的"此皆表示此明觉、理性与觉情为一的理性自身之自照","然依康德之分疏，将其所说之敬、法则与自由三者融而为一，这将是调适而上遂者，此正是孔孟立教之着眼点"。① 由此可见，牟氏所理解的"道德理性"内在蕴含着"道德情感"和"自由意志"，这与康德所理解的"实践理性"概念有所不同，后者强调排斥情感的"纯粹实践理性"，这种"纯粹性"的追求难免导致其道德学说具有形式化的特征，因此在强调"自律"的同时忽视了"自愿"，甚至将基于"自愿原则"而对道德法则的尊重视为"他律"或"道德狂热"。在牟宗三看来，"真自律必函自愿，自律而不自愿，必非真自律"，"今康德把自律放在睿智界，把自愿放在感性界，而不能合一，这便成夹逼的扭曲状态，即自律而不能自愿之状态"。② 由于康德将"道德情感"视为感性的、消极的，道德法则体现于理性对感性的强制性，道德律令对于行为主体而言具有某种意义上的外在性和被动性（尽管是自我的理性所立之法，但我在依法而行时并不感到愉悦），这在牟氏看来也是一种"他律"，其实质不是"外在的立法"，而是"自律的无力"。因此要消解康德道德学说的这种"夹逼的扭曲状态"，必须肯定"道德情感"的本体地位，肯定其与"道德理性"的内在统一性，肯定自律与自愿的统一、义务的客观必然性与敬重的主观必要性的统一。而这种统一之所以可能，其关键在于肯定"人有智的直觉"，在实践领域即是肯定"人具有神圣的意志"，即儒家所理解的"本心即性"。牟氏指出："此心之悦理义是由自由自律而分析出，这当是分析地必然的。自此而言，则心之命令直接地是显其对吾人而言。如再反而对此心自己而言，则是它自命；它自命就是自愿：它甘愿遵守其自己所发布之命令，所立之法则，否则，它便不是自由自律的。在此本心上，命令与自愿不相冲突，因此，命令无命令相；强制与喜爱不相冲突，因此，强制无强制相。这只是此本心之如如地不容已。此就是本心（自由意志）之神圣性，此亦就是吾人之本性。"③

---

① 牟宗三译注《康德的道德哲学》按语，第 298、277 页；《全集》第 15 卷，第 336、306 页。

② 牟宗三译注《康德的道德哲学》按语，第 285、284 页；《全集》第 15 卷，第 317、315～316 页。

③ 牟宗三：《现象与物自身》，第 84 页；《全集》第 21 卷，第 87～88 页。

关于康德对"道德的狂热"所做的批判，牟宗三指出，康德本着理性主义的立场反对以感性的情绪作为实践理性的动机，固然也可以自圆其说，但是如果将康德所斥责的"以心之自发的善性来诌媚他们自己"①理解为针对儒家（尤其是孟子），则是完全的误解。"孟子的'本心即性'绝不是道德的狂热，亦不是感性的气机鼓荡，亦不是幻想，亦不是自我诌媚、自我陶醉，亦未忘记义务、戒惧与尊敬。"②而"心之自发的善性"不能在"生之谓性"（感性的本性，human nature）的意义上理解，而必须在"本心即性"（人之真性，humanity③）的意义上理解。康德所批评的"道德狂热"在儒者看来是"兴趣挥洒""气魄承当"，而并非真正的道德，后者是将这种非理性的"意气"提升为融摄理性于其中的"觉情"，不仅"心立理义"，而且"心悦理义"，最终达到"从心所欲皆是理义"的境界，将理性的道德法则真正内化于意志之中。因此在这个意义上，儒家义理不是"道德狂热"，而是对治"道德狂热"的良方。

综上所述，牟宗三的"理性"观无疑来自其对西方启蒙以来理性主义哲学的吸收和借鉴，体现了鲜明的现代性精神；但在根本精神上，他继承了儒家"德性优位""情理交融"的思想传统，并将其系统化、理论化，以此作为超越西方现代性的途径，在一定程度上克服了启蒙理性的工具化、形式化的倾向，同时也凸显了中国哲学所具有的独特理路。在本书看来，尽管牟宗三借鉴了西方哲学传统中的"理性主义"精神，但在其思想的归极之处体现出一种超越理性主义之上的"灵性主义"特征，进而凸显出中国哲学传统的精神特质，后文对此有详论。

3. "自由"之理念

"自由"理念是西方哲学和政治传统中的核心概念之一，与"理性"并列为现代性主体精神的两大支柱理念。该词的英文有两个：一个是"Freedom"，另一个是"Liberty"，前者来源于条顿语，本义为"不受羁

---

① 邓晓芒的译文为："用他们内心的某种自愿的忠顺来使自己得意"，见康德《实践理性批判》，第116页；AA, Bd. V, S. 85。

② 牟宗三译注《康德的道德哲学》按语，第272页；《全集》第15卷，第299页。

③ 关于"性"的两个层次的区分以及"human nature"与"humanity"的区别，参见牟宗三译注《康德的道德哲学》按语，第278~279页；《全集》第15卷，第307~309页。另见《四因说演讲录》第二讲。

束地自然生活"，侧重于抽象的、绝对的、积极的意义；后者来源于拉丁
语 Libertas，本义为"从束缚中解脱出来"，侧重于比较具体的、相对的、
消极的意义。在德文中只有"Freiheit"一词，法文中则只有"Liberté"
一词。① 本书所着重探讨的"自由"理念是英文 Freedom 意义上的"自
由"。在中文中，"自"与"由"可以互训②，二字连用首见于汉末古诗
《孔雀东南飞》："此妇无礼节，举动自专由，吾意久怀忿，汝岂得自
由!"近代严复以"自繇"一词翻译英文中的"liberty"③，在另外一些
文章中也用"自由"。正如张佛泉所分析的，在中国文化传统中，内心
生活方面的自由（他称之为"第二指称下的自由观念"）早已有之，但
政治权利方面的自由（"第一指称下的自由观念"）付诸阙如，而后者即
以人权为核心的自由观念也正是西方近代以来的产物。④

　　正如黑格尔所说："没有任何理念像自由的理念那样普遍地为人所
知，以致它是暧昧的、多义的，能够遭到并因此而实际上遭到了各种最
大的误解。"⑤ 在西方文化的语境中，"自由"概念的内涵十分复杂而含
混，可以从多角度、多层面进行理解。本书将其区分为：作为理念的
"自由"、作为道德意志的"自由"和作为政治权利的"自由"，试从这
三个方面来分析牟宗三的自由观。

　　（1）"自由无限心"：一个"呈现"

　　康德对"自由"概念十分重视，将其视为整个体系的基础："自由
的概念，一旦其实在性通过实践理性的一条无可置疑的规律而被证明了，
它现在就构成了纯粹理性的、甚至是思辨理性的体系的整个大厦的拱顶
石。"⑥ 康德将"自由"概念区分为"先验的自由"（die transzendentale
Freiheit）与"实践的自由"（die praktische Freiheit）两个层次：前者指
在宇宙论意义上"原因的绝对的自发性"，即区别于"自然的因果性"
的"自由的因果性"，属于理论哲学的范畴；后者指自主行动着理性主

---

① 参见张佛泉《自由与人权》，台湾商务印书馆，1993，第 23、32 页。
② 如《易经·需·九三·象传》有云"自我致寇，敬慎不败"，孔颖达疏："自，由也"；
　《礼记·内则》有云"由衣服饮食，由执事"，郑玄注："由，自也"。
③ 参见严复《〈群己权界论〉译凡例》，《严复集》第 1 册，第 133 页。
④ 参见张佛泉《自由与人权》，台湾商务印书馆，1993，第 23~24、41 页。
⑤ 〔德〕黑格尔：《精神哲学》，第 310 页。引文标点略有改动。
⑥ 〔德〕康德：《实践理性批判》，第 2 页；AA, Bd. Ⅴ, S. 3。

体的自由，属于实践哲学的范畴。① 简言之，前者是存有论意义上的自由，主要涉及《纯粹理性批判》关于理性宇宙论的第三个二律背反；后者是实践意义上的自由，主要涉及《实践理性批判》及其相关的道德、历史哲学著作。海德格尔进一步指出，在康德理解"自由"的这两条道路中，"第一条道路（先验自由——引者注）处理的是一般在场的一个存在者的可能的自由，第二条道路（实践自由——引者注）处理的是一个特殊在场的现实的自由，即作为人格的人的存在的现实的自由"。②

在"先验自由"的意义上，康德指出"自由"作为"理知的品格"（der intelligibele Charakter）是属于"物自身"的品格，因而是知性不能够认识的超验存在③；而在"实践自由"的意义上，"自由意志"作为实践理性的"悬设"④，是道德立法和道德行为所必要的。这种"不可理解性"（Unbegreiflichkeit）和"不可缺少性"（Unentbehrlichkeit）构成了康德"自由"理念的基本特征。需要着重强调的是，康德所谓的"实践自由"尽管不是知性的对象，但并不因此就居于不可企及的彼岸世界，而是人自身所具有的先天能力。因此，"先验自由"与"实践自由"在含义上存在区别：前者强调"自由"作为不可认知的理念，超越于经验世界之上；后者强调"自由"在实践的运用中可以在经验世界产生效果，可以通过现实的行动阐明其"实在性"（不同于"经验的实在性"），这是其他理念所不具备的特性。康德指出："自由的理念，它的实在性作为一种特殊的原因性（有关这种原因性的概念从理论上看将会是夸大其辞的），是可以通过纯粹理性的实践法则，并按照这一法则在现实的行动

---

① 参见〔德〕康德《纯粹理性批判》，A533/534 = B561/562，第 433~434 页。
② M. Heidegger: *Vom Wesen der menschlichen Freiheit: Einleitung in die Philosophie*, *Gesamtausgabe*, Bd. 31, Vittorio Klostermann Frankfurt am Main, 1994, S. 265. 中译文转引自孙冠臣《康德通向自由的两条道路——海德格尔 1930 年弗莱堡讲座分析》，《中国社会科学院研究生院学报》2007 年第 3 期。
③ 参见〔德〕康德《纯粹理性批判》，A539 = B567，第 437 页。
④ 〔德〕康德所使用的"悬设"（Postulat）一词在纯粹数学的意义上是指"某种行为的可能性"，而在纯粹实践理性的意义上是"出自必然的实践规律来设定某种对象（上帝和灵魂不朽）本身的可能性的，所以只是为了实践理性而设定的；因为这种被设定了的可能性的确定性根本不是在理论上、因而也不是必然地，亦即不是在客体方面被认识到的必然性，而是在主体方面为了遵守实践理性的那些客观的、但却是实践的规律所必要的设定，因而只是必要的假设。"参见《实践理性批判》，第 12 页，AA, Bd. V, S. 11。对于该词，韩水法、李秋零译为"公设"，牟宗三译为"设准"。

中、因而在经验中加以阐明的。——这是在纯粹理性的一切理念中惟一的一个，其对象是事实（Tatsache）并且并须算到 scibilia［可认识的东西］之列的。"① "在三个纯粹理性理念上帝、自由和不朽中，自由的理念是惟一通过自由在自然中可能的效果而在自然身上（凭借在此概念中被想到的原因性）证明其客观的实在性的超感官东西的概念，并且它正是由于这一点而使另外两个概念与自然界以及所有这三个概念相互之间联结为一个宗教成为可能。"② 可以说，对于"实践自由"，如果以理论的眼光观之，则是实践理性的"悬设"；如果以实践的眼光观之，则是实践理性的"事实"。③ 后者具有某种"客观的实在性"，因此成为康德建立"道德宗教"的基础。然而，康德对自由之"实在性"是何种意义上的"实在性"这一问题语焉不详，可以确定的是"自由"肯定不是"经验的实在性"（因为我们对其没有任何直观），但其究竟是"先验的"还是"超验的"，康德并没有明确回答。"超验的实在性"（die transzendente Realität）显然是康德所不能承认的，但"自由"无疑是一个超验的"理念"，这其中存在着难以解答的一个问题。

由于牟宗三肯定了主体"即内在即超越"的根本特征，因此其对于康德哲学中"自由"概念的理解必然突破"先验自由"和"实践自由"的划分，肯定在道德实践中的"自由意志"必须同时是本体宇宙论上的"第一因"，换言之，"自由"不仅是实践领域自主发动行为的"意志"，而且是理论领域自行产生一个因果系列的原因性，不仅是道德行为的主体，并且是宇宙运行的动力因。因此，康德那里关于"自由"之"不可理解性"的特征不复存在，而关于"自由"之"客观实在性"的特征得以凸显，并且这种实在性必然是"超验的实在性"（牟称之为"超越的实在性"），这是作为存有论意义上的宇宙本体所具有的实在性。在这一意义上，"自由"不再是一个"设准"，而必然是一个"真实的呈现"。

牟宗三批评康德："视自由为一假设，就定然命令、道德律（法

---

① 〔德〕康德：《判断力批判》，邓晓芒译，人民出版社，2002.12（第二版），第 328 页；AA，Bd. Ⅴ，S. 468。

② 〔德〕康德：《判断力批判》，第 334 页；AA，Bd. Ⅴ，S. 474。

③ 本书这里参考了邓晓芒《康德自由概念的三个层次》，《复旦大学学报》（社会科学版）2004 年第 2 期。

则）、理性底实践运用而言，并不足够。因为道德律、定然命令不只是一个在理论上令人信服的东西，它必须在道德践履上是一个呈现的现实；而理性底实践运用亦不只是光理论地讲出定然命令之普遍妥当性令人信服而已，它亦必须在道德践履中是一个呈现的实践运用。但如果自由只是一假设，不是一呈现（因非经验知识之所及），则道德律、定然命令等必全部落了空，而吾人亦不知其何以会是一呈现，这点正是康德所未能参透的。"① 而在牟氏看来，"自由"之所以是一个"呈现"，关键在于肯定人可以具有"智的直觉"，"因为智的直觉就是一种无限心的作用。自由的意志就是无限心，否则不可以说'自由'。智的直觉就是无限心底明觉作用。吾人说智的直觉朗现自由就等于说无限心底明觉作用反照其自己而使自己如如朗现。因此，智的直觉之主观活动与其所照的其自己之为朗现之客观性是一。这里无真正的能所之对偶，只是一超然的大主之朗现。因此，自由是客观地被肯断的，它有必是定是的确定性，自其本身而言的客观的必然性，它不只是对于我们为一彼岸的冥暗的'设准'"。② 总之，牟宗三将康德的"自由意志"改造为"自由无限心"，由此"心"自身之无限性突出了"自由"理念的绝对性，决定了自由意志必然在实践中真实地呈现。因此，"自由既是无限心底必然属性，而无限心又可以朗现，则除'自由'外，不能再有并列的上帝与不朽，因为无限心不能有二故。只要一承认智的直觉，则不能有三个理念"。③ 因此，康德的"三个设准"转变为牟宗三的"一个呈现"。④

（2）道德自由

以上主要着眼于"自由"的理念本身（相当于康德的"先验自由"层次），这里就实践领域中的"自由意志"如何发挥作用进行阐释（相

---

① 牟宗三：《心体与性体》（上），第133页；《全集》第5卷，第160～161页。
② 牟宗三：《现象与物自身》，第61页；《全集》第21卷，第64页。
③ 牟宗三：《现象与物自身》，第61页；《全集》第21卷，第64页。
④ 牟宗三这一理路是受乃师熊十力的影响，熊氏在给牟氏的信中提到："吾子欲申明康德之意，以引归此路，甚可着力，但康德所谓神与灵魂、自由意志三观念，太支离，彼若取消神与灵魂而善谈自由意志，岂不妙哉！……康德之自由意志，若善发挥可以融会吾《大易》生生不息真机（此就宇宙论上言），可以讲成内在的主宰（此可名以本心）。通天人而一之，岂不妙哉！"参见熊十力《十力语要》卷三《答牟宗三》，中华书局，1996，第249页；《熊十力全集》第4卷，第325页。

当于康德的"实践自由"层次）。由于牟宗三将康德所讲的宇宙论上的"自由"与道德实践上的"自由"打通为一，因此这一方面与前一方面实际上是统一的，两者的区别可以借用中国哲学的"体用"范畴予以说明：自由无限心是"体"（理念），而道德实践自由是"用"（实现），但此处的"体用"并非"形上"与"形下"之别。

康德阐发了"自由"概念的消极和积极两方面内涵。在先验自由的意义上，其一方面意味着对于经验世界的独立性，即摆脱一切机械因果性的束缚，另一方面意味着完全自行开始一个因果系列的原因性。[1] 在对应实践自由的意义上，"德性的惟一原则就在于对法则的一切质料（也就是对一个欲求的客体）有独立性，同时却又通过一个准则必须能胜任的单纯普遍立法形式来规定任意。但那种独立性是消极理解的自由，而纯粹的且本身实践的理性的这种自己立法则是积极理解的自由"。[2] 简言之，康德将"实践自由"的积极内涵理解为"立法性"，消极内涵理解为"纯粹性"（"形式性"）。在康德看来，"实践自由"区分为"一般实践理性"的自由即"自由的任意"（der freie Willkür）和"纯粹实践理性"的自由即"自由意志"（der freie Wille），只有后者才是真正能够普遍立法的能力，之所以如此正在于其排斥了经验质料的干扰，这里可以看出"自由意志"的"纯粹性"（消极内涵）与"立法性"（积极内涵）是一体之两面，不可分割。

牟宗三所理解的"自由意志"也明确地具有"纯粹性"和"立法性"这两重内涵。就"纯粹性"而言，在前文引述的"道德理性之三义"中，所谓第一义"截断众流"表现出这种"道德性当身之严整而纯粹的意义"，"必须把一切外在对象的牵连斩断，始能显出意志底自律，照儒家说，始能显出性体心体底主宰性"。[3] 与康德不同的是，牟氏在强调"自由意志"的"纯粹性"之时并非强调其作为道德命令的"形式性"，而是将道德命令内化于"本心觉情"的自然呈现当中。就"立法性"而言，牟氏认为儒家以"本心即性"的方式表现康德的"自由意志"，以"心体"说明德性主体的主动性，以"性体"说明道德法则的

---

① 参见〔德〕康德《纯粹理性批判》，A554 = B582，第446页。

② 〔德〕康德：《实践理性批判》，第43～44页；AA, Bd. V, S. 33。

③ 牟宗三：《心体与性体》（上），第100、118页；《全集》第5卷，第121、143页。

普遍性，两者合而为一表现了主体自我立法，以上这些是通过实践的工夫具体呈现出来的，因此"惟中国传统并没有像康德那样，费那么大的气力，去分解辨解以建立它的先验性与普遍性，而其重点则是落在'尽'字上（尽性之尽），不是落在辨解它的先验性与普遍性上。依儒家传统，性体所展现的道德法则，其先验性与普遍性，是随着天命之性而当然定然如此的，这是不待辨解而自明的，这是由于精诚的道德意识所贯注的那原始而通透的智慧随性体之肯定而直下肯定其为如此的"。① 与康德高度强调自由意志本身的"律则性"② 相比，牟宗三更强调自由意志的"主宰性"，"本心良知"自身就"知是知非"，不需要外在订立一个客观性的律则对行为进行命令和强制，用牟氏的话就是"命令而无命令相""强制而无强制相"③，全赖"本心良知之呈现"。

除了"纯粹性"和"立法性"两重内涵之外，牟宗三所理解的"自由意志"较之于康德具有更丰富的特性，突出地表现为"实践性"，即道德理性之第三义"随波逐浪"："即在践仁尽性之工夫中而为具体的表现，自涵凡道德的决断皆是存在的、具有历史性的、独一无二的决断，亦是异地则皆然的决断。"④ 这里突出地表现了道德实践的过程性和具体性，不单纯是一个立法，而更重要的在于将法则落实于具体的行动中，在日常生活中时时提撕、处处戒慎、念念存心，保证"自由意志"在经验世界的实践过程中得以客观化。这里，牟宗三在道德哲学上由康德走向了黑格尔："心（兴趣、情感）是主观性原则、实现原则；法则是客观性原则、自性原则。关于这主观性原则（实现原则，即真实化、具体化底原则），康德并未能正视而使之挺立起，到黑格尔才正式予以正视而使之挺立起（因黑格尔正重视实现故）。康德只着力于客观性原则之分解地建立，未进到重视实现问题，故彼虽提出之而实并未能知'纯粹理性如何其自身即能是实践的'一问题之正当而确切的意义。"⑤

---

① 牟宗三：《心体与性体》（上），第 101~102 页；《全集》第 5 卷，第 123 页。
② 在康德看来，自由必须通过道德法则来认识："自由固然是道德律的 ratio essendi［存在理由］，但道德律却是自由的 ratio cognoscendi［认识理由］。"参见《实践理性批判》，第 2 页；AA，Bd. V，S. 4。
③ 参见牟宗三《现象与物自身》，第 84 页；《全集》第 21 卷，第 88 页。
④ 牟宗三：《心体与性体》（上），第 100 页；《全集》第 5 卷，第 121 页。
⑤ 牟宗三：《心体与性体》（上），第 141 页；《全集》第 5 卷，第 170 页。

　　黑格尔将"自由"作为"主观精神"的最高阶段，并且指出"精神的实体就是自由，就是说，对于他物的不依赖性、自己与自己本身相联系"。"精神的真理和自由就在于这个在它里面存在着的概念和客观性的统一。真理使精神自由，自由使精神真实。"① 黑格尔进一步将"自由"区分为"自在的自由"（an sich Freiheit）和"自为的自由"（für sich Freiheit），"光是符合概念的意志，是自在地自由的，而同时又是不自由的，因为它只有作为真正被规定的内容，才是真实地自由的。这时它是自为地自由的，是以自由为对象的，它就是自由"。② 简言之，仅仅具有形式规定的自由是抽象的、空洞的，而真正的自由是具体实现了的自由，以自己为对象和内容，因此黑氏把"自在的自由"称为"自由的素质"，即"自然的和有限的意志"，而把"自为的自由"称为"自由的意志"："在自由意志中真正无限的东西具有现实性和现在性。自由意志本身就是在自身中现存着的理念。"③ 黑格尔批评康德的"自由"概念的形式主义特征："这种自由首先是空的，它是一切别的东西的否定；没有约束力，自我没有承受一切别的东西的义务。所以它是不确定的；它是意志和它自身的同一性，即意志在它自身中。"④ 在黑格尔看来，康德的"自由"就是一种"自在的自由"，其强调形式而忽视内容，强调主观动机而忽视客观效果，强调自身同一性而忽视否定性和矛盾性。牟宗三之所以如此强调"自由意志"的实践性，正是受到黑格尔哲学"务实"精神的影响，力图将道德之"理"（法则）通过此"心"（意志）予以真实化、具体化，以克服康德哲学"蹈空"之弊。

　　（3）政治自由

　　"自由理念"（Freedom）落实于政治生活中就是"自由权利"（Liberty），牟宗三将前者称之为"精神的自由"，而把后者称之为"文制的自由"："吾人须知'精神人格之树立'中的自由（Freedom）是精神的、本原的，而其成之政治制度，以及此制度下的出版、言论、结社等自由

---

① 〔德〕黑格尔：《精神哲学》，第 20 页。
② 〔德〕黑格尔：《法哲学原理》，第 21～22 页。
③ 〔德〕黑格尔：《法哲学原理》，第 32 页。
④ 〔德〕黑格尔：《哲学史讲演录》第 4 卷，第 290 页。

（Liberty），则是些文制的。这些文制是精神自由的客观形态。"① 这里，"精神的自由"即道德意义上自由人格和自由意志，"文制的自由"是政治意义上的自由权利以及保障这些权利的制度，两者的关系也可以视为"体用关系"，但这里的"体用"是观念与实存、形上与形下的区别。政治自由是现代社会突出的特征之一，提供了"自由之理念"得以实现的制度保证，具体表现为权力分立的国家形式、完备合理的法律体系、公民参与的政治制度以及普遍公开的社会监督，等等。因此，思考现代性问题决不能忽视这一层面的自由。牟宗三指出，尽管中国文化传统中缺失了政治上的"文制的自由"，但并不缺乏道德上的"精神的自由"，并且可以由后者经过辩证的转化发展出前者，这一思想是在批驳黑格尔对中国文化之断言的过程中予以阐发的。

黑格尔认为，要想避免"自由"理念的空洞和抽象，必须由"主观的自由"走向"客观的自由"。前者在积极的意义上也称为"主体的自由"（die subjektive Freiheit），指个体内心中的自由，既包含主动性的自由意志，也包含对自由的单纯自我意识；后者也称为"实体的自由"（die substantielle Freiheit），指在国家形式中存在的自由，即对自由的制度化。与"客观的自由"相对的"主观的自由"是个别的、形式的、抽象的，是上文所说的"自在的自由"。而"实体的自由是那种中间的、在本身存在的意志的'理性'开始在国家里边发展它自己"。② "单个人的自我意识由于它具有政治情绪而在国家中，即在它自己的实质中，在它自己活动的目的和成果中，获得了自己的实体性的自由。"③ 在黑格尔看来，东方世界（包括中国、印度、波斯等文明）是世界历史的开端，"它的基础是直接的意识——实体的精神性；主观的意志和这种意识最初所发生的关系是信仰、信心和服从。在东方的国家生活里，我们看到一种实现了的合理的自由（die realisierte vernünftige Freiheit），逐渐发展而没有进展成为主体的自由。这是历史的'幼年时期'"。④ 东方人只知道

① 牟宗三：《救国中的文化意识》，《道德的理想主义》，第 242 页；《全集》第 9 卷，第 313 页。
② 〔德〕黑格尔：《历史哲学》，第 107 页。
③ 〔德〕黑格尔：《法哲学原理》，第 253 页。
④ 〔德〕黑格尔：《历史哲学》，第 107 页。原译文中"理性的"改为"合理的"，"主观的"改为"主体的"。

"唯一的个人"作为实体是自由的。对于中国而言，黑格尔断言这种文化只有"实体的自由"（"合理的自由"）而缺乏"主体的自由"，在中国，"'实体'简直只是一个人——皇帝——他的法律造成一切的意见"。"命令和法律是被看作固定的、抽象的，是臣民所绝对服从遵守的。这类法律不需要适合个人的意志，一般臣民因此好像孩童那样，只一味服从父母，没有自己的意志或者识见。"①

对于黑格尔关于中国历史只具有"实体自由"而缺乏"主体自由"的论断，牟宗三认为他所讲的并非全无道理，但也不完全符合事实，其合理性在于揭示了中国历史上在国家、政治、法律方面缺乏"主体自由"特征，其偏谬处在于无视中国所具备的"道德的主体自由"和"艺术性的主体自由"。依照黑格尔的精神哲学，精神表现为由"主观精神""客观精神"到"绝对精神"的辩证发展，"客观精神"中的"国家"环节构成黑格尔政治哲学的核心。黑格尔认为，西方近代意义上国家区别于以往的标志就在于以"主体自由"为其原则的，"现代国家的原则，就是个人所做的一切都要由自己的意志来决定"②。牟宗三顺承黑格尔的基本理路，指出主体自由必须在"对反"中得以表现，西方历史中的"对反"以客观的方式表现，即通过阶级对立达到政治权力的平衡，形成了近代意义上的国家、法律和政治制度。而传统中国社会不存在西方式的阶级对立，因此中国的历史在"客观精神"方面有所欠缺，"对反"表现为个体生命中精神与自然的对立，这种精神的本质是道德的，通过自觉对物质成分的淘洗而纯粹化，达到"主观精神"与"绝对精神"的统一，这样所成就的是"道德的主体自由"。此外，中国文化中还有一种不经过上述"对反"而成的"艺术性的主体自由"，其精神尚未从自然中提炼出来，表现为人的才情和气质。③

牟宗三进一步分析道，"主体自由"的核心是人格的"个体性"，中西方文化表现"个体性"的方式各有胜场：中国文化通过道德宗教和艺术审美方面表现"个体性"，其背后分别是"综合的尽理精神"和"综合的尽气精神"；而西方文化通过政治法律和思想逻辑方面表现"个体

---

① 〔德〕黑格尔：《历史哲学》，第 121、107 页。
② 〔德〕黑格尔：《法哲学原理》，第 291、318 页。
③ 参见牟宗三《历史哲学》，第 67～74 页；《全集》第 9 卷，第 77～84 页。

性"，其背后是"分解的尽理精神"。黑格尔仅仅着眼于西方文化由科学和民主所表现出来的"主体自由"来断言中国无"主体自由"、无"个体性"，是本着一种西方中心论的偏见。就全面的人格而言，"道德的主体自由使人成为'道德的存在'（以及宗教的存在），艺术性的主体自由使人成为'艺术的存在'，思想的主体自由使人成为'理智的存在'，政治的主体自由使人成为'政治的存在'。中国所充分发展者是前两者。西方所充分发展者是后两者。吾人由此可知中国之所短，将如何发展其自己。亦可知中西之差异，将如何会通而构成世界文化之契合与宗趣"。[①] 而其中所谓"发展"的关键即在于"坎陷"：由德性主体"开出"思想主体和政治主体。

综上所述，牟宗三的自由观建立在对康德、黑格尔哲学所进行的领悟、消化与改造的基础上，将"自由"的理念由体达用地展现为诸多层面，并依据儒家的义理宗旨对其中各个层面进行了深入的阐发。其中，"自由无限心"作为自由之"体"，堪称牟氏哲学整个理论大厦的"拱顶石"；而"道德自由"可谓"体"之"经用"，"政治自由"可谓"体"之"权用"[②]。相对于儒家传统而言，其对"政治自由"的重视具有鲜明的现代性意蕴。尽管牟氏本人不在"自由"上讲"坎陷"，但根据其思想倾向可以推知，他必然能够承认由"自由无限心"之辩证否定而能够开出"政治自由"。下文将围绕"坎陷"对牟氏哲学进行探析。

第二节　整体主义的世界图景

"现代性"带来了生活世界中"事实"和"价值"两大领域的分化，造成了价值领域之"真""善""美"的各自独立，随着西方现代性的发展，上述"分化"就演变为"分裂"。为了克服这种分裂，启蒙思想家力图在新的基础上重建世界的整体图景。牟宗三本着儒家的立场，对"世界统一性"问题进行了深入的思考，展现出其理论体系中最具原创性的思想成果。

---

① 牟宗三：《历史哲学》，第82页；《全集》第9卷，第94页。
② "经用"和"权用"是牟宗三的术语，这里是借用，关于两者的内涵规定详见下一章。

一 世界统一性：从"前现代"到"现代"

纵观中西方文化史可以发现，人的思想先天地具有一种追求世界统一性的冲动，在原始的神话传说中已经开始构想一个有秩序的、整体性的世界模型，在宗教的教义中世界背后的统一性依据具有了实体性的表象，哲学的产生使这种思想冲动转变为形而上学的玄思，即透过现象之"多"而把握本质之"一"。总之，人类的理性不能容忍一个混沌无序或分裂散乱的世界，更为根本的是不能容忍自我的分裂与无根，因此人必须重建"世界的统一性"（Unity of world）以确证"自我的同一性"（Identity of self），后者关联人格的"自我认同"（Self-identity），即人之所以安身立命的生存本身。

随着人类社会由"前现代"到"现代"的演进，人类对世界统一性的追求方式经历了本质的转变，对于"世界统一性"具体内涵的理解也有所不同。黑格尔曾经区分了"抽象的统一性"（die abstrakte Einheit）和"具体的统一性"（die konkrete Einheit），前者是一种自在的、没有差异的统一性，而后者是自为的、包含差异并且扬弃了对立的统一。黑氏指出，"关于概念本身的性质，单就它本身来说，概念并不是一种抽象的统一，和实在中各种差异相对立，而是本身已包含各种差异在内的统一，因此它是一种具体的整体"。① 借用黑格尔的这一对术语，本书在一般的意义上将"前现代性"所追求的世界统一性归之于"抽象的统一性"，将"现代性"所追求的世界统一性归之于"具体的统一性"，两者关键的区别在于后者是在差异和分化基础之上的更高级的统一，较之于前者具有更为丰富的内容，代表了精神的自觉和反思。下面本书将具体探讨这两种寻求"世界统一性"的不同方式。

1. "圆融无碍"：中国传统的整体主义世界观

在一般的意义上，"前现代"并未自觉到事实领域与价值领域的异质性，两者之间保持着原始的和谐状态，价值领域之中的真、善、美等并未分化而独立，因此这种意义上的"世界统一性"带有自发性和抽象性，是无中介的、非反思意义上的。这种"抽象统一性"的世界观在东

---

① 〔德〕黑格尔：《美学》第1卷，朱光潜译，商务印书馆，1979，第137页。

西方的古代思想中都曾经存在过。

　　在作为西方文化之源头之一的"古希腊文明"中，"善"是关联"真"的，而知识和形而上学的追求的最终目的是"最高的善"。最典型的例子是柏拉图对话中的"苏格拉底"所说的"美德即知识"①，这里的"美德"和"知识"都不同于现代人所理解的含义。"美德"（arete）一词的含义非常广泛，本义是指任何事物先天所具有的优点、特性和功能（excellence），包括马之善跑、土地之肥沃、房屋之宜居等都可以称为其自身的"arete"。该词在苏格拉底和柏拉图之后才被比较明确地理解为人在伦理道德方面的优秀品质（virtue），如正义、智慧、勇敢等美德。因而与该词所对应的英文"good"并不局限于人的道德领域（"善"），而包括任何存在物的积极属性（"好"）。② 命题中的"知识"（gnosis）既指人对自己的本性（physis）的认识，也包括对事物及其积极属性的认识，该词不同于希腊文中的"episteme"，尽管两者往往都被英译为"knowledge"（知识），但前者包含实践的含义，强调获得知识的主观努力，所获得知识主要是指关于善恶和人自身的认知，不同于现代认识论意义上客观性的"知识"；而后者更侧重于纯理论的、既成的知识，因而也是英文"epistemology"（认识论）的词源。③ 因此，"美德即知识"这一命题表达出古希腊人的基本价值观念：第一，"美德"与"知识"在根源上是统一的，所谓"知识"是对"美德"的把握，"真"与"善"之间并未产生相互独立的分化；第二，苏格拉底强调"知识"对"美德"的基础性地位，人所具有的理智本性体现为道德本性，"真"赋予了"善"的客观性、确定性和普遍性，因而"无知"就是最大的"恶"；第三，各种美德（如勇敢、友爱、虔诚等）基于人所普遍具有的理性（nous）而构成内在和谐的整体，"知识"的可传递性决定了"美德"的可教性，任何以通过学习获得美德，可以通过后天的教育改造自我和世界，在这个意义上，讨论"善"的学说即"伦理学"成为理性知

---

①　参见〔古希腊〕柏拉图《美诺篇》，王晓朝译，《柏拉图全集》第 1 卷，第 519 页；Plato, *Meno*, 87c ~ d。

②　参见汪子嵩等：《希腊哲学史》第 2 卷，人民出版社，1997，第 167 ~ 171 页。

③　关于这一命题的详细讨论，参见汪子嵩等：《希腊哲学史》第 2 卷，第 435 ~ 441 页；赵猛《"美德即知识"：苏格拉底还是柏拉图？》，《世界哲学》2007 年第 6 期。

识的一部分（一个分支学科）。简言之，自古希腊以降到中世纪的"前现代"阶段，西方文化"真以统善（美）"，"真善（美）不离"。

相对于"现代性"之"真善美分离"的特征而言，中西方之"前现代"文化具有"真善美不离"的共同特征；然而相对于西方文化"真以统善"的传统而言，中国文化具有"善以统真"的传统，尤其在儒家传统之中，"事实"不存在独立的地位，被涵盖并统摄于"价值"之中，"真""善""美"在实践的境界上圆融而为一。因此，在中国哲人看来，"世界的统一性"的基础在于世界的价值本质，这种"价值性"的本质是生命的"一体之流行"，因而世界整体具有一种"辩证的圆融性"：人与宇宙之间、本体与现象之间、诸现象之间呈现出本质的统一性，可概括为"天人合一""体用一源""事事无碍"等命题。正如美籍华裔学者成中英所概括的儒道两家共有的"和谐化辩证法"："首先，我们觉察并发掘冲突与对立中含有的对偶性及相对性。然后，我们再察觉并发掘冲突与对立中蕴涵的互补性和互生性。因此，冲突与对立本身即可视为参与和谐化的过程，并且为此做出贡献。在这种认识下，我们能把冲突、对立的双方视为在本体上是平等的，且长远看来皆合于'道'。同时，我们便可经过全面的自我调整，以及对自我、对世界的关系的调整，将自我与世界投射到一种没有冲突、没有对立的境界中。这种调整的过程，便可称作和谐化的过程。"① 这种基于"对偶性"之上的"和谐化辩证法"比较准确地概括了中国哲学所特有的思维方式和世界图景，指出了中国传统文化所理解的"价值"是世界的本真存在状态，价值实现的过程是一个"和谐化"而归于世界整体之"圆融无碍"的过程。在这个"和谐化"的过程中，"真""善""美"自然地统一，儒家将"善"作为生命的本质而为"真"和"美"奠基，因而玄思宇宙之道、赏鉴天地之美无非是体味德性生命之大化流行；而道家则更侧重于"美"的基础地位，以"逍遥游"的方式领悟"大道"。以上所谓"统一"表现为基于某种价值关切之上的精神境界，其中并不存在黑格尔式的"分裂为二"（Entzweiung）的过程，也不存在一个"价值无涉"的"事实世界"，亦即不存在一个经验实证性之"真"的观念。如果我们以现代性的立场

---

① 成中英：《世纪之交的抉择》，知识出版社，1991，第183~184页。

审视这种"圆融无碍"的境界，可以说其不免显出思维水平上的原始与单纯，尚未产生一个纯粹的认知主体的观念，而抱持一种生机主义的世界整体观，因此黑格尔将其称为"抽象的、自在的统一性"。然而，如果我们将视角转变为"人类之生存的本真状态"，那么这种"与天地万物一体"的圆融境界代表了人类生命之整全的诉求，"真""善""美"三个价值向度自在地呈现出根源性的统一，人的生命在知真、行善、审美的过程中回归本真生存的自我澄明，这正是现代人所失落的精神家园，是故海德格尔有"返乡"之思、克尔凯郭尔有"朝圣"之愿。

　　同时，认知活动无疑也是人之整全存在所不可缺少的一个向度，尽管"前现代"并未产生一个独立的事实世界，但对"真"的追求必然会在现实世界有所落实，因此"知识"的问题是各种文化系统所不可回避的。在中国文化传统之整体主义的世界图景中，所谓"知识"显然不是独立于价值世界的客观理论，而是参与价值世界建构的重要因素之一。就儒家而言，孔子思想呈现出"仁智双彰"的特点，这里所谓"智"（或"知"）既包括作为德性的"明智"（对道德是非的判断能力），也包括对六经义理的领悟和理解，还包括对礼仪技艺等文化成果的认知和掌握，后两方面构成了一种具有客观性特征的"知识"。正如徐复观所言："孔子并没有忽略向客观世界的开发；因为如后所述，内在的人格世界之自身，即要求向客观世界的开发。所以，他便非常重视知识。但是他把二者关联在一起，融合在一起而前进；把对客观世界的知识，作为开辟内在的人格世界的手段；同时，把内在的人格世界的价值，作为处理、改进客观世界的动力及原理。所以他是仁与智双修，学与行并重，而不是孤头特出的。"[①] 然而，尽管孔子所理解的"学"或"知"也关联于经验世界，但其并不是现代认识论意义上的"经验知识"（Empirical knowledge），而是一种"实践智慧"（Practical wisdom），是作为成就德性的必要手段，因为孔子所讲的"学"不在于追求客观性之"真"，不是为了知识而"为学"，而是为了"为人"而"为学"，目的在于"下学而上达"（《论语·宪问》）。因此，牟宗三指出孔子思想的核心在于"摄智归仁"："'下学而上达'的'学'，当然亦须从日常生活的实际经

---

　　① 徐复观：《中国人性论史（先秦篇）》，上海三联书店，2001，第62页。

验着手，可是它以上达天德为最终目标。用现代化的语言来解释，它的作用是把知识消化于生命，转化为生命所具有的德性。因此，'下学'的材料极为广泛，礼、乐、射、御、书、数之类通通要学，只是在学习期间，没有成为某方面专家的企图，心中念念不忘便是怎么转化经验知识为内在的德性，简单地说，就是怎样转智为德。"① 因此，在"实践智慧"的意义上，孔子与苏格拉底的"知识观"具有共同性，都不在于强调一种纯粹的、对象化的理论认知（这是现代科学的产物），而都关联于人的现实生活而立言，追求"真"与"善"之间的统一，正如成中英教授所指出的："知是要表现在实践一个行为的准则上的。故孔子之知亦如苏格拉底之知：人若真有知识，就不会犯错误（Man will not do wrong in knowledge）。"② 两者之差异并不在于其各执"德性"或"知识"之一端，而在于中西文化系统对"德性"的实质和地位理解不同：孔子强调"德性"道德意义并由此透显其存有论意义，将其视为人之存在的本质规定性，"修德"之目的在于"成圣"；而苏格拉底所说的"德性"是具体的良好品质（不局限于伦理学范围），其作为关于实践的知识，从属于"求知"的人类本性。由此可见，中西文化在"轴心时代"都以"世界的统一性"为追求目标，但在"统一"的具体方式上展现出文化间的差异。

孔子身后，儒家沿着"仁智双彰""摄智归仁"的理路进一步发展。《中庸》讲"尊德性而道问学"，主张"德性"方面之"诚"与"学问"方面之"明"相统一，而前者无疑是最根本的。孟子赞同"仁且智为圣"（《孟子·公孙丑上》）的观点，以"始终条理、智圣合一"为"集大成"者（《孟子·万章下》），力图在本心之发用的意义上统一"仁"与"智"。与孟子高度强调"德"的立场有所差异，荀子是儒者之中颇为注重"知"的代表，他认为"凡以知，人之性也；可以知，物之理也"，但这种"以知求理"是一个经验世界中无限的过程，所谓"没世穷年不能遍也"，而必须要有一个最终的目的"止于至足"，即尽伦尽制的"圣王"（《荀子·解蔽》）。由此可见，荀子对"知"的重视其目的

① 牟宗三：《中国哲学的特质》；第 34 页；《全集》第 28 卷，第 36 页。
② 成中英：《自孔子之知与朱子之理申论知识与道德的互基性》，载李翔海、邓克武编《成中英文集》第 2 卷，湖北人民出版社，2006，第 16 页。

在于成就"王道"之治，而不是成就经验知识本身。宋明儒者接续了先秦儒学的这一主题，进一步深入探讨"尊德性"与"道问学"的关系。张载将"知"区分为"德性之知"与"见闻之知"："见闻之知，乃物交而知，非德性所知；德性所知，不萌于见闻。""世人之心，止于闻见之狭。圣人尽性，不以见闻梏其心，其视天下无一物非我。"（《正蒙·大心》）张横渠明确意识到道德知识与经验知识之间存在形上与形下、无限与有限的差别，而出于儒家思想"成圣"的目的他更强调"德性之知"，在肯定其首要地位的前提下对"见闻之知"给予适当的定位，以此达到"仁智合一"之境。其后，朱熹和陆九渊就"尊德性"和"道问学"的先后轻重产生的论辩，但两者都不主张偏废一端而不顾。朱子力主"格物以穷理"，其所谓"穷理"显然不是要穷究事物作为"物"的经验规定性（即牟宗三所谓"形构之理"），而是为了领悟那统一而不可分的"天理"（牟氏所谓"存在之理"），即"所以然之故、所当然之则"（《大学或问》卷一），这是一个价值性的"理"。表面看来，似乎朱子之"格物"有"向外逐理"的"主智主义"[①]倾向，但由于"理一分殊"，这种"格物致知"的过程也就是体察道德"天理"的过程，在朱子心中依然不存在"为知识而知识"的客观主义诉求。陆、王更是将"尊德性"置于绝对优先的地位，在王阳明看来，"良知不由见闻而有，而见闻莫非良知之用，故良知不滞于见闻，而亦不离于见闻。""良知之外，别无知矣。故'致良知'是学问大头脑，是圣人教人第一义。今云专求之见闻之末，则是失却头脑，而已落在第二义矣。"（《传习录》中）在"良知"与"见闻之知"的分判中，前者是根本，后者是枝末，但两者之间并非割裂无关；而所谓"见闻"也并不具有独立的地位，只是"良知之用"。明清之际的儒学为了扭转王学之偏而转向经世实学，继而整个时代的学风转变为侧重"道问学"一端的训诂考据之学，然而这种倾向依旧沿袭了儒学内部之经学的治学方法，尽管体现出了某种实证精神，但在根本精神上与现代意义上的科学相异其趣。

　　由此可见，一方面，"德性优位""摄智归仁"是儒家思想"一以贯之"的根本特质，基于此而构想的"世界统一性"反映出以儒学为主导

---

① 参见牟宗三《心体与性体》（上），第43页；《全集》第5卷，第53页。

的中国传统文化的"前现代性"，在历史上产生了逻辑理性欠缺、科学发展滞后的问题，同时其本身也缺乏自主向"现代性"转化的动力机制；另一方面，这种在实质上以"价值合理性"统合生活世界的整体主义立场，鲜明地显示出了中国文化所具有的人文主义和理想主义的特征，这种源于人类本真生存状态的统一性诉求与"现代性"对"事实世界"之独立地位的肯定并非根本对立，后者之"分"能够对前者之"合"产生具体化、现实化的作用，两者的结合预示了一种理论上的可能：在扬弃"分"的基础上进行更高级的"合"，以此克服现代性之分裂，回归人类之整全的生命存在。

2. "理性一体化"：西方现代性的体系建构

正如本书第一章所揭示的，面对西方现代性所带来的生活世界的分化及其问题，走在时代前列的思想家们通过各种方式重建"世界的统一性"。由于"启蒙"否定了基督教作为西方社会整合的基本力量，因此必须寻求新的整合力量作为宗教的"替代物"。正如哈贝马斯所指出的，"十八世纪末以来，现代性话语虽然花样不断翻新，但主题只有一个：社会约束的削弱、私人化和分裂——一句话，片面合理化的日常实践的变形，这种日常实践唤起了人们对宗教一体化力量的替代物的需要。有些人把希望寄托在理性的反思力量身上，或至少是寄托在理性的神话身上；也有一些人呼唤艺术的神奇创造力，以为艺术应当能够重建公共生活的核心"。[①] 简言之，西方现代思想史上对"世界统一性"的追寻有两条路向：一方走"理性救赎"的道路，另一方走"艺术救赎"的道路，因此呈现出"理性主义的现代性"和"浪漫主义的现代性"两种形态。前者以康德、黑格尔为代表，注重于理论体系的建构；而后者以尼采为代表，具有一种"反体系"的倾向，其极端者甚至走向对"世界统一性"的否定和绝望。

本章这里所关注的是西方自启蒙以降的"理性主义现代性"以体系建构的方式对"世界统一性"的重建，这种重建以康德、黑格尔哲学为代表。

康德的整个哲学思考围绕着"人是什么"这一"人类学"（Anthro-

---

① 〔德〕于尔根·哈贝马斯：《现代性的哲学话语》，第 161 页。

pologie)① 的问题，基于人的"知""情""意"三种先天机能建构了其"批判哲学"体系，其根本目的是在广义的"纯粹理性"基础上重建"人格的统一性"和"世界统一性"。与前现代的"世界统一性"相比，康德所建构的"世界统一性"无疑具有鲜明的"现代性"特征：在"知""情""意"三者相互区分、各自独立的前提下回归"经过自我批判的理性"，以此作为整合的根基重新达到"真""美""善"的统一，这个意义上的"统一"具有自觉性和反思性，属于更高级的"具体的统一性"。

具言之，康德强烈地感受到现代性所带来的"理论"与"实践"、"自然"与"自由"之间的巨大张力，他力图通过对"现象"与"物自身"划界的方式解决以上问题，这样尽管避免了纯粹理性的二律背反，却造成了经验世界与超验世界之间不可逾越的鸿沟，这是一个具有理论责任感的哲学家所不能安心的。他在晚年苦心思考两个世界的沟通问题，同样将"世界的统一性"问题主体化为"自我先天机能的统一性"（各种认识能力之间的协调一致）问题，最终找到了"判断力"作为沟通"知性"和"理性"（即"理论理性"和"实践理性"）之间的中介。康德认为有两种不同的判断力："规定性的"（bestimmend）和"反思性的"（reflektierend）。前者是用来自知性的普遍概念以规定特殊经验杂多，其作用表现在认识论中；而后者是从给予的特殊中寻求普遍，其只能作为规律自己给予自己，不能从经验中借来，也不能为自然立法。由于对象世界有大量的偶然现象不能被知性概念和必然性规律完全把握，但同时我们又必须把世界视为一个统一的整体（这是"人格统一性"的内在要求），因此我们必须把这些偶然的现象在"类比"（Analogie）的意义上视为"合乎规律"并且是"合乎目的"的，这时就需要这种"反思性的判断力"，根据与实践产品（如艺术品）相类比把自然看作一个"造物主"（具有"智性直观"的超验存在）有目的的杰作，确保世界在

---

① 康德所讲的"人类学"实际上是"人学"或"人本学"，包含"先验人类学"和"实用人类学"两个层次：前者相当于现今所讲的"哲学人类学"，目的在于对人的先天能力进行纯粹哲学的说明；后者则关联经验的、现实的社会生活，目的在于解析具体的人性。详细的探讨参见邓晓芒《批判哲学的归宿——康德〈实用人类学〉的意义》，《德国哲学》第2辑，北京大学出版社，1986。

形式上的统一性。"反思的判断力"代表了人诸种认识能力自由而合乎目的的运用，康德进一步将其区分为"审美的"（ästhetisch）和"目的论的"（teleologisch），前者协调着人的想象力和知性，后者协调着人的知性和理性，这两者构成了"第三批判"的内容。康德认为由于"美"自身不通过概念却又具有合规律性，因此其只能通过"象征"①的方式以具体的形象间接地展示抽象的概念（包括"上帝"的理念），因而他的名言是："美是德性－善的象征"②，其实质在于审美中所体现的"自由感"（Freiheitsgefühl）是"自由意志"（der freie Wille）的象征，即人们通过审美活动可以提升自己的人格以通向道德，也就是说在"一种每个人都很自然的且每个人都作为义务向别人要求着的关系"（即"目的王国"）中的人才有真正的审美，这种审美的愉悦之情才是普遍相通、和谐一致的，在这个意义上"鉴赏根本上说是一种对道德理念的感性化（借助于对这两者作反思的某种类比）的评判能力"，所以在方法论上"对于鉴赏的真正入门就是发展道德理念和培养道德情感，因为只有当感性和道德情感达到一致时，真正的鉴赏才能具有某种确定不变的形式"③。正是在这个意义上，审美判断力"既由于主体的这种内在可能性，又由于一个与此协和一致的自然的外在可能性，而和主体自身中的及主体之外的某种既非自然、亦非自由、但却与自由的根据即超感性之物相联的东西有关系，在这超感性之物中理论能力与实践能力就以共同的和未知的方式结合成统一体。"④ 综上所述，康德以"美"沟通了"真"与"善"、"自然"与"自由"、"理论"与"实践"，在主体自身诸种先天机能之协调性的基础上达到了"世界的统一性"。

与康德所走的"先验人类学"的进路不同，黑格尔诉诸"绝对精神"自身的辩证发展，力图在此基础上构筑"世界统一性"的理论大

---

① "象征"（Symbol）是康德美学重要的概念之一，他认为知性概念的客观实在性通过"图型"（Schema）而在直观中得以体现，而审美理念由于没有直观，其实在性只能通过"象征"的方式，其作为图型化方法的类比，可以借以感性地体现出理念的含义。以上两者只是在反思形式上相同，而内容不同。

② 〔德〕康德：《判断力批判》，邓译本第二版第 200 页；AA，Bd. Ⅴ，S. 353。

③ 〔德〕康德：《判断力批判》，邓译本第二版第 204 页；AA，Bd. Ⅴ，S. 356。

④ 〔德〕康德：《判断力批判》，邓译本第二版第 201 页；AA，Bd. Ⅴ，S. 353。

厦。黑格尔一生致力于建构体系，因为"真理只有作为体系才是现实的"①，这里的"体系"指关于真理的"科学"（Wissenschaft），这不是一个现成的结构，而是一个自我发展的过程："真理是全体。但全体只是通过自身发展而达于完满的那种本质。"② 黑格尔实际上把"真理"历史化了，精神在"否定之否定"的过程中不断丰富自己、完善自己、提升自己，展现为一系列由抽象到具体、由特殊到普遍、由相对到绝对的概念序列，其中贯穿着精神自身的"主体性"。综观黑格尔所建构的"致广大而尽精微"的哲学体系，整个人类自我及其对象世界都以概念的形式被整合到一个动态的系统当中，概念尽管由于自身否定性而不断分裂，但任何"分裂"无一不在其更高阶段被"扬弃"，最终以"和解"的方式统一于新的概念。在体系和过程的终点即"绝对理念"（die absolute Idee）中，此前的一切概念的规定性都汇集在一起，一切对立和分裂都被扬弃，"因此这种统一乃是绝对和全部的真理，自己思维着自身的理念"，"自己以它本身为对象"，即"自在自为存在着的理念"。③ 正如哈贝马斯指出的："凭着这个绝对概念，黑格尔就可以根据其自身的原则来把握现代性。黑格尔这样做，其目的是要把哲学作为一种一体化的力量，克服由于反思本身所带来的一切实证性——进而克服现代性的分裂现象。"④

综观康德、黑格尔对"世界统一性"的追求，不论是诉诸"先验人类学"的机能结构还是诉诸"绝对精神"的辩证运动，其根本特征在于以"理性"（最广义）作为"世界统一性"的基础，代表了典型的启蒙时代之世界观。正如哈贝马斯所揭示的，"在启蒙辩证法当中，理性作为宗教凝聚力的替代物而发挥作用"。⑤ 一方面，"理性"提供了一幅清晰可辨的整体性世界图像，诸领域相互区分、各安其位，摒弃了"前现代性"中混沌的、神秘的统一性，而代之以合理化、可理解的统一性；另一方面，这种经过"祛魅"的世界统一性完全建基于"理性"的基础之上，"理性"取代了"上帝"而作为新的神圣力量接受崇拜，但"理性

---

① 〔德〕黑格尔：《精神现象学》（上卷），第 15 页。

② 〔德〕黑格尔：《精神现象学》（上卷），第 12 页。

③ 参见〔德〕黑格尔《小逻辑》，第 421、422 页。

④ 〔德〕于尔根·哈贝马斯：《现代性的哲学话语》，第 42 页。

⑤ 〔德〕于尔根·哈贝马斯：《现代性的哲学话语》，第 97 页。

主体"自身却不得不面临分裂,这种分裂既表现为"理性"的工具化与其神圣性之间的冲突,又表现为"非理性"对"理性"的反叛,这两者动摇了理性主义世界观的根基,使启蒙大哲所精心构建的思辨体系难以为继。康德、黑格尔身后的西方哲学家莫衷一是:有的继续寻求新的统一性依据,有的明确宣称这种统一性的不可能性,有的则回归于前现代的统一性。如果说追求"世界之统一"代表了人类天生本具而不可抑止的形而上学冲动,那么置身这样一个碎片化、平面化的"后现代性"(或曰"晚期现代性")氛围之中,如何重建新的"世界统一性"无疑是时代对思想者所提出的重大课题。

二　牟宗三对世界统一性的探寻

牟宗三身处中国与西方、传统与现代的交汇点上,这种特定的"文化时空场"使其能够利用中西方思想资源展开重建"世界统一性"的工作。在牟氏哲学中,这种"统一性"包含以下两个层面:其一,打通"事实"与"价值"两大领域之间的封畛,对此牟氏提出"良知自我坎陷说";其二,在更高的层面实现"真""善""美"诸价值之间的圆融,对此他提出"真善美的合一说"。在探寻"世界统一性"的过程中,牟氏以儒家义理为旨归,纵横于康德与黑格尔哲学之间,体现出融会中西的思想进路,其理论所最终达到的"统一性"不仅凸显了中国哲学的特质,而且具有鲜明的现代性意蕴。

1. "良知自我坎陷":两个世界的打通

"良知自我坎陷说"是牟宗三运思最久、着力最多、影响最大的学说,同时也是"牟学"研究中争议最大、问题最多的话题。"坎陷说"又名"曲通说""开出说",在牟氏不同时期的著作中有不同的表述,呈现出一个逐步内在化、形上化的发展历程①。正如有的学者已经指出的,牟氏的"坎陷说"具有"认识论""历史文化论""存有论"三重含义②,这三者也代表着牟氏本人思想逐步深化的过程,因此存有论意义上的"坎陷说"最为成熟,可视为牟氏晚年定论,本书这一部分的论述

---

① 参见拙文《牟宗三"良知坎陷说"的发展历程》,《中国哲学史》2008 年第 2 期。
② 参见白欲晓《"良知坎陷":牟宗三的思想脉络与理论开展》,《现代哲学》2007 年第 4 期。

也限定于这一含义的"坎陷说"。由于"良知坎陷说"是牟宗三哲学体系的重要组成部分，因此本书将其具体内容置于下一章详论，这里仅就理念层面探讨"坎陷说"与康德、黑格尔哲学的关系。

具体分析牟宗三晚年的"良知自我坎陷说"可以看到：一方面，这一思想基于其"两层存有论"的体系架构，这无疑来源于其对康德哲学的吸收和改造；另一方面，对于"坎陷"一词，他所给出的英文是 Self-negation①，这显然借鉴于黑格尔的"自我否定"概念，说明"坎陷"的过程是一个自觉的辩证否定的过程。这里涉及牟氏的"坎陷说"究竟更近于康德哲学还是更近于黑格尔哲学的问题，学界对此有不同的意见②。本书认为"康德还是黑格尔"的问题对于牟氏之"坎陷说"而言是一个虚假的问题，因为他并不偏向于两者中的任何一者，而是在结构上借鉴了康德关于"现象"与"物自身"的两层架构，在动力上借鉴了黑格尔的"精神辩证法"对以上两层予以沟通，故而本书用一个形象的比喻即"康骨黑魂"来说明这种关系：牟宗三所谓的"良知自我坎陷说"如果脱离了康德哲学之"骨架"就是无体可附的"游魂"，如果脱离了黑格尔哲学之"灵魂"就是毫无生气的"枯骨"。故此，康德与黑格尔哲学对于"坎陷说"而言可谓"鸟之双翼、车之两轮"，各自的理论相关性不可分割而以轻重计之。

牟宗三自述其体系是在康德之"分"的基础上而言黑格尔之"合"："有一点须注意，即'辩证的综合系统'（在有机发展中建立者），必以'超越的分解系统'为根据。这两者都须要有极大的智力与极高的智慧，方能言之无碍。在西方哲学中，康德作'超越的分解'于前，黑格尔作'辩证的综合'于后。虽不能无小疵，而大体规模已具。吾本书所言，以辩证的综合为主，而实有一超越的分解作背景。"③ 为了更清楚地解析"坎陷说"的内在结构和动力机制，本书具体考察牟氏对康德和黑格尔

---

① 参见牟宗三《中国哲学十九讲》，第 280 页；《全集》第 29 卷，第 300 页。
② 台湾学者陈忠信、杨儒宾认为牟氏的"坎陷说"是"黑格尔式的"。参见陈忠信《新儒家"民主开出论"的检讨——认识论层次的批判》，杨儒宾《人性、历史契机与社会实践——从有限的人性论看牟宗三的社会哲学》，以上两文均载《台湾社会研究》第 1 卷第 4 期（1988 年 12 月）。而李明辉对此进行反驳，认为牟氏哲学是"康德式的"，参见李明辉《儒学与现代意识》，文津出版社，1991，第 143 页。
③ 牟宗三：《论黑格尔的辩证法》，载《生命的学问》，第 186 页。

哲学的核心观念所进行的改造和借鉴。

　　首先，牟宗三改造了康德的"物自身"学说，依其"超越的分解"之理路而成就"两层存有论"的哲学架构。

　　康德在西方哲学史上最伟大的发现在于对人的认识能力进行了批判，提出了"现象"与"物自身"的划界，在此基础上将知识的来源转到主体自身（即"人为自然立法"），实现了认识论上的"哥白尼式的革命"。在康德的"革命"中，传统形而上学所探讨的对象都被归入"物自身"的范围而置于"只可思而不可知"的彼岸世界，而"物自身"却成为康德哲学的"黑箱"，历来为后学所争讼不已。严格地说，康德所言之"物自身"① 不是一个"概念"（"概念"属于知性），而是一个超验的领域（知性所不及），其中包含了复杂的内容，只不过基于一个共同特征而被归在一起，这个共同特征就在于"不可知"。康德有时用单数 Ding an sich（英文 thing in itself），有时用复数 Dinge an sich（英文 things in themselves），这是一个颇有意思的问题：既然"物自身"不可知，那么何以会有复数（因为关于"量"的范畴属于知性而不能有超验的运用）？这就涉及"物自身"这一术语的具体所指，简言之，其在理性的理论运用中基本是消极的含义，是"感性的来源""认识的界限"和"理性的理念"②；而在理性的实践运用中具有积极的含义，主要指实践理性的三个"悬设"。因此，尽管"物自身"是一个"黑箱"，但其对认识和实践所产生的作用是明确的，其自身也透露给我们一些信息，至少我们知道有三个不同的理念归属于其中，故而可以将"物自身"的所指符号化为"3 + X"：其中的"3"指"意志自由""上帝存在"和"灵魂不朽"三个纯粹理性的理念，在这个意义上的"物自身"属于"本体"（Noumenon）；其中的"X"指刺激感性直观产生经验却不为直观所及、同时作为知性之统觉所对之"物"而作用于经验，这个意义上的"物自身"是

---

① 学界对于康德哲学中的"Ding an sich"有不同的中译，如"自在之物""物自体""物如"等，郑昕译为"物如"可谓得康德之意蕴，但佛教色彩过重；"物自体"之"体"字容易引发"实体"之误解，康德明确否认这一概念具有实体性。因而本文遵从学界惯例而用"物自身"或"自在之物"的译名。此外，牟宗三还用"物之在其自己"的译名，这在实质上与"自在之物"没有区别。

② 参见李泽厚《批判哲学的批判——康德述评》，人民出版社，1984，第239～240页。

"先验客体"（das transzendentale Objekt）①。以上所言之"本体"与"先验客体"在消极意义上（不可知）可以等同，而在积极意义上有细微的差别②。这样，在康德看来，所谓"物"（Ding）或"对象"（Gegenstand）被区分为两重身份："现象之物"（"感性直观"的对象）和"自在之物"（"智性直观"的对象）。康德进一步在"物"（"对象"）的两重身份的意义上，以拉丁文"Phaenomenon"（现相）与"Noumenon"（本体）③ 表示两个世界的划分，这两个世界分别是经验的"感知世界"（die sensibele Welt）和超验的"理知世界"（die intelligibele Welt）④，实际上康德的"本体"是一个表征范围的概念（代表了整个"理知世界"），而不是表征实体的概念（因为不存在这样一个"实体"），因而"本体"可以是复数。

牟宗三不赞同将康德所说的"Noumena"直译为"本体"，因为这一概念与中国哲学中所讲的"形而上的实体"意义上的"本体"很不相同，后者是唯一的、绝对而无限的，而康德所讲的"Noumena"（智思物）却是一个复数的概念，是一种"散列的态度"，因为"智思物"既包括"自由""灵魂""上帝"三个理念，也包括"物之在其自己"即作为"Noumena"身份的"物"。牟氏指出："在他的系统内，'物自身'不能是本体；就上帝、不灭的灵魂与自由意志这三者而言，我们不知究竟谁是唯一的本体。因此，我们尚不能以一元论的实体（本体）观去观

---

① 牟宗三将"先验客体"译为"超越的对象"，这种译法导致了他对康德这个术语的误解。康德分别用了拉丁词"Objekt"（客体）和德文词"Gegenstand"（对象），两者有细微的区别，后者由"gegen"（对面）和"Stand"（站起来）组成，含义更为具体（包含着对立），前者则更为抽象。康德有些时候也混用这两个概念，如"先验客体"也称为"先验对象"，但这里所谓的"对象"是"对象一般"而不是与认识主体相对立的"对象"，而牟宗三则认为康德使用"对象"来讲"物自身"是"措辞不音"，详见下文。

② 关于"本体"与"先验客体"（或称"先验对象"）的区别，参见杨祖陶、邓晓芒《〈纯粹理性批判〉指要》，第 223～227 页；另参见牟宗三《智的直觉与中国哲学》，第 13 小节。

③ 康德经常用这两个拉丁文的复数形式"Phaenomena"和"Noumena"，牟宗三分别将两者译为"感触物"（"法定象"）和"智思物"（"本自物"），本书采用邓晓芒的译名"现相"和"本体"。

④ 参见〔德〕康德《纯粹理性批判》，A249，第 227 页。康德也将"感知世界"称为"感官世界"（Sinnenwelt）。牟宗三将这两个世界分别译为"感触界"（现象界）和"睿智界"（本体界）。

康德的'智思物'（本自物）。因此，只可虚笼地把它们说为是'本体界'者，而不能着实地直说为是'本体'。"① 而在牟宗三本人的使用中，"本体"指"本心仁体"或"知体明觉"；"物自身"既指狭义上的"智思物"（与三个理念并列），也指广义上的"本体界"（"睿智界"）。当牟氏依据康德的二元划分而建立"两层存有论"时，"无执的存有论"对应于广义的"物自身"；而当牟氏讲"心物一起朗现"时，这里的"物"是狭义的"物自身"。

　　尽管牟宗三大量借鉴了康德的术语，但两者的根本不同在于牟氏完全摒除了康德赋予"物自身"的"不可知性"，由于承认人具有"智的直觉"，可以直觉到甚至创造出狭义的"物自身"，因而后者成为一个确定性的表征实体的概念，这样的"Noumena"就是一个实实在在的"物之本来面目"，并且我们的"心"对其有完全的把握。这样进一步引起了牟氏的追问："问题底关键似乎是在：这'物自身'之概念是一个事实问题底概念呢，抑或是一个价值意味底概念？这点，康德并未点明，是以读者惑焉。"② 需要指出的是，这个问题不是康德的问题，而是牟宗三自身的问题，因为如果我们能够分辨清楚"物自身"是"事实的"还是"价值的"，那么其无疑就是可知的，这显然不是康德的思路。牟氏之所以有此问题，在于其肯定了"智的直觉"能够完全把握"物自身"，因而必须把"物自身"的内容说明白，而后者是康德说不明白抑或没必要说明白的问题。牟氏进一步指出，"物自身"不是一个认知对象意义上的"事实上的原样"，而是一个"高度价值意味的原样"，如禅宗所说的"本来面目"，"如果'物自身'之概念是一个价值意味的概念，而不是一个事实概念，则现象与物自身之分是超越的，乃始稳定得住，而吾人之认知心（知性）之不能认识它乃始真为一超越问题，而不是一程度问题"。③ 这样，康德所说消极意义上的"物自身"（狭义）被转化为积极意义上的"价值本体"，进而将整个"本体界"（广义的"物自身"）转化为一个"价值世界"，这里既显示出牟氏将本体世界价值化的儒家

---

① 参见牟宗三《现象与物自身》，第 44 页；《全集》第 21 卷，第 46 页。
② 牟宗三：《现象与物自身》，第 3 页；《全集》第 21 卷，第 3 页。
③ 参见牟宗三《现象与物自身》，第 7 页；《全集》第 21 卷，第 7 页。

立场，也可以看到其对康德哲学的一种创造性的"误读"①。牟氏认定"物自身"是一个高度价值意味的概念，其实质在于：首先将"先验客体"意义上的"物自身"收摄于"Noumena"意义上的"物自身"之中，大大弱化了"物自身"在认识过程中作为经验统一性之基础（"超验的统一性"）的意义；其次将"Noumena"意义上的"物自身"实体化为"智的直觉"所对之"内生自在相"（Eject），成为宇宙本源意义上的"实体"，类似于神学中上帝所造之"物"；最后将这个"物"纳入儒家"道德的形上学"体系而价值化为道德意义上的"实理实事实物"，成为价值意义上的"物"。经过这一实体化、价值化的过程，"物自身"就成了王阳明所讲的"明觉之感应"意义上的"物"②；与此同时，三个超验理念（即实践理性的"设准"，属于广义的"物自身"）之"自由""灵魂"和"上帝"转化为一个呈现即"自由无限心"，故而在明觉之感应中"心"与"物"呈现为一种"体用互即""如如朗现"的关系。这样，康德那里广义的"物自身"概念所蕴含的"3 + X"的结构就被牟宗三改造为"心体物用"的结构，整个"本体界"就等同于"价值世界"，同时康德关于"现象"和"物自身"的区分就被改造为"事实世界"与"价值世界"之间的划界。牟氏对康德"物自身"学说的改造也存在深刻的内在问题，下文将进一步探讨。

其次，牟宗三借鉴了黑格尔的"否定"概念，依其"辩证的综合"之理路而实现由德性主体到认知主体的"坎陷"过程。

"否定"（Negation）无疑是黑格尔哲学最核心的概念之一，集中代表了其辩证法思想的根本精神。黑氏强调辩证法所理解的"否定"区别于怀疑主义和一切"形式推理"的否定，后两者"是对所有一切个别事物和所有一切差别事物的全盘否定"③，因而这种意义上的"否定"是"单纯抽象的""外在的"和"空洞的"，"这空洞的否定本身乃是一种

---

① 关于牟宗三与康德"物自身"概念的详细区别，参见邓晓芒《牟宗三对康德之误读举要（之三）——关于"物自身"》，载《学习与探索》2006年第6期。

② 牟宗三区分了从"明觉之感应"说"物"与从"意之所在"说"物"两者的不同意义，前者是"物自身"，而后者是"现象"。参见牟宗三《从陆象山到刘蕺山》，第165、193页，《全集》第8卷，第192、225页；《圆善论》319页，《全集》第22卷，第310页。

③〔德〕黑格尔：《精神现象学》（上卷），第138页。

极限，它并不能超越其自己而达到一种新内容，相反地，它为了重新获得一个内容，必须从别的不管什么地方取来另外某种东西以为其内容"。① 与这种空洞的、外在的否定不同，黑格尔所讲的"否定"是一种具有内容的"规定了的否定"（bestimmte Negation），同时也是概念内在的"自我否定"（Negation zu sich）："否定的东西也同样是肯定的；或说，自相矛盾的东西并不消解为零，消解为抽象的无，而是基本上仅仅消解为它的特殊内容的否定；或说，这样一个否定并非全盘否定，而是自行消解的被规定的事情的否定，因而是规定了的否定；于是，在结果中，本质上就包含着结果所从出的东西；——这原是一个同语反复，因为否则它就会是一个直接的东西，而不是一个结果。由于这个产生结果的东西，这个否定是一个规定了的否定，它就有了一个内容。它是一个新的概念，但比先行的概念更高、更丰富；因为它由于成了先行概念的否定或对立物而变得更丰富了，所以它包含着先行的概念，但又比先行概念更多一些，并且是它和它的对立物的统一。——概念的系统，一般就是按照这条途径构成的，——并且是在一个不可遏止的、纯粹的、无求于外的过程中完成的。"② 在黑格尔看来，一方面，这里的"否定"不是外在的一个他物对自己的否定，而是"单一的东西的分裂为二的过程或树立对立面的双重化过程，而这种过程则又是这种漠不相干的区别及其对立的否定"③，这种"分裂为二"的动力完全来源于"精神"自身，正是其"主体性"的体现；另一方面，所谓"否定"并不是将原有事物弃之不顾，而是对其某些规定性予以否定，并将这些被否定的规定性也包含在结果当中，因而这个结果不是一个抽象的虚无，而是更新、更具体和更高级的规定性，并且是有差别的统一。故此，辩证法的"否定"具有积极的意义，是概念自身客观化、现实化，进而逐步扬弃自己、丰富自己、发展自己的辩证过程，因而"否定"不是一蹴而就的，而是不断的、永恒的运动，还要对"否定"本身进行再次"否定"，经过这种"否定之否定"的过程，真理就完成了自身的体系（辩证法的"圆圈"），

---

① 〔德〕黑格尔：《精神现象学》（上卷），第 40 页。
② 〔德〕黑格尔：《逻辑学》（上卷），第 36 页。参见《精神现象学》（上卷），第 40～41 页；《小逻辑》，第 181 页。
③ 〔德〕黑格尔：《精神现象学》（上卷），第 11 页。

获得了具体性和现实性。

牟宗三将黑格尔的"否定"概念改造为"自我坎陷"概念，借用佛教术语而称其为"执"："自我坎陷就是执。坎陷者下落而陷于执也。不这样地坎陷，则永无执，亦不能成为知性（认知的主体）。它自觉地要坎陷其自己即是自觉地要这一执。这不是无始无明的执，而是自觉地要执，所以也就是'难得胡涂'的执，因而也就是明的执，是'莫逆于心相视而笑'的执。这一执就是那知体明觉之停住而自持其自己。所谓'停住'就是从神感神应中而显停滞相。其神感神应原是无任何相的，故知无知相，意无意相，物无物相。但一停住则显停滞相，故是执也。执是停住而自持其自己即是执持其自己。但它并不能真执持其自己；它一执持，即不是它自己，乃是它的明觉之光之凝滞而偏限于一边，因此，乃是它自身之影子，而不是它自己，也就是说，它转成'认知主体'。故认知主体就是它自己之光经由一停滞，而投映过来而成者，它的明觉之光转成认知的了别活动，即思解活动。"① 具体分析牟氏"自我坎陷"（"执"）这个概念，可以得出以下三点。第一，"坎陷"是由无限到有限的"凝滞"、由绝对到相对的"偏执"过程。绝对而无限的"本体"（即"自由无限心"）只是一个"神感神应之流行"，不着于形迹外相（形而上者无经验之"相"），经过这一"坎陷"过程，此"心"执持自身而偏限于"思解"的功能，成为着相有形之"认识心"（"有限心"），原初"本体界"之"心物一体"的结构分裂为"主客对立"的二元结构，这时原本在明觉感应中朗现之"物"（"物自身"）被"推出去"而成为认识心所对之"物"（"现象"）。第二，"坎陷"的过程是自觉的、主动的。"无限心"虽有明觉之神用，但这种"本体界"中的自由尚是抽象的，必须经过"坎陷"这一自我否定的过程而在"现象界"有所落实，如果不能落实就不是真正的"无限心"，故必须自觉主动地通过"执"来完成客观化和现实化的内在要求。第三，"坎陷"的动力来源于自身，目的也指向自身。"本心"为绝对而无限者，"心外无理、心外无物"，没有一个外在的实体来限制"本心"，只能由其自我否定、自我限制，同时这个过程不是"外执于物"而是"内执于心"，因此"坎陷"

---

① 牟宗三：《现象与物自身》，第 123～124 页；《全集》第 21 卷，第 127～128 页。

只能在"心"上讲而不能在"物"上讲。

　　进一步分析牟宗三的"坎陷"概念与黑格尔哲学之间的内在联系，可以发现其自觉或不自觉地吸收了黑氏辩证法的精髓。根据牟氏的比喻，"无限心"如同一盏光芒四射的明灯，而"有限心"如同灯的影子，因而两者之间有"虚实"之别。这与黑格尔所使用的"反思"[1] 概念如出一辙，黑氏指出："反映或反思（Reflexion）这个词本来是用来讲光的，当光直线式地射出，碰在一个镜面上时，又从这镜面上反射回来，便叫作反映。在这个现象里有两方面，第一方面是一个直接的存在，第二方面同一存在是作为一间接性的或设定起来的东西。""因此这里我们所要认识的对象，不是它的直接性，而是它的间接的反映过来的现象。"[2] 简言之，"反思"就是"自身映现（映象）"（Scheinen in sich selbst），"映象是否定物，这个否定物具有一个存在，但映象又是在一个他物中，在自己的否定中；映象是非独立性，它在自身中被扬弃并且是虚无的。所以映象是回到自身的否定物，是作为在其自身中非独立物那样的非独立物"。[3] 与黑氏哲学中作为"非独立性否定物"的"映象"类似，牟氏所讲的"认识心"也是"自由无限心"的一个"虚执"，其本身不具有独立性，其对应于前文所述"自我之三义"中"架构的我"（"逻辑的我""形式的我"），是一个"纯一而定常"的认知主体，"它可被解消，归于无执即被解消；它亦可被形成，有执即形成；但一旦形成，其自身无生灭变化"。[4]

　　但是，牟宗三所讲的"坎陷"与黑格尔的"否定"或"反思"概念有所区别，根本之处在于前者是一个"下降"的过程，而后者是一个"上升"的过程。就词源而言，牟宗三所谓的"坎陷"一词，出典于《易经》之"坎"卦爻辞："初六，习坎，入于坎窞（陷），凶。"王弼注云："坎，险陷之名也。"《易传·说卦》："坎，陷也。"孔颖达正义云："坎象水，水处险陷，故为陷也。"进而从"坎"卦的卦象（☵）上

---

① 关于黑格尔"反思"概念的详细含义，参见张世英《黑格尔论"反思"》，见氏著《黑格尔〈小逻辑〉绎注》附录，吉林人民出版社，1982，第565页以下。另参见邓晓芒《思辨的张力——黑格尔辩证法新探》，第四章。

② 〔德〕黑格尔：《小逻辑》，第242页。

③ 〔德〕黑格尔：《逻辑学》（下卷），第13页。原译文中的"有"改为"存在"。

④ 牟宗三：《现象与物自身》，第125页；《全集》第21卷，第129页。

来看，"阳"陷于"阴"中，包含"蕴藏""陷落""挫折"等意。就牟氏的界定和使用而言，他指出："坎陷相，其相有二：一曰曲，二曰限制。（实即只是一个曲，限制由曲而引申出）。"① "经此坎陷，从动态转为静态，从无对转为有对，从践履上的直贯转为理解上的横列。"② 简言之，"坎陷"是对"无限心"的有限化、对"绝对者"的相对化、对"超越体"的经验化，是一个从"形上"转变为"形下"的过程，这一过程也可视之为"由体达用"，但此"用"虚而不实，是"权用"。而黑格尔的"否定"其实质是"扬弃"，是概念向更高的层次逐级上升的过程，是由抽象到具体、由有限到无限、由相对到绝对的过程，这与牟宗三的"坎陷"路向相反。由此可见，尽管牟宗三与黑格尔都非常突出"本体"的绝对性，但两者的哲学进路却有所不同：前者以"绝对而无限"之"本心仁体"为出发点，由本体到现象；后者以最简单、最抽象的概念为出发点，由现象到本体。

综上所述，康德关于"现象"和"物自身"的划界为牟宗三的"良知坎陷说"提供了体系架构，黑格尔关于"否定"的辩证法为此学说提供了动力机制，在这个意义上，"康骨黑魂"构成了牟氏哲学的外在形式。然而，牟宗三在借用康德、黑格尔哲学的同时对其加以了改造，在其思想根源处凸显出儒家式的价值观念和思考方式，在这个意义上"儒心"无疑是其内在的本质。正基于此，牟宗三在根本精神上是一个儒家，而不是一个康德主义者或黑格尔主义者。

2. "即真即善即美"：价值世界的圆融

牟宗三通过"坎陷说"联结了"价值"与"事实"两个世界，其实质在于对"善"与"真"之间的关系进行了沟通。但是作为一个完整的哲学体系，"美"的领域不容忽视。正如孔子所揭示的"兴于诗，立于礼，成于乐"（《论语·泰伯》）的境界次第，终级目的在于达到"乐"即艺术审美的境界，或者说是一个"真善美"圆融一体、不分彼此的境界，这一境界也是中国传统儒释道所共有的最高圆境，或曰"从心所欲"，或曰"大自在"，或曰"逍遥"。牟氏对"世界统一性"的追求最

---

① 牟宗三：《认识心之批判》（下册），学生书局，1990，第229页；《全集》第19卷，第642页。

② 牟宗三：《政道与治道》，第58页；《全集》第10卷，第64页。

终归结于此圆境之上的"真善美之合一"。

（1）真善美之分别说

与前现代思维所呈现出的"世界的原始统一性"不同，牟宗三强调"真善美"之间的"合一"必须以"分别"为前提，用黑格尔概念衡之，牟氏所追求的"真善美之合一"属于"具体的统一性"，包含了差异并扬弃了差异，这一点反映出牟氏思想所具有的现代性特征。为了更好地说明"合一"，我们必须从"分别"开始。

牟宗三指出："分别说的真指科学知识说，分别说的善指道德说，分别说的美指自然之美与艺术之美说。三者皆有独立性，自成一领域。此三者皆由人的特殊能力所凸现。"同样借用陆象山"平地起土堆"的比喻，牟氏指出："吾人可说真美善三者皆是经由人的特殊能力于平地上所起的土堆：真是由人的感性、知性，以及知解的理性所起的'现象界之知识'的土堆；善是由人的纯粹意志所起的依定然命令而行的'道德行为'之土堆；美则是由人的妙慧之静观直感所起的无任何利害关心，亦不依靠于任何概念的'对于气化光彩与美术作品之品鉴'之土堆。"① 明显可见，牟氏对"真""善""美"的区分是从人的先天主观机能角度进行分别的，这在很大程度上来源于康德所理解的"先验人类学"结构，从主体的角度对现代性的分化予以说明。在"坎陷说"中，只有现象界的知识是"土堆"；而在这里，独立的"真""善""美"都是"土堆"，所谓"土堆"就是有具体分别之"相"，即"真"有独立的"真之相"（知识）、"善"有独立的"善之相"（道德）、"美"有独立的"美之相"（艺术），三者指向各自不同的领域。具言之，"知识之真"即是"坎陷说"中所强调的"现象界"的客观性、纯然事实性，与"善""美"无涉，因而严格地说这里的"真"是"事实之真"而非"价值之真"；"道德之善"是道德行为中的"命令"与"应当"，关联人现实的意念动机而表现出强制性、引导性，这里的"善"是与"恶"相对的伦理学概念；"艺术之美"是在审美活动中对自然物或艺术品的单纯欣赏，对象单纯因为其形式而引起人的愉悦之情，这里的"美"是与"丑"相对的

---

① 牟宗三：《以合目的性之原则为审美判断力之超越的原则之疑窦与商榷》（以下简称《商榷》），载氏译《康德判断力之批判》（上册），台湾学生书局，1992，第78页；《全集》第16卷，第76页。

美学概念。牟氏进而对"分别说"的"真""善""美"进行了解说：

> 分别说的"真"是生命之窗户通孔，生命之"呼吸原则"，但只通至现象而止，未能通至物如，故虽显"真"之独立意义，亦有其限制。
>
> 分别说的"善"是生命之奋斗、生命之提得起，是生命之"精进不已之原则"，但亦只在精进中，未至全体放下之境，虽显善之独立意义，但亦常与其他如真与美相顶撞，未臻通化无碍之境。
>
> 分别说的"美"是生命之"闲适原则"，是生命之洒脱自在。人在洒脱自在中，生命始得生息，始得轻松自由而无任何畏惧，始得自由之翱翔与无向之排荡。但此是妙慧静观之闲适，必显一"住"相。若一住住到底，而无"提得起"者以警之，则它很可以颓堕而至于放纵恣肆。①

从以上论述可以看出，"分别说"的"真""善""美"是生命的不同原则，各自展现了生命的一个面向，对于生命本身而言都具有不可替代的独立意义，但都未达至究竟之境而难免有所不足，而必须有一个更高的境界将三者统一起来，后者就是"合一之境"。

在"真善美的分别说"中，牟宗三对于"美"的独立价值给予了更多的关注，具体表现为以下四个方面。（一）牟氏借鉴并改造康德美学的基本概念，突出了审美活动与认知、道德活动的区别。如前所述，康德区分了"规定性的"和"反思性的"两种不同的判断，牟氏分别将其译为"有向判断"和"无向判断"，两者的区别是：前者包括知性判断和道德判断，其特点是依据概念而将普遍的原则应用于特殊的对象上；后者包括审美判断和目的论判断，其特点在于"无向性"，"无向云者，以其不依待于概念，故于对象方面之决定无任何指向也"②，具体言之，目的论判断是"主观地非决定性的有向者"，而只有审美判断才是"全

---

① 牟宗三：《商榷》，载氏译《康德判断力之批判》（上册），第82页；《全集》第16卷，第79~80页。

② 牟宗三：《商榷》，载氏译《康德判断力之批判》（上册），第28页；《全集》第16卷，第26页。

无向者"①。牟氏将康德所谓"审美的判断力"直接名之为"审美力"，"对此审美力，若自其'品知'而言，吾人名之曰'妙慧'；若自其'直感'而言，吾人名之曰'妙感'；依此，审美判断即是妙感妙慧之品鉴"。② 这样，牟氏实际上将主体之"审美能力"从康德的"判断力"的范围内抽离而成为一种独立的先天机能，其自己具有不同于认知能力和道德实践能力的特殊原则。（二）牟宗三反对康德将"合目的性"作为审美判断力的先天原则，而代之以"无相原则之内用"为审美力的独立性原则。为了重新说明"分别说"之"美"的独立性质，牟氏将审美力的先天原则定位为"无相原则"，"无相"一词来源于佛教，牟氏借用来指不带有任何利害关切、并且没有任何由于概念而带来的有限性和规定性。这里，"无相原则"只是"内用"而显示了"美"之相，严格地说还不是真正彻底的"无相"，后者是其"外用"而化掉一切相，在"真善美之合一说"中体现出来。（三）牟宗三反对康德直接说"美是道德的象征"，强调"美与真与善各有其独立的意义，当然亦可有其相干性，但不是直接地相干，此中还有更多的层次分际之曲折，硬说是不行的，此则非康德之洞见所能及"。③ 牟氏指出，宋代的程颐与苏轼之间所争论的就是"美"与"善"的关系问题④，在此牟氏站在东坡一边，指出要化掉"道德之相""圣贤之相""敬之相"以挺立"美"的独立性，而不像伊川那样把"美"依附于"善"。⑤（四）牟宗三指出康德以"反思判断力"作为中介的做法并不能真正沟通"自然"与"自由"两个世界，在他看来，在"真善美之分别说"的意义上，"善"与"真"的沟通需要"坎陷"，在"真善美之合一说"的意义上，三者不需要中介而自身同一。综合整体思路，牟宗三对"分别说"之"美"有如下断语：

---

① 参见牟宗三《商榷》，载氏译《康德判断力之批判》（上册），第4页；《全集》第16卷，第2页。

② 牟宗三：《商榷》，载氏译《康德判断力之批判》（上册），第71页；《全集》第16卷，第69页。

③ 牟宗三：《商榷》，载氏译《康德判断力之批判》（上册），第78页；《全集》第16卷，第75页。

④ 参见朱熹《朱子语类》卷一三〇："东坡与伊川是争个甚么？只看这处，曲直自显然可见，何用别商量？只看东坡所记云：几时得与他打破这'敬'字！"

⑤ 参见牟宗三《真善美的分别说与合一说》，樊克伟整理，《鹅湖月刊》1999年第5期。

"美主观地说是妙慧之直感，客观地说是气化之光彩，并不依于理性上。因为是妙慧之直感，故与认知机能无关；因为是气化之光彩，不依于理性上，故合目的性原则为不切"。①

　　从以上的阐述可以看出，牟宗三在"真善美之分别说"中所体现的美学思想之核心在于，突出地强调了"美"作为"妙感妙慧之品鉴"活动所指向的特殊价值，其特殊性不同于并且不依赖于"真"和"善"的价值，因此用"无相原则"取代了康德的"合目的性原则"作为审美力的先天原则，这一点较之于康德更加彻底地强调了"美"的独立性。进而言之，牟氏对"真""善""美"三者的独立性价值都予以强调，实质上肯定了科学、道德、艺术三大领域的各自独立性，肯定了现代生活这三大领域之主体基础和运行原则的差异性，体现出鲜明的现代性意识。就"真善美之分别说"来看，以"泛道德主义"的名号来批判牟宗三显然是有失公允的，较之于传统儒家，他已经在现实生活层面充分肯定了科学领域和审美领域的独立性，这一方面源于"现代性"分化的现实影响，另一方面也是其思想面对"现代性"生存境遇的自觉调适。

　　（2）真善美之合一说

　　如果说作为一个现代人，他不得不承受"现代性"本身所带来的"真善美分裂"的现实，那么作为一个浸润于中国传统的思想家，他就必须谋求三者在更高层面的统一。牟宗三之所以讲"真善美之分别"，其根本目的在于讲"真善美之合一"，后者才是究极圆成的境界。

　　在"分别说"中，"无相原则"之"内用"（"反身地内成"）显示了"美"之相；而在"合一说"中，"无相原则"由其"外用"（"超离地自化化他"）而化掉一切相："此无相原则既反身地形成审美品鉴之无向性，复超离地超化一切有独立意义的事物之自相，如超化道德的善之善相，超化知识的真之真相，甚至亦超化审美品鉴中的美之美相。"②"现象知识之'真'相被化除，即显'物如'之如相之'真'相。道德相之'善'相被化除即显冰解冻释之'纯亦不已'之至善相。妙慧别才

---

①　牟宗三：《商榷》，载氏译《康德判断力之批判》（上册），第78页；《全集》第16卷，第75～76页。

②　牟宗三：《商榷》，载氏译《康德判断力之批判》（上册），第72页；《全集》第16卷，第70页。

中审美之'美'相被化除，则一切自然之美（气化之光彩）皆融化。"①
因而，在这个圆融之境中，没有科学、道德、艺术等领域之分际，也不
存在分别的"真""善""美"之相，只是一个"无相"的境界，是
"于同一事也而即真即善即美之合一"的境界。

　　在牟氏看来，"此一'合一'之妙境非西哲智慧所能及"②，而是中
国传统儒释道三家共同的智慧，即儒家所谓"从心所欲不逾矩"（《论
语·为政》），道家所谓"天地与我并生，而万物与我为一"（《庄子·齐
物论》），佛家所谓："即心是佛""无心为道"（《祖堂集》卷三）。就此
圆融妙境之"荡相遣执、归于平平"而言，道家之玄心玄智、佛家之空
性空智已达至"真善美之合一"，但牟宗三在根本上依然坚持儒家立场，
将"善"作为"建体立极之纲维"，以"善"收摄"真"与"美"，其
原因在于："真、美、善三者虽各有其独立性，然而导致'即真即美即
善'之合一之境者仍在善方面之道德的心，即实践理性之心。此即表示
说道德实践的心仍是主导者，是建体立极之纲维者。因为道德实践的心
是生命之奋斗之原则，主观地说是'精进不已'（纯亦不已）之原则，
客观而绝对地说是'於穆不已'之原则，因此其极境必是'提得起放得
下'者。""惟释道两家不自道德心立教，虽其实践比函此境，然而终不
若儒圣之'以道德心之纯亦不已导致此境'之为专当也。盖人之生命之
振拔挺立其原初之根源惟在道德心之有'应当'之提得起也。"③ 这里，
所谓"提得起"是指由道德实践挺立本体上的"应当"，所谓"放得下"
是指由泯除"道德"之相进而化掉一切相而显示出轻松自在的境界，在
牟氏看来，在"真善美"三者之中，只有"善"是"提得起放得下"
者，这是与其"道德的形上学"的立场相联系的。

　　由此，牟宗三描述了儒家"内圣之教"的三层境界，即要"通三
关"：第一关"克己复礼关"（亦称"挺立关"），生命从感性欲望中解
脱出来显示道德理性的主导性，"吾人一切道德实践惟在挺立'大体'

---

① 牟宗三：《商榷》，载氏译《康德判断力之批判》（上册），第85~86页；《全集》第
　 16卷，第83页。
② 牟宗三：《商榷》，载氏译《康德判断力之批判》（上册），第82页；《全集》第16卷，
　 第80页。
③ 牟宗三：《商榷》，载氏译《康德判断力之批判》（上册），第83页；《全集》第16卷，
　 第80页。

以克服小体或主导小体";第二关"崇高伟大关",生命经道德理性的挺立而散发出崇高而伟大的光辉,"显'伟大'相即显出道德之'道德相',显道德相即显紧张相、胜利相、对立相",即孟子所谓"充实而有光辉之谓大"(《孟子·尽心下》),这里所谓"充实"在于"以仁存心、以礼存心"(《孟子·离娄下》),这里所谓"光辉"在于"仁义礼智根于心,睟然见于面、盎于背、施于四体"(《孟子·尽心上》);第三关"无相关",生命在道德理性充其极而超化"道德"之相、归于平平之境,即孟子所谓"大而化之之谓圣,圣而不可知之之谓神"(《孟子·尽心下》),"到此无相关时,人便显得轻松自在,一轻松自在一切皆轻松自在。此即'圣心'即函有妙慧心,函有无相之原则,故圣人必曰'游于艺'"。①在牟氏看来,最圆满的圣人没有道德上的矜持相,"不特耀自己,望之俨然,即之也温,和蔼可亲",正所谓"天地之常,以其心普万物而无心;圣人之常,以其情顺万物而无情"(程颢《定性书》)。对于孔子所言之"游于艺",牟氏阐发道:"在'游于艺'中即函有妙慧别才之自由翱翔与无向中之直感排荡,而一是皆归于实理之平平,而实理亦无相,此即'洒脱之美'之境也。故圣心之无相即是美,此即'即善即美'也。"不仅如此,"圣心无相中之物是'物之在其自己'(物如)之物之存在,而非现象之物之存在,此即是'真'之意义也。故圣心无相是'即善即美',同时亦是'即善即真',因而亦即是'即真即美即善'也。"②牟氏在"道德的形上学"体系的归极之处,成就了一个"即真即美即善"的"圆圣之境",他借用庄子的语式以形容之:"俄而真美善矣,而未知真美善之果孰为真孰为美孰为善也。"③从这一点可以看出,尽管牟宗三以"实有形上学"和"境界形上学"对儒家和佛道两家进行了判教,但在儒家形上学之"实有"形态的究极处无疑是一种"境界",这种境界在根本上与佛道两家的终极境界没有本质的区别,所不同者仅在于儒家由"善"的进路而达到合一,挺立了本体的创生性与实践

---

① 牟宗三:《商榷》,载氏译《康德判断力之批判》(上册),第84页;《全集》第16卷,第81~82页。

② 牟宗三:《商榷》,载氏译《康德判断力之批判》(上册),第84~85页;《全集》第16卷,第82页。

③ 牟宗三:《商榷》,载氏译《康德判断力之批判》(上册),第85页;《全集》第16卷,第83页。

的道德性。因此，牟氏的"真善美的合一说"内在地显示出其晚年力图打通儒、释、道三家义理之门户，在更高的理境上回归中国文化本身的思想倾向。

最后的问题是："分别说的真、善、美"与"合一说的真善美"之间是何种关系？对此牟宗三借用了康德的"象征"（Symbol）的概念，但不说"美是善的象征"，而说"分别说的美是合一说的美之象征，分别说的真是合一说的真之象征，分别说的善是合一说的善之象征"①。这里，"象征者具体地有相可见之意"，即"天垂象，见吉凶"（《易传·系辞上》）之"象"，以此概括真、善、美三大领域："于'真'方面之垂象即是气化之遭遇于吾人之感性与知性而成的'现象之存在'；于'善'方面之垂象则是气化底子中人类这一理性的存有之经由其纯粹而自由的意志决定其为一'道德的存有'；于'美'方面之垂象，则是气化底子中人类这一'既有动物性又有理性性'的存有经由其特有的妙慧而与那气化之多余的光彩相遇而成的'审美之品味'。"② 通过"象征"的概念，"土堆"与"平地"联系了起来，"有相者"与"无相者"联系了起来，各自独立的"知识之真""道德之善""艺术之美"分别是"无相之真"（"物如"之存在）、"无相之善"（"天理"之平铺）、"无相之美"（"天地之美，神明之容"）三者的象征（相）。

结合牟宗三在"坎陷说"中的说法，以上"合一无相之真善美"都可以是"自由无限心"之"体"的"用"（此是实的"经用"），而"分别说"的"知识之真""道德之善""艺术之美"都是"经用"的象征，也可以说相对于"体"而言"用"（此是虚的"权用"）。这样"真善美的分别说与合一说"可以与"两层存有论"相会通，在"无执的存有论"（本体界）的意义上讲"真善美之合一"，在"执的存有论"（现象界）的意义上讲"真善美之分别"。依据这种理解，就可以在很大程度上避免后文所揭示的"坎陷说"之弊端，即将"事实/价值"（即"真/善"）的区分代替"现象/本体"（即"执/无执"）的区分，这表明牟氏

① 牟宗三：《商榷》，载氏译《康德判断力之批判》（上册），第89页；《全集》第16卷，第87页。
② 牟宗三：《商榷》，载氏译《康德判断力之批判》（上册），第90页；《全集》第16卷，第87页。

在晚年的哲学思考中已经意识到了"坎陷说"的这个问题，一方面为原本高调的道德理论补充了具体之维（"分别说之善"），另一方面为原本低调的知识理论补充了形上之维（"合一说之真"），同时将"美"的问题引入"两层存有论"的架构。尽管"真善美的分别说与合一说"尚不及"坎陷说"思索日久、论证严密，但其作为牟氏80岁以后的哲学探索，在广度和深度上超越了此前的"坎陷说"，展现更为成熟、更为周全、更为圆融的学思慧识。如果说牟氏在"良知自我坎陷说"之中尚有"强探力索"之相（可以说尚有所"执"），那么他在"真善美的分别说与合一说"之中已然把这种"相"或"执"予以化除，在学思之路上有"归于平平"之趋向，这在实质上反映了他本人从康德哲学进一步回归中国哲学的智慧，日臻于学思圆成之境。①

　　然而，牟宗三的晚年定论"真善美的分别说与合一说"也存在一些深刻的问题。就其对康德哲学的研判而言，牟氏对康德美学的批评比如"审美的理念是一个遥控的概念""合目的性原则实际上是自然神学证明"等都很难说他真正理解了康德，根本原因在于牟氏坚信"人具有智的直觉"，因此反对康德关于"物自身"不可及的基本立场。而就其自身思想体系而言，牟氏在"真善美之合一说"中所描绘的"圆融化境"泯除了包括道德之善相在内的一切相，这与其此前所构建的"道德的形上学""无执的存有论""儒家之圆教与圆善"等凸显"善"相的学说存在一定的张力。在本书看来，这种张力的实质在于"作为儒者的牟宗三"与"作为哲学家的牟宗三"之间的张力，在"哲学家"的意义上，牟氏对于中国儒释道三教义理进行了会通和综合，凸显中国哲学所特有的"灵性智慧"，指向一种最为圆融的生命境界；但在牟氏看来，这种化境也是儒家传统自身所具备的，并不为道家和佛教所专有，肯定这种化境并不影响其在根本上认同儒家价值。在这个意义上，牟宗三晚年的"真善美之合一说"并不能动摇其现代新儒家的角色定位，但后者之为

---

① 学界一般认为，牟宗三的"真善美的分别说与合一说"是其晚年未完成之学说，由于其年事已高、精力不济而不能有严密的论证和宏伟的体系，因此只撰写《商榷》一文附于氏译《康德判断力之批判》之卷首，其中申论己说者不足万字。本书认为，牟氏此时虽在垂暮之年，但思解力并未减弱，其思考的深度与广度均超越此前，"真善美的分别说与合一说"之所以如此篇幅不是牟氏写不出，而是不必写，如同孔子所谓"予欲无言"（《论语·阳货》），牟氏在这里已臻于"无言"（不可说）之化境。

"儒家"并不是在"立道统、别异端"之"判教"意义上的"儒家",而是作为"中国文化生命之精髓、集传统思想智慧之大成"的"儒家"。

总之,牟宗三面对"现代性"的领域分化状况,对"世界之统一性"进行了不懈的探求,在此过程中,他借鉴了以康德、黑格尔哲学为代表的西方"理想主义现代性"思想资源,构造了"两层存有论"的哲学体系及沟通两界的"坎陷说",但在其思想究极之处,他依然归宗于儒家义理精神及其理想境界,在此圆境上会通儒释道三教之生命智慧,以中国传统哲学的方式指向"真""善""美"三种价值的圆融合一。牟氏为我们描绘了一幅富于"现代性"意蕴的整体主义世界图景,这是在"中学"与"西学"、"传统"与"现代"等思想文化资源之间的双向诠释中展开的,其中存在的理论问题也展现着"民族性"与"时代性"之间的错综关系。

第三节 目的论的历史哲学

如首章所述,"现代性"代表了一种线性的时间观念,因而整个"历史"成为一个指向未来的"进步"历程,这一历程预设了历史演进的合规律性与合目的性,故而"历史目的性"之理念成为"现代性"区别于其他的鲜明特征。牟宗三通过黑格尔哲学接受了一种目的论的历史观,将这一现代性理念吸纳于自身的思想之中。

一 "德性目的论"与"进步目的论"

牟宗三哲学的"历史目的性"理念有两大思想来源:一个是儒家传统的"以德性为核心的宇宙目的论",另一个是康德、黑格尔哲学的"以进步为核心的历史目的论",两者都不依赖于外在的实体概念,因而属于"内在的目的论"。以上两种目的论的结合使牟氏的"目的性"观念具有了"德性"与"进步"双重特征,以此形成了其富于特色的历史哲学思想。

1. 儒家传统的"德性目的论"

"目的论"(Teleology)在哲学史上源远流长,其核心是以"目的"的概念(源自希腊文"telos")来解释世界,追问存在者之存在或行动所指向的"目的"是什么。在西方，目的论肇始于亚里士多德，他将"目的因"作为"四因"之一，将宇宙的一切事物视为追求助益其生存或促使其幸福的某种"目的"，而自然本身的规整有序也体现了其内在的合目的性，这是一种"内在目的论"。在中世纪神学中，从自然的合目的性推出一位超自然的设计者，这就是所谓"上帝存在的目的论（或设计论）证明"，事物的目的指向外在的上帝，这是一种"外在目的论"。随着近代以来科学的发展，"外在目的论"逐渐被摒弃，而在历史哲学领域延续着的"内在目的论"理路，与进步主义话语相结合，成为一种"关于历史进步的内在目的论"（简称"进步目的论"），而"目的"不再是"上帝"，而是"历史规律"。

尽管合乎前现代社会思想的共同特征，中国古代没有"进步"的观念，但这并不意味着其历史观是非目的论的，与此相反，儒家思想传统体现为一种"关于宇宙生化的内在目的论"，这种目的论以"德性"为核心："道德目的"即是"宇宙目的"，同时亦是"历史目的"。因此，儒家的宇宙观、人生观和历史观都从属于这种"德性目的论"，由于儒家所谓"德性"是"即内在即超越"的（本书认同牟宗三的这一论断），因而这种"德性目的论"在本质上是一种"内在目的论"，其"目的"之"内在性"在形上学上表现在"天命"和"性"这两个观念上，在政治历史领域集中于"大同"观念之上。

首先，儒家所谓"天命"作为超越的本体，代表了宇宙生化的规则和动力，"天命之实现"成为天地运行和社会伦常的终极目的。

在中国思想史上，"天"和"命"都具有多重含义，冯友兰指出："在中国文字，所谓'天'有五义：曰物质之天，即与地相对之天；曰主宰之天，即所谓皇天上帝，有人格的天、帝；曰运命之天，乃指人生中吾人所无可奈何者，如孟子所谓'若夫成功则天也'之天是也；曰自然之天，乃谓自然之运行，如《荀子·天论篇》所说之天也；曰义理之天，乃谓宇宙之最高原理，如《中庸》所说'天命之谓性'之天是也。"[①] 牟宗三指出"天"有"自然""天则""天德"三义："自然义"

_____

① 冯友兰：《中国哲学史》上卷，《三松堂全集》第 2 卷，河南人民出版社，2001，第281 页。

与"人为"相对;"天则义"是"当然而不容已,定然而不可移"之义;"天德义"即"天之德","天以健行创生为德"。① 对于"命"的含义,牟宗三析分为"实体""动用""限定"三义:"实体义"是指"天命之命",即超越的本体("天道");"动用义"是指"命令之命"或"性分之命",即内在于人的应当之理("性体");"限定义"是指"命运之命",即人力不可改变的境遇和必然性。在"命"之三义中,前两者是"以理言"(形而上)者,可以根据"天命之谓性"的义理而会通为一("天命流行")②;后一者是"以气言"(形而下)者,可以因着"修身以俟"而被"确立",因着"顺受其正"而被"正当化",因着"天理流行"之"如境"而被"越过"或"超化",但不能被"消除"③。

在分析"天"与"命"之诸义的基础上,我们可以勾勒儒家"天命"观念的基本特征:"超越性"(本然)、"道德性"(应然)和"律则性"(必然),"天命"的运行不是盲目的,而是有目的、有规律的,指向万物的生成和德性的实现,同时"天命"的这种目的性又并不通过"人格神"的外在方式体现。正如徐复观所指出的,经过春秋时期"宗教之人文化"过程,"传统的'命',除一部分已转化而为运命之命以外,还有一部分亦渐从盲目的运命中透出,而成为道德性命的命"。④ 较之于中国原始的"帝天"信仰,"天命"观念代表了"宇宙目的"的内在化、去位格化的趋向,同时保留了原始宗教意识中的"目的性"观念,并赋予其一种道德意涵,由外在的"神性目的论"转变为内在的"德性目的论"。"天命"在本体宇宙论上的创生过程就是"乾道变化,各正性命"(《易传·乾·象传》)的过程,体现为"乾道"之"元""亨""利""贞"的变化运行,其中具有明确的目的性指向。牟宗三指出这个过程既是一个创造的过程,也是一个终成的过程,"元、亨代表始、生,就是'动力因'。利、贞代表终、成,就是'目的因'。'各正性命'表示利、贞,通到每一个物就成每一个个体物,每个物成其为一

---

① 参见牟宗三《心体与性体》(上),第 417 页;《全集》第 5 卷,第 511~512 页。
② 参见牟宗三《心体与性体》(上),第 281、426 页;《全集》第 5 卷,第 346,522 页。
③ 参见牟宗三《圆善论》,第 144 页;《全集》第 22 卷,第 141 页。
④ 徐复观:《中国人性论史(先秦篇)》,第 49 页。

个物，目的就达到了"。①

其次，遵循着"天命之谓性"的理路，儒家自思孟以降直到宋明所理解的"性"是"天命"下贯到人身而成的"性体"，其既是个体存有的超越根据，同时也是德性主体的先天本性，因此道德实践过程的目的就在于"尽性"。

先秦时代的思想家对"性"的理解分歧很大，争论激烈，大体有孟子的"性善说"、荀子的"性恶说"、告子的"性无善恶说"、道家的"性超善恶说"以及"性有善有恶说"（之后发展为董仲舒的"性三品说"和扬雄的"善恶混说"）等②。在诸家之中，儒家思孟学派突出了"性"这一观念的先天性和超越性，对"自'生'而言性"的固有传统③进行了变革，前者在"Humanity"的意义上理解"性"，而后者在"Human nature"的意义上理解"性"④。直到北宋张载那里才正式对"天地之性"与"气质之性"进行了区分："形而后有气质之性，善反之则天地之性存焉。故气质之性，君子有弗性者焉。"（《正蒙·诚明》）张载通过"形上/形下""理/气"的概念将以上"天命之谓性"与"生之谓性"两者区分开来，阐明了形而上的"天地之性"（亦曰"天命之性""义理之性"）不仅是具有道德意涵的内在本性，而且是具有存有论意涵的超越根据（即牟宗三所谓"存在之理"）。简言之，从思孟到宋明儒者形成了一个"性体"的观念，通过这一观念，一方面从宇宙论上说明了道德实践的先天必然性和可能性，道德实践即是宇宙生化的落实；另一方面从存有论上说明了"人物之别"，人物共同禀赋"天命之性"但物因其气质所限而不能反身推扩。

在肯定"天命之性"的基础上，儒家强调"尽性"的践履工夫，由

---

① 牟宗三：《四因说演讲录》，第 24 页；《全集》第 31 卷，第 26 页。
② 参见张岱年《中国哲学大纲》，第二篇第 1~3 章。
③ 中国自古以来的传统是"以'生'言'性'"，在文字训诂上"性者，生也"（《白虎通·性情》），在哲学史上告子所谓"生之谓性"（《孟子·告子上》）、荀子所谓"生之所以然者谓之性"（《荀子·正名》）、董仲舒所谓"如其生之自然之资谓之性"（《春秋繁露·深察名号》）、王充所谓"性，生而然者也"（《论衡·初禀》）、韩愈所谓"性也者，与生俱生者也"（《原性》）等都是依据这一固有传统讲"性"，这里的"性"是指"Human nature"意义上的"性"。
④ 参见牟宗三《四因说演讲录》，第 11 页；《全集》第 31 卷，第 13 页。

此体现出人伦世界的目的性指向。《中庸》展示了一个由"尽性"而"成己成物""参赞天地"的路向："唯天下至诚，为能尽其性；能尽其性，则能尽人之性；能尽人之性，则能尽物之性；能尽物之性，则可以赞天地之化育；可以赞天地之化育，则可以与天地参矣。"如果说由"天命"到"性体"是本体宇宙论之"从上面说下来"的言说方式，先天地论证了道德目的之必然性的话，那么由"尽性"而"参赞天地"是实践工夫论之"从下面说上去"的言说方式，现实地完成了这一道德目的。在儒家看来，任何具有道德意义的实践行为都不是盲目的冲动，而是由"性体"所规范引导到目的性活动，必然指向"本体"（"天命"）并以协助天道生化为道德实践的终极目的。在此，人之道德实践的目的指向与宇宙之生化运行的目的指向是一致的，可以说"道德目的"即是"宇宙目的"。

最后，儒家的历史观从属于其"道德天命观"，"历史"作为"天命"的现实进程，代表着儒家的道德理想和政治设计，历史的目的指向"仁政王道"的实现，即上古"大同之治"的政治想象。

在儒家看来，被书写下来的"历史"并不只是一系列经验事实的记录，更主要是依据道德原则对历史事件和人物的价值评判，其对现实政治与个体行为产生规约作用。因此"孔子成《春秋》而乱臣贼子惧"（《孟子·滕文公下》），"春秋笔法"的一字褒贬代表着儒家价值系统对历史事件的道德评判。这种道德主义的历史观是儒家的主流，在其看来道德评价与历史评价是一致的，道德之"恶"也是历史之"反动"。朱熹是这种历史观的典型代表，他坚持"王霸义利之辨"以抬高三代而贬低汉唐，所谓"三代以道治天下，汉唐以智力把持天下"，"三代专以天理行，汉唐专以人欲行"，"千五百年之间，正坐如此，所以只是架漏牵补，过了时日。其间虽或不无小康，而尧、舜、三王、周公、孔子所传之道，未尝一日得行于天地之间也"（《答陈同甫》，《朱文公文集》卷三十六）。而以陈亮为代表的事功学派主张"王霸并用、义利双行"，对朱子的历史观进行了批评，双方就道德评价与历史评价的关系进行了激烈的争论①。简言之，儒家的主导历史观是道德中心主义的，其核心在于

---

① 关于朱熹与陈亮的争论及其相关研究，参见〔美〕田浩《功利主义儒家——陈亮对朱熹的挑战》，姜长苏译，江苏人民出版社，1997。

"天命－德性目的论"，在这一派儒者看来，"历史目的"即是"道德目的"，亦是"宇宙目的"，人类历史即是"生生之天道"的现实展开。

中国以往的历史观是循环式（"五德终始说""三统连环说"）或退步式（"大同小康说"）的，没有真正意义上的进步史观[①]，归根结底不存在"现代性"所蕴含的"线性时间"观念。尽管如此，儒家却设计了"大同"的理想作为应然意义上的"历史之目的"："大道之行也，天下为公，选贤与能，讲信修睦。故人不独亲其亲，不独子其子，使老有所终，壮有所用，幼有所长，矜寡孤独废疾者皆有所养，男有分，女有归。货恶其弃于地也，不必藏于己；力恶其不出于身也，不必为己。是故谋闭而不兴，盗窃乱贼而不作，故外户而不闭。是谓大同。"（《礼记·礼运》）儒家通过"大同之治"（仁政王道）的想象勾勒了一幅理想的政治图景，并将其安置于历史的深处，坚定地信仰这一盛世作为真正的历史存在具有可能性和现实性，整个人类社会的演化应当并且必然指向"大同之治"。以实证主义史学的观点看，"大同"不过是初民所幻想的"原始共产主义的政治乌托邦"；然而内在于儒家义理来看，"大同"理想是儒家天命观和人性论在历史理解上合乎逻辑的推论，使"德性目的论"在人类实践的历史之维得以展开，代表了儒家政治观和历史观上的根本信仰。

综上所述，儒家思想传统蕴含目的论色彩，表现在儒者认定"宇宙生化""道德践履""政治秩序"和"历史演变"等都具有同一的"目的"，这个"目的"在本质上以"德性"为核心。正是在这个意义上，牟宗三指出中国古代"其实只有儒家始属于目的论的系统"[②]，这种目的论不同于西方哲学史上的各种目的论类型，为了以示区别，本书称之为"德性目的论"。

2. 康德、黑格尔的"进步目的论"

深受启蒙运动的影响，18～19世纪的欧洲思想家大都抱持着进步主

---

① 冯友兰认为"公羊三世说"是历史进步论："三世说则以为历史之演变，由据乱世、升平世而至太平世，乃系进步的。"参见氏著《秦汉历史哲学》，《三松堂全集》第11卷，第326页。本书认为，"公羊三世"并不具有真正意义上的"进步"观念，在实质上是一种循环论。

② 牟宗三：《四因说演讲录》，第16页；《全集》第31卷，第17页。

义的历史观，而"德国理想主义"哲学家更进一步赋予了这种进步史观以目的论的内涵。在康德和黑格尔那里，人类历史的总体趋势被视为一个由恶向善、由低级向高级的发展的过程，这一过程具有"合目的性"（Zweckmäßkeit）和"合规律性"（Regelmäßkeit）双重特征：前者属于"应然"（Sollen）层面，指历史朝向一个确定的目的前进，故而历史运行不是盲目的；后者属于"实然"（Sein）层面，指历史的进程是依据规律而展开的，故而历史事件不是偶然的。① 这里，所谓历史的"目的"和"规律"都不是外在的上帝或某种神秘的力量，而在根本上依赖于人的理性，因而这种"历史进步的目的论"属于"内在目的论"，是经过启蒙理性"祛魅"之后的合理性思想。

康德在 60 岁（1784 年）之后撰写了数篇论文，集中探讨了历史和政治问题，从"第三批判"的"自然目的论"延伸到社会领域的"历史目的论"。康德对"目的"（Zweck）有如下界定："有关一个客体的概念就其同时包含有该客体的现实性的根据而言，就叫做目的，而一物与该物的那种只有按照目的才有可能的性状的协和一致，就叫作该物的形式的合目的性。"② 康德区分了两种"合目的性"："自然的合目的性"和"实践的合目的性"，后者指人的有目的的活动，包括人的生产劳动、道德行为和艺术创作等；而前者指自然界从其诸多经验中所体现出来的在形式上合乎某种"目的"的特征，其"是按照和这种（实践的——引者注）合目的性的类比而被思考的"③。这种"类比"（Analogie）就在于把"大自然"比作一个有意志、有目的的"主体"，康德将其称为"天意"（Vorsehung），而人类的历史也遵从着这种"自然的合目的性"④："当每一个人都根据自己的心意并且往往是彼此互相冲突地在追求着自己

---

① 参见何兆武《"普遍的历史观念"如何可能？——评康德的历史哲学》，载《历史理性批判论集》，清华大学出版社，2001，第 77~78 页。

② 〔德〕康德：《判断力批判》，邓译本第二版第 15 页；AA，Bd. Ⅴ，S. 180。

③ 〔德〕康德：《判断力批判》，邓译本第二版第 15 页；AA，Bd. Ⅴ，S. 181。

④ 这里有一个问题，康德将"历史"所体现的合目的性视为"自然合目的性"而非"实践合目的性"，意思是说"历史"在整体上不是一个主体有目的的计划，因为其中充满了经验偶然性（如同自然界一样），因此"历史的合目的性"是一种"无目的的合目的性"，后者出于"反思性的判断力"而不出于"知性"或"实践理性"，因此对于"历史"不能够具有确定的知识。

的目标时，他们却不知不觉地是朝着他们自己所不认识的自然目标作为一个引导而在前进着，是为了推进它而在努力着。"① 在康德看来，大自然中的一切被造物都必须充分发展出各自的自然禀赋，就人而言必须充分发挥出自己的理性，因为这是大自然的"目的"的体现，然而此目的是体现在"类"上而并非"个体"上的，人类的活动在历史总体上遵循着大自然的必然性法则，在这个意义上"人类的历史大体上可以看作是大自然的一项隐蔽计划的实现"②。而历史的推动力在于人类社会的对抗性，康德称之为"非社会的社会性"（ungesellige Geselligkeit）③，即人具有社会化和孤立化两种倾向，前者使个人组成社会，只有进入社会才能满足自身的需要、发展自己的禀赋，后者是人个体性的诉求，具有纯粹按照自我意志行事的企图，两者之间存在冲突。康德认为尽管这种孤立化的倾向对社会团结形成阻力，但正是这种阻力才唤起了人类的全部能力，推动个人不满足于现状而有所进取，由此而来的贪婪、虚荣心和权力欲等在个体身上呈现出"恶"的东西，促使人们发挥着聪明才智，推动人类历史经过不断的启蒙而转化为一个道德的整体。因此，"自由的历史是由恶开始的，因为它是人的创作"，"这一历程对于整个物种来说，乃是一场由坏到好的进步"④。

康德进一步由历史哲学推进到政治哲学。康德具有一种"普遍的世界历史"（allegemeine Weltgeschichte）的观念，即超越了特殊民族而从全人类的普遍性立场出发，考察作为"理性存在者"的人类之整体的历史进程，他将这一进程视为"自由的历史"，即人类社会自觉走向和平、文明、自由的目标。这一目标的实现，必须"奠定一种对内的、并且为此目的同时也就是对外的完美的国家宪法（Verfassung），作为大自然得以在人类的身上充分发展其全部禀赋的唯一状态"，因为"大自然迫使人类去加以解决的最大问题，就是建立起一个普遍法治的公民社会（bürgerliche Gesellschaft）"。⑤ 康德深受卢梭的影响，指出每一个"共同

---

① 〔德〕康德：《历史理性批判文集》，何兆武译，商务印书馆，1990，第2页；AA，Bd. Ⅷ，S. 17。

② 〔德〕康德：《历史理性批判文集》，第15页；AA，Bd. Ⅷ，S. 27。

③ 〔德〕康德：《历史理性批判文集》，第6页；AA，Bd. Ⅷ，S. 20。

④ 〔德〕康德：《历史理性批判文集》，第68页；AA，Bd. Ⅷ，S. 115。

⑤ 〔德〕康德：《历史理性批判文集》，第15、8页；AA，Bd. Ⅷ，S. 27, 22。

体"（国家）都应当是共和制的，而各个国家基于国际法而结成一个
"各自由民族的自由联盟"，以达到整个人类社会"永久和平"（ewige
Frieden）的政治理想。① 康德的这种"把普遍的世界历史按照一场以人
类物种的完美的公民结合状态为宗旨的大自然计划来加以处理"② 的
"历史目的论"思想最终指向一个理性主义的政治乌托邦，代表了一种
典型的进步主义的现代性话语。

黑格尔继承了康德的"普遍的世界历史"观念，将德国理想主义的
"历史目的论"思想进一步推进。黑格尔将康德的"天意"（大自然）改
造为"历史理性"即"世界精神"（Weltgeist），指出在历史经验的偶然
性背后隐藏着"理性的狡计"（die List der Vernunft）："理性是有机巧
的，同时也是有威力的。理性的机巧，一般讲来，表现在一种利用工具
的活动里。这种理性的活动一方面让事物按照它们自己的本性，彼此互
相影响，互相削弱，而它自己并不直接干预其过程，但同时却正好实现
了它自己的目的。在这种意义下，天意（die göttliche Vorsehung）③ 对于
世界和世界过程可以说是具有绝对的机巧。"④ 在黑格尔看来，理性（世
界精神）是普遍的，它站在幕后导演着历史的进程，历史中的每个个体
都不自觉地成为理性的工具，表面上发挥着自己的热情和才智，似乎都
是利己的行为，但是从历史的总体来看，这些行为都不过是为了世界精
神之根本目的的实现。与普遍性的"理念"比起来，特殊性是微不足道
的："各个人是供牺牲的、被抛弃的。'理念'自己不受生灭无常的惩
罚，而由各个人的热情来受这种惩罚。"⑤ 作为理性主义者的黑格尔却十
分重视人的"热情"（Leidenschaft）在历史中的重要作用，他指出"假
如没有热情，世界上一切伟大的事业都不会成功"，因而"理念"和

---

① 参见〔德〕康德《永久和平论——一部哲学的规划》，载《历史理性批判文集》，何译
本第 97～144 页。

② 〔德〕康德：《历史理性批判文集》，第 18 页；AA，Bd. Ⅷ，S. 29。

③ 对于黑格尔所用的"die göttliche Vorsehung"一词，王造时译为"神意"，是可以成立
的，但本书为了一致，沿用贺麟的译名"天意"。黑格尔对"天意"的理解不同于康
德，这里的"天"相当于中国哲学中的"主宰之天"和"运命之天"的含义，但这个
"天"在实质上就是"理性"本身，并非不可达到者。

④ 〔德〕黑格尔：《小逻辑》，第 394 页。

⑤ 〔德〕黑格尔：《历史哲学》，第 33 页，原译文中的"观念"（Idee）改为"理念"。

"热情"两者"交织成为世界历史的经纬线"①。在黑氏看来，一方面，"世界精神"由于其绝对普遍性而具有最高的权力，作为"世界法庭"（Weltgericht）裁判世界历史上的兴亡成败，因此"世界历史"（Weltgeschichte）作为一种"法权"（Recht）居于"客观精神"的最高阶段；另一方面，"世界精神"所主导的历史不是盲目的必然性或非理性的命运，"世界历史是理性各环节光从精神的自由的概念中引出的必然发展，从而也是精神的自我意识和自由的必然发展。这种发展就是普遍精神的解释和实现"②。由于"世界历史"的合目的性，其发展过程必然遵循理念的发展规则，这就是"历史和逻辑统一"的原则：概念遵从"正－反－合"的辩证逻辑，而现实历史也同样由低级向高级发展，成为一个螺旋上升的过程。黑格尔通过辩证法将自启蒙以来的这种乐观主义历史进步论更加系统化，进而将人类精神的发展进程通过概念的体系展现出来，同时也将一切精神现象以历史的方式进行排序。这种历史观念坚信："世界历史"呈现出合目的性和合规律性，其目的就是不断扬弃自身、发展自身，而这种规律是人的理性，是可以被认知和把握的。但是由于其理性主义的立场，理性优先于经验、普遍性优先于特殊性，因而黑格尔关注的人仅仅是作为普遍性的"人格"（Person）而非特殊的经验的"人"（Mensch），代表了一种典型的"宏大叙事"，带有基础主义、本质主义的特征，颇为后现代主义所诟病。

由于"世界历史"是"绝对精神"在时间中的展开，因而"世界历史无非是'自由'意识的进展"，"整个世界的最后的目的，我们都当做是'精神'方面对于自己的自由的意识，而事实上，也就是当做那种自由的现实"③。由于黑格尔认定"国家是自由的实现"④，因而在历史上出现的诸民族中只有形成了"国家"形态的民族才能进入"世界历史"的进程之中。"国家"（Staat）是以"法权"为基础的客观化的实体，因此"世界历史"是世界诸国家的历史，在黑氏看来没有成文法、未形成国家的民族就是"前历史的民族"："在一个民族的定在里，实体性的目的

①〔德〕黑格尔：《历史哲学》，第23页。
②〔德〕黑格尔：《法哲学原理》，第352页。
③〔德〕黑格尔：《历史哲学》，第19页。
④〔德〕黑格尔：《历史哲学》，第40页。

就是成为一个国家和保存自己的国家；没有国家组织的民族（一个民族本身）实际上就没有历史"，"一个民族所遭遇到的和在它内部所发生的一切都是就国家而言才有其重要意义"①。这表明黑格尔的历史哲学从属于其政治国家学说，客观化、实体化的"国家"是"民族历史"发展的目的。这里体现出黑格尔与康德政治学说的不同之处：在"民族历史"方面，较之于康德更为保守的是，黑格尔更称赏"君主立宪"政体而非"共和"政体；在"世界历史"方面，与康德"各民族的自由联盟"的政治理想不同，黑格尔眼中的世界历史进程是一元化的，是高级文明取代低级文明的过程，在"世界历史"的舞台上，每个民族的荣耀都只有一次，整个历史是一个充满斗争的战场，所谓"永久和平"是不可能实现的空想。② 黑格尔按照生命的发展解释"世界历史"的进程，"东方世界"代表了人类精神的懵懂童年，"希腊世界"则是充满诗意的青年时代，"罗马世界"是单调而务实的壮年时代，"日尔曼世界"则代表了成熟稳健的老年时代，"东方从古至今知道只有'一个'（Eine）是自由的；希腊和罗马世界知道'有些'（Einige）是自由的；日尔曼世界知道'全体'（Alle）是自由的。所以我们从历史上看到的第一种形式是专制政体（Despotismus），第二种是民主政体（Demokratie）和贵族政体（Aristokratie），第三种是君主政体（Monarchie）"。③ 所谓"日尔曼世界"就是基督教主导下的欧洲，其中第三个阶段是自"宗教改革"到启蒙和法国大革命的时代，"世界精神"发展到了顶点，绝对理性的最终目的得以实现，"这个形式上绝对的原则把我们带到了历史的最后阶段，就是我们的世界、我们的时代"。④ 黑格尔热情地礼赞自己的时代："这是一个光辉灿烂的黎明，一切有思想的存在，都分享到了这个新纪元的欢欣。一种性质崇高的情绪激动着当时的人心；一种精神的热诚震撼着整个的世界，仿佛'神圣的东西'和'世界'的调和现在首次完成了。"⑤ 这种对历史进步的乐观信念代表了"现代性"对于时间的领悟，表达了

①　〔德〕黑格尔：《精神哲学》，第 357 页。
②　参见〔德〕黑格尔《法哲学原理》，第 341～342、348 页。
③　〔德〕黑格尔：《历史哲学》，第 106～107 页。
④　〔德〕黑格尔：《历史哲学》，第 436 页。
⑤　〔德〕黑格尔：《历史哲学》，第 441 页。

理性主义者站在新的时代起点上面对历史的优越感和使命感。黑格尔很少展望未来，因为当下就是历史的"最终目的"，他已然站在精神发展的顶峰俯瞰着整个世界，至于未来就不再是哲学所要关注的问题。因此在对待未来的问题上，黑格尔的历史目的论似乎与其进步主义立场有所轩轾。

综上所述，康德、黑格尔站在启蒙的立场上，对历史发展的合规律性与合目的性予以哲学的关切。尽管两人的历史哲学存在许多差异，但在相信历史的进步并臻于完善之目的这一点上，表现出了高度的一致性。这种"历史进步的目的论"思想从维柯开始，一直延续到马克思，成为西方现代性哲学的主导性历史观，代表着"现代性"的时代精神。

二　牟宗三的"道德－历史目的论"

尽管儒家传统的"德性目的论"与康德、黑格尔的"进步目的论"都属于"内在目的论"的框架，却存在"前现代性"与"现代性"的差异。牟宗三对以上两者都予以继承并进行了深度整合，在这一过程中克服了两者的时代性张力，体现出一种将"进步"观念内化于儒家历史哲学之中，并且以"德性"作为历史进步之动力与目的的"道德－历史目的论"思想。

1. "德性"与"历史进步"

牟宗三的历史哲学带有浓重的黑格尔色彩，继承了其"精神辩证法"及历史进步的基本观念，但将黑氏所谓支配和推动世界历史进程的"精神"进行了儒家式的改造，突出了"精神"的道德意涵。因而黑格尔式的"进步目的论"与儒家传统的"德性目的论"被牟氏整合在一起，这种形态的历史哲学不仅立足于特殊性的民族国家，而且着眼于普遍性的人类世界；不仅回顾和反省过去的历史轨迹，而且前瞻和设计未来的历史图景。

（1）"精神之内在有机发展"

牟宗三对黑格尔的总体评价是："黑氏具体解悟力特别强，故能精解历史，乃至整个人文世界、价值世界。故依照西方哲学传统说，他虽不是好的哲学家（因为他不表现抽象的解悟与分解的功夫），却是好的历史哲学家。"① 之所以说黑格尔不是好的哲学家，是因为黑格尔的逻辑学只有"辩证的综合"而缺乏"超越的分解"作为基础，其概念的运动只是"同质地滚"，如耍把戏一般。但这种精神辩证法落实于人文世界，尤其是具体表现于历史发展之中，则真正能够解释历史的本质在于精神自我的实现过程，这就是黑格尔历史哲学的根本立场："历史是精神表现的发展过程。具体事实都在精神表现的发展中得其解析，得其条贯。如是，我们有了了解历史事实的一个理路。这个理路，就表示历史是一个精神的辩证发展之合理的系统。"② 在黑格尔《历史哲学》的影响下，牟宗三写作了同名著作，并明确指出"书中所凸现之问题乃来自黑格尔之刺激"③，"此进于往贤者之义理乃本于黑格尔《历史哲学》而立言。"④

在黑格尔看来，"纯粹本质性的这种运动构成着一般的科学性进程的本性。这种运动，就其为它的内容的关联来看，乃是它的内容扩张为一个有机的整体的必然的发展运动"⑤。牟宗三将黑格尔的这种辩证法称为"精神之内在有机发展观"，这一名称非常符合黑格尔的历史哲学观念。所谓"内在"是指支配历史的精神并非彼岸的上帝，而是内在于历史进程之中的"理性"；所谓"有机"是指历史发展的连续性和整体性，每一个阶段都不是孤立的，只有在历史的整体进程中才能得以理解，同时普遍历史与个别民族都如生命体一样有童年、壮年和老年；所谓"发展"突出地代表了现代性的"进步"观念，精神的丰富内容在时间中得以现实地展开，在逻辑理念上从"民族精神"（Volksgeist）到"世界精神"（Weltgeist）的演进过程体现为历史现实中的"民族国家"进入"世界历史"。可以说，历史就是精神的"客观化"："精神的表现是有理路的，在理路中表现，就是逐步客观化它自己。而观念形态也就在精神之逐步客观化中逐步丰富它自己、完整它自己。"⑥

较之于黑格尔更进一步，牟宗三不仅承认人类的实践构成了历史，而且这种实践在根本上具有道德性："在实践活动中，人类的那颗道德的

① 牟宗三：《黑格尔与王船山》，载《生命的学问》，第144页。

② 牟宗三：《论黑格尔的辩证法》，载《生命的学问》，第177页。

③ 牟宗三：《历史哲学》，第23页；《全集》第9卷，第457页。

④ 牟宗三：《历史哲学》，自序第4页；《全集》第9卷，自序第20页。

⑤ 〔德〕黑格尔：《精神现象学》（上卷），第22页。

⑥ 牟宗三：《历史哲学》，第4页；《全集》第9卷，第6页。

向上的心，始终在活跃着、贯彻着他的实践。此就是实践不同于'自然'。'理想'就从那颗道德的向上的心发。"① "仁心之不容已是一切光明之源泉。一切历史在此中演进。"② 这种由"道德之仁心"所引发的实践体现了一个民族文化的"理想"，代表了历史的"光明面"，这是人本身之"神性"的展露。这里，牟氏显然将儒家的性善论融入历史哲学之中，以"道德心"为推动历史的根本动力，在历史现象的背后体现着人的"神性"与"本愿"。同时，牟氏也承认人不免于动物性，人的"道德心"往往"提不住、扭不过"，因此人的实践有种种曲折宛转，故而形成了真正的"历史"，严格言之，"历史"只属于人类，上帝和自然界无所谓"历史"。牟氏指出，由"道德心"所引生的实践之方向与态度就是"观念形态"，在实践中所抒发的理想就是"文化意识"，人类历史之曲折的表现就形成了"历史精神"（或"时代精神""时代风气"），以上三者就"民族生命之集团实践"而言，"观念形态是一个民族的灵魂，文化意识是正面之词，历史精神是个综合的概念，有类于中国以前所谓运会。观念形态中的真理，在潜移默化之中，在曲折宛转之中，总要向它自身的固有目的而趋。这就是历史精神"。③ 牟氏历史哲学的目的论色彩非常明显，"历史精神"的目的即指向"道德心"的完全实现，并且这种实现不为各个民族的特殊性所限："心德无量，精神的内容、形态及成果，亦无量。凡真理皆当实现，凡价值皆当实现。""推之，（中国——引者注）以往没有出现科学，此后定要出现，没有出现民主政治，此后定要出现。西方没有心性之学，定要逐渐转出。基督教亦不能止于其已成之形态，儒、佛皆然。德的文化价值、智的文化价值、美的文化价值，都要各循其文化生命之根，在无限发展中，步步实现出来。"④ 基于各个民族之内在精神的完全实现，可以超越个别民族历史文化的界限而期望民族之间的"会通"与"融合"："在现实的发展中、观念形态的丰富过程中，'道德的心'的内容可以全部诱发出来，而在开始各民族

---

① 牟宗三：《历史哲学》，第 1 页；《全集》第 9 卷，第 4 页。
② 牟宗三：《历史哲学》，自序第 6 页；《全集》第 9 卷，自序第 22 页。
③ 牟宗三：《历史哲学》，第 2 页；《全集》第 9 卷，第 4～5 页。
④ 牟宗三：《世界有穷愿无穷》，载《道德的理想主义》，第 225 页；《全集》第 9 卷，第 290 页。

之不同，可以逐步期于会通，在精神表现的理路中会通。这就是人类的前途与夫各民族之所以有未来之故。"①

牟宗三继承了黑格尔"精神之内在有机发展"的基本理路，并将这种历史哲学赋予了儒家的道德理想主义特征，成就了一种"道德－历史目的论"，将儒家传统之"德性"与现代性之"进步"两大观念融而为一，将各民族及整个人类的历史视为"天命之流行""性体之呈现"，历史的"合规律性"与"合目的性"的根据都在于"德性"。② 进而言之，以"德性"为核心的"精神"必将全幅展现于现实的历史进程之中，不仅在普遍的"世界历史"中必然如此，而且在特殊的"民族历史"中亦必然如此："从精神之所以为精神之'内在的有机发展'言，必在各民族之发展途径中一一逐步实现而无遗漏。唯如此，方可说人类之前途，精神之大通。亦唯如此，方可说：历史之精神表现即是一部在发展途程中企求完成之哲学系统。"③ 因此，"历史之目的"可以从两方面讲：就"民族历史"而言，其目的在于"精神之逐步实现而无遗漏"，具体表现是"民族国家"的建立；就"世界历史"而言，其目的在于"精神之大通"，具体表现是"天下大同"的实现。

（2）民族历史之目的："民族国家"

如前所述，黑格尔视"国家"为"自由之实现""历史之目的"，他指出"'国家'是存在于'地球'上的'神圣的观念'"。④ "在世界历史上，只有形成了一个国家的那些民族，才能够引起我们的注意。"⑤ 而黑格尔所讲的"国家"是现代意义上的政治实体形式，其基本特征在于通过客观性的宪法和法律保障公民的自由，黑氏指出："在现代，国家的理

① 牟宗三：《历史哲学》，第 4 页；《全集》第 9 卷，第 6~7 页。
② 唐文明指出，在牟宗三的道德理想主义体系中，"历史从整体上来说被设想为一个道德进步的过程，是人类道德日进无疆之休、天命之理日渐流行风化的过程。"参见唐文明《与命与仁——原始儒家伦理精神与现代性问题》，河北大学出版社，2002，第 130 页。严格地说，这个观点是不准确的，在牟氏看来，"道德"是无所谓进步也无所谓历史的，人的"道德心"是先天圆满的，所谓"历史"是此圆满之"道德心"的现实呈现过程，这一过程充满曲折宛转不能尽其圆满，因此只能说"道德推动历史进步"而不能说"道德本身的进步历史"，后者不是儒家的立场。
③ 牟宗三：《历史哲学》，自序第 6 页；《全集》第 9 卷，自序第 22 页。
④ 〔德〕黑格尔：《历史哲学》，第 40 页。另参见黑格尔《法哲学原理》，第 258~259 页。
⑤ 〔德〕黑格尔：《历史哲学》，第 39 页。

念具有一种特质，即国家是自由依据意志的概念，即依据它的普遍性和神圣性而不是依据主观偏好的现实化。""现代国家的原则具有这样一种惊人的力量和深度，即它使主体性的原则完美起来，成为独立的个人特殊性的极端，而同时又使它回复到实体性的统一，于是在主体性的原则本身中保存着这个统一。"① 在黑格尔看来，现代国家实现了普遍性（宪法法律）和特殊性（个体自由）的统一、实体性和主体性的统一："正是现代国家的高度发展和提高产生了个人在现实中极大的具体的不平等，而由于法律的更深刻的合理性和法律状态的巩固导致了更大和更有根基的自由，而且能够容许和容忍这种自由。"②

　　牟宗三继承了黑格尔的国家观，以民族精神之客观化为"国家"形态为民族历史的目的指向，在这个意义上"不能建立国家之民族是未能尽其民族自己之性之民族"③，在"精神之内在有机发展"的意义上，现代性民族国家的建立是各个民族"内在地尽其性"，即民族历史之内在目的的实现。受黑格尔的影响，牟氏也将现代国家视为"个体性"（公民自由人权）与"普遍性"（国家政权法律）两方面的统一，亦即精神之"主体性"与"实体性"的统一。以上两个方面构成了现代国家的基本要素，缺一不可。一方面，"无个体性之自觉，下不能言权利（诸自由）与义务，上不能言真实的普遍性。真实的普遍性不能透彻，则个体只是私欲气质的个性，自由只是任意性的自由，而理想亦不能言。此是纯私欲的随意的主观自由，人民亦只是纯私欲的偶然的主观存在"。另一方面，"真实的普遍性必须通过个性之自觉而涌现，不能脱离真实的、存在的主观自由（即在知与意上个体之自觉）而外在地置定一普遍性。此外在置定的普遍性一则是干枯的、随意的，一则必流于极权专制，假之以奴役人民。此所谓'立理以限事'"。因此"上有随意以立之普遍性，下有纯私欲气质寡头的原子的个体性。两者互为因果，而祸乱遂无有已"。④ 在这里，牟宗三从政治哲学的高度揭示了现代民族国家演变为

---

① 〔德〕黑格尔：《法哲学原理》，第 260～261 页，原译文中的"主观性"改为"主体性"。

② 〔德〕黑格尔：《精神哲学》，第 344 页。

③ 牟宗三：《历史哲学》，第 25 页；《全集》第 9 卷，第 460 页。

④ 以上均引自牟宗三《历史哲学》，第 26 页；《全集》第 9 卷，第 460 页。

"极权主义"的根源，即精神之"个体性"与"普遍性"的分裂，而民族国家的内在目的要求克服这种分裂而归于两者的"透显"与"互融"。

民族精神之进展必然涉及民族历史的"特殊性"与"共通性"之间的关系问题，这是由"民族历史"通向"世界历史"的关键所在，对此牟宗三予以详细的论述。首先，就民族历史之"特殊性"而言，此即各民族之间的"差异性"，牟氏由"人的有限性"推至"精神表现的过程性"，再推至"历史的层进性"，进而说明了"民族文化的差异性"的来源："道德心灵之内容即所谓心德无穷无尽，而人又是有限的存在，故其心德之内容决不能一时全现，而必待于在发展中步步自觉、步步实现，因而亦步步有所成就。此即所以有历史之故。假若一时全现，则即无历史可言。""既不能一时全现，而各民族在其实践生活中又必有其观念之方向，是即必有其心德内容之凸出，故各民族之历史文化必有差异。""此差异，若内在于一民族自身而言之，即为其历史文化之特殊性。"总之，"心德内容在有限制中表现凸出，为一民族之历史文化之特殊性"。① 其次，就民族历史之"共通性"而言，此即各个民族之历史文化的"可交流性""可融合性"，根源于"心德"（"精神"）之普遍性与必然性："无穷无尽之心德内容在历史发展中步步扩大与彰著，则亦是各民族之历史文化之可融通性之根据，依此而言历史文化之共通性：此亦是实践上、精神发展上之必然的。此共通性或可融通性是由心德内容在实践中所表现之精神发展之理路而说明。此理路即其法则性，此在各精神发展线上是相同的。"② 最后，就民族历史之"特殊性"与"共通性"之关系而言，两者是统一而不相妨碍的，并且基于民族历史之内在目的必然实现这种统一："理路是相同的，在发展过程中，其种种形态之内容虽有及与不及，有尽与不尽，然而在发展中，在同一的'发展之理路'中，它们是不相碍的，而且是相参赞的。凡是价值都当实现，而且都能实现；凡是价值都不相碍，都当相融，而且都能相融：一时的僵滞与固执并无关系。此便是各民族之历史文化之'可融通性'。然而融通仍不舍离其特殊。"③ 这里，"无量之心德"（"精神"）不能止于各个"民族

---

① 以上均引自牟宗三《历史哲学》，第29页；《全集》第9卷，第464页。
② 牟宗三：《历史哲学》，第29～30页；《全集》第9卷，第464页。
③ 牟宗三：《历史哲学》，第30页；《全集》第9卷，第464～465页。

国家"而内在地要求超越特殊的"民族历史",以迈向普遍的"世界历史"即"天下大同"为其最终目的,后者代表了"具体的普遍性",而这一由"特殊"走向"普遍"的进程具有"辩证的必然性"。

(3) 世界历史之目的:"天下大同"

在黑格尔看来,"国家"作为客观精神的最高形态,是"家庭"和"市民社会"的统一。但是,牟宗三并不以黑格尔为然,他指出"十九世纪以国家为最高标准(从现实说,如今仍然)。黑氏之认国家为最后的,似是为此现实所限,但道理上当该不为现实所限而进至大同(人类亦应做此努力,因为人类有此能力)"。"黑氏之了解是三层的(家庭、社会、国家),吾人应加上第四层,即'大同'。"① 也就是说,在牟氏的历史哲学中,"民族国家"仅仅是民族历史的目的,只有超越了各个民族之封畛、各个国家之藩篱的"天下大同"才是世界历史的目的,才是整个历史的最终目的。

首先,就精神之实质而言,"天下大同"体现了现实世界中的"绝对精神",代表了"王道""大一统"的理想,扬弃了"民族国家"的对待性和私利性,达到了"协和万邦"与"廓然大公"。

牟宗三所理解的"天下"在思想观念上来源于《礼记·礼运》篇,代表了儒家所持的道德理想主义的政治立场,同时又被赋予了现代性的意涵,使之成为各个"国家"的联合体:"天下(大同),从现实社会方面说,就是国与国间的协调观念,大一统的全体观念。"相对于黑格尔对"精神"发展三大阶段的区分,"国家"是"客观精神"的顶峰,而"大同"则上升为"绝对精神",扬弃了"国家"的有限性(特殊性)而达到了无限性(包含特殊的普遍性),这一过程是"精神"自身圆满发展的必然,因此"这个平天下的精神是与'绝对精神'相应的,也就是道德理性之在人间现实上的绝对实现"。在牟氏看来,所谓"大同"是"国家间的一个综合,它是容许'各自发展的异'中之同,它是承认它们而又处于它们之上的一个谐和,它不是由一个国家而强制其他,因此,它不能不王道,不能不代表理性。若是由一国而强制其他,则它是

---

① 牟宗三:《人文讲习录》,蔡仁厚辑录,广西师范大学出版社,2005,第127、128页;《全集》第28卷,第176、177页。

代表力，抹杀他人的个性，这不是异中之同，而是侵略的同"。① 因此，"大同"的组织比较松散，与人们的时间生活是间接的关系。在牟氏看来，"大同"观念落实于现实世界中就类似于康德所讲的"各自由国家的自由联盟"，各个民族国家通过法律条约的形式结合在一起，但各个民族国家的独立性依然得到尊重。此外，与康德的"各自由国家的自由联盟"不同，牟宗三所设计的"大同组织"由"具有高远理想且能够表现绝对精神的政治家"来领导，这时的"政治家"不仅是政治方面的从业者，而且是德性圆满、才能卓绝的理想人格，不再是"尽气的天才"，而是"尽理的圣人"，这无疑是儒家"圣王"理想的实现，因此人间即为天国，道德的形上学之"即内在即超越"的义理特质在政治历史领域得以展现。

其次，就精神发展之目的而言，"天下大同"是各个民族"外在地尽其性"的必然要求，而民族之所以能够"外在地尽其性"根源于儒家之"性善"原则和"推扩"原则，理想的政治设计建立在理想的人性信仰基础之上。

在牟氏看来，"各民族实可既内在于其自己之国家以尽性，又可以照顾自己而又照顾他人以超越其自己而外在地对他民族以尽性。如是，实可在主观意志之互相照射、互相限制下而转为法律以客观化之，此即为'大同之组织'。此组织亦是主观意志与客观意志之统一，主观自由与客观自由之统一"。② 如果说"大同"源于一个民族外在于自己而对其他民族尽其性，那么这种"尽性"如何可能？对于这一问题，牟氏诉诸儒家"此心同、此理同"（陆九渊语）的先天人性论和"己欲立而立人，己欲达而达人"（《论语·雍也》）的"忠恕之道"。在人性论上，牟宗三秉承思孟以降的性善论，"人之所以异于禽兽就在这个良知之觉，由此进一步即说就是这个怵惕恻隐之心：这是人人都有的，也是人的一个特点。人之保持与改进其生活都是靠这个怵惕恻隐之心为其必要的普

---

① 牟宗三：《理想主义的实践之函义》，载《道德的理想主义》，第 63～64 页；《全集》第 82～83 页。
② 牟宗三：《历史哲学》，第 32 页；《全集》第 9 卷，第 467 页。

遍条件的"。① 基于对儒家"性善"之先天普遍性的信仰，牟宗三以个体为中心层层外推至整个家、国、天下，由个人之"善性"推扩到他人之"善性"，由本民族之"能尽其性"推扩到其他民族之"能尽其性"："心德之涵量亦可申展于同是人类之其他民族。""其他民族依其个体性之身份实可以主动地内在于其自己而又超越其自己以回应我们的主观意志而亦表示他们的主观意志：同是一个具有'权限'的存在。"② 这里，牟宗三所推扩的内容较之于传统儒家有所增益，加入了现代政治的"权利－义务"观念，由本民族是一个权利和义务的主体推扩到其他民族也是一个权利和义务的主体，因此"大同"建立在作为法权主体的各个民族国家之自愿联合的基础之上，并有客观性的法律和契约对各自的权利予以保障，对各自的义务予以规定。这种对于法权主体能力的"推己及人"建立在牟氏对人类普遍理性的信念之上，这不仅来源于儒家思孟一系的先天人性论，同时也来源于以康德、黑格尔为代表的"理想主义现代性"对于"人本质"的理性预设。因而在牟宗三看来，"天下大同"的政治理想必然应当实现，也必然能够实现。

再次，就其现实性而言，"天下大同"的实现建立在"家庭""国家"等政治实体的基础之上，代表了精神之"具体的普遍性"。

尽管"天下"是超越"国家"的普遍性实存，但是"家庭""民族国家"等特殊性实存于其中，因此"天下"代表了一种"具体的普遍性"："家庭国家亦必须融于天下而始得其价值之最后的归宿，而天下亦必须以这些价值为内容而始成为有价值的。天下一观念之有意义，完全在其对家庭国家之肯定而期有以融和之上而有意义。若谓天下离开家庭国家而可以自成一阶段，则它那个阶段便是空乏的，荒芜的。"③ 在牟氏看来，康有为之所谓"大同"以"去国界合大地"为目标，要求废除家庭、国家、法律、军队、私有财产等人类一切特殊性实存的乌托邦设想，实际上抽掉了"大同"理想的现实基础，使之成为一个"空洞的、抽象

---

① 牟宗三：《道德的理想主义与人性论》，载《道德的理想主义》，第25页；《全集》第32页。

② 牟宗三：《历史哲学》，第32页；《全集》第9卷，第466、467页。

③ 牟宗三：《理想主义的实践之函义》，载《道德的理想主义》，第65页；《全集》第9卷，第85页。

的普遍性"，实际上走向了"大同"的反面即"大私"，因而"不能拿一个光秃秃的'大同'来作为废除家庭国家的理由"①。在牟氏看来，"文化不是抽象的空头的文化，而是有某种气质的民族所实现出的文化，在实践的历史中实现出的。故保历史文化即是保民族国家。历史文化不能消灭，民族国家亦不能消灭。我们只应在历史文化所贯串的各民族国家中，异质地实现大同（大同即是大通，异中之同）。不应当毁弃他人的历史文化民族国家而强迫着求同质的大同。这不是大同，乃是大私"。②在更广泛的意义上，"大同"的基础不限于"家庭""国家"，而是包括一切主观精神和客观精神于自身之中，因此牟氏指出："'大同'那个普遍性完全要靠人性、个性、自由民主、民族国家这些精神原理来充实它，它始有意义。"③牟宗三进而对"大同"之世"家庭""国家"等存在的合理性给予了理论上的证明，这个证明分为两方面：一是客观方面之"形上学的证明"，即从精神之实现的"具体性"上论证"特殊者"对于"普遍者"的必要性；二是主观方面之"道德的证明"，即从人性人伦之不可废的角度论证"家庭""国家"的永恒性，"家庭"根源于"情之至亲"，"国家"根源于"义之分位"，两者代表了"客观精神"，是通向"绝对精神"的必由之路。④通过以上主客观两重证明，"家庭""国家"之存在具有了必然性和永恒性，作为构成"大同"的基本单位而得到肯定。较之于康有为的"大同"乌托邦，牟宗三的"大同"设想更近于儒家义理，并且也更切合历史发展。

　　但还应看到，牟宗三对传统儒家的"天下大同"观念有所转化，将其建基于具有独立主权的"民族国家"之上，这使传统文化意义上的"天下"观念与政治－地理意义上的"世界"观念相结合，即"形而上的普遍性"与"逻辑的普遍性"相结合。如前所述，传统儒家所谓"天下"基于"道"而自在就是普遍的，而近代以来的"世界"作为由独立"民族国家"所组成的复合体，基于各个构成单元而成为普遍的。而在

①　牟宗三：《领导时代之积极原理》，载《时代与感受续编》，《全集》第 24 卷，第 36 页。
②　牟宗三：《理想主义的实践之函义》，载《道德的理想主义》，第 46 页；《全集》第 9 卷，第 60 页。
③　牟宗三：《领导时代之积极原理》，载《时代与感受续编》，《全集》第 24 卷，第 36 页。
④　参见牟宗三《理想主义的实践之函义》，载《道德的理想主义》，第 60、62～63 页；《全集》第 9 卷，第 78、80～81 页。

牟氏的"天下大同"观念中，以上两者都被涵摄于其中：一方面，"大同"是人绝对而无限的"道德心"之内在要求，是超越的"天命"（"世界精神"）之根本目的，因而其自在就是普遍的；另一方面，"大同"是由诸"民族国家"通过契约和法律结合而成的自由联盟，其普遍性包含了各个民族的特殊性，而中国作为"大同组织"中的一员，与其他国家处于平等的地位。基于以上双重普遍性，牟宗三的"天下大同"观念具有鲜明的现代性意蕴，因此也可以称为"世界大同"。

最后，就客观效果而言，"天下大同"使世界历史的"命运法庭"客观化为"法律法庭"，克服了"国家"在对外关系中非理性的"自然状态"。

黑格尔认为"恶"（Böse）是历史的动力，如果个人在历史中都为了自私的目的，各个国家都为了自身的"福利"（Wohl），那么基于福利的矛盾的战争成为国家间的纽带，"如果特殊意志之间不能达成协议，国际争端只有通过战争来解决"。① 在黑格尔看来，国家在对内关系上是理性的，但在对外关系上是非理性的，国家之间处于自然状态之中，因此为了本国的福利可以发动对外战争，战争推动着历史的进步。

牟宗三并不认同黑格尔的上述观点，指出"同在理性之贯注中，自己之国家可以保存，而国与国之间亦可成为法律制度之形态，而不应永远落在自然状态"。② 有鉴于此，牟氏以"大同之组织"为国家间关系的客观实体，各个民族国家融通而为一个谐和的整体，这种统一并不取消国家，而是建立在国家之间彼此平等、共同订立的法律（"国际法"）之上，因而各个民族国家享有平等的权利、履行合理的义务，由"大同之组织"依法进行裁决，后者就是客观的、理性的"法律法庭"而非盲目的"命运法庭"，因此"神圣理念整全地实现时，则普遍心灵客观化而为大同，则它就是法律法庭，其权限亦是法律权限，而且是客观实践中最高的权限"。③ 同时，"大同"的实现并不是说"人"成了"神"，无可奈何的"命运"依然存在，"各民族自己以及世界史之主体，其行动与命运，在现实宇宙中，亦仍有一个'命运法庭'来裁判它。此是'命

① 〔德〕黑格尔：《法哲学原理》，第348页。
② 牟宗三：《人文讲习录》，第128页；《全集》第28卷，第176页。
③ 牟宗三：《历史哲学》，第33页；《全集》第9卷，第468页。

运法庭'之推进一步，不过不是'世界史'而已。此或即是宇宙法庭，或曰上帝法庭"。① 这里，牟氏实际上是将"命运"从人类历史领域分离出来而推之于不可思议的"外在必然性"（此处是"命"之"限定义"，属于形下之"气命"，故不能说为"本体界"），后者属于"六合之外，圣人存而不论"（《庄子·齐物论》）的领域，如个体之衰老、民族之消亡、文明之湮没等，这体现出人类永远不能克服的有限性，正所谓"真正仲尼，临终不免叹口气也"（罗汝芳《盱坛直诠》下卷），圣人亦不能免于"命运之限"，故而"吾人于此对人类之命运实觉有无限之严肃，与无限之哀怜"。②

综合以上诸方面，可以看到牟宗三作为一个现代新儒家在"天下大同"观念上的突出特点：一方面，牟氏以"道德心"为历史进步的基本动力，以"性善"原则和"推扩"原则为"大同"实现的人性基础，这是他与以康德、黑格尔为代表的西方理想主义现代性的区别，代表了儒家道德理想主义的根本立场；另一方面，牟氏引入了现代"民族国家"观念和法律权利观念，这是他与传统儒家的"大同之治"理想的区别，体现了"现代性"的时代要求。作为具体的普遍性的"天下大同"观念，具有"求同存异""和而不同"的内涵，在保存民族历史文化之特质的基础上谋求人类文化的普遍融合与会通，以期共同实现人类文化的普遍和谐之"终极目的"，这个过程本身是顺天命、尽人性的实践过程。牟宗三的"大同"观作为儒家传统面向现代性转化的一个典型范例，具有重要的理论意义和现实意义。

2. 中国历史发展之考察

以上所述是牟宗三"道德－历史目的论"的普遍性原则，属于"历史哲学之一般"的范畴，而其思考历史的根本目的在于以此关切中国历史，正如他自述的："吾不悖于往贤，而有进于往贤者，则在明'精神实体'之表现为各种形态。吾于此欲明中国文化何以不出现科学、民主与宗教，其所具备者为何事，将如何顺吾之文化生命而转出科学与民主，完成宗教之综合形态。"③ 牟氏秉承着"精神之内在有机发展"的理路，

①　牟宗三：《历史哲学》，第33页；《全集》第9卷，第468页。
②　牟宗三：《历史哲学》，第34页；《全集》第9卷，第468页。
③　牟宗三：《历史哲学》，自序第4页；《全集》第9卷，自序第20页。

一方面力图论证中华民族在世界历史上存在和发展的合理性，另一方面力图阐明中国文化内在地实现"现代性"的必然性。

（1）"文化生命之尽性"：民族存在的合理性

黑格尔将"世界历史"视为精神由东方到西方的单向运动，其描绘的"世界历史"进程有如太阳的"东升西落"，并且这种过程只是一次性的："世界历史从'东方'到'西方'，因为欧洲绝对地是历史的终点，亚洲是起点。"① 在黑格尔看来，中国是一个"不含诗意的帝国"，"中国很早就已经进展到它今日的情状，但是因为它客观的存在和主观运动之间仍然缺少一种对峙，所以无从发生任何变化，一种终古如此的固定的东西代替了一种真正的历史的东西"，因此中国是"仅属于空间的国家"，其历史呈现空间的稳定性，与时间的变动性截然相反，因而被黑氏视为"非历史的历史"（ungeschichtliche Geschichte），"可以说还在世界历史的局外，而只是预期着、等待着若干因素的结合，然后才能够得到活泼生动的进步"。②

牟宗三首先对黑格尔的这种"世界历史的单线发展论"予以批判。他列举了五点理由加以驳斥，第一，各民族的历史自有其独立的表现方式，西方并非继承东方形态而发展，而中国既然仍存在，则必有其未来；第二，世界历史在开始时齐头并列，必然在精神表现方式和生活原理上有一个共同纲领，故在其发展途径中有一"息息相通之大谐和"；第三，在当下的现实中，某民族发展到了一定程度，并不能以此视为该民族的最终结局而否认其具有进一步发展的潜力；第四，精神的表现方式在哲学上可得以全面系统地说明，但在实际历史中，具体民族因其"气质之限"，并不能一时显现这种精神的全体，因此总会有所不足；第五，在一定时代取得既定领导地位的原则未必合理，不能视为最终结局，历史必然继续向前发展，诱发被动的民族进一步表现出尚未表现的精神原则，各民族之间起伏激荡促成世界历史精神的大谐和。基于这五点原因，牟氏肯定了"各存在之民族皆有对于世界历史之责任与使命"，但是他并没有因此走向世界历史的多元论，而又跳跃性地得出以下结论："世界历

---

① 〔德〕黑格尔：《历史哲学》，第106页。

② 〔德〕黑格尔：《历史哲学》，第108、117页。

史有一决定之东方，有一决定之起点，而此亦即是决定之终点。黑氏之圆圈，西方之发展，终必因东方之自觉与发展而回到此起点：此是人类在精神上，在生活原理上之故土也。"① 牟宗三的上述结论以"东方故土说"抗颉黑氏之"西方终点说"，在表现上似于黑格尔针锋相对，但在实际上又重蹈了黑氏"单线发展论"的覆辙，由黑氏的"西方历史中心论"走向了"华夏文化中心论"，认定西方文化最终必将在摇摆中向中国文化"投注"。这实际上是梁漱溟"世界文化三期重现说"② 在历史哲学领域的翻版③，与其对中西文化之"判教"的立场相一致，体现出现代新儒家一以贯之的"文化乡愁"，同时也体现出一元中心主义的"启蒙心态"。

关于黑格尔对中国历史文化的断言，牟宗三进行了具体的分析。前文已述，牟氏批评黑格尔仅就国家、法律方面而言中国历史只有"实体自由"而无"主体自由"的论断并不符合事实，并且指出中国文化传统中彰显出了"道德的主体自由"和"艺术的主体自由"。此外，对于黑格尔关于中国历史在总体上是"非历史的历史"的论断，牟氏一方面承认"此亦实为吾历史之不可讳的相貌"，"吾人不应护短以自蔽"，另一方面在黑格尔论断的基础上进一步反思中国文化在历史中停滞和落后的内在原因。简言之，牟宗三将中国文化的缺失归结为知识和政治两大方面：在知识方面"只有道统而无学统"，因而没有出现逻辑、数学、现代科学等"知性形态"的成就；在政治方面"有吏治而无政治""有治道而无政道"，因而没有出现民主政治、近代国家及法律等"客观实践形态"的成就。尽管如此，牟宗三本着"道德－历史目的论"思考方式，坚信中华民族精神之"内在有机发展"的进程必然指向"普遍性理想的客观化"，具体表现为民族国家的建立、民主法制的实现以及科学知识的生发，这三者既是"现代化"的目标，也是中华民族内在的"自尽其性"的表现。在牟宗三看来，一个民族之"性"即以民族的生存和发

---

① 牟宗三：《历史哲学》，第 64 ~ 65 页；《全集》第 9 卷，第 74 页。

② 梁漱溟认为"古文明之希腊、中国、印度三派竟于三期间次第重现一遭"。参见《东西文化及其哲学》，《梁漱溟全集》第 1 卷，山东人民出版社，1989，第 525 ~ 528 页。

③ 在历史终极目的之设定上，两人有所区别：梁漱溟以印度文化为终点，而牟宗三以中国文化为究极圆满。

展为根本目的（"性分"），这是"精神"给予这个民族的使命和责任，"尽性"就是通过整个民族的实践将这个目的予以实现，"由周公之制作、孔孟之树立、宋明儒者之继承阐发，它在中华民族的进展中已尽了它的责任。其基本核心决无关于封建，亦无所谓新旧。它只是在此以往的发展中没有开出科学与民主政治来。但是我们前面已说过，此心此理的内容，文化的创造，决不可能一下子都出现，它注定要在历史发展中完成其自己。以前没有开出来，将来都要开出来。这里决定没有不兼容的地方，而且还是本末一贯的一个谐和体。"①

基于这种"精神之内在有机发展"的目的论，牟宗三得出结论：现代性的实现是中华民族"自尽其性"之内在要求："中华民族生命之途径，吾人建造近代化国家之途径，端在于客观实践中由存在的证悟以透显与互融个体性与普遍性以尽其民族自己之性上。""只有在个体性与普遍性的真实透显与互融中，吾人得以肯定全幅价值之内容，此方是中华民族尽其性之新纪元。"②

（2）"辩证的必然性"：现代性的实现

由于中华民族走向"现代"合乎"精神之有机发展"的内在目的，因而中国文化传统作为鲜活的文化生命，必然要求"现代性"的实现，同时必然能够内在地达至"现代性"的实现，这一过程中的必然性是一种特殊的必然性，牟宗三称之为"辩证的必然性"。

牟氏区分了三种"必然性"："逻辑的必然性"（logical necessity）、"形而上的必然性"（metaphysical necessity）和"历史的必然性"（historical necessity）。"逻辑的必然性"是逻辑学中推理的必然性，前提蕴含结论，如"人必有死"；"形而上的必然性"是事物所以存在的存有论根据，即莱布尼茨所讲的"充足理由律"，如"有物必有则"（《孟子·告子上》）。牟氏指出："逻辑的必然性是形式的（formal），不接触实在，只是推论的那个推演的必然；比如有这个前提就一定有这个结论，这种必然性，就叫逻辑的必然性。但是到我们必须承认一个 form，一个 matter，而且这个 matter 的存在有必然性，这就不是逻辑的必然性，而是

---

① 牟宗三：《关于文化与中国文化》，载《道德的理想主义》，第 258 页；《全集》第 9 卷，第 332 页。

② 牟宗三：《历史哲学》，第 26 页；《全集》第 9 卷，第 461 页。

metaphysical necessity。"① 在以上两者之外，还有一种特殊的必然性，其"不是逻辑的必然性，也不是形而上学的必然性，也不是科学的因果性，它是在辩证发展中的那个必然性"②，这被牟氏称为"历史的必然性"，也称为"辩证的必然性"："从精神的发展上讲，它是一步一步转出来的，这个就是精神发展中的一个内在的韵律，这种韵律就叫做历史的必然性。它既不是逻辑的必然性，也不是科学里边那个机械的因果律。这种必然性，就叫做辩证的必然性。历史的必然性都是辩证的必然性（dialectical necessity）。"③ 牟氏举例说，普遍性的精神必然要通过特殊性的文化之"通孔"来表现，这具有"形而上的必然性"，但精神何以在中国从"生命"的通孔表现，而在西方从"自然"的通孔表现，这里在逻辑上、形上学上没有必然性，而只有"历史的必然性"，也就是"辩证的必然性"。

牟宗三通过"辩证的必然性"来说明中国文化内在地实现"现代性"的历史进程，这个过程就是"良知之自我坎陷"的过程，也就是"辩证的开显"的过程。下文将详述牟氏在存有论意义上所讲的"坎陷说"，他在那里明确说明"知性之开显有其辩证的必然性，此不能由知体明觉之分析所可逻辑地分析出者"④。牟氏指出单纯的"德性主体"本身只是精神表现的主观阶段，如果不能转出"认知主体"以成就科学、民主等客观定在，就不免流于空洞和抽象，因而必然要求一个内在的自我否定，必然要"致曲成逆"以客观化自身，必然要有这一"转折上的突变"。这一过程就是一个黑格尔意义上的辩证过程，其"必然性"并非源自科学的自然因果律（德性遵从自由因果律），不是逻辑上的必然性（在概念上"德性"并不蕴含"知性"），也不是形而上的必然性（"德性"的存在有形而上的必然性，而其坎陷则无此必然性），而只能是"辩证的必然性"（在历史实践中的必然性）。也就是说，德性之"坎陷"不是概念使然，不是天命使然，而是历史和时代使然，也就是"现代性"使然。在前现代社会，"德性"无须坎陷，自足其性无待于外；

---

① 牟宗三：《中国哲学十九讲》，第 7 页；《全集》第 29 卷，第 7 ~ 8 页。

② 牟宗三：《中国哲学十九讲》，第 13 页；《全集》第 29 卷，第 15 页。

③ 牟宗三：《中国哲学十九讲》，第 11 ~ 12 页；《全集》第 29 卷，第 13 页。

④ 牟宗三：《现象与物自身》，第 123 页；《全集》第 21 卷，第 127 页。

而只是到了现代社会，以往的"德性"才显示出其主观性和片面性，因此必须坎陷以开出"知性"，由此"知性"以成就科学知识和民主政治；进而言之，如果到了未来社会，出现了新的时代要求，则"德性"（"精神"）还将进一步"辩证地开显"未来所需的任何客观定在，所谓"坎陷"就是精神之积极作用的体现。"坎陷说"的理论意义在于展现了一条具有"辩证的必然性"的理路："一人不能，总当有能者。一时不能，总有能之时。盖理路已备也。理路备，则思想顺而进之也。"[1] 同样，中华民族之实践也顺此理路而进之。

综上所述，牟宗三力图通过"坎陷说"证明中国文化能够内在地实现现代化，并且诉诸黑格尔"精神之内在有机发展"的辩证法确保这一"坎陷"过程的必然性。这种"辩证的必然性"只有内在于牟氏的"道德—历史目的论"思想框架才能得以理解，而后者深受康德、黑格尔为代表的启蒙理性主义历史哲学的影响，带有强烈的本质主义、基础主义的预设。而一旦跳出这种历史理解模式，则"坎陷说"在学理上就出现了深刻的问题，并且面临着实践的挑战。[2]

---

[1] 牟宗三：《历史哲学》，第 222 页；《全集》第 9 卷，第 255 页。

[2] 较为详尽的论述参见陈忠信《新儒家"民主开出论"的检讨——认识论层次的批判》，载《台湾社会研究》第 1 卷第 4 期（1988 年 12 月）。

第四章　牟宗三哲学与"现代性"的双向互动

上一章从哲学理念的层面考察了牟宗三哲学的现代性特征，本章将进一步考察这些哲学理念的具体展开，即牟氏哲学与"现代性"之间的双向互动关系。这种双向互动关系在牟氏哲学中鲜明地表现为"儒家传统"与"西方现代性"两大思想资源之间的互动，进而在更为深刻的层面表现为牟宗三本人的哲学思考与作为共相的"现代性"精神之间的互动。牟氏的思想实践交织着"民族性"与"时代性"之间的复杂纠结，最终指向"中国现代性"的学理探索，而这一目标的实现建基于"面向现代性的儒家哲学重建"和"立足于儒学的现代性批判"两方面的理论努力。本章即从"重建"与"批判"两方面切入这一问题。

第一节　面向现代性的儒家哲学重建

牟宗三的哲学思考是在"现代性"问题的挑激下展开的，面对这一问题，他选择了重建儒家哲学体系的方式予以回应。他在建构体系的过程中，一方面内在地阐发儒家"道德的理想主义"的根本精神，突出了"德性主体"的核心地位；另一方面借鉴了康德、黑格尔哲学的概念框架和思考方式，吸收了现代性的精神理念，将"认知主体"收摄于体系之中，从而为"科学""民主"等现代性成就奠基。

鉴于以往学界对牟宗三的哲学体系已经进行了深入而细致的研究，取得了相当丰富的成果，因此本书在借鉴相关研究的基础上，进一步对其体系的内在逻辑予以分析，试图从一个与以往研究不尽相同的角度进行论述。在本书看来，综观牟氏所建构的"道德的形上学"体系，其在根本上以"良知"（"德性主体"）为核心，展现为良知的呈现、外化和返回自身的辩证过程，呈现"正－反－合"的内在逻辑，显示其哲学思考受到黑格尔哲学的深刻影响。

一　良知的呈现——"德性主体"的证成

在牟宗三看来，儒家传统在根本上是一种"主体性哲学"："用一句最具概括性的话来说，就是中国哲学特重'主体性'（Subjectivity）与'内在道德性'（Inner-morality）。中国思想的三大主流，即儒释道三教，都重主体性，然而只有儒家思想这主流中的主流，把主体性复加以特殊的规定，而成为'内在道德性'，即成为道德的主体性。"① 因此，牟宗三极力凸显儒家传统中的"道德主体性"精神，以此为整个哲学体系建构的理论基点。在这个意义上，"德性主体"的自我呈现是牟氏哲学的根本内核，对这一问题的解答构成了"无执的存有论"的基本内容。

在牟宗三的语汇里，"德性主体"又有"本心""良知""知体明觉""自由无限心"等名称，这些概念根据不同的语境有所侧重，但实质并无不同。简言之，牟氏突出地强调德性主体"即内在即超越"的特征：一方面具有内在性的道德意义，"自其为道德的实体而言，它是道德底超越根据，即引生德行之纯亦不已底超越根据，由此开道德界"；另一方面具有超越性的存有论意义，"自其为存有论的实体而言，它是万物底创生原理或实现原理，是乾坤万有之基，是造化的精灵，由此开存在界"②。有鉴于此，本书将分别从"道德意义"和"存有论意义"两个方面着手分析牟氏对"德性主体"的理解，并进一步探析这两个方面的结合方式，以此展现牟氏"无执的存有论"的基本内涵。

1. "德性主体"的道德意义

牟宗三秉承儒家"成德之教"的宗旨，将德性问题提升为一个最为根本的哲学问题，在此处"道德"之含义已经超出了一般伦理学的范畴，成为人之为人的根本特质。他对"主体"的道德性反复申说，既有依据儒家文献的梳理诠解，也有针对康德哲学的比较论析，因而可资引述的材料非常丰富。本书围绕以下三个核心问题进行展开，力图揭示牟宗三对儒家"内圣之学"进行现代诠释的内在逻辑。

第一个问题："道德何以必要?"

---

① 牟宗三：《中国哲学的特质》，第 4~5 页；《全集》第 28 卷，第 4 页。
② 牟宗三：《现象与物自身》，学生书局，1975，第 64、92 页；《全集》第 21 卷，第 67、96 页。

　　这个问题最为根本，可以说是任何道德哲学和伦理学的"元问题"。牟宗三对这一问题的思考并不依赖任何特殊的文化语境，而是着眼于人类精神的根本需要，因为在他看来道德之所以必要在于其具有"形而上的普遍性"。他说："人所首先最关心的是他自己的德行、自己的人品，因为行动更有笼罩性与综纲性。行动包摄知识于其中而为其自身一附属品。他首先意识到他的行动之实用上的得当不得当，马上跟着亦意识到道德上的得当不得当……故人首先意识及的是德行；对于德行加以反省以求如何成德而使心安，这亦是首要的问题，而且那亦是最易为人所首先意识及者。"① 以上论述突出地体现了牟氏"德行优先于知识"的儒家立场，肯定了道德不仅是人之行为活动的必要，而且是人之社会性生存第一必要，正如陆象山所言："若某则不识一个字，亦须还我堂堂地做个人。"（《象山语录》下）牟氏在此所讲的"德行"必要性是由对人的现实生存的经验归纳反省而得出的，其基础是人之实践活动的根源性和必然性，即人从事实践活动是人之生存的基本事实，而道德之所以必要正是基于"人要实践"这一不可还原的前提。

　　以上的论证基于对经验事实的归纳，尚未越出一般伦理学的范围；而牟宗三更侧重从主体自身先天的道德意识中分析出道德的理由，即从"人"这一概念本身就能够分析出"道德"。他指出："道德意识是一个'应当'之意识。这'应当'是'存在的应当'，不是泛说的一个知解的概念。它是一个人当下自己负责的'应当'。道德意识中'存在的应当'之决定就是一个'道德的决定'。对于道德的决定作一超越的分解，同时，亦即是存在的分解，就是要显露一'道德的实体'以使此道德的决定为可能。"② 这里所谓"道德的实体"就是能够产生道德意识、实践道德行为的"德性主体"，这一主体内在地发出道德命令之"应当"，这种"应当"已然不同于一般伦理学意义上所讲的"应当"，而具有一种形上学的意蕴（即"存在的应当"）。

　　基于此，探讨"道德何以必要"的问题不能仅限于伦理学或道德哲学的框架中，还应该诉诸一整套根源性的存有论学说，后者即是牟宗三

---

①　牟宗三：《现象与物自身》，第 21 页；《全集》第 21 卷，第 21 页。

②　牟宗三：《现象与物自身》，第 62~63 页；《全集》第 21 卷，第 65~66 页。

所着力建构的"道德的形上学"理论。由于有了"道德的形上学"作为义理根据，道德意识和道德行为的发生就不仅是"必要的"，而且是"当然而不容已、定然而不可移"的，如同康德所讲"道德法则是纯粹理性的唯一事实"①，道德就是人之存在的"基本事实"，这里的"事实"（Faktum）一词并非取消道德的价值属性，而是说明道德对于人本身而言的必然性与当然性。

第二个问题："道德何以可能？"

牟宗三将"道德何以可能"的问题转化为"德性主体何以可能"的问题加以思考，内在于主体自身探寻道德意识和道德行为的可能性。依据儒家的义理系统，牟氏关于"德性主体"的论述归结为"心"和"性"这两个核心范畴：其中"心"是主体内在的道德意识，具有自主性和活动性，能够自觉产生道德行为、创造道德价值，同时具有知是知非、为善去恶的能力，因此成为道德实践的主观根据；而"性"是普遍性的道德法则，作为道德行为的方向和目标，代表了规范性和律则性，不仅如此，"性"代表了超越的"天命"下贯于个体之中而成的道德本性，具有当然性和必然性的特征，因此成为道德实践的客观根据。牟氏根据儒家孟子一系的义理，认定"心"与"性"先天同一："自其为'形而上的心'言，与'於穆不已'之体合一而为一，则心也而性矣。自其为'道德的心'而言，则性因此始有真实的道德创造（道德行为之纯亦不已）之可言，是则性也而心矣。是故客观地言之曰性，主观地言之曰心。自'在其自己'而言，曰性；自其通过'对其自己'之自觉而有真实而具体的彰显呈现而言则曰心。""心性为一而不二。"② 牟氏将这种"心性天为一"的义理形态称为"一本之圆教模型"，在这种"圆教模型"之下的主体既是道德原则的立法者，又是道德行为的实践者，是一个"自知是非、自作主宰、自发命令、自定方向"的德性主体，同时也是道德世界背后的超越本体，确保了道德的可能性，成就了康德意义上的"自律道德"。

第三个问题："道德如何实现？"

牟宗三指出，儒家"道德的形上学"具有"即本体即工夫"的特

---

① 〔德〕康德：《实践理性批判》，第41页；AA, Bd. V, S. 31。
② 牟宗三：《心体与性体》（上），第36页；《全集》第5卷，第45页。

征，"就道德论道德，其中心问题首先在讨论道德实践所以可能之先验根据（或超越的根据），此即心性问题是也。由此进而复讨论实践之下手问题，此即工夫入路问题是也"。① 上文所述之"心性"是"本体问题"，是道德得以可能的超越根据；这里讨论的是"工夫问题"，是道德得以实现的实践根据。就儒者而言，"他们首先所注意者毋宁是工夫问题，至于本体问题则是由自觉地做道德实践而反省澈至者，澈至之以成全其道德实践者"。② 在牟氏看来，真正意义上的工夫是"逆觉体证"，"逆觉体证亦必就其呈露而当下体证之，而逆觉之觉亦不是用一个与它无关的觉来觉它，乃即是其本身之震动力惊醒吾人而使吾人反照以肯认之，故此逆觉之觉实即是其本身震动力之反照其自己也"。③ 德性主体通过"逆觉体证"的工夫，反身内省以与超越的天道本体相契接融合，指向"天人一体"的圆融之境。这种工夫之所以可能，在于肯定"心"的超越性和活动性，即必须在"心性一体"的前提下才能真正实现这种"逆觉"，才能真正实现工夫与本体的合一，才能展现为具体的道德实践。

综观以上三个问题的相关论述，牟宗三从"德性主体"自身出发完成了对道德的必要性、可能性和现实性的论证，主体之道德意义的核心在于"心性一体"，将客观面的道德原则内化于主体之中，同时也将主体提升为道德意识和道德行为的超越根据，即道德意义上的"本体"。

2. "德性主体"的存有论意义

在牟宗三看来，"德性主体"不仅仅是道德界的本体，而且是存在界的本体，后者就是其存有论（ontology）意义。在牟氏的用法中，"存有"（Being）与一般意义的"存在"（Existence）有所不同："此理本身名曰'存有'，此是本体论的存有，无所谓在不在。在不在是就事物之然说。于事物之然说存在，而不说存有，存有是事物之然之所以然的理，是其存在之所以存在，故亦可云是存在之存在性。"④ 简言之，"存在"是形而下之"物"或"事"，是一定时空中的经验实然；"存有"是形而上之"理"，是"存在"背后的超越根据（"所以然"）。所谓"主体的

① 牟宗三：《心体与性体》（上），第 7 页；《全集》第 5 卷，第 10 页。
② 牟宗三：《心体与性体》（上），第 7 页；《全集》第 5 卷，第 10 页。
③ 牟宗三：《从陆象山到刘蕺山》，第 198 页；《全集》第 8 卷，第 230 页。
④ 牟宗三：《心体与性体》（下），第 326 页；《全集》第 7 卷，第 399 页。

存有论意义",意在说明此"德性主体"自身就是天地万物之存在的超越根据,即此"心"不仅是道德行为的"所当然之则",而且也是宇宙生化的"所以然之理"。本章就以下几个方面析论之。

第一,德性主体的存有论意义有其经典根据,即《中庸》《易传》所阐发开示的"本体宇宙论"的义理,其核心在于"道德理性充其极"。

牟宗三将先秦儒家的经典分为两路:其一是《论语》《孟子》所代表的"道德实践的进路",将"本心"上提而论证本体的道德性;其二是《中庸》《易传》所代表的"本体宇宙论的进路",由"天命"下贯而论证道德的本体性——以上两路分别从主客观两方面构成了儒家"道德的形上学"的内在义理,最终在境界上统一为"一本之圆教"。其中,"《中庸》、《易传》者是先秦儒家继承《论语》、《孟子》而来之后期之充其极之发展。所谓'充其极',是通过孔子践仁以知天,孟子尽心知性以知天,而由仁与性以通澈'於穆不已'之天命,是则天道天命与仁、性打成一片,贯通而为一,此则吾亦名曰天道性命相贯通,故道德主体顿时即须普而为绝对之大主,非只主宰吾人之生命,实亦主宰宇宙之生命,故必涵盖乾坤,妙万物而为言,遂亦必有对于天道天命之澈悟,此若以今语言之,即由道德的主体而透至其形而上的与宇宙论的意义"。① 这里所说的"充其极"是指道德理性自身达到极致而由道德界"跃升"进入"存在界",如果借用黑格尔的术语,就是由"主观精神"和"客观精神"过渡到"绝对精神"的阶段,这一过程实质上是由主体的绝对化而产生的一种辩证的发展。这种绝对的主体在牟氏看来是一种"境界",儒者"自始就有一种通透的、具体的圆熟智慧,而把那道德性之当然渗透至充其极而达至具体清澈精诚恻怛之圆而神的境地"。② 而一旦达到这种境界,也就成了作为"人伦之至"的"圣人","圣人是道德意识道德践履之最纯然者,故其体现此实体(诚体)亦最充其极而圆满。所谓充其极而圆满,一在肯定并证成此实体之普遍性,即此实体是遍万物而为实体,无一物之能外;二是圣心德量之无外,实体之绝对普遍性即在此无外之圣心德量中而为具体的呈现,不只是一外在的潜存的

---

① 牟宗三:《心体与性体》(上),第 275 页;《全集》第 5 卷,第 338 页。
② 牟宗三:《心体与性体》(上),第 99 页;《全集》第 5 卷,第 120 页。

肯定"。① 在圣人那里，"心"是"自由无限心"，"物"是作为宇宙本体的"物自身"（普遍性的实体），因此"在知体明觉之感应中，心和物一起朗现"，"此一起朗现勉强可说为在感应中统摄而为一也。此种统摄乃是形而上的统摄，非认知的综合也。形而上的统摄亦是统而无统，摄而无摄，只是在明觉感应中如如地一起朗现也"。② 在这里，牟宗三通过"感应 - 朗现说"而对王阳明"心外无物"的命题进行了阐释，"由此'心外无物'之义，吾人言心之无限性，即绝对性，由此开存在界"。③ 因此，以"圣心"观"物"的过程，是在感应中朗现、在朗现中创生、在创生中实现的过程，这种具有绝对性、无限性的"主体"成为宇宙本体之实现自身的超越根据，不仅创生道德之价值，而且创生宇宙之存有，即为"乾坤万有之基"。

第二，这种绝对性的"德性主体"之所以可能，在于"人虽有限而可无限"和"人可有智的直觉"两个理论关节点，而这两点最终归结为"智的直觉如何可能"的问题。

牟宗三对于"智的直觉"如何可能的问题，给出了"思辨的演绎"和"实践的阐明"④。

首先是"思辨的演绎"，其实质在于彰显德性主体的存有论意义。第一步，肯定"道德"在本质上是"自由意志"的自发自律，而"自由意志"必须是一个"真实的呈现"。其之所以是一个"呈现"根源于"仁心"的感通性，"仁心底感通原则上是不能有封限的，因此，其极必与天地万物为一体"，因此能够发出无条件的定然命令的"本心""仁体"也就成为人的先天之"性体"，遵循"心性一体"的理路，"心体"

---

① 牟宗三：《心体与性体》（上），第 285 页；《全集》第 5 卷，第 350 页。

② 牟宗三：《现象与物自身》，第 97 页；《全集》第 21 卷，第 101～102 页。

③ 牟宗三：《现象与物自身》，第 98 页；《全集》第 21 卷，第 102 页。

④ 郑家栋认为牟宗三关于"智的直觉"有"思辨的证立"和"实践的证立"两方面论证，参见氏著《本体与方法——从熊十力到牟宗三》，辽宁大学出版社，1992，第 270～279 页。严格地说，牟宗三对于"智的直觉如何可能"的问题不构成一个"证立"（justi-fy），只是在理论上进行了"演绎"（deduction），在实践上进行了"阐明"（exposi-tion）：在理论方面首先肯认了"本心仁体"作为一个"呈现"，以此为前提进行概念的分析演绎；在实践方面以"人有智的直觉"为前提，对此进行详细说明。因此这两者不能称为对"智的直觉如何可能"的严格证明，至多能称为"思辨的演绎"和"实践的阐明"。

与"性体"同样都既能直接创造道德行为，又能"涵盖乾坤，为一切存在之源"。第二步，由"道德自律"分析地得出德性主体的"绝对性"和"无限性"。如果"本心"或"性体"是有限的话，则其所发布的命令是有条件的，道德就丧失其自律性，主体行为因掺杂感性因素而成为被动的，因此"当吾人由无条件的定然命令以说本心仁体或性体时，此本心仁体或性体本质上就是无限的，这里没有任何曲折，乃是在其自身即绝对自体挺立的。唯有如此绝对自体挺立，所以才能有无条件的定然命令。此皆是由分析即可获得者"。① 第三步，由德性主体的"绝对而无限"分析地得出德性主体是宇宙论上的"第一因"、存有论上的"本体"。牟氏在此处的逻辑是：首先肯定"本心仁体"只能为因而不能为果，只能制约别的而不能为别的所制约，因而是绝对而无限的；而宇宙论上所讲的"第一因"也是绝对而无限的，"天地间不能有两个绝对而无限的实体，如是，两者必同一"②。而康德在"自由意志"之外还认为有一个"上帝"作为绝对而无限的存在，并且两者不能同一，是其"不透之论"，原因在于他将"自由意志"看作一个"设准"而不是"呈现"。因此，以上三步演绎的结论是："本心仁体或性体虽所特彰显于人类，而其本身不为人类所限，虽特彰显于道德之极成，而不限于道德界，而必涉及存在界而为其体，自为必然之归结。本心仁体既绝对而无限，则由本心之明觉所发的直觉必然是智的直觉。只有在本心仁体在其自身即自体挺立而为绝对而无限时，智的直觉始可能。"③ 以上由"心体呈现"推至"道德自律"，再推至"本心绝对而无限"，然后推至"本心为宇宙本体"，最后得到"本心所发为智的直觉"的结论，这一过程都是通过概念分析而先天地推导所至，没有经验成分的参与，因此这个过程是一个纯粹理论上的"演绎"过程。在牟宗三看来，这一演绎在逻辑上无懈可击④，而其演绎的出发点即"本心仁体是一个真实的呈现"则需要在实践上进一步的说明。

　　其次是"实践的阐明"，其关键在于阐明"本心仁体"的活动性。第一步，阐发"仁心"的两大特质。牟氏强调"本心仁体"自身就具有

---

① 牟宗三：《智的直觉与中国哲学》，第 192 页；《全集》第 20 卷，第 247 页。
② 牟宗三：《智的直觉与中国哲学》，第 192 页；《全集》第 20 卷，第 247～248 页。
③ 牟宗三：《智的直觉与中国哲学》，第 192～193 页；《全集》第 20 卷，第 248 页。
④ 本书后面将指出，这一演绎过程在论证形式上存在逻辑谬误。

自发性和能动性，这种"活动性"不是经验世界的"运动"（motion），而是"常寂常感"的生生不已（activity）①，其"以感通为性、以润物为用"。具体言之，"仁心"有两大特质："觉"与"健"②，前者是横说的"感通""朗照"之义，后者是竖说的"创生""实现"之义。就其"感通性"而言，"觉即就感通觉润而说，此觉是由不安、不忍、恻隐之感来说，是生命之洋溢，是温暖之贯注，如时雨之润，故曰'觉润'。'觉'润至何处，即使何处有生意，能生长，是由吾之觉之'润之'而诱发其生机也。故觉润即起创生"。③就其"创生性"而言，一方面"仁是超越一切德目之上而综摄一切德目，是一切德性表现底根源，是道德创造之总根源，故仁是全德"④；另一方面"仁心不但直接地彰显之于道德行为之创造，且以其绝对无限的普遍性同时即妙润一切而为一切存在之源"⑤。以上"感通性"与"创生性"两方面是统一的，构成了本心仁体之"活动性"的义理内涵。第二步，由"活动义"肯定"本心仁体"所发是"智的直觉"。"本心仁体"由于其活动性，一方面"虚明照鉴"而朗现"本体"（"物自身"），后者不是认识的对象，也不在主客、能所的对待关系之中，只是"在感应中如如地朗现"；另一方面"本心"之明觉反照自身，即"自知自证其自己"，这时"本心"自觉其为一"在其自己"的实体，这就是"逆觉体证"，其"觉之即润之，润之即生之"⑥，"呈现之即实现之，即创生之"⑦，这里的"创生"不仅创造道德价值、产生德性实践，而且创造存有论的实体（"物自身"）。因此，"由本心之明觉所发的直觉自必是智的直觉"⑧："智的直觉不过是本心仁体

---

① 参见牟宗三《心体与性体》（中），第362页；《全集》第6卷，第456页。
② 参见牟宗三《中国哲学的特质》，第31页；《全集》第28卷，第31~32页。
③ 牟宗三：《心体与性体》（中），第183页；《全集》第6卷，第237页。
④ 牟宗三：《心体与性体》（中），第182页；《全集》第6卷，第236页。
⑤ 牟宗三：《智的直觉与中国哲学》，第191页；《全集》第20卷，第246页。
⑥ 牟宗三：《智的直觉与中国哲学》，第199页；《全集》第20卷，第256页。
⑦ 牟宗三：《现象与物自身》，第99页；《全集》第21卷，第103页。
⑧ 牟宗三：《智的直觉与中国哲学》，第193页；《全集》第20卷，第248页。严格地说，牟宗三所使用康德的"智的直觉"这一概念与"本心仁体""知体明觉"有细微差别，"智的直觉"为"本心仁体"所产生的一种明觉作用，并不就是"本心仁体"本身，类似的表述如"此知体明觉之感应中含有一种智的直觉"。参见氏著《现象与物自身》第98页；《全集》第21卷，第103页。在其他地方，牟宗三也在宽泛的意义上将"智的直觉"与"本心仁体"（"知体明觉"）等同使用。

底诚明之自照照他（自觉觉他）之活动。自觉觉他之觉是直觉之觉。自觉是自知自证其自己，即如本心仁体之为一自体而觉之。觉他是觉之即生之，即如其系于其自己之实德或自在物而觉之。智的直觉即本于本心仁体之绝对普遍性、无限性以及创生性而言。"① 第三步，由"人具有智的直觉"阐明道德实践的存有论意义。牟宗三根据儒家传统肯定了人自身能够展露"智的直觉"，因此人就不能仅仅是一个有限的存在，而必须具有通向绝对而无限的能力，这种能力就是具有作为"真实的呈现"的"自由意志"（"本心仁体"）。由此"自由意志"主导之下的道德实践就不仅仅是一系列经验世界的"事"，而且是存有论意义的"物"②，如"事亲""敬长"等道德行为是主体意图实现的目标（可以类比于认知活动方便说为"对象"，但不存在主客对立关系）。这些行为就是"智的直觉"之所感应觉润的"物"，这是"物自身"意义而非"现象"意义上的"事"或"物"，"知体明觉所起现而著见者是实事实理，亦是实物"，由此德性主体与道德行为之间具有一种"体用关系"："如果知体明觉是体（理体），则实事实物皆是用，而此用并非'现象'。实事是事之在其自己，事不作事观，乃是知体之著见，即非现象也。实物是物之在其自己，物不作物观，乃是明觉之感应。物无物相即是无物之物，故亦非现象也。凡此皆是一知之显发与明通，故一切皆如也。"③ 以上的"心"（"知体明觉"）与"物"（"实理实事实物"）之间是在"无执的存有论"意义上的"体用"关系，因此后者虽然是"用"，但不是"现象"，因此被称为"经用"。这样，道德实践就具有了存有论的意义，人本其"本心良知"发动道德行为的过程就是"智的直觉"创生"物自身"的过程（严格地说是这种创生过程的一种表现），而儒家所讲的诸种修养工夫也就是通过具体行动而使这种存有论意义上的创生活动得以表现落实。

综合以上"思辨的演绎"和"实践的阐明"，牟宗三得到结论："智

---

① 牟宗三：《智的直觉与中国哲学》，第 200 页；《全集》第 20 卷，第 258 页。
② 牟宗三根据阳明之学而以"物"涵"事"："事是行为，故吾亦曾以'行为物'说之。扩大言之，亦可以是'存有物'。"（见氏著：《从陆象山到刘蕺山》，第 164 页；《全集》第 8 卷，第 191 页。）
③ 牟宗三：《现象与物自身》，第 128 页；《全集》第 21 卷，第 132 页。

的直觉不但是理论上必肯定，而且是实践上必呈现"①。

　　这里有两个问题值得思考。第一个问题，以上"思辨的演绎"的起点是"本心仁体（良知）是一个真实的呈现"，而对这一观点所做的"实践的阐明"实际上又预设了这一论断的必然性，因此这里容易引起"循环论证"的质疑②。本书认为，如果以纯粹逻辑的观点审视牟氏的所谓"论证"，那么可以说其是一个"循环论证"，"良知之呈现"既是"前提"，也是"结论"。但是，仔细考察牟氏这里及其他著作的论述，情况却并非这样简单。实际上，牟氏本人并不将其视为对"智的直觉如何可能"的论证，原因在于他并不认为这是一个可以单纯靠理论思辨就能够确证的问题，而是需要"实践的亲证"。他指出，"'自由本身之客观存在上的绝对必然性如何可能'之问题就是'它的绝对必然性如何能真实地必然地呈现'之问题，这是不可以经验知识底尺度来衡量的，这是一个实践问题，不是一个知识问题。因此，它的绝对必然性如能在实践中真实地呈现，则我们的理性即能与它觌面相当而理解之"。③"理解不只是知识意义的理解，还有实践意义的理解。我们不只是思辨地讲理性之实践使用，还有实践地讲理性之实践使用。不只是外在的解悟，还有内在的证悟，乃至澈悟。"④ 也就是说，对于"实践理性"的真理有"思辨的"和"实践的"两套讲法，后者是更亲切、更内在、更根本的理解，儒家传统更为强调这种"亲证"和"澈悟"，是在践仁尽性的真实工夫中步步呈现"本心仁体"的绝对必然性，"步步与之觌面相当而澈尽其内蕴"，这里的"步步"是指现实的人在工夫中逐渐接近本体的过程，开始时是部分地悟解（"分证"），而一旦工夫"充其极"而得到"满证"，本体即全体朗现，人就成了"圣人"，所谓"智的直觉"自然

① 牟宗三：《智的直觉与中国哲学》，第193页；《全集》第20卷，第249页。
② 闵仕君认为，"牟氏在这里实际上已经陷入了论证上的循环：他先假定了良知本体与道德法则和道德感的内在关联，然后又以道德法则和道德感的存在是一客观事实为由，肯定了良知本体和智的直觉的存在。这与其说是一种论证，不如说是一种带有独断性质的规定。"见氏著《智慧如何可能？——冯契"理性直觉"初探，兼论牟宗三"智的直觉"》，《上饶师范学院学报》2004年第5期。
③ 牟宗三：《心体与性体》（上），第144页；《全集》第5卷，第174页。
④ 牟宗三：《心体与性体》（上），第145页；《全集》第5卷，第174页。

呈现出来。① 这里由"分证"("有限")到"满证"("无限")的过程是一个具体的德行实践过程，而不是一个抽象的逻辑推理过程，"良知之呈现"的必然性在根本上诉诸一个实践所达致的"圣人之境"。然而，这里的问题是：由"分证"到"满证"的过程何以是必然的，或曰"成圣何以可能？"对此，牟宗三立足于儒家传统论述了"人虽有限而可无限"之义："依儒者，若自无限的进程言，自永不能充尽一切义务，此所以说'真正仲尼临终不免叹口气'（罗近溪语），此见人的有限性；但若自圆顿之教言，则亦可以一时俱尽，随时绝对，当下具足，此即人的无限性。有限不碍无限，有限即融化于无限中；无限不碍有限，无限即通彻于有限中。"② "道德行为有限，而道德行为所依据之实体以成其为道德行为者无限。人而随时随处体现此实体以成其为道德行为之'纯亦不已'，则其个人生命虽有限，其道德行为亦有限，然而有限即无限，此即宗教境界。""要说不圆满，永远不圆满，无人敢以圣自居；然而要说圆满，则当体即圆满，圣亦随时可至。"③ 这里，牟氏采取了一个富于辩证意味的说法："有限即无限"，此处的"即"是一个"诡辞"，形容两者的圆融无碍：说"有限"是因为人有形气之限，故人不同于神；说"无限"是肯定人先天具有"良知"并可以通过实践将其呈现出来，故人不同于物。由于人的有限性，开始时只能"分证"（良知部分呈现），但由于人的无限性，具有"满证"的可能性（良知全体呈现，此世成圣）。基于儒者"体用一源""理一分殊"之旨，"分证"所得即是理之全体（只是主体有所限制不得其全），因此由"分证"到"满证"不是一个量的积累，而是主体自身通过实践工夫逐步克服限制、逐步契悟本体、逐步成为圣人的过程。质言之，"本心仁体"（"良知""智的直觉"）自身"呈现"的过程就是人从事工夫践履以"成圣"的过程，后者自然就构成了前者可能性与必然性的一个保证。

第二个问题，牟宗三在"思辨的演绎"中以"天地间不能有两个绝对而无限者"以推论"本心仁体即为宇宙本体（第一因）"，这一过程被

---

① 参见牟宗三：《心体与性体》（上），第 144～146 页；《全集》第 5 卷，第 174～176 页。
② 牟宗三：《现象与物自身》，第 28 页；《全集》第 21 卷，第 28 页。
③ 牟宗三：《心体与性体》（上），第 5～6 页；《全集》第 5 卷，第 8 页。

有的学者视为"颇近于西方中世纪哲学家有关上帝存在的本体论证明"①。在本书看来，牟宗三这里是一个概念的分析，而不构成一个理论的证明，更不同于"上帝存在之本体论证明"。先来看西方哲学史上"关于上帝存在的本体论证明"。这种证明方式的实质是从"上帝的概念"中推导出"上帝的存在"，因此被康德命名为"本体论证明"。这一论证最经典的形式是中世纪经院哲学家安瑟尔谟所提出的，他将其表述为一个三段论：

> 大前提：被设想为无与伦比的伟大的东西不仅存在于观念之中，而且也存在于现实之中。
> 小前提：上帝是一个被设想为无与伦比的伟大的东西。
> 结论：上帝在现实中存在。②

对于以上三段论的大前提，安瑟尔谟认为"无与伦比的伟大的东西"的概念自身就包含着其必然不仅作为观念存在，而且作为现实存在，因为如果其在现实中不存在，则就不是"无以伦比"的了，这就意味着我们在此东西之外又有了一个更伟大更完满的观念（之所以更完满在于其较之于前者能够在现实中存在），由于在逻辑上不能有两个"无与伦比"的东西，这就造成了自相矛盾。近代以来，笛卡尔更明确地把"存在"明确地规定为一个"属性"或"谓词"，既然上帝是指"永恒无限、全知全能的是者（存在者）"，那么上帝必然具有"存在"这种属性，也就是说，关于"上帝"的观念中先天必然地包含"存在"这个谓词。③ 这种证明形式受到了众多思想家的反驳，其中康德的反驳最为有力，他指出"存在"（Sein）这个词只是一个逻辑上的判断系词（"是"），而不是一个表征实在的谓词，其作用只能对于实在的某物或某些规定给予肯定，或者建立起主词与谓词之间的关系，因此这个词并没有给主词和谓词增

---

① 参见郑家栋《本体与方法——从熊十力到牟宗三》，第 272～273、342～343 页。
② 〔意〕安瑟尔谟：《宣讲》，参见《西方哲学原著选读》，北京大学哲学系外国哲学教研室编译，商务印书馆，1981，第 241～243 页；另参考赵敦华《基督教哲学 1500 年》，第 241 页。
③ 参见〔法〕笛卡尔《谈谈方法》，王太庆译，商务印书馆，2000，第 28～32 页。

添任何新的内容。因此，当我们说"上帝存在"（"上帝是"）时与单纯主词的"上帝"相比并没有说出任何谓词，而当我们意图证明上帝"实存"（Existenz）时，这个对象的"实存性"不是由主词分析得来，而是外在地添加到主词之上，两者是综合关系，同时由于我们人类不能对上帝具有任何直观，因此这个对象是否"实存"是我们的理论理性所不能确定的。康德举了一个生动的例子予以说明：一百元的概念不能推出一百元的实存，否则一个商人就可以通过在其账簿上添上几个零来增加他的财产了。①

再来看牟宗三对"本心仁体（智的直觉）何以可能"的演绎和阐明。首先，与以上关于上帝存在的"本体论证明"不同，牟氏对于这一主题的探讨并不是为了证明本心仁体（智的直觉）的"存有"（Being）或"实存"（existence），因为这是一个"真实的呈现"，不需要靠思辨理性来证明，实际上思辨理性自身也证明不了，因为这是一个纯粹实践理性的事实。其次，在牟氏所进行的演绎中，也不是从"本心仁体"的概念出发，而正是从"其本身在实践上必然呈现"这一前提出发，也就是说"思辨的演绎"是以"实践的阐明"为前提的，所谓"智的直觉何以是呈现"的问题就其根本而言诉诸实践上的"圣人境界"，不需要概念的参与和逻辑上的证明，这种立场显然不同于西方哲学的理性主义思考方式。再次，牟氏以"绝对而无限"为逻辑中项的演绎容易使人产生"本体论证明"的联想，但这实际上包含着一个"概念的混淆"，因而不能构成一个逻辑严密的"证明"。为了表述清晰，也可以将其"思辨的演绎"之第三步转化为一个三段论：

大前提：天地间不能有两个绝对而无限的实体。

小前提：（1）本心仁体只为因而不为果，是绝对而无限的实体；

（2）宇宙本体（第一因）只为因而不为果，是绝对而无限的实体。

结论：本心仁体是宇宙本体（第一因）。

---

① 参见康德《纯粹理性批判》，A592/602 = B620/630，第472~478页。

以上三段论中的大前提是本着"绝对而无限"这一概念的内涵而分析得出的，如果有两个这样的实体，那么就是"相对而有限者"了，这一点与安瑟尔谟的逻辑一致，但这而并非"本体论证明"的实质，在安瑟尔谟那里其只是一个潜在的前提，仅凭这一点不成其为"证明"而只是一个"概念的分析"。最关键的问题出在以上两个小前提之间的逻辑中项"绝对而无限"：小前提（1）所说的"本心仁体"的"绝对而无限"是价值意义上的，通过仁心的"感通"和"觉润"，沿着"亲亲—仁民—爱物"的理路，将对生命的培护之情由个人自我推广到家国天下以至于宇宙万物；而小前提（2）所说的"宇宙本体"和"第一因"的"绝对而无限"分别是存有论和宇宙论意义上的，强调宇宙本体的实体性和至上性，只能派生他物而不能被他物所派生。因此，这两个小前提中的"绝对而无限"在内涵上有所差别，不是同一个层面上的概念，因而仅就论证形式而言以上三段论是不能成立的。由此可见，牟宗三为了得到"本心仁体是宇宙本体（第一因）"的结论，借用了西方理性主义哲学的论证形式作为手段，但这种形式上的借用并不成功。归根结底，牟氏关于"智的直觉如何可能"所做的演绎和阐明预设了儒家的"本体宇宙论"和"圣人境界"，认定"本心仁体"与"宇宙本体"先天合一，在圆融的境界上实现"道德秩序"与"宇宙秩序"之间的合一，"道德意义的主体"即"存有论意义的主体"之间的合一。

综合对以上两个问题的探讨，我们可以看到牟宗三哲学在根本上体现为一种儒家式的思考方式，如预设"天人合德"的本体宇宙论模型，肯定人的无限性和成圣的可能，强调"实践的亲证"的重要意义，等等。这种思考方式不同于以"理性主义"为特征的西方哲学传统，代表了一种中国哲学特有的智慧形态，即下文将要论及的"灵性主义"传统。简言之，虽然牟宗三借用了西方哲学的概念和推理形式使其对于"智的直觉"的肯定具有了"理论证明"的外观，但这种肯定的精神实质是基于儒家基本义理所进行的"演绎"和"阐明"。在这个意义上，仅仅以形式上的"循环论证"或"逻辑谬误"来批判牟氏并未真正切中其理论要害，其理路在儒家话语系统之中具有理论上的自洽性。然而同样不能忽视的是，牟宗三不仅仅停留于内在地阐发儒家精神，同时也要对西方哲学进行"判教"，意图证明儒家"道德的形上学"在境界上超过了康德哲学，这就超出了儒家自身的话语系统。这种中西哲学的比较必然要求在一个具有公共性的话语平台上进行交互性的讨论和严格的证明，否则就会沦为一种独断，由此可以看出牟氏哲学的深刻局限：在凸显中国哲学的精神特质的同时又将这种特质予以了绝对化。对此下文将进一步详细论析。

3. 儒家之"德性主体"的证成："即内在即超越"

以上分别从主体的道德意义和存有论意义两方面阐述了牟宗三对于"德性主体"的肯定，这样分别说只是为了理论层次的清晰，而实质上这两方面是圆融一体、不可分离的，因此儒家之"德性主体"呈现为"即内在即超越"的鲜明特质。本书以下将进一步析论之。

（1）"内在"与"超越"释义

牟宗三所使用的"内在"（英文 immanent）与"超越"①（英文 transcendent）来源于康德。在康德看来，对于同一个"先验理念"（die transzendentale Idee）有两种不同的运用：一种是"内在的运用"，另一种是"超验的运用"，两者所遵循的原理就分别为"内在的原理"和"超验的原理"。康德指出："我们可以把那些完全限定在可能经验范围之内来应用的原理称为内在的原理，而把想要超出这一界限的原理称为超验的原理。"② 简言之，对应于康德关于"现象"和"物自身"的划分，"内在的"指在经验的范围（"现象界"）之内，而"超验的"指超出经验的范围而涉及只可思而不可知的"本体界"，因此在康德那里，这两个词是相对而言的，在理论理性的领域，"超验"一词的含义一般都是消极的，而"内在的"则大都具有积极的含义。另外，在康德关于"先验的"（transzendental）与"超验的"（transzendent）的区分对于理解"超验"的概念也是至关重要的。这两个词同源于拉丁文"transcandere"，本义为"攀越""超出"。根据英国康德专家 N. K. 斯密的考证，

---

① 关于康德所使用的"transzendental"和"transzendent"两词的中译，国内学界自 20 世纪 30 年代以来颇有争议，如熊伟主张将前者译为"超验"而后者译为"超然"，韦卓民主张将前者译为"先验"而后者译为"超越"，牟宗三在《康德纯理性之批判》的翻译中将前者译为"超越"而后者译为"超绝"，但在他的其他著作中又往往将两者都视为"超越"。本书在论述康德哲学时，遵从蓝公武和邓晓芒的译法，将前者译为"先验"而后者译为"超验"；在论述牟宗三哲学时，沿用"超越"这个概念。

② 〔德〕康德：《纯粹理性批判》，A296 = B352，邓译本第 260 页。

这两个词初见于经院哲学，那时它们是同义词，后者更为常用。这个词首次作为哲学专门术语使用是在误归于托马斯·阿奎那名下的《类性论》一书中，康德第一次把这两个名词进行了区分。① "先验的" 这一术语在康德哲学中指对一切先天知识的一种认识论的处理方式，它本身也是先天的（a priori）即先于经验的，但同时又关涉经验，对经验知识的先天条件进行考察，是关于 "先天知识何以可能" 的先天知识，因此是比一般的先天知识（如几何学的知识）层次更高的知识。② 康德指出，"先验的" 这个词 "在我这里从来不是指我们的认识对物的关系说的，而仅仅是指我们的认识对认识能力的关系说的"。③ 也就是说，"先验的" 知性范畴或理念与对象没有直接的联系，而必须通过经验性的直观作为中介，"先验的知识" 不是直接规定对象的知识，而只是为这种知识提供形式条件或制定规则（"立法"）。简言之，在康德那里，"先验" 与 "超验" 两术语的区分别在于：前者先于经验但又只能运用于经验之上；后者超越于经验而不能运用于经验。具体而言，前者建构起现象的知识，使 "经验性的东西" 具有了 "客观实在性"，其作用原则是 "建构性的"（konstitutiv）；后者不能建构知识，却能引导理性扩展到全体经验的统一性，最终指向属于本体界的实践领域，其作用原则是 "范导性"（regulativ）④。从以上的概念区分可以看到，康德之所以于 "内在" 与 "超验"、"先验" 与 "超验" 之间进行区分，其根据在于其对于 "现象" 与 "物自身" 的划界，就此而言，"内在" 与 "超验" 两个术语是非此即彼、相互排斥的概念。

　　牟宗三的 "超越" 概念可以从两个层面进行理解。首先是在对康德

---

① 参见〔英〕诺曼·康蒲·斯密《康德〈纯粹理性批判〉解义》，韦卓民译，华中师范大学出版社，2000，第114~115页。

② 关于康德的 "先天" 与 "先验" 两术语的详细含义及其区分，参见杨祖陶、邓晓芒《康德〈纯粹理性批判〉指要》，人民出版社，2001，第63~65页。

③ 〔德〕康德：《未来形而上学导论》，庞景仁译，商务印书馆，1978，第57页；AA，Bd. Ⅳ，S. 293。

④ 对于康德所讲的两个原则："konstitutiv" 和 "regulativ"，蓝公武译为 "构成的" 和 "规整的/统制的"，韦卓民译为 "组织性的" 和 "限定的"，邓晓芒译为 "构成性的" 和 "调节性的"，牟宗三译为 "构造性的" 和 "轨约性的"，本书沿用现在学界惯常的译法 "建构性的" 和 "范导性的"。关于这两个原则的内容及区分，详见陈嘉明《建构与范导——康德哲学的方法论》，社会科学文献出版社，1992。

哲学的研究的层面上，他追随康德坚持"transcendental"和"transcendent"（以上为英文）的区分，将前者视为"超越的"，而后者视为"超绝的"。牟氏指出，"'超越的'一形容词有两义：一是积极的意义，此是内指义的超越的，此属于分解部；二是消极的意义，此是虚的超离，虚的外指，此属于辩证部"。① 而 "'超绝的'亦曰超离的，即超离乎经验而隔绝乎经验之意，此可曰域外或宇外"，"此超离是实的，它真可以越过而离开那些界限而形成一新领域"。② 不论牟氏的分析是否严格符合康德的原意，这里的"超越"一词具有确定的含义，即本书所说的"先验"。其次是在牟宗三本人之哲学体系的层面上，他以"超越"一词涵盖"transcendental"和"transcendent"两词，摒除了康德赋予后者的"超绝"含义，使之与"内在"之间并非排斥对立。如上所述，牟氏不满于康德否认"人具有智的直觉"，极力阐明人的无限性以突破康德关于"现象界"与"本体界"之间的鸿沟。在他看来，由于"智的直觉"必然呈现，则人必然能够超越自身的有限性，达到德性主体和宇宙本体的同一境界，在这个意义上，"transcendental"和"transcendent"两概念的含义是一致的，康德所做的区分并未被牟氏继承，因而有的学者认为牟氏"恢复了'超越'一词的古义"③。因此，对于康德所谓的不可认知的实体（"物自身"）和理念（"自由"），在牟氏看来，前者成为"智的直觉"所朗现者和所创生者，而后者就是"自由无限心"本身，因而不再是"超绝的"而是"超越的"，后者同时也是"内在的"。具体言之，"物自身"作为"现象"背后的"本体"，是为"超越的"，在感应中与"本心"一起朗现，是为"内在的"；"自由"不依赖于经验而自发自律，是为"超越的"，其自身就是"道德本心"，是为"内在的"。因此，牟

---

① 牟宗三：《现象与物自身》，第 362 页；《全集》第 21 卷，第 374 页。需要说明的是，牟氏所用的"内指"和"外指"两术语就是上文所说的"内在"和"超验"："即于感性是内指地说（Immanently），离乎感性是外指地说（Transcendently）。"（同上书，第 352 页。）

② 牟宗三：《现象与物自身》，第 361 页；《全集》第 21 卷，第 373 页。

③ 参见郑家栋《"超越"与"内在超越"之间——牟宗三与康德之间》，《中国社会科学》2001 年第 4 期。本书认为，牟宗三之所以摒除康德的这一划分，动机不是恢复"transcandere"在西方中世纪经验哲学中的古义，而是基于儒家哲学"天人合德""极高明而道中庸"的圆融境界而立言。

宗三所讲的"即内在即超越"应当有两个向度：客观向度（本体宇宙论的向度）和主观向度（道德实践的向度），前者关联于"物自身"，后者关联于"自由"，并且两者圆融一体、不可分割。

在以上"照着康德讲"与"接着康德讲"之间，牟宗三无疑更加重视后者，并且他的根本意图在于借用和改造康德的术语"自己讲"，因此用康德关于"内在"与"超验"的区分来批评牟宗三①，并未切中其实质。

（2）"内在"与"超越"之关系："诡谲的相即"

上文已述，如果在分析的意义上理解牟宗三所讲的两个"绝对而无限者"，实际上就难免陷于逻辑谬误，原因在于以上两者在内涵上有"价值意义上"和"实体意义上"的区别。以上问题的实质就是"内在"与"超越"之间的关系问题，牟氏解决这一问题的理路本着中国哲学的特有智慧，指出了两个看似对立的方面之间存在着辩证综合的可能，这种综合的关键在于"良知之呈现""圆教之证成"，其表述形式在于"诡谲的相即"。

牟宗三在对中国儒释道经典进行阐发的过程中，发现了汉语"即"字的妙用。他细致区分了这个字在三种意义上的含义：（1）"指谓义"（"分解之即"）；（2）"关联义"（"综合之即"）；（3）"圆融义"（"诡谲之即"）。请看以下三组命题：

> 第一组："性即理"（伊川朱子）；"心即理"（象山阳明）。
>
> 第二组："生之谓性，性即气，气即性，生之谓也"（明道）。
>
> 第三组："太虚即气"（横渠）；"烦恼即菩提、生死即涅槃"（《摄论》）。②

---

① 冯耀明就坚持这种观点以批评新儒家的"内在超越说"，他认为："依照西方哲学的典型用法，'超越'含有'外在'的意思，凡'超越'者自不能也是'内在'的，否则有关的论述便会产生自相矛盾。""'内在'与'超越'是逻辑地对反的，二词并不可以用来同时应用在同一对象之上，否则便会构成自相矛盾的句子。"参见氏著《"超越内在"的迷思——从分析哲学的观点看当代新儒学》，香港中文大学出版社，2003，第194、234页。

② 以上例证参见牟宗三《心体与性体》（上），第393页；《心体与性体》（中），第23、140、289页；《佛性与般若》（下册），学生书局，1984，第779页。

以上第一组中的"即"为判断系词"是"，这是一种从主词进行分析的句式，因此被称为"分解之即"，"分解的'即'如 A 是 A，此是依同一律而说者"①。第二组中的"性"与"气"之间是"不杂不离"的关系，"性"不等同于"气"，但又不能脱离"气"而孤悬，用"即"字表示两者的综合关系，但这种关系是互为外在的"异体相即"：要么是"两物相合"，要么是"背面翻转"②。有时牟氏也把这种"关联义"视为"分解地说者"。③ 第三组中"生死烦恼"是"世间法"，"涅槃菩提"是"出世间法"，但两者并非对立的两物，一念迷就不断"烦恼"，一念悟就证得"菩提"，因而两者在"圆顿化境"上"同体相即"，这里的"即"就是一个辩证意味的"诡辞"："诡谲的'相即'之即，非分析关系，亦非综合关系，盖并非依靠一个什么物事把它们两者综合起来使之有必然联系也。""生死与涅槃、烦恼与菩提，总持言之，即是无明与法性。无明与法性若是异体，则虽依而不即，犹各自住，这是别教；若是同体，依而复即，纯依他住，并无自住，方是圆教。同体者同一事体之谓。"④

　　基于以上对"即"的三种含义的分析，牟宗三指出"即内在即超越"之"即"属于第三种"诡谲之即"，不仅如此，所谓"即存有即活动""即道德即宗教""即本体即工夫"等语都表现了这种"圆顿化境"。这里仅就"内在"与"超越"之间的"诡谲之即"而阐述之。牟宗三论道："天道高高在上，有超越的意义。天道贯注于人身之时，又内在于人而为人的性，这时天道又是内在的（Immanent）。因此，我们可以康德喜用的字眼，说天道一方面是超越的（Transcendent），另一方面又是内在的（Immanent 与 Transcendent 是相反字）。天道既超越又内在，此

① 牟宗三：《圆善论》，第 274 页；《全集》第 22 卷，第 267 页。
② 语出（宋）知礼《十不二门指要钞》卷上："以非二物相合及非背面相翻，直须当体全是，方名为即。"
③ 牟宗三：《圆善论》，第 274 页；《全集》第 22 卷，第 267 页。严格地说，关联义之"即"是综合关系，而不是分析关系，因此牟氏这里所用的"分解地说"应为"分别说"（与"非分别说"相对）。
④ 牟宗三：《圆善论》，第 305、274 页；《全集》第 22 卷，第 296、267 页。

时可谓兼具宗教与道德的意味，宗教重超越义，而道德重内在义。"① 以上是从"天道性体"方面讲"即内在即超越"之义，即本书所讲的"客观向度"（本体宇宙论的向度），这个意义实际上是本着"从宇宙说下来"的理路。与此同时，牟氏关于"即内在即超越"的理解还有"从人生说上去"② 的理路，即"主观向度"（道德实践的向度），从"良知之呈现"出发，由主体之主观性、客观性开"道德界"，由主体之绝对性、无限性开"存在界"——两方面完成了一个集道德意义与存有论意义于一的"主体"理念。

（3）"即内在即超越"之主体与"道德的形上学"之完成

这里对主观向度上的"即内在即超越"再进一步分析，探讨其在牟宗三整个"道德的形上学"体系中的地位。

牟宗三借用禅宗的"云门三句"将儒者所理解的"本心仁体"（用康德的术语就是"道德理性"）析分为三个层次，构成了对于其"德性主体"含义的最完整的表述。第一义是道德义，即"道德性当身之严整而纯粹的意义"，这一层与康德的实践哲学相通，认为善良意志本身是纯粹自律的，与一切经验对象无关，牟氏称之为"截断众流"，意谓斩断与外物和欲望的牵连，显出性体心体的主宰性。第二义是形上义，主体不仅局限于道德界，进而打通存在界，"直透至其形而上的宇宙论的意义"，"本心仁体"与"宇宙本体"在境界上"同体相即"，获得了绝对性和无限性的意义，牟氏称之为"涵盖乾坤"。第三义是实践义，在由本体界落实于经验世界的现实生活中，通过践仁尽性的工夫体现为真实的决断，使"本心仁体"在实践上呈现，成为"具体的普遍性"，牟氏称之为"随波逐浪"。由以上三层含义的揭示，儒家之主体由道德理性充其极而上通下贯，形成了完整的圆融的整体，这就是"道德的形上学"的彻底完成。而在康德哲学中，道德理性只包含第一义，而缺失了

---

① 牟宗三：《中国哲学的特质》，第21页；《全集》第28卷，第22页。

② 牟宗三认为："吾人看伏羲、孔子、孟子、《中庸》、《易传》，可不经过科学知识之成立，批判哲学之出现那个路数，所分判的'从宇宙说下来'与'从人生说上去'那两个来往的对立，而看之。这两个来往，在原始儒家是一下子同时呈现的，既不隔，亦不对立。无论从那一面说，都是通着彼面的，而且亦是了然于彼面的。"参见氏著《五十自述》，第103页；《全集》第32卷，第92页。

第二义与第三义。因而，儒家哲学在境界上超越了康德。①

　　如果用"内在"与"超越"的术语来表述以上三义，其中"截断众流"和"随波逐浪"侧重于"内在"（主体的道德意义）一面，而"涵盖乾坤"侧重于"超越"（主体的存有论意义）一面，这两方面"诡谲地相即于一"：既可说"道德秩序即宇宙秩序，宇宙秩序即道德秩序"，也可说"道德主体即宇宙本体，宇宙本体即道德主体"。在这个圆融之境中，"活动义"（包含"感通性"与"创生性"）也包含着"诡谲的相即"："道德价值的创生即宇宙存有的创生""本心之活动即天道之生生"。牟宗三将传统儒家"天人合德"的思想予以现代哲学的阐发，将其通过辩证性的表达方式将其"圆融性"彰显得无以复加，由此"一本之圆教模型"达到理论上的完成。牟氏论道："儒家惟因通过道德性的性体心体之本体宇宙论的意义，把这性体心体转而为寂感真几之'生化之理'，而寂感真几这生化之理又通过道德性的性体心体之支持而贞定住其道德性的真正创造之意义，它始打通了道德界与自然界之隔绝。这是儒家'道德的形上学'之彻底完成。"②

　　这一理境已经达到"言语道断"的边界，其背后的根据不能再用理论的方式进行思辨，因为这是"圣人"的生命所证成的"境界"，只能通过不懈不苟的道德实践去呈现这种智慧。因此，"'道德的形上学'之完成，在一切问题性的辩论以外以上是有一个精诚的道德意识所贯注的原始而通透的直悟。这原始而通透的直悟是以儒圣的具体清澈精诚恻怛的圆而神之境为根据，也可以说是圣人所开发。这是一个绝大的原始智慧，不是概念分解的事。"③ 不仅儒家义理是如此，中国传统儒释道三教都有此共有之圆融化境："其大前提，笼统言之，是'道无在而无所不在即超越而亦内在'（依三教教路不同，此一大前提须依不同辞语表达之），因此而有当机指点，因此而有当下即是，因此而可总说之以迹本圆融。"④ 本书下文将进一步分析，这种"圆融化境"并不是一种"神秘主义"，而代表了一种别异于"理性主义"的"灵性主义"传统。

---

① 参见牟宗三《心体与性体》（上），第 100、118 页；《全集》第 5 卷，第 121、143 页。
② 牟宗三：《心体与性体》（上），第 155 页；《全集》第 5 卷，第 187 页。
③ 牟宗三：《心体与性体》（上），第 162 页；《全集》第 5 卷，第 195 页。
④ 牟宗三：《圆善论》，第 294 页；《全集》第 22 卷，第 286 页。

二　良知的坎陷——"认知主体"的开显

牟宗三在"本体界"中贞定了即内在即超越的"德性主体",但面对"现代性"的时代课题,这种绝对而无限的主体不能仅仅停留于自身,必须外化自身以丰富自身,这个过程就是"认知主体"和"现象界"的开显。因此,牟宗三建构了"两层存有论"的架构,这两层分别是"本体界的存有论"(亦曰"无执的存有论")和"现象界的存有论"(亦曰"执的存有论"),显然这两层区分源于康德的划界,分别安顿了"德性主体"和"认知主体"。牟氏借用《大乘起信论》的思想模型,称之为"一心开二门",由"良知"("自由无限心")直接地开显本体界,接着由其间接地开显现象界,后者是一个"辩证的否定"的过程,即"良知的自我坎陷"。以下本书就"坎陷说"的具体内容及其理论意义和内在问题加以考察。

1. "坎陷"的必要性与可能性

"现代性"的基本特征之一在于肯定了一个独立的"事实世界",也就是科学知识的世界,这个世界是一个"价值中立"或"价值无涉"(value-freedom)的平面世界,其基本结构是主体与客体的二元对立。尽管牟宗三的哲学体系并不给予"事实世界"以较高的地位,但作为一个现代人,不能不正视"事实世界"及其中的科学知识、民主制度等现代性成就的重要性和必要性。

牟宗三认为,科学知识的必要性有以下三个层面:第一,知识是整全意义上的"人"本身的题中应有之义:"外部地说,人既是人而圣,圣而人(人而佛,佛而人,亦然),则科学知识原则上是必要的,而且亦是可能的,否则人义有缺。"[①] 第二,知识直接关联于现实世界,是道德理性之实践所必需的客观依据,是"自由无限心"现实化的必要保障:"知体明觉不能永停在明觉之感应中,它必须自觉地自我否定(亦曰自我坎陷),转而为'知性';此知性与物为对,始能使物成为'对象',从而究知其曲折之相。它必须经由这一步自我坎陷,它始能充分实现其自己,此即所谓辩证的开显。它经由自我坎陷转为知性,它始能解

---

① 牟宗三:《现象与物自身》,第 122 页;《全集》第 21 卷,第 126 页。

决那属于人的一切特殊问题，而其道德的心愿亦始能畅达无阻。否则，险阻不能克服，其道德心愿即枯萎而退缩。"① 第三，知识的成立是历史的内在目的，是精神有机发展的必然，这一方面的理由详见上一章。以上三方面可分别概括为"人类学意义上的必要性""存有论意义上的必要性"和"历史观意义上的必要性"，由此三者说明"坎陷"具有一种辩证法意义上的必要性和必然性："这一步曲折是必要的。经过这一曲，它始能达，此之谓'曲达'。这种必要是辩证的必要，这种曲达是辩证的曲达，而不只是明觉感应之直线的或顿悟的达，圆而神的达。这样开知性即名曰辩证的开，如是，则知性之开显有其辩证的必然性。"②

　　进一步的问题是"坎陷"是如何可能的？牟宗三诉诸儒家之"圆教"。他对比中西方哲学传统，指出："依西方传统，上帝是上帝，人是人，两不相属。就科学知识言，上帝无而不能有，人有而不能无。依中国传统，人可是圣，圣亦是人。就其为人而言，他有科学知识，而科学知识亦必要；就其为圣而言，他越过科学知识而不滞于科学知识，科学知识亦不必要，此即有而能无，无而能有。"③ 就西方"无者不能有、有者不能无"的传统观之，"有限"与"无限"之间、"人"与"神"之间决然二分、不能沟通，因此对"人"而言不能讲"超越"，对"上帝"而言不能讲"坎陷"。就中国儒释道三家"无而能有、有而能无"的传统观之，"有限"与"无限"之间、"人"与"圣"之间不存在不可逾越之鸿沟。儒家在"人而圣"基础上进一步强调本体的创生性和工夫的实践性，较之于佛道两家对现实世界给予了更多的重视，因此儒家更能成就科学知识，而牟氏依然指出其在这方面有所不足："三家在以前，于科学知识这一环，虽皆可有，尤其儒家易有，然而因为皆重视上达，故皆未能正视这一环。吾人今日须开而出之。上达下开，通而为一，方是真实圆满之教。"④

　　进一步分析牟宗三的思路，其对"坎陷"之可能性的说明与其对中西方文化传统之"超越性"观念的认定相联系。在他看来，西方的"上

---

① 牟宗三：《现象与物自身》，第122页；《全集》第21卷，第126页。
② 牟宗三：《现象与物自身》，第123页；《全集》第21卷，第127页。
③ 牟宗三：《现象与物自身》，第121页；《全集》第21卷，第125页。
④ 牟宗三：《现象与物自身》，第122页；《全集》第21卷，第126页。

帝"是"只超越而不内在"的，其之所以为"无限者"是与"有限者"相分离的，而中国儒家所讲的"自由无限心"是"即内在即超越"的，"无限"包含"有限"，"无限者"能够通过自我限制达到"有限者"。进一步分析，首先对于西方文化中的"上帝"不能讲"坎陷"，因为"上帝不造原子炸弹；他虽无不知，但没有科学知识，或换言之，他并不以科学的方式知。"① 上帝造"物"与科学家造"物"有所不同：前者是"物自身"意义上的"物"，超越于时空之外；而后者是"现象"意义上的"物"，在时空之中。其次，西方文化中的"人"不必讲"坎陷"，因为人是有限的实存，只能以有限的方式把握世界，认知是诸种有限方式中较高级的方式，但认知主体不是由形上本体"坎陷"得来，而是从人的经验生活中抽象出来，因此西方哲学传统以"求知"为入手处，由知识的进路探索形上世界，同时西方文化系统比较容易产生科学。在牟宗三看来，只有在中国文化传统中儒释道三家的义理系统中才能讲"坎陷"，因为这三家首先把握了"生命"作为宇宙本体，并将其与人格的理想境界统一起来，人具有"智的直觉"，虽有限而可无限，因而在中国文化中不存在西方"上帝"和"人"之间的张力。这种"即内在即超越"的义理系统保证了主体之"自由无限心"的可能，此"无限心"不仅要朗现"物自身"，而且要落实于现实世界，这种落实的过程必须要有一个主体性的中介即"有限心"，由此"有限心"展开现象界，而以上由"无限心"到"有限心"的过程就是"坎陷"。

2. "坎陷"的具体过程

首先看"本体界的存有论"。如上文所述，在"本体界"中"心物一起如如朗现"，其中"心"是"自由无限心"，即儒家所讲的"本心仁体""知体明觉"，道家所讲的"道心"，佛家所讲的"如来藏自性清静心"；"物"是"物自身"，即康德所讲的"Noumena"。在本体界，心无心相、物无物相，无主客、能所之分别，只是在明觉之感应中呈现，"呈现之即实现之、即创生之"②，在这种"呈现"和"创生"意义上可以讲"心体物用"。牟氏将"自由无限心"即看作"真我"，即具有智的直觉

---

① 牟宗三：《现象与物自身》，第 121 页；《全集》第 21 卷，第 125 页。
② 牟宗三：《现象与物自身》，第 99 页；《全集》第 21 卷，第 103 页。

的超越主体（宇宙本体），同时也是德性主体，这一点与康德有所不同：康德将"真我"视为"物自身"，是上帝所具有的"智性直观"的对象；牟氏将"真我"由"物"转化为"心"，从"用"提升为"体"（严格地说，康德所谓的"我自身"不能以体用言之，因为其不可知）。

其次看"现象界的存有论"。这一部分在很大程度上移用了康德认识论的概念和理路，牟宗三之所以不称之为"认识论"（Epistemology）而名之曰"存有论"（Ontology），原因在于强调"现象"的"存有性"，这与康德对主体"认知能力"的强调有所区别①。现象界有主客、能所之别，其能知主体方面是"认识心"，包括感性、想象力和知性等认识机能，其所知对象方面是"现象意义上的物"，包括整个经验世界，广义上也包括认识的结果（即"科学知识"）以及心理学意义上的"假我"，以上主客两方面之间的基本结构是"对偶性"（Duality）。"认识心"即"架构的我"（"逻辑的我""形式的我"），其特征是：（1）有"我"之相，为一"形式的有"；（2）"纯一的"（unique），即自我同一、无内容、无杂多；（3）"定常的"（Constant），即常住不变、无流转、无生灭；（4）本质作用是"逻辑的思"，使用概念把自己撑架起来而成为一个客体。"架构的我""亦是一现象，但只是能知的主体义的无象可现而却有相之权说的现象，而不是对象义之实现象"。② 牟氏所谓"架构的我"对应于康德所讲的"先验统觉"，但康德不认为其属于"现象"，因为"现象"是"经验性的"（empirisch），而进行综合的"统觉"是"先验的"（transzendental），而牟氏将其视为"权说的现象"而归入"现象界"，同时由于牟氏将 transzendental 译为"超越的"，这就造成了在其著作中出现了"超越的自我"属于"现象界"的情况③。

"坎陷"的具体过程有两步：第一步由"自由无限心"转出"有限心"，后者即"认知主体"，牟宗三多借用佛家术语将其称为"识心之执"。牟氏借用陆象山"平地起土堆"（《象山语录》上）之语来形容"坎陷"（"执"）的过程："此一现象是那知体明觉之凸起，由自觉地一

---

① 参见牟宗三《"存有论"一词之附注》，《圆善论》附录，第337页；《全集》第22卷，第327页。

② 牟宗三：《现象与物自身》，第160页；《全集》第21卷，第165页。

③ 参见牟宗三《现象与物自身》，第161页；《全集》第21卷，第166页。

执而停住而起者，此即所谓'平地起土堆'。知体明觉是平地，无任何相。""其为现象只就其为'凸起'而言。此是知体明觉之自觉地一执停住即坎陷而凸起者。"① 牟宗三进一步对"识心之执"进行了详细的解说："识心之执就是认知心之执性。执性由其自执与著相两义而见。识心由知体明觉之自我坎陷而成。由坎陷而停住，执持此停住而为一自己以与物为对，这便是识心。识者了别义。故识心亦曰了别心，即认知心也。此了别是静处一边而与物为对以指向于对象的'观解的了别'。识心既由知体明觉之自我坎陷而停住而成，这一停住就是一种'执'。此执是自执，即执持其自己。故识心本质上就是执心。此执心之执性名曰本执，亦曰最原初的执，亦曰无始执。自执自持而成一自己，再无与之为同质者在其前，它自己即是最后的，因此而成为一停住，否则不得为停住。"② 具体言之，"认识心"有三种形态，即"感性""想象"和"知性"，"识心之执是一执执到底的：从其知性形态之执执起，直执至感性而后止"。③ 因此，"坎陷"（"执"）的过程与认识的过程是相反的，按照康德的理解，认识遵从"感性（直观）—想象力（图型）—知性（范畴）"的顺序被综合整理，而牟氏所谓"识心之执"的次序是"知性之执（格度、范畴）—想象之执（规模）—感性之执（感触直觉）"④。

　　第二步由"识心之执"挑起"现象"。这里牟宗三承袭了康德的说法，将"现象"视为认知主体进行综合整理的成果，而并非来自"物自身"："此作为土堆的现象虽凭依'物之在其自己'而凸起，却不是'物之在其自己'之客观地存有论的自起自现，而乃是为知性（认知主体）所认知地挑起或搠起者。此是认识论意义的现象，而不是存有论意义的现象。"⑤ 康德在西方哲学史上所实现的"哥白尼革命"的核心在于将主体自身的认知能力作为认识的根源，以"人为自然立法"（知识是主体自我的构造）而扭转了传统的"自然为人立法"（客观对象决定主体的认识）的认识论模式，因此"现象"来源于"认识主体"而不是外在的

---

① 牟宗三：《现象与物自身》，第 127 页；《全集》第 21 卷，第 131 页。
② 牟宗三：《现象与物自身》，第 166 页；《全集》第 21 卷，第 171 页。
③ 牟宗三：《现象与物自身》，序第 7 页；《全集》第 21 卷，第（9）页。
④ 参见牟宗三《现象与物自身》，第 219 页；《全集》第 21 卷，第 225 页。
⑤ 牟宗三：《现象与物自身》，第 127 页；《全集》第 21 卷，第 132 页。

超验实体，在康德那里单独使用的"对象"（Gegenstand）一词大多数情况下是"为我之物"（für uns）而非"自在之物"（an sich）。牟宗三在言说"现象"时继承了康德的这种"经验的实在论"立场，将其视为"认识心"的构造物，用了一个形象的说法"挑起"或"吹绉"，这个"认识心"构造"现象"的过程最恰当的比喻是"风乍起吹皱一池春水"，平静的"春水"是"物自身"，"风"是"认识心"，"波浪"是"现象"。

再次看"两层存有论"之间的关系。上文已述，在本体界，"心"是"自由无限心"，而"物"是"物自身"，因而在这种"呈现"和"创生"意义上可以讲"心体物用"，这里的"体用"是"事体"与"表现"①之间的关系，基于"明觉之感应"而呈现出"体用一如"的圆融之境："于智的直觉处，物既是内生的自在相，则是摄物归心，不与心对，物只是知体之著见，即知体之显发而明通：物处即知体流行处，知体流行处即物处，故冥冥而为一也。"②而对于"自由无限心"之"体"而言，"现象界"的"认识心"和"对象"也可以视为"用"，这里的"体用"是"形上"与"形下"、"本体"与"现象"之间的关系。为了区别以上两种体用关系，牟宗三以"经权""虚实"概念对两个意义上的"用"进行了区分："能知义的认知我之为现象与所知义的对象之为现象，如果亦说它们是知体明觉之用，则此用名曰'权用'，是经由知体明觉之自我坎陷而间接地即辩证地开出者，它虽是虚的，却是客观地必要的。无执的存有论上之体用，体是实体，用是实用，此实用可名曰'经用'。经用无进退，只是如，不可以有无言。权用有进退：有而能无谓之退，无而能有谓之进。"③在牟氏看来，"体"与"用"、"经"与"权"之间随"无限心"而转："识心之执与科学知识是知体明觉之所自觉地要求者。依此义而说'无而能有'，即它们本是无的，但依知体明觉之自觉地要求其有，它们便能有。但它们既是权用，则仍可把它们化而归于知体明觉之感应而不失知体圣德之本义。即依此义而

---

① 牟宗三曾经区分了"体用"之两义："本体之体/现象之用"和"事体之体/表现之用"，参见氏著：《心体与性体》（中），第375页；《全集》第6卷，第471～472页。
② 牟宗三：《现象与物自身》，第99页；《全集》第21卷，第104页。
③ 牟宗三：《现象与物自身》，第129页；《全集》第21卷，第133页。

说'有而能无'，即它们已经有了，然既是由自觉的要求而有，则它们亦可经由自觉的撤销而归于无。进一步，若以明觉而通之，则虽有不为碍，亦不必撤销，此亦是有而能无。无而能有，有而能无，由于是这样地进退自如，故此两者是一个轮子在知体明觉这个'天钧'上圆融无碍地转。"① 类比于黑格尔的辩证法，"无而能有"是"绝对精神"经由自我否定而外化自己，而"有而能无"是其扬弃了对立物的外在性和异己性而返回于自身。

至此，可以将"良知自我坎陷说"的义理结构用图1表示。

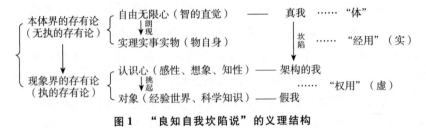

图1　"良知自我坎陷说"的义理结构

如图1所示，牟宗三所谓"坎陷"最严格的意义是由"自由无限心"（真我）坎陷出"认识心"（架构的我）；此外在较为宽泛的意义上可以说由"本体界"坎陷出"现象界"或者说由"无执"转出"执"。但在"物自身"与"现象"（对象）之间不能讲"坎陷"，这意味着在"道德行为"与"科学知识"之间不能讲"坎陷"，科学知识（以及民主制度等）是认识心的产物，不是道德行为的产物，"坎陷"只能对"心"讲而不能对"物"讲，这是理解牟氏"坎陷说"容易引起误解的关节。面对误解者"你开出来没有"的质问，牟氏曾经不无愤懑地辩解道："我不是如来佛，耍魔术，我说开出就有了？"② 他的意思是"坎陷说"仅仅揭示了一个理路，而科学民主的真正实现要靠艰苦踏实的工作，不是一个哲学家所能够完成的。类似的问题也出现在对黑格尔辩证法的理解上，按黑氏的理路，辩证法只能在"精神"的意义上讲，而不是说具体事物层面的变幻，后者不是真正的辩证法，而是"变戏法"。

① 牟宗三：《现象与物自身》，第 177~178 页；《全集》第 21 卷，第 183 页。
② 牟宗三：《客观的了解与中国文化之再造》，《牟宗三先生晚期文集》，《全集》第 27 卷，第 436 页。

3. "坎陷说"的意义

牟宗三的"良知自我坎陷说"是其一生哲学思考的核心主题，也是其哲学体系的关键所在，此说对于牟氏哲学本身、对于现代新儒学以及对于中国文化的现代发展都有重大的意义。

首先，"坎陷说"是牟宗三自身的哲学体系的枢机，联结了其存有论和认识论思想，显示了其思想深层中西方哲学传统的会通和综合。牟氏本人的哲学体系是一个"体用兼备"的完整系统，在其"两层存有论"中，"本体界的存有论"是严格意义上的"存有论"（Ontology），即"道德的形上学"①，主要是继承了中国哲学尤其是儒家之陆王心学的理路展开了一个"即内在即超越、即道德即存有论"的义理系统；而"现象界的存有论"的实质是"认识论"（Epistemology），探讨认识的具体过程以及知识的来源问题，主要借鉴了康德"第一批判"的框架内容和表达方式。以上两方面不仅体现出"本体"与"现象"、"德性"与"知识"之间的差异性，而且在深层表现为"中学"与"西学"、"传统"与"现代"相交织的张力结构，将"民族性"与"时代性"的复杂关系以哲学的方式彰显于"两层存有论"的体系之中。牟宗三通过"坎陷说"，力图实现以上诸对二元要素的辩证综合：一方面将西方现代性哲学关于认知理性的积极成果吸收到自身体系中来，为原本浸润于道德理性的"主体"补充了一个重要的维度，将"价值世界"与"事实世界"的张力内在化为主体之"道德心"与"认识心"之间的张力；另一方面他本着"本体"优先于"现象"、"德性"优先于"知识"的儒家立场，将主体之两"心"立体化为"体"（形上）与"用"（形下）的关系，通过"坎陷"这一辩证性转化实现了"由体达用"的过程。因而，"内在化"和"立体化"两方面是"坎陷说"在学理上能够成立的关键所在。

其次，"坎陷说"代表了牟宗三立足于儒家价值系统打通两个世界的基本立场，是现代新儒学思想进展的逻辑归结。从"科玄论战"开始，"事实世界"与"价值世界"的对立和紧张逐渐成为中国思想界的

---

① 牟宗三明确说明："无执的存有论亦曰道德的形上学。"参见氏著《"存有论"一词之附注》，《圆善论》附录，第340页；《全集》第22卷，第330页。

精英所关注的主题，现代新儒学坚决捍卫两个世界的划分，并且强调价值世界的优位性。相对于熊十力关于"性智"与"量智"、贺麟关于"逻辑的心"与"心理的心"的分辨，牟宗三不仅强调"无限心"与"有限心"之间的分别，而且探索两者之间的沟通；相对于冯友兰关于"真际"与"实际"的划界，牟宗三不仅以"两层存有论"强化了"本体"对"现象"的优位性，而且更明确地肯定了本体世界的价值意味。质言之，牟氏的"坎陷说"是将"价值/事实"的划分以"本体/现象"的架构予以表现，这样既强调了"价值"的优先地位，又为两者的沟通奠定了存有论基础。正如李翔海先生所指出的："从科玄论战凸显人生观与科学的对立，到熊十力等强调价值世界与事实世界的两分，再到牟宗三以'良知自我坎陷'说打通两个世界，证立道德的形上学，这正表现出了现代新儒学基本的发展线索。从儒家思想的内在立场来看，牟宗三正是继承了心学'心外无物'的传统，既摄物归心又推心及物，既摄知归德又扩德成知，堪称证立了儒家圆教的现代形态，为贯通儒学之所以为儒学的'内圣外王之道'疏通了思想理路，从而解决了现代新儒学发展中面临的时代课题。因此，在一定的意义上可以把牟宗三看作是现代新儒学理论的系统建构者。"①

　　最后，"坎陷说"既为儒学现代转化探索了一种理论上的可能性，也为中国文化传统与西方现代性精神的接榫进行了有意义的探索。针对以列文森为代表的西方汉学家对儒学"博物馆化"的立场，牟宗三强调儒学依然是"活的文化生命"，面对"现代性"而内在地要求自我转化以积极地"实现之"，正基于此，他提出"良知坎陷说"为"儒家传统"与"现代性"之间的会通进行了有意义的尝试。无论这一学说是否真正能够实现儒学的现代化，这种尝试具有积极的理论意义，是面对时代课题的严肃思考。牟氏以卓越的思解力和领悟力，综合中国文化儒释道三家义理与西方以康德、黑格尔为代表的"理想主义现代性"传统，为"世界统一性"这一现代性问题进行了深入细致的探讨，提出了一种"立体以开用"的解决方式，建构了一个融会中西的"两层存有论"体

　　① 李翔海：《民族性与时代性——现代新儒学与后现代主义比较研究》，人民出版社，2005，第 99 页。

系。在其思想创造的宏观方向上凸显了"以中摄西、援西入中"的基本立场，同时在其体系建构的精微之处，也体现出扎实的西方哲学的功底，于哲理思辨、逻辑推演、概念分析等方面得心应手，在整体上呈现一种于中西、古今之间"双向诠释"的思想特征。如果可以说牟宗三是中国现代哲学史上"学养深厚、知识渊博、兼通古今中西，融贯儒释道，能够自由地出入于形上学、知识论、逻辑学、伦理学、美学等各个哲学领域的大师级哲学家"① 的话，那么其最有特色的"良知自我坎陷说"就可以被视为 20 世纪中国哲学史上探索"中西""古今"问题的一项标志性的思想成果，这也是此后任何中国哲学家处理相关问题所不能绕过的典范之一，其影响力甚至能够拓展到世界哲学的范围。

4. 对"坎陷说"的检讨与省察

牟宗三的"良知自我坎陷说"自产生之日起就成为学界争议的焦点，批评者们从论证方式、思想来源和深层心态等方面对这一学说的内在问题予以揭示，而认同者从文化使命、价值取向等方面对这一学说予以辩护。本书试从"现代性"哲学的视角出发，在充分肯定牟氏的"坎陷说"的理论意义的同时，对其根本思路所存在的问题进行检讨和省察。

本书认为，"坎陷说"的根本问题在于牟氏将本体世界"价值化"或者说将价值世界"本体化"，将"事实/价值"的区分等同于"现象/本体"的区分。② 牟氏的这种"等同"是自觉的、有意识的，这样做不仅确保了儒家之"德性"的本体地位，而且能够比较合理地说明由"价值"到"事实"的转变。然而，这种概念上的等同在逻辑上取消了"事实性本体"和"价值性的现象"存在的可能性，这在以下两方面存在问题：一方面，在本体界并没有给"知识"和"认知活动"留下位置，这在牟氏的体系中的表现是"认识心"是一个"虚执"（"权用"），其无独立之自性而以经验界为其性，亦无独立之自体而借"德性心"为其

---

① 方克立：《追求真、善、美的统一——从两位中国现代哲学家说起》，《哲学研究》1995 年第 11 期。

② 牟宗三在其中期就有了这种倾向，表现在他将康德的"理知世界"（本体界）与"感知世界"（现象界）的划分套在"价值/事实"二分的模式中理解，"依康德，自由意志所先验构成的（自律的）普遍的道德律是属于睿智界，用今语说，是属于价值界、当然界，而知性范畴所决定的自然因果律则是属于感觉界、经验界、实然或自然界。"（《心体与性体》（上），第 98 页；《全集》第 5 卷，第 119 页。）

体；另一方面，由于现象的"事实化"，在现象界并没有为创造价值的实践活动给予适当的位置，这使切入经验世界的"德性工夫"无以安顿，同时也使艺术创作、宗教生活等关联于价值的实践行为无以着落。关于这两方面的缺失，具体析论如下。

首先，就"事实性之本体"的缺失方面而言，尽管牟宗三建构了"现象界的存有论"，但认知主体和认知对象都不具有真正意义上的本体地位，因此整个认知活动以及事实世界都缺少形上根据，不免"泛价值主义"之嫌。

牟氏对康德的"物自身"概念进行了儒家式的改造，肯断"物自身"是一个高度价值意味的概念，这并不符合康德的原意，极大地弱化了"物自身"的认识论意义。细致地分析可以将这一过程分为"实体化"和"价值化"两个步骤。

先看第一步。前文已述，康德所谓"物自身"的内涵是"3 + X"，其中的"X"是"先验客体"（das transzendentale Objekt），康德指出，"先验客体意味着一个等于 X 的某物，我们对它一无所知，而且一般说来（按照我们知性现有的构造）也不可能有所知，相反，它只能作为统觉的统一性的相关物而充当感性直观中杂多的统一，知性借助于这种统一而把杂多结合成一个对象的概念"。① "先验客体"既为外部现象奠定基础，也为内部直观奠定基础。② 康德对"先验客体"的描述表明这是一个认识论意义上的术语，一方面刺激感官产生直观中的杂多，另一方面作为统觉的相对之物确保表象的统一性，这些对认识过程都有积极的作用。而牟宗三通过研读康德的著作，指出其所使用的"先验客体"与"本体"两术语容易引起混淆，"'超越的对象'（即本书所谓'先验客体'——引者注）一词实是不幸之名，亦即是措辞之不谛"③，因而可以把康德"先验客体"之名取消。在牟氏看来，"物自体（即本书所谓'本体'——引者注），假定预设一智的直觉时，它可以为一'真正的对象'，然而超越的对象则又可转而实非一对象。物自体是实，超越对象是

① 〔德〕康德：《纯粹理性批判》，A250，第 228~229 页。

② 参见〔德〕康德《纯粹理性批判》，A380，第 331 页。

③ 牟宗三：《智的直觉与中国哲学》，第 76 页；《全集》第 20 卷，第 99 页。

虚。这当是一个重要的区别点"。① 牟宗三之所以取消了康德这个认识论上具有积极作用的概念，实质上是将虚指的"先验客体"收摄于实指的"本体"（Noumena）之中，这样就完成了"物自身"实体化的转变，这个实体性的"物自身"就是"智的直觉"所呈现的"物"，亦即"自由无限心"之"经用"。

再看第二步。牟宗三进而证明这个实体性的"物自身"必然是价值意义上的实体而不能是事实意义上的实体。在解析康德关于"现象"与"物自身"之间先验的区分时，他曾多次引用康德《遗著》中的话："物自身之概念与现象之概念间的区别不是客观的，但只是主观的。物自身不是另一个对象，但只是关于同一对象的表象之另一面相。"② 康德在这里所谓"主观的"（subjektiv）意思是说以上区分是对人的认识能力而言的，而其对人之外的存在是否依然有效是我们不得而知的，这更不意味着确定有一个"上帝"在人之外实存着。而牟宗三则将这里的"主观的"理解为对于两种不同的"直觉"而言，认为对于同一个"物"，以"智的直觉"观之为"物自身"，以"感触直觉"观之为"现象"，而康德只承认人具有"感触直觉"，将"智的直觉"交托给上帝，故此康德不能充分证成"现象"与"物自身"的先验区分。由于牟氏将"物自身"实体化了，因此必然实存着一个"智的直觉"去创造它，这样"上帝"就作为一个实体性概念被牟氏引入了康德的哲学框架中："如果我们把上帝类比于本体，则依康德，上帝所面对的不是现象，乃是物自身。如是，这乃成上帝、物自身、现象之三分。这是客观的笼统的说法。如果详细言之，乃是：同一物也，对上帝而言，为物自身，对人类而言，则为现象。"③ 在牟氏看来，康德为了保证两层的区分，必须请出一个实存的"上帝"来创造"物自身"，这就将"上帝造物"的神学问题引入康德的论述："吾人根据神学知道上帝以智的直觉去觉一物即是创造地去实现一物。我们据此知道了智的直觉之创造性。"④ 就"上帝造物"而

---

① 牟宗三：《智的直觉与中国哲学》，第90页；《全集》第20卷，第116页。

② Kant：*Opus postumum*，AA，Bd. XⅫ，S. 26. 这里引用是牟宗三根据海德格尔《康德与形而上学问题》英译本中引文的译文。参见牟宗三《智的直觉与中国哲学》，第37页；《全集》第20卷，第48页。

③ 牟宗三：《现象与物自身》，第14～15页；《全集》第21卷，第15页。

④ 牟宗三：《现象与物自身》，第10页；《全集》第21卷，第10页。

言，就出现了"无限"（"上帝"）如何创造"有限"（"被造物"）的问题，这里牟氏又将康德关于时空的观念性引入这个神学问题的解释中，指出上帝所造之物（"物自身"）不在时空之中（因为时空是人的先天直观形式），"如果真要肯定它无时空性，它之为有限物而在其自己决不是一个事实概念，而是一个价值意味底概念。只有在此一转上，它始可不是一决定性的有限物，因此，始可于有限物上而说无限性或无限性之意义。"① 这里，"有限物具有无限的意义"就是说物自身"无而能有、有而能无"，这就是牟氏所谓的"价值"的含义，因而他得出了"物自身是一个价值意味的概念"的结论。接下来牟氏就比较顺利地将"智的直觉"归属于人之"自由无限心"，以此价值性之"心"呈现价值性之"物"，成就"本体界的存有论"。

　　牟氏的基本理路如上所述，但论证过程颇为烦琐，在笔者看来至少存在以下几方面的混淆不清。第一，牟宗三混淆了康德哲学的语境和神学的语境：在康德那里，上帝只是一个实践理性的"悬设"（"设准"），尽管有"上帝创造自在之物本身"的类似提法②，但相关文本旨在说明：说上帝在"感知世界"中（遵从自然因果律）创造"物"（现象）是一个自相矛盾的命题，而只有在"理知世界"中"上帝造物"才能够避免矛盾，但究竟这个上帝是否实存、如何造物等都是我们人类所不可能知道的；而在基督教正统神学（实在论传统）看来，"上帝造物"是创造物的个体之实存（existence），不仅创造物的形式，也创造物的质料，并且是使其形式与质料结合的动力因，甚至于人心中关于"物"的观念也是上帝所赋予的，这也就是说康德意义上的"现象"也是上帝的创造物，这里由"无限"到"有限"的转变是上帝之"全能"的表现，不同于牟氏所谓"觉之即生之"的创造方式。因此可以说，"上帝造物"的问题不是康德哲学中的问题，而是一个神学中的问题；而牟宗三将这一神学问题改造为"上帝以智的直觉去觉一物即是创造地去实现一物"，实际上是儒家道德的形上学"本体之创生性（活动性）"的投影。第二，牟宗三混淆了"时空中之物"的有限性和"上帝所造之物"的有限性：

---

① 牟宗三：《现象与物自身》，第111页；《全集》第21卷，第115~116页。

② 参见〔德〕康德《实践理性批判》，第140页；AA, Bd. V, S. 102。

在康德哲学中，前者是"现象"身份的物，其有限性来自人的感性直观形式；后者是"物自身"身份的物，其是否为"有限"或"无限"是我们人类所不得而知的，因为"限制性"（Limitation）是康德所谓十二个知性"范畴"之一，其只能用之于感性直观所得的经验，而不能用于物自身。因此，在康德那里，不仅不存在"上帝造物"的问题，而且不存在"无限"创造"有限"的问题，因此牟氏的以下说法就难以成立："如果被造物决定是有限物，而定是有限物者又决定是事实概念，则此作为事实的有限存在物之在其自己，既不可以时空表象之（无时空性），亦不可以任何概念决定之，它必只是一个空洞的概念，而无实义。如果它要有丰富的真实意义、价值性的意义，它必不是一个事实概念，那就是说，它必应不是一个决定性的有限物。"① 在康德那里，"物自身"不存在"有限"或"无限"的问题，也不能确定是"事实概念"还是"价值概念"，说其"空洞"也可，说其"并无实义"也行，这正是康德"经验实在论"的本义。

总之，牟宗三并未能成功地证明康德的"物自身"是一个价值意味的概念，尽管他处处依托康德的术语，但在根本精神上与康德背道而驰，甚至有回归于神学的取向，因此有的学者指出这种做法是对康德"物自身"概念的"去批判化"②。抛开康德哲学而不论，牟氏通过烦琐的论证而将"物自身"价值化的过程包含了许多混淆和臆断，不能真正使人信服。

牟宗三所坚持的"价值优位"的立场无疑来自儒家传统，而不是康德哲学。前文已述，牟氏将康德所讲的"实践理性"对"理论理性"在"人类学"（Anthropologie）意义上的优先性转变为在"存有论"（Ontologie）意义上的优先性，力图证明康德也是一个"价值优位者"，这是对康德哲学的一种误读。牟宗三所处的"后工业时代"与康德所处的"启蒙时代"已然有相当大的差别，18世纪的思想家力图达到"理论理性"与"实践理性"、"事实世界"与"价值世界"的并重双显与和谐统一，而"现代性"演进到20世纪却出现了"科学"意识形态化、"工具合理

---

① 牟宗三：《现象与物自身》，第110页；《全集》第21卷，第115页。
② 参见邓晓芒《牟宗三对康德之误读举要（之三）——关于"物自身"》，《学习与探索》2006年第6期。

性”一方独大之势，“事实”与“价值”之间出现了前所未有的对立。牟宗三的“良知坎陷说”具有为西方现代性补偏救弊的针对性，力图通过重建“价值之体”而为事实世界和科学知识奠基，其作为“科学一层论”“事实一元论”的反话语出现，却以同样极端的方式予以表达。正如傅伟勋所指出的，这种“泛道德主义”（panmoralism）与“唯科学主义”（scientism）一样，同样具有“化约主义”的弊病。①同时应该看到，牟宗三“泛道德主义”的思想倾向②根源于儒家传统本身，而这种“价值的泛化”只是在“现代性”之两个世界分化对立的语境中才成为问题的，易言之，就以关怀人之德性生命为根本特质的儒家系统自身而言，无所谓价值之“泛化”，只是一个“生生大化”之价值宇宙；而只有对以“工具合理性”为基本动力的“现代性”而言，“道德”或“价值”的独尊性才对知识的独立性产生阻碍。就牟宗三的体系来看，所谓“泛道德主义”只是在“本体”层面的，而在“现象”层面却充分肯定了事实世界和科学知识的地位，这较之于传统儒家而言显示出鲜明的现代性特征，因此不能以“泛道德主义”一语对牟氏哲学盖棺定论，应当以历史的和辩证的眼光对“坎陷说”进行细致的分析。

其次，就“价值性之现象”的缺失方面而言，牟宗三将道德活动之“体”与“用”都归入本体界，使其与经验世界产生了隔膜，造成了“道德实践”的概念化、抽象化，使“修养工夫”以及相关于价值的实践活动无以着落，难免“虚玄蹈空”之弊。

传统儒家讲道德是“兼赅体用”，正所谓“不离日用常行内，直造先天未画前”（王阳明《别诸生》），其“用”真实地切入现实的伦常生活之中，与经验世界紧密联系。朱子在存有论上强调“无是气，则是理亦无挂搭处”（《朱子语类》卷一），阳明在工夫论上强调“致知必在于行，而不行之不可以为致知也”（《传习录》中），都将德性之“实践”

---

① 参见傅伟勋《中国哲学往何处去——宏观的哲学反思与建议》，载氏著《“文化中国”与中国文化》，东大图书公司，1988。

② 傅伟勋、韦政通曾批评牟氏“良知坎陷说”具有“泛道德主义”色彩，参见傅伟勋《儒家思想的时代课题及其解决线索》，载氏著《批判的继承与创造的发展》，东大图书公司，1986；韦政通《两种心态·一个目标——新儒家与自由主义观念冲突的检讨》，载氏著《儒家与现代中国》，东大图书公司，1984。李明辉曾撰文《论所谓“儒家的泛道德主义”》予以反驳，载氏著《儒学与现代意识》，文津出版社，1991。

置于关键的地位，这里的"实践"不仅仅是一个工夫论意义上的概念，同时也是一个存有论意义上的概念，其相当于黑格尔所讲的"现实性"（Wirklichkeit），是对德性之"理"的具体落实，是"本体"的发用流行，德性生命通过"实践"达到了其本真性的自我澄明。这里的"德性实践"无疑属于价值世界，但对于"本体/现象"的划分而言则可以借用牟氏的术语"上下其讲"：一方面，德性实践的过程是主体与对象之间的一种包含目的性的关系，主客双方都是经验世界的存在者，伦常关系是现实的人之间的关系，如父子分别构成了"孝"之行为的主体和对象；另一方面，与认识行为的主客体关系有所不同，德性实践关联于形上的本体世界，在儒家看来"孝"作为美德（virtue）指向超越性的目的（"天道""本体"），因此"尽孝"的实践又不仅仅是一个经验行为，更重要的是一个展现"天道"的过程，也是一个呈现"人之为人"的本质的过程。因此，从"德性实践"体现出儒家"即本体即工夫""即内在即超越"的理论特质。

尽管牟宗三在界定"道德的形上学"时强调了上述特质，同时以"随波逐浪"表征道德理性之实践义，但在"两层存有论"的体系中，"德性实践"被形上化为"本体界"的"心"与"物"（行为物）的关系，尽管"自由无限心"可以创生道德行为，但后者属于"物自身"，高踞于经验世界之上；而在"现象界"只剩下事实性的认识行为，将人的现实生活完全归之于"认识心"的活动，这显然是以偏概全，本书称之为"现象世界的事实化"，其与"本体世界的价值化"一样，具有"约化主义"的弊病。这种"现象世界的事实化"最为严重的后果就是德性实践的概念化和抽象化，其被抽象为一个空洞的概念被安排在"无执的存有论"的框架内，远离了日用伦常，不能现实化为真实的生活常轨，使儒家整个道德学说成为"高调的理想主义"，难免重演王门后学"虚玄而荡""玩弄光景"之流弊。

另外，由于"价值领域"不仅仅包含"道德"这一个维度，至少还有"审美"和"宗教"（实际尚不止于此），因此"价值性的实践"还应当包含艺术创作、宗教生活等，因此这些也应当在"现象界"中有所安顿。当然我们不能苛求牟宗三一个人详尽地考虑所有问题（这既不可能，也不必要），但这些领域也不容忽视。

综上所述，由于牟宗三的"坎陷说"将"价值/事实"的区分等同于"本体/现象"的区分，因此造成了"知识上不去，道德下不来"的难题。笔者认为，以上"价值/事实"区分是平列的（无所谓何者优先），"本体/现象"的区分是立体的，因此可以通过表1来展现这两种区分的立体结构（针对牟氏的论域，"价值领域"只涉及"道德"方面）。

表1　两种区分的立体结构

	价值	事实
本体	德性本体（道德心）	认知本体（认识心）
现象	德性实践（工夫）	认知实践（知识）

三　良知的返回自身——"圆教"与"圆善"

在牟宗三"一心开二门"的哲学体系中，"良知"自我呈现而挺立"德性主体"和"本体界"，进而经由自我坎陷而外化为"认知主体"和"现象界"，这两层都属于"主体"自身的结构。相对于"主体"而言，世界的存在还有"客体"的一面，即外在的命运、偶然性以及不以人的意志为转移的自然规律等，这些"客体"揭示了人之现实存在的有限性，这与牟氏所彰显的人之理想存在的无限性之间存在张力，这是牟氏不能不严肃面对的理论问题。在道德问题上，以上问题具体展现为超越性的"德性"与经验性的"幸福"之间的张力，而牟宗三力图通过"良知"的完满性和绝对性克服这种张力，在这一过程中扬弃"客体世界"的外在性而回归于"良知"自身，以此证成儒家的"圆教"，保证"圆善"的实现。

1. 儒家"圆教"的证成

为了解决"德福一致"的问题，牟宗三首先证成了儒家的"圆教"，通过"圆教"保证"圆善"。在牟氏看来，"圆教即是圆满之教。圆者满义，无虚歉谓之满。圆满之教即是如理而实说之教，凡所说者皆无一毫虚歉处。故圆满之教亦曰圆实之教。凡未达此圆满之境者皆是方便之权说，即对机而指点地、对治地，或偏面有局限地姑如此说，非如理之实说"。[①]

---

① 牟宗三：《圆善论》，第267页；《全集》第22卷，第260页。

这里，牟氏借用佛教"判教"的方式，对"圆教"与"权教"之间的差别进行区分："圆教"通过"非分别说"①的方式，通过"诡谲的相即"达到圆融无碍的境界；而"权教"只有"分别说"，偏执于一边而不见真谛，其学说是一种有限的方便之说，在境界上有所缺欠。在这个意义上，中国儒释道三教在理论归极之处都是"非分别说"，都通过"诡谲的相即"的方式实现了天人、物我、体用之间圆融一体的境界，因此"迹本圆融是三教之所共"②，所以都是"圆教"；相比之下西方哲学在根本不能达到这种圆融之境，只能是"权教"。

牟宗三进一步对儒释道三家之"圆教"进行了判教，目的在于突出儒家之"圆教"的最高完满性。在他看来，儒释道三教的存有论在根本上都是"纵贯"的，因为三者都从"本体"竖直地直贯下来为万物之存在奠基，但是由于三教之智慧方向有所不同，其表现为思想形态的进一步的差异，牟氏将儒家称之为"纵者纵讲"，而将佛道两家称之为"纵者横讲"，两者区别的关键在于是否肯定"创生"之义："纵者纵讲"者凸显了"本心仁体"的创造性："肇始一切物而使之有存在即所谓'创生'或'始生'。无限智心能如此创生一切物即所谓竖直地直贯下来贯至于万物——贯至之而使之有存在。"而"'纵者横讲'者不言创生义而仍能说明一切法之存在或最后终能保住一切法之存在之谓也"。具体言之，儒家"预设以道德性的无限智心，此无限智心通过其创造性的意志之作用或通过其感通遍润性的仁之作用，而能肇始一切物而使之有存在者也"。与此不同，佛家唯识宗的宇宙论讲"阿赖耶识"变现世界，"是则一切法之存在原出于识变，所谓万法唯识、三界唯心，既非阿赖耶识创生之，亦非无限智心创生之。即讲至一切法等依于如来藏自性清净心亦如此，非清净心能创生一切法也"。同样，"道家只是以'无为无执'之玄智保住万物之独化（道法自然），并非玄智能创生万物也"。"此是玄智成全一切，非创生一切。"③ 牟氏将此道家所谓"生"解释为"不生之生"，即不是由道"创生"万物，而是万物自己生长，在外在表象上类比地说"道生之"，道家"不生之生"既无主观的创生之意，又无客

---

① 关于"分别说"和"非分别说"的区别，详见本书第五章。
② 牟宗三:《圆善论》，第 305 页；《全集》第 22 卷，第 297 页。
③ 以上引自牟宗三《圆善论》，第 328～329 页；《全集》第 22 卷，第 319～320 页。

观的创生之实，因此是真正在实有层上的"无"。因此，佛道两家缺少
"道德创造"之义，而只成就"纵者横讲"。①

牟宗三在这里区分了"实有层"和"作用层"，当我们问"是什么"
（What）的问题时涉及"实有层"，而当我们问"如何"（How）的问题
时涉及"作用层"，这两者实际上对应于中国传统的"体/用"范畴（但
只限于这对范畴之"实体/实体之发用"的含义而不涉及"本体/现象"
的含义）。牟氏指出，佛道两家没有意识到"实有层"和"作用层"的
分别，将两个层次混同为一，所谓"空"或"无"是一个"作用层上的
字眼"，是主观心境上的一个作用，其在实质上是借作用层之"空"或
"无"以说实有层："把这主观心境上的一个作用视作本，进一步视作本
体，这便好像它是一个客观的实有，它好像有'实有'的意义，要成为
实有层上的一个本，成为有实有层意义的本体。其实这只是一个姿
态。"② 因此佛家之"般若智"与道家之"玄智"所达到的圆融之境只是
"作用的圆"（即前文所述之"诡谲的相即"所成的高妙境界）而并非
"实有的圆"，牟氏将其称为"境界形态的形上学"。与此不同，儒家
"本心仁体"在"作用层的圆境"之上还具有"实有层的圆境"（亦曰
"存有论的圆境"），这就表现为"仁心"的创生性："是故儒家的无限智
心必扣紧'仁'而讲，而体现此无限智心之大人之'以天地万物为一
体'之圆境亦必须通过仁体之遍润性与创生性而建立，此即其所以不能
直接由'诡谲的即'而被表明之故也。它不能只由般若智或玄智之横的
作用来表明，它须通过仁体创生性这一竖立的宗骨来表明。因此，它必
须是纵贯纵讲，而不是纵者横讲。"③ 因此，相对于佛道两家从主观心境
的意义讲本体的方式，儒家从客观实在的意义上讲本体，后者被牟氏称
为"实有形态的形上学"，这里所讲的"实有"（Being）不是静态的本
体，而是创生万物和道德价值的"生生之体"，其活动性体现为实实在
在的道德实践。但牟氏在这里并不是说儒家没有"境界"，而是说儒家
不只是呈现出这样一个高妙圆融的境界，在此之上还肯定一个创生性的
实有本体，后者是佛道两家所不及的，这里显示出儒家义理的超胜之处。

---

① 参见牟宗三《圆善论》，第330页；《全集》第22卷，第321页。
② 牟宗三：《中国哲学十九讲》，第120页；《全集》第29卷，第125页。
③ 牟宗三：《圆善论》，第306页；《全集》第22卷，第297页。

由上可见，"境界形上学"与"实有形上学"的根本区别在于：前者是由一种静态的"观照"所得之主观心境，后者是由活动性的"道德实践"所展现之客观实体；前者是"纵者横讲"，后者是"纵者纵讲"；前者是"作用层之圆境"，后者是"实有层之圆境"；前者仅仅凭依"诡谲的相即"而成圆教，后者在"诡谲之即"背后还有实在的"创生义"。简言之，前者是"虚"，后者是"实"，前者重在"观"，后者重在"生"，（也可以说前者是"看出来"的，后者是"做出来"的）。在两种形态的形上学之分别的基础上，牟宗三在儒家与佛道两家之间进行了"判教"："言创生者可具备'无为无执'与'解心无染'之作用层，只言此作用层者却不备道德创造之存有层。两层备者为大中至正之圆教，只备作用层者为偏虚之圆教，只横而无纵故也。其问题虽原属纵而却不能有纵以实之，故偏虚而中心无主干也。故佛道两家之圆教为团团转之圆教，非方中有圆圆中有方之圆教，看似甚玄甚妙，实只因团团转而为玄妙，并未十字打开，故纲维不备，非大中至正之天常。"①　总之，牟氏将佛道两家判定为"偏虚之圆教"，而将儒家判定为"大中至正之圆教"（"圆实教"），突出了儒家义理之关键在于"道德创生性"，在学理上为其以儒家传统为正宗奠定了基础。

2. "圆善"的实现

所谓"德福一致"的问题就是"圆善"问题，牟宗三的"圆善"概念直接来自康德的道德哲学中的"至善"（Summum Bonum②）概念。这一概念是西方哲学的传统概念，在柏拉图那里是"最高的理念"，在亚里士多德那里是"最终的目的因"。在道德哲学领域，伊壁鸠鲁派将幸福视为"最高善"，德行成为获得幸福的准则形式；而斯多葛派则将德行视为"最高善"，意识到自己的德行就是幸福。在康德看来，以上两派观点的分歧构成了"实践理性的二律背反"，两者的错误在于都将"德行"（Tugend）与"幸福"（Glückseligkeit）之间的关系视为分析的，

---

① 参见牟宗三《圆善论》，第330页；《全集》第22卷，第321页。

② 拉丁文 Summum Bonum 有两种英译：the supreme good 和 the perfect good，前者强调 Summum 的"至上"义，后者强调其"完满"义，康德已经注意到这两种含义的区别，用德文"das höchste Gute"兼及二义，参见氏著《实践理性批判》，第151～152页，AA，Bd. V，S.110。大陆学界一般将这一术语译为"至善"；牟宗三则将其译为"圆善"，是"圆满的善"的简称。

而在他看来"德福一致"是一个先天综合判断。他对这一背反的解决方法是，指出正题（"对幸福的追求是德行意向的根据"）是绝对错误的，而反题（"德行意向必然产生出幸福"）是相对错误的，只有在将其置于现象界的"自然因果性"中理解时才是错误的，而在"自由的因果性"中，先天的道德法则可以作为人在经验世界中的规定根据，因此德性（Sittlichkeit）可以作为幸福的原因，尽管这种原因是间接的，因此，"任何配得上都取决于德性的行为，因为这种行为在至善的概念中构成其他的（属于状态的）东西的条件，也就构成了分享幸福的条件"。① 为了根据德性分配幸福，必须要设定有一个永远公正的审判者，同时也必须设定接受评判者无限的延续，因此"上帝存有"和"灵魂不灭"作为实践理性的"悬设"（Postulat）被肯定下来。

牟宗三面对"德福关系"的问题，本着儒家"德性优位"的基本立场，强调"德性"对于"幸福"的绝对优先性，以前者统摄后者，这种立场与康德的义务论立场具有共同的倾向。在牟氏看来，"德"与"福"的关系就是儒家所讲的"所性"与"所欲""所乐"的关系，依据孟子所谓关于"性命对扬"（《孟子·尽心上》）的立场，前者是"求在我者"，依赖于超越性的道德之"真性"的呈现和扩充；而后者是"求在外者"，因而是否得到受限于经验性的气质之"命运"。简言之，"德性"是"理性之当然"，是无条件的、绝对的；而"幸福"是"存在之实然"，受制于"命运"（外在偶然性）和"命限"（人的有限性）。所以，"德"是最确定的、最根本的、最优先的，"德"与"福"的关系"不是对立并列之关联，乃是隶属之关联，即本末之关联。本末是就人生之价值意义说，不是就时间先后之实然说。价值意义之本末意即幸福必须以道德为条件。不可逆其序而说道德以幸福为条件"。② 人应当相信"德"与"福"之间存在"圆融之一致（恰当的配称关系）"，秉持着"修其天爵，而人爵从之"（《孟子·告子上》）的立场，努力做好道德实践（"尽性"），以此期望幸福（"正命"）的获得。

但是，在"德福一致"如何具有必然性的问题上，牟宗三与康德的

---

① 〔德〕康德：《实践理性批判》，第 178 页，AA，Bd. Ⅴ，S. 130。

② 牟宗三：《圆善论》，第 172 页；《全集》第 22 卷，第 167~168 页。

解决方式表现出了根本差异。牟氏指出,康德将"德性"与"幸福"视为综合的关系,但是两者之间的联结要设定外在的"上帝"和"灵魂不灭"来保证,因而这种综合是互为异体"关联的相即",因此"德"与"福"之间依然没有必然的联系,所谓"两者之间存在着恰当的配称关系"只是一个实践理性的设定,不能够被我们的理性所证实。在牟氏看来,"幸福"诚然涉及现实的存在,但担负"存在"的是"自由无限心"("良知""无限智心"),此"心"自身就是绝对而无限者,并不需要在"自由"之外还设定一个人格化"上帝",因此康德力图通过"上帝存在"来保证"德福一致"的做法具有虚幻性,在根本上诉诸西方宗教信仰,是一种非理性的"情识决定",不能真正解决"圆善"问题。

在批评康德的基础上,牟宗三指出保证"圆善"的唯一必然的途径是"圆教"的方式,这种解决方式才是"彻头彻尾的理性决定"。在他看来,以儒释道三家义理观之,"德"和"福"之间的关系应当是"诡谲的相即":"可以说为是德福同体,依而复即,德当体即是福,福当体即是德;但此两'即'是诡谲的即,非分析的即。""圆教下的德福一致既是诡谲地必然地一致,故德与福两者之关系既非权教下的综合关系,亦非如斯多葛与伊壁鸠鲁说法中那样的分析关系。此则非康德之依'上帝创造自然'而说者所能至。"① 因而,康德那里的三个"设准"(意志自由、灵魂不灭、上帝存在)就转变为一个"呈现"(无限智心之朗现):"有此无限而普遍的理性的智心,故能立道德之必然且能觉润而创生万物使之有存在。只此一无限的智心之大本之确立即足以保住'德之纯亦不已'之纯净性与夫'天地万物之存在以及其存在之协和于德'之必然性。此即开德福一致所以可能之机。"② 但是仅仅是一个"无限智心"尚且不能真正现实地达到"圆善","必须由无限智心而至圆教始可真能使德福一致朗然在目。因此,德福一致是教之极致之关节,而圆教就是使德福一致真实可能之究极圆满之教。德福一致是圆善,圆教成就圆善"。③

在牟氏看来,儒释道三教都能保证"圆善"的实现,但只有在儒家

---

① 牟宗三:《圆善论》,第279、280页;《全集》第22卷,第272、273页。
② 牟宗三:《圆善论》,第263页;《全集》第22卷,第256页。
③ 牟宗三:《圆善论》,第271页;《全集》第22卷,第264页。

的"圆实教"中，"圆善"问题才能得以最完满的解决。如前所述，在儒家的"无执的存有论"中，"心"与"物"在"知体明觉之神感神应中一起如如朗现"，因此"心"（包括"意""知"）与"物"没有主客、能所的对待而"浑是一事"。在这个意义上，"此中之心意知本是纵贯地（存有论地）遍润而创生一切存在之心意知。心意知遍润而创生一切存在同时亦函着吾人之依心意知之自律天理而行之德行之纯亦不已，而其所润生的一切存在必然地随心意知而转，此即是福——一切存在之状态随心转，事事如意而无所谓不如意，这便是福。这样，德即存在，存在即德，德与福通过这样的诡谲的相即便形成德福浑是一事"。① 这里，可以比较清楚地看到，在儒家之圆教中，"福"（"存在"）已经由现象界之"物"的层次转变为本体界的"物自身"的层次，由于"物自身"在根本上是由"自由无限心"所创生的，必然随着此"心"而转，因而"福"（"存在"）在根本上来源于此"心"的创生妙用；同时"德"是此"心"的显发，也属于"物自身"，在这个意义上"福"与"德"之间具有先天的一致性。因而动态地说是"心"与"物"之间的"遍润"和"创生"，静态地说是物自身层面"德"与"福"之间"诡谲的相即"。这种"相即"只有达到"圆圣"之境才可能，这时外在的"命"已经"被超化"，尽管圣人也不免自然生命之终结，但"一切天时之变，生死之化，尽皆其迹用。纵使一切迹用，在外观之，是天刑，然天刑即是福，盖迹而能冥迹本圆融故。天刑即是福，则无'命'义。一切迹用尽皆是随心转之如如之天定，故迹用即是福"。② 也就是说，在儒家之圆教中无所谓"命"，圣人之生命中不存在与经验现实之间的矛盾，因为这种矛盾已经由圣人之"心"的创造性所化除。因此，牟宗三揭示儒家的人格境界次第："由士而贤，由贤而圣，由圣而神，士、贤、圣、神一体而转"，"至圣神位，则圆教成。圆教成则圆善明。圆圣者体现圆善于天下者也。此为人极之极则矣。哲学思考至此而止"。③

由此可见，在处理"圆善"问题中，牟宗三最终回归于儒家"圆圣之境"，即对于人性无限性的肯认（"人而圣，圣而人"，亦可说"人而

① 牟宗三：《圆善论》，第 325 页；《全集》第 22 卷，第 316 页。
② 牟宗三：《圆善论》，第 326 页；《全集》第 22 卷，第 317 页。
③ 牟宗三：《圆善论》，第 333、334 页；《全集》第 22 卷，第 324 页。

神，神而人"），这是"良知坎陷"的前提，同时也是"圆教"的归结点。在对"德福一致"问题的思考和解决中，牟氏体现出鲜明的"道德理想主义"立场，实际上是通过儒家圆教所构想的圣人之境将经验性的"福"加以超越化，从而将其收摄于"自由无限心"的"创生妙用"之中。因此，"德与福之间诡谲的相即"的实质是"销福入德"的理路，扬弃了"福"与"命"所代表的外在性，使之回归于"良知"自身，进一步展现了"良知"的绝对性和无限性。"圆善论"作为牟氏哲学体系的归结，代表了"良知"自身运动的最高阶段，即在"否定之否定"的意义上向自身回归，因而使整个体系呈现为一个"圆圈"式的发展轨迹。

　　然而，跳出牟宗三的哲学体系观之，以上所谓"销福入德"的理路是以一种"境界形态"的方式取消了"福"（"存在"）所包含经验内涵，因而"圆善"问题的实质发生了改变：原本"德"与"福"分别关涉于"理想"和"现实"两个不同的层面（在康德那里是"超验之德"与"经验之福"，在孟子那里是"天爵"与"人爵"），而现在都被置于"物自身"的层面，因此两者之间如何统一的问题就被置换为"德性"自身如何可能的问题，也就是"圣人"和"圆教"如何可能的问题。如前所论，"成圣"的问题在根本上是一个实践的问题，而牟氏哲学的"理想主义"取向造成了其对于"道德实践"的理解抽象化，脱离了现实生活本身，因而其整个哲学体系不能免于虚玄蹈空的弊病。另外，经验层面的幸福和命运问题依然存在，现实生活中的人依然要面临"道德"与"幸福"之间的张力，对此，牟氏以"圆教"保证"圆善"的方式并没有真正解决这一问题，而是以一种"理想主义"的立场消解了这一问题。由此可见，尽管牟氏的"圆善论"在自身的哲学体系中得以自洽，但并没有真正缓解"理想"与"现实"的张力，就其实质而言，牟氏诉诸儒家"圆教"的做法与康德诉诸"上帝"的做法都基于各自的文化传统，也都带有其文化传统的局限性，因而牟氏基于"判教"而认定儒家义理高于康德哲学的论断在根本上难以成立。

　　综上所述，牟宗三本着现代性的精神理念，建构了一个完整的主体性哲学体系，其以"良知的呈现"上通于本体界，以"良知的坎陷"下贯于现象界，以"良知的返回"消解了现象之"执"而确保"德福一致"，最终证成儒家之"圆教"。牟氏所建构的"道德的形上学"体系，一方面彰显了儒家的"德性主义"的绝对性和无限性，以此为基础融摄西方哲学传统中的"认知主体"，为现代性奠定了主体基础；另一方面融摄康德、黑格尔哲学的思想要素，使儒家思想更加精致化、体系化，具有了现代哲学的外观。尽管牟氏哲学之中包含了许多深刻的理论问题，但其不失为20世纪中国哲学发展史上的一座里程碑，在中国哲学现代化的进程中具有重要的典范意义。

第二节　立足于儒学的现代性批判

正如本书首章所述，作为"现代性"之唯一现实形态的"西方现代性"在演变中产生了日益严重的问题，引起了中西有识之士的反思。作为中国哲学家，牟宗三立足于儒家的价值系统对这些问题展开了深入的批判，以期为其补偏救弊，"救西方之自毁"。在此过程中，"中国"与"西方"之间的文化民族性张力凸显。牟氏凭借其贯通中西的深厚学养与精到见识，标举儒家"道德理想主义"的旗帜，对"西方现代性"的精神内核进行剖析，以哲学的高度从"工具合理性""道德形式主义"和"政治自由主义"三个方面对其内在问题予以揭示和批判，以此透现出可能形态的"儒家现代性"的优长所在。

一　工具合理性批判

如前所述，西方现代性的发展打破了"工具合理性"与"价值合理性"之间的平衡关系，造成了"工具合理性"的膨胀和泛滥，对"价值合理性"构成了侵犯和压制，产生了深刻的"合理性的悖论"。牟宗三本着儒家人文主义的立场，对"工具合理性"的僭越进行了深入的批判，揭示出这种合理性自身的限度，并要求以儒家传统自身所具有"价值合理性"对其进行引导和提升，突出强调了人类生命的立体性和价值优位性。

1. 儒家传统中的"价值合理性"

马克斯·韦伯区分了两种合理性类型，并指出西方现代性的发展是以"工具合理性"为主导的世俗化的过程，这种"工具合理性"具体表现为科学技术、制度架构等要素，其根本在于手段和程序的可计算性，而不顾及后果和评价。韦伯深刻地揭示了这一"祛魅"的过程在带来巨大物质成就的同时，也构成了对于人类生活的"价值之维"的侵犯和压制："我们这个时代，因为它所独有的合理化（rationalization）和理智化（intellectualization），最主要的是因为世界已被祛魅，它的命运便是，那些终极的、最高贵的价值，已从公共生活中销声匿迹。"① 韦伯指出，生活世界经受"祛魅"的过程就是"价值合理性"逐步隐退、"工具合理性"逐步膨胀的过程，他明智地预见到"合理化"本身可能成为束缚现代人自由的"铁笼"。整个 20 世纪的历史证明了韦伯的论断，"工具合理性"的膨胀造成了严重的社会问题，如价值的颠覆、意义的失落、道德的沦丧、人性的扭曲等。如前所述，这种西方现代性自身的痼疾已为众多有识之士所指出，并从各个角度予以反思和批判，使整个时代呈现出一种"现代性之后"的复杂景观。

近代以来，随着科学、民主等西方现代性成就的大量输入，中国社会也开始了以"工具合理性"为基础的现代化进程，这一过程本身既包含科学世界观的建立和社会秩序的合理化，也包含"工具合理性"对于"价值合理性"的消解和侵犯。发生在 20 年代的"科玄论战"突出地反映了以上两种合理性之间的尖锐对立，"科学派"力图以"科学"的名义对人文价值和超验信仰予以排拒和消解，这种倾向的实质是一种"唯科学主义"的立场，其在"科玄论战"之后逐渐泛化为一种普遍的世风和学风，渗透社会生活和学术研究的各个方面。这种"唯科学主义"的立场往往与文化上的"反儒""西化"立场相联系，对中国传统社会的伦理观念和价值规范予以激烈的批判和颠覆。与此对立，现代中国的文化保守主义者从价值世界的独立性立论，对"唯科学主义"进行了深刻的批判，尽管其所论直接针对中国社会的现实，但其思想锋芒在根本上指向西方现代性所内在包含的"工具合理性"泛滥之弊。

牟宗三对"唯科学主义"的批判具有系统性，代表了现代新儒家的基本立场。按照他的思路，首先肯定儒家传统自身代表了一种"价值合理性"，进而论证这种合理性不仅不与"现代性"相互冲突，而且是

---

① 〔德〕马克斯·韦伯：《学术与政治》，冯克利译，生活·读书·新知三联书店，1998，第 48 页。原译文中"理性化"改为"合理化"，"除魅"改为"祛魅"。

"现代性"健康发展所必不可少的引导力量。在此基础上，他高扬儒家"道德理想主义"的旗帜，主张以儒家传统内在所具有"价值合理性"引导"工具合理性"的发展方向。具体言之，牟氏对于儒家传统的合理性内涵进行了以下几方面的深入思考。

首先，牟宗三坚决捍卫"事实世界"与"价值世界"之间的划分，强调"工具合理性"与"价值合理性"各安其位。

延续着"科玄论战"中玄学派的基本立场，牟氏主张将科学严格限定于"事实世界"的范围之中，指出科学的本质是主体的"理智"（"认知理性"）对于外物的把握，理智的对象是一个"平铺的客观事实"，这个"事实世界"就是科学的对象。与此同时，"在科学的'事实世界'以外，必有一个'价值世界'、'意义世界'，这不是科学的对象。这就是道德宗教的根源，事实世界以上或以外的真美善之根源"。"这个意义世界或价值世界决不能抹杀。真正懂得科学的人必懂得科学的限度与范围，必懂得这两个世界的不同而不能混一。"① 在牟氏看来，"事实世界"是量的、平面的、有限的、主客对待的领域，而"价值世界"是质的、立体的、无限的、去除主客对待的领域，两个世界的关系不是并列的，而是"价值世界"高于"事实世界"，前者具有优位性。尽管牟宗三力图通过"良知坎陷"的方式使这两个世界之间具有辩证的联系，但两者之间的分际是确定的，不容混淆。通过"事实"与"价值"两个世界的区分，牟氏将科学知识所代表的合理性与道德宗教所代表的合理性区分开来，使其具有各自界限和范围，在两个世界各安其位。在他看来，"唯科学主义"的根本弊病在于只承认一个平面化的"事实世界"，而取消了"价值世界"及其合理性维度，其实质是将科学及其背后的工具合理性泛化到整个生活世界，这种做法无疑是对科学之本质和限度的无知。

其次，强调儒家传统的本质在于"道德理性"，即是在道德实践过程中所展现出的"价值合理性"。

牟宗三将儒学定位为一种"理性主义的理想主义"，以此对任何形式的"非理性主义"予以批评。他根据孟子的"大体"与"小体"之辨

---

① 牟宗三：《关于文化与中国文化》，载《道德的理想主义》，第 254 页；《全集》第 9 卷，第 328 页。

（《孟子·告子上》）来区分"理性"与"非理性"：前者依据人的"德性生命"，即人的超越性（"神性"）；而后者依据人的"自然生命"，即人的生物性（"物性"）。牟氏指出，"如果吾人的行动是顺着生理心理的物欲冲动走，即顺着诱惑而冲动下去，便是非理性的。如果吾人只透视到生物的生命，比生理躯壳的活动进里一层的那个赤裸裸的生命自己，一味顺着它而前冲，也仍是非理性的"。与此相对，"吾人此处所谓理性是指道德实践的理性言：一方简别理智主义而非理想主义的逻辑理性，一方简别只讲生命冲动不讲实践理性的直觉主义、浪漫的理想主义，而非理性的理想主义。我们如果明白了此所说理性不是逻辑理性，又明白了与此理性相反的非理性，则怵惕恻隐之心何以又是理性的，即可得而解"。[①] 儒家传统挺立了此"怵惕恻隐之心"，即是将"德性生命"作为人之为人的根本，同时通过"道德的形上学"达到"道德理性之充其极而圆满"[②] 的境界，代表了一种"理性主义"的极致。牟氏将儒家所彰显的"道德理性"与康德所讲的"实践理性"会通起来，强调道德实践过程中的自律意识，这种实践本身具有内在的合理性，并且这种合理性属于"价值合理性"。

再次，从思想史的角度考察，先秦时期的"宗教人文化"进程使儒学本身自行"祛魅"，呈现出一种合理化的特征。

同为现代新儒家的徐复观在考察先秦思想史之时揭示了中国文化"宗教人文化"的趋向。他指出，周初宗教中出现了道德性的人文精神的跃动，到春秋时期形成以"礼"为中心的人文世界，这种人文精神的发展并未将初民的宗教完全取消，而是将其加以"人文化"。具体表现为：（1）原有宗教性的"天"演变为道德法则性的"天"，不再有人格神的意味；（2）原有的"神"多元化、世俗化并由人文精神加以统一；（3）由于中国宗教与政治的直接关联，宗教中的道德性通常表现为人民性；（4）祭神摆脱了神秘性而成为人文的仪节；（5）"永生"转变为"不朽"，以历史世界代替了彼岸世界，是非赏罚决定于历史；（6）"命"部分地转化为道德性格的"命"，由道德的人文精神的上升，逐渐发展出

---

① 牟宗三：《理性的理想主义》，载《道德的理想主义》，第 16～17 页；《全集》第 9 卷，第 22 页。

② 参见牟宗三《心体与性体》（上），第 285 页；《全集》第 5 卷，第 350 页。

"性"与"命"相结合的人性论。①

牟宗三赞同徐复观的观点，并着重从形上学的角度进一步对"宗教人文化"的思想进程加以阐发，尤其突出了孔子在这一进程中的特殊地位。牟氏指出，《诗》《书》中的"帝""天""天命"虽有人格神的意味，但不如希伯来民族的宗教意识中的"上帝"那样孤峭而挺立，而只是肯认了一个最高的主宰，代表了一种超越意识。孔子一方面承继以前的传统，其心目中的"天"和"天命"观念"其意味甚为肃穆，对于天地万物甚具有一种'超越的亲和性'（引曳性 Transcendental affinity），冥冥穆穆运之以前进，是这样意味的一个'天'。并不向'人格神'的方向走"；另一方面，"对于人类之绝大的贡献是暂时撇开客观面的帝、天、天命而不言（但不是否定），而自主观面开启道德价值之源、德性生命之门以言'仁'"。②孔子在中国文化史上的突出贡献在于"践仁以知天"，将超越性的"天""天命"内在化于道德心性之中，使儒家传统具有"即道德即宗教""即内在即超越"的思想特征。孔子之后的《中庸》将"天"视为"为物不贰、生物不测"的"创生实体"，进一步以本体宇宙论的方式继承了"天命"观念中超越意识；同时以"天命之谓性"的方式下贯于人身，作为人这一价值主体的内在本性，一方面可由人之本心经由"逆觉体证"而契悟之，另一方面又须通过不懈的躬行践履以接近之。经由先秦儒者之生命智慧的发扬，三代以降的"帝""天"宗教完成了其"人文化"的进程，"天"的观念由"人格神意味"转变为"形而上的实体"，展现出一种内在化、合理化的思想趋向。

牟宗三力图通过"宗教人文化"阐明由孔子所开创的儒家传统自身展开了一个完整人文世界，其生命智慧切入于日用伦常之中而具有世俗性、庸常性的一面，其表现"超越本体"的方式不同于西方基督教那样的"神人隔绝"（"外向型的超越"），而是具有一种"超越的亲合性"，即具有一种"即内在即超越"的特征。如果说西方近代以来的社会演变是一个由"神"到"人"、由"圣"入"凡"的"世俗化"（secularization）进程，那么在孔子那里早已呈现出"神人一体""即凡而圣"的精

---

① 参见徐复观《中国人性论史（先秦篇）》，上海三联书店，2001，第46～49页。
② 以上引自牟宗三《心体与性体》（上），第19、18页；《全集》第5卷，第24、23～24页。

神特质①。在这个意义上，可以说在周初到春秋时代的"宗教人文化"过程中，中国文化已经自行完成了"祛魅"（借用韦伯的术语）的转变，孔子以降的儒家传统将原始宗教中的"人格神"观念予以内在化、形上化，其本身包含一个合理性的因素。与西方近代以"工具合理性"为基础对基督教世界观所进行的"祛魅"相比，儒家传统的"祛魅"过程建基于"价值合理性"之上，尽管没有发展出科学式的世界图景（"公理世界观"），却提供了一幅完整的人文主义的世界图景（"天理—历史世界观"），后者同样祛除了世界的神秘色彩和非理性因素，展现出一种实质的合理性。

综上所论，牟宗三本着人文主义的精神，阐发出儒家传统内在所包含的"价值合理性"意蕴，以期救治西方现代性的"工具合理性"泛滥之弊。在根本取向上，牟氏坚持"事实"与"价值"两个世界的划分，在肯定"工具合理性"的积极意义的同时又对其限制于"事实世界"之中，使两种合理性各安其位、并行不悖。在"价值世界"中，牟氏认定中国文化传统能够提供一种"即内在即超越"的人文价值，这种价值较之于西方宗教所代表的外向性彼岸信仰更加合乎理性，更能与世俗化、合理化的现代社会相接榫。

2. 牟宗三对"工具合理性"的批判

本着儒家传统所体现出来的"价值合理性"，牟宗三针对由"工具合理性"的膨胀所带来的"物化"与"僵化"两大顽疾进行了尖锐的批判，这种弊病可以视为西方现代性在中国语境中的映像，因而牟氏这种批判在根本上指向于西方现代性本身。

其一是"物化"之弊。所谓"物化"指的是"视人纯为一物质的机器，不把人当人看，把生命中的人性、正义、理想、价值，全予以否定，此不得不视人民为刍狗"。② 牟宗三继承了宋明理学关于"人物之别"的论辩，指出"人"之所以不同于"物"的关键在于具有"道德实践之心性"："惟人与万物虽同具此仁理以为性，而落于人之形体下，则仁中之

---

① 参见〔美〕赫伯特·芬格莱特《孔子——即凡而圣》，彭国翔、张华译，江苏人民出版社，2002。

② 牟宗三：《人文主义的基本精神》，载《道德的理想主义》，第151页；《全集》第9卷，第195页。

心义与理义能全幅恰如其性而彰著于人之道德实践之心性中。此即是人之道德实践之心性能恰如仁之为生化之理、实现之理，而善继之而为内在于人之实现之理。而落于其他物之形体下，则无此心性而不能善继。"① 在本体宇宙论的层面，人与万物皆秉承生生不已的天道，而只有人具有这种"道德实践之心性"，才能将这种天道实现出来，由此而见人的尊严和高贵，故而此心性成为人之为人的根本所在。然而在西方文化所引导的现代化进程中，人丧失了这种道德心性，日益沉溺于物的世界不能自拔，表现为一种"放纵恣肆的颓堕"，而整个社会构成了一架机器，将个人视同零件，因而个体不再有超越的精神理想而自同于物，这就是现代性所带来的"人的物化"。牟氏本着儒家道德理想主义的立场，对现代社会的"物化"现象给予了坚决的批判，指出克服这种"物化"的唯一出路在于以儒家"成德之教"救渡现代人，使之重新找回放逸的"道德心性"，走上"复性"的道路。

牟宗三所批判的现代社会所带来的"物化"，其实质是人的"道德本心"的丧失，是人与其本性的疏离。同样针对现代社会的"物化"现象，在西方思想史上对其最为深刻的批判来自马克思，他在《巴黎手稿》中曾从主体劳动和生产关系的视角深刻地揭示了劳动者在四个层面的"异化"现象，其中最核心的是："人的类本质——无论是自然界，还是人的精神的类能力——变成对人来说是异己的本质，变成维持他的个人生存的手段。异化劳动使人自己的身体，同样使在他之外的自然界，使他的精神本质，他的人的本质同人相异化。"② 如果我们将马克思所讲的"人的类本质"理解为人之为人并且区别于物的特质——"人性"（Humanity）的话，那么人与"人性"的异化就是"物化"。尽管牟宗三与马克思所理解的"人性"内涵有所不同，解决方式也有很大差异，但牟氏所讲的"物化"与马克思所讲的"异化"在某种程度上都是立足于"人性"的理想内涵而对其现实状态的批判，都是基于一种人道

① 牟宗三：《论无人性与人无定义》，载《道德的理想主义》，第131页；《全集》第9卷，第169页。

② 马克思：《1844年经济学哲学手稿》，《马克思恩格斯选集》第1卷，人民出版社，1995，第47页。

主义（Humanism①）立场对人的自身存在的关怀。

其二是"僵化"之弊。所谓"僵化"指的是"只承认'经验事实'为学问的唯一对象"，"在主体方面，只承认'理智的分析'……理智活动以上的情意心灵乃至理智本身的内在根源，他们不视为学问的对象，也不认为这里有大学问。因此，人生全部活动的总根源，成了人类心思所不及的荒地。"因此，牟宗三对这种倾向命名为"理智一元论""科学一层论"或"浅薄的、干枯的、近视的理智主义"，这种立场仅仅停滞于官觉经验这一个层面，并将价值与意义化约为一系列事实，因而将丰富而立体的"价值世界"单一化、平面化，具有一种自我封闭和机械还原论的倾向。② 牟氏细致地分析了这种思想倾向的产生，西方文化发展到 19～20 世纪，其精神性和理想性逐步丧失，人们在习气中生活而不再有创造力，只剩下一种"光秃秃的理智"用于对现实外物的利害计较中，这种理智只能在对于物的认知中得以体现，因此将一切以"物"视之，进而反映在学术上以"科学方法"为唯一的真理："用之于人，人亦是物；用之于孔子，孔子也是物；用之于历史文化，历史文化也是物。他们以为天下无有不可以科学方法处理的，凡不可以科学方法处理的，他们以为都是不科学的，都不是学问的对象，都在轻视中。"因此，这种立场"在智方面是平面的、一层的，在生活方面则是习惯的、习气的，亦是平面的、一层的，总之则归于现实主义、功利主义、自然主义，而成为精神之否定"。③ 在牟宗三看来，这种僵化的理智主义的泛滥造成了世风和学风的堕落，使整个时代精神呈现出"无体""无理"和"无力"的征象。

牟宗三借鉴康德哲学的理性划界原则，指出"事实世界"与"价值世界"所对应的主体机能是不一样的，前者是人类理智、知性（即康德

---

① 英文"Humanism"在中文语境中存在三个译名："人文主义""人本主义"和"人道主义"，三者所强调的内容各有侧重，简单地理解可以分析三者各自的对立概念："科学主义""神本主义"和"反人道主义"（或"兽道主义"），此处在反对将人物化的意义上使用"人道主义"的译名。

② 参见牟宗三《人文主义的基本精神》，载《道德的理想主义》，第 151 页；《全集》第 9 卷，第 195 页。

③ 牟宗三：《救国中的文化意识》，载《道德的理想主义》第 243 页；《全集》第 9 卷，第 313～314 页。

所讲的"理论理性",牟译为"观解理性")的对象,"因为事实一层是没有价值观念的,理智分析是将一切外在化而为平面的";而后者则是超理智的"道德理性"(即康德所讲的"实践理性")的对象。牟氏认为这种理智的运用是有其限度的,"人性中的父慈子孝、兄友弟恭,是经不起理论的追问的。正义、理想,这都发自于不容已的心愿"。① "人为什么当该'孝'?这是经不起理智的疑问与分析的。这不是一个科学的对象,这是不能平铺而为具体事实的。这是没有理由的。"② 以上所谓"没有理由""经不起理论追问"并不意味着伦理原则的基础是非理性的或神秘的,而是说单纯以理智分析的态度无法解释道德行为的必然性,后者具有价值上的合理性,在这个意义上,独立的"价值世界"的存在构成了"理智"运用的限度。以上的态度相当于康德意义上的划界,而牟宗三之所以坚持这种划界的理由则完全基于儒家人文主义的立场。如同孔子回答宰我"短丧"之问的态度③,牟氏反诘那些理智主义者:"关于这类的事可以这样去追问去分析吗?当他这样一问时,他的心已经死了,可谓全无心肝。"④ 这里,道德行为完全基于"当然而不容已""定然而不可移"的本心良知,是一种本体性的道德情感,因此在牟氏看来,以理智的态度质疑道德原则的正当性这一行为本身就是"失其本心"的表现,更甚者以"理智一元论"的立场取消道德价值、抛弃儒家传统的做法就是"人义有缺""是禽兽也"。

牟宗三进一步揭示这种"理智一元论""科学一层论"立场的实质是一种功利主义的科学观。他首先澄清了所谓"用科学"的两种含义:一种是积极意义,即"真正献身于科学研究""用科学之成果而从事工业制造",对此他并不反对,但也指出当前中国的科技发展水平"尚未达到这个程度";另一种是"浅尝辄止""不能潜心于科学本身之研究,而只是'用科学',成为科学一层论,理智一元论的态度",这实际上是

① 牟宗三:《人文主义的基本精神》,载《道德的理想主义》,第 151~152 页;《全集》第 9 卷,第 196 页。

② 牟宗三:《关于文化与中国文化》,载《道德的理想主义》,第 255 页;《全集》第 9 卷,第 329 页。

③ 参见《论语·阳货》,宰我欲短三年之丧,孔子质问他"于女安乎?"责其"不仁"。

④ 牟宗三:《关于文化与中国文化》,载《道德的理想主义》,第 256 页;《全集》第 9 卷,第 329 页。

一种外在于科学本身而对科学的功利主义态度，也就是前文所论的在社会文化领域的"唯科学主义"的态度，这种态度对于"任何学问不能入：既不能入于科学，亦不能入于哲学，复不能入于文学，而只是扫边，讲科学方法，不落于学问本身，而只是在外边转，顶无聊、顶害事"。这种"用科学"之风十分盛行，"读科学的人舍弃了科学研究而从政而革命而做校长做官的，比比皆是。三十年来内在地浸润于科学所得之利，抵不过其跳出来'用科学'所成之害。"① 牟氏指出这种功利主义态度不但不利于科学研究自身的进步，反而玷污了科学的圣名，更严重的是毁灭了文化生命和价值世界。

综上所论，牟宗三站在儒家人文主义的立场上批判了由"工具合理性"的膨胀带来的"物化"和"僵化"两种弊病，在他看来，前者是"反人文的"（Anti-humanistic），后者是"非人文的"（Non-humanistic）。这也分别代表了现代社会中的两种人：一种是沉沦物欲的纵欲者（牟宗三称之为"漆黑一团的唯物论者"），另一种是玩弄理智的专家（牟称之为"自我封闭的理智主义者"）。这不禁使我们想起韦伯在对现代性之"铁笼"所做的辛辣讽刺："专家没有灵魂，纵欲者没有心肝；这个废物（指现代社会——引者注）幻想着它自己已达到了前所未有的文明程度。"② 尽管牟宗三对韦伯的学说基本上没有太多的接触，但就其对西方现代性内在弊病的诊断和剖析而言，同样准确而深刻地把握到了其病因在于"工具合理性"的恶性膨胀。

牟宗三不止于诊断病因，同时还要对症施治。在这方面，牟氏的立场不同于极端的保守主义者和激进的后现代主义者，他并不是要拒斥"工具合理性"本身，也不主张彻底颠覆西方现代性的合理性基础，相反仍然以积极的态度接纳西方的科学、民主及其背后的认知理性精神。通过前文的分析可知，牟氏力图通过重建儒家的"道德理想主义"的哲学体系，阐扬和挺立儒家传统中的"价值合理性"内涵，以此对"工具合理性"予以引导、规范、调节和提升。一方面，这种引导和调节的必

---

① 牟宗三：《关于文化与中国文化》，载《道德的理想主义》，第255页；《全集》第9卷，第329页。
② 〔德〕马克斯·韦伯：《新教伦理与资本主义精神》，于晓、陈维纲译，生活·读书·新知三联书店，1989，第143页。

要性根源于儒家传统的"人禽之辩"，这一论辩在将"人"与"物"的对比中凸显出一种强烈的道德价值，牟宗三将这种价值视为人本身不可还原、不可让渡、不可消解的根本特质，也是人类社会最基本的合理性内涵。另一方面，这种引导和调节的可能性归根结底是由"良知坎陷说"所保证的，其中的关键在于："良知"以其自身的绝对无限性，成为"认知主体"及其整个"事实世界"的来源，因此"工具合理性"在本质上处于从属性、次生性的地位，是由"价值合理性"所"执定"的，同样可以由"价值合理性"所转化，从而在理论上杜绝了其僭越而膨胀的可能性。然而，正如前文所揭示的，牟氏的"坎陷说"并未把两个世界、两种合理性放在同一个层面进行思考，而是借用了"本体/现象"、"形上/形下"的纵向架构予以分判，这种定位对于"事实世界"及"工具合理性"的发展具有很大的局限作用，在这个意义上所谓"价值合理性"对于"工具合理性"的引导和调节很容易转变为消解和阻碍，因而走向了"价值合理性"的泛化。因此，在反思牟宗三哲学的基础上，应当探索在新的理论框架之下审视"价值合理性"和"工具合理性"之间的关系，探索两者之间的平衡、协调发展之道。

二　道德形式主义批判

牟宗三继承了儒家"内圣心性之学"的传统，建构了富于现代性特征的"道德的形上学"体系，这一体系在致思取向、概念架构等方面很大程度上源于牟氏对康德道德哲学的借鉴和批判。牟氏在道德哲学领域会通儒家与康德两大传统的同时，着力凸显儒家的优胜之处，集中阐发儒家义理中"自律"与"自愿"相统一的原则，以期克服康德伦理学中的"形式主义"弊病。牟氏的这一批判可谓切中西方理性主义伦理学的要害，与康德之后的伦理学发展趋向显示出一致性。

1. 西方现代性的伦理学危机

麦金太尔揭示了当代西方道德哲学中的混乱无序状况，各种相互矛盾的道德学说互相争论但没有结论，并且这种分歧无休止地继续着，使当代西方道德哲学陷入深刻的危机。麦氏本着一种历史主义的态度，回到现代性的源头考察上述危机的发生，指出当代道德话语的无序和深刻的道德危机是 18 世纪的启蒙运动的直接后果：启蒙时代的道德哲学在本质上是一种道德的证明，它不告诉人们应该遵守哪些道德规范，而是最关心人们之所以遵守这些规范的理由何在，换言之，启蒙不关心道德规范的内容，而仅仅关心道德规范的形式，这种伦理学中的"形式主义"倾向的突出代表是康德。麦金太尔指出，"康德道德哲学的核心是两个简单却易生误解的论点：如果道德规则是合理的，那么它们必然对所有理性的存在者都是一样的，恰如算术规则那样；如果道德规则对所有理性的存在者都有约束力，那么这类理性的存在者遵循这些规则的偶然能力必然是不重要的——重要的是他们履行这种规则的意志。因此，发现一种有关道德的合理证明的筹划，简单地说就是发现一种合理的检测方法：这种检测方法会在准则决定意志的时候，把真正表达道德律的那些准则从那些不能表达道德律的准则中辨识出来。"① 在康德看来，道德哲学的任务在于给予道德的"准则"（Maxime）以合理的证明，这种证明就是依据这样一条普遍和必然的原则（"道德律"）的检验：道德法则应该在任何情况下为所有人所遵循，因此道德法则必然是形式的，不涉及行为的具体内容和目的取向，因此康德的论证最终诉诸道德命令的"可普遍化性"（universalizability）。但麦氏指出许多不道德的和非道德的准则也可以具有这种"可普遍化"的性质而通过康德的检验，甚至在某些情况下比道德的准则更有说服力，比如"除一种诺言外终生信守所有诺言""迫害一切持虚假宗教信仰的人"，等等；而康德为了避免这种情况又引入了"人是目的"的道德律，但是他并没有给出充足的理由，因此"除我之外把每个人都当作手段"的准则可能是不道德的，但并不自相矛盾，尽管这种准则的普遍化可能导致一个利己主义的世界，每个人的生活难免都不太方便。而在麦氏看来，这种追求"方便"的考虑背后是关于"幸福"（属于"目的"）的审慎思考，但后者是康德力图从其"义务论"中排除的东西。②

　　实际上，麦金太尔将对康德形式主义伦理学之批判作为其对现代性道德之批判的核心，力反康德重视形式而轻视内容和目的的倾向。麦氏代表了西方伦理学当代发展的一个重要趋势，即反思启蒙时代的理性主

① 〔美〕阿拉斯代尔·麦金太尔：《追寻美德——伦理理论研究》，第 56 页。
② 参见〔美〕阿拉斯代尔·麦金太尔《追寻美德——伦理理论研究》，第 58～60 页。

义所建构的道德哲学，指出这种启蒙筹划的抽象性和片面性，这一批判的锋芒集中于康德的道德哲学。如同在认识论上的根本变革，康德在西方伦理学史上同样实现了一个"哥白尼式的革命"，他扭转了自亚里士多德开始的以"德性"和"幸福"为中心的"目的论伦理学"，将之转变为以"法则"为中心的"义务论伦理学"，并且将道德法则的根基建立在主体内在的自由意志而非外在的对象或目的之上。康德在《实践理性批判》的开篇就明确界定了实践原则的"形式"与"质料"之间区分，他将这一区分等同于"先天的/经验的""理性的/情感的""普遍的/特殊的"以及"自律原则/他律原则""定言命令/假言命令"等一系列区分，他坚持以下"定理"："如果一个有理性的存在者应当把他的准则思考为实践的普遍法则，那么他就只能把这些准则思考为这样一些不是按照质料，而只是按照形式包含有意志的规定根据的原则。"① 康德所关心的核心问题在于"道德法则何以是普遍而必然的？"对这一问题的处理方式就是把道德法则从经验世界中抽象出来成为无条件的"绝对命令"，其中不涉及道德行为发生的具体情境以及个体自身的价值观念、情感状态和目的指向，最终抽象为一个逻辑上自洽的"道德判断"。尽管康德将具有实质意味的"人是目的"作为道德律，但这里的作为目的的不是具体的现实的"人"（Mensch），而是人的理性本性即"人格"（Person），后者具有抽象性；同时"人是目的"这一道德律同样是建基于"可普遍化"的形式原则之上，"将人视为手段"之所以不被许可并不是因为其与特定的价值取向相冲突，而是由于其自身不能普遍化，在康德看来这一命题必然导致自相矛盾的结果。不仅如此，康德的形式主义伦理学在面对具体情景时还显出一种"有经无权"的特征，比如他在一篇短文②中坚持这样的观点：我们在任何情况下都不应该说谎——即使有人为了逃避暴徒的追杀而躲到我们家里时，我们亦无权利为了拯救其生命而对追踪而至的暴徒说谎。康德的结论是："所有法权的＝实践的原理都必须包含严格的真理，这里所谓的适中原则（mittleren）只能理

---

① 〔德〕康德：《实践理性批判》，第 33 页；AA，Bd. Ⅴ，S. 27。
② 参见〔德〕康德《论一项出于人类之爱而说谎的假想权利》（*über ein vermeintes Recht aus Menschenliebe zu lügen*），发表于 1797 年，是康德针对法国哲学家贡斯当（Benjamin Constant）对自己道德哲学的批评而写，载 AA，Bd. Ⅷ，S. 425 ~ 430。

解为应用于偶然的事例上的次级规定（根据政治的法则），但原理中从不包含例外，因为例外破坏了普遍性，而它们仅仅是由于这种普遍性才享有着原理的美名。"①

在康德身后，对这种"形式主义"的批判屡见于西方哲学史。黑格尔首先将康德的道德哲学称为"空虚的形式主义"，批评康德"把道德科学贬低为关于为义务而义务的修辞或演讲"②，"康德关于义务的定义（因为抽象的问题是：对自由意志说来什么是义务）除了同一性、自身不矛盾的形式外（而这种形式乃是抽象理智的法则），什么东西也没有"③。"相反地，一切不法的和不道德的行为，倒可用这种方法得到辩解。"④"因此康德的实践理性并未超出那理论理性的最后观点——形式主义。"⑤黑格尔立足于其辩证法，将康德哲学整体上定位于"知性思维"，其遵循着形式逻辑的"不矛盾律"而仅仅把握了一种"形式的同一性"，这在黑格尔看来无疑是抽象而空洞的。此后，对康德伦理学进行系统批判的是德国现象学家马克斯·舍勒，他在代表作《伦理学中的形式主义与质料的价值伦理学》中对康德伦理学的形式主义进行了深入的分析，指出康德对"先天"（a priori）这一概念的理解过于偏狭，因而"将'先天之物'等同于'形式之物'的做法是康德学说的基本谬误。"⑥舍勒借鉴了胡塞尔的"本质直观"的思路，他本人称之为"现象学的直观"或"现象学的经验"，这种经验一方面具有"直接性"，给予事实"本身"，不需要任何类型的象征、符号、指示的中介，另一方面具有"内在性"，其所包含的仅仅是在各种经验行为本身中可直观的东西，"被意指之物"和"被给予之物"相合而不分。⑦因此，在舍勒那里，"先天的"与"经验的"并非像康德理解的那样截然对立，而在这种"现象学的经验"中包含了"先天的"成分，因而"先天的"就不仅是"形式的"，还存在

---

①　Kant：*über ein vermeintes Recht aus Menschenliebe zu lügen*；AA，Bd. Ⅷ，S. 430.

②　〔德〕黑格尔：《法哲学原理》，第 137 页。

③　〔德〕黑格尔：《哲学史讲演录》第 4 卷，第 290 页。

④　〔德〕黑格尔：《法哲学原理》，第 137 页。

⑤　〔德〕黑格尔：《小逻辑》，第 143 页。

⑥　〔德〕马克斯·舍勒：《伦理学中的形式主义与质料的价值伦理学：为一门伦理学人格主义奠基的新尝试》，倪梁康译，生活·读书·新知三联书店，2004，第 64 页。

⑦　参见〔德〕马克斯·舍勒《伦理学中的形式主义与质料的价值伦理学》，第 60~61 页。

着一个"先天－质料"的领域。基于以上的见解，舍勒指出康德的错误在于坚持"先天－形式－理性"与"经验－质料－感性"这一化约性的二元对立，而他认为"惟有彻底地扬弃这一旧的成见，即：'理性'与'感性'的对立便可以穷尽人的精神，或者说，对所有一切都可以做非此即彼的划分，才有可能建造起一门先天－质料的伦理学"。① 舍勒提出了一种"价值感"（Wertfühlen），即"关于价值的感受活动"，这种感受活动是一种意向性的行动，原初地指向一种特有的对象，即"价值"（比如"适意""美""善"等），也就是说，"对于价值的感受"和"价值"在意向中同时呈现而无须中介。在舍勒看来，"价值感"有其感受对象，因而不是一个空洞的形式，但也不是一种心理学意义上的情感或情绪，而属于"先天－质料"的领域。② 因此，舍勒的"质料的价值伦理学"的核心在于"价值感"，最重要的伦理行为是对"善""恶"等价值的感受，而只有在这种行为中才体现出了"人格"。③ 他指出，康德的根本失误之处在于将"人格"片面理解为实践理性，而无视先天性的"价值感"，并将"善""恶"等"质料价值"视之为"他律原则"予以排斥，而仅仅关注一个行动是否符合理性法则，因此他只有"义务"学说而缺少一门真正的"德行"学说。在舍勒的伦理学说中，"德行"对于所有个别行为的伦常价值具有奠基性的意义。④

　　综上所述，现代西方伦理学史的发展表明，康德的道德哲学在实现了伦理学上的"哥白尼式革命"的同时，显示出根源于启蒙理性的"形式主义"弊病，在其身后面临来自多个向度的批评。当代思想家从不同的进路对这种"道德形式主义"予以克服，有的引入现象学方法以期开创新的伦理学范式（以舍勒为代表），有的力图回归亚里士多德的古典德性伦理学（以麦金太尔为代表），有的则试图修正康德的原则并应用到政治哲学领域（以罗尔斯为代表）。总之，康德的道德哲学作为"现代性伦理学"的典型代表，自然成为"现代之后"道德批判的焦点所在。

---

① 〔德〕马克斯·舍勒：《伦理学中的形式主义与质料的价值伦理学》，第 77 页。

② 参见〔德〕马克斯·舍勒《伦理学中的形式主义与质料的价值伦理学》，第 310～312 页。

③ 参见〔德〕马克斯·舍勒《伦理学中的形式主义与质料的价值伦理学》，第 33 页。

④ 参见〔德〕马克斯·舍勒《伦理学中的形式主义与质料的价值伦理学》，第 30～32 页。

2. 牟宗三对康德形式主义道德哲学的批判

尽管牟宗三对康德的评价超过了其他西方哲学家，但仍然指出其所建构的"道德底形上学"体系存在内在的缺失，其中的关键在于"道德性"的来源问题：在康德那里，实践理性自身并不直接就具有道德的含义，而这种道德性来源于行为及其准则对于形式性的、客观必然的"道德法则"的服从；而这一问题在儒家"道德的形上学"看来并不成其为问题，一方面"实践之主体"自身就是道德的，另一方面"存有之本体"自身也具有道德意涵，因而这种"道德性"是自明的、无待于外的。在牟氏看来，儒家才真正达到了"圆熟之境"，而康德于此"未达一间"，究其原因，牟氏分析道："他之所以达不到这境界，一、因为他那步步分解建构的思考方式限制住了他，他缺乏那原始而通透的具体智慧；二、他无一个具体清澈、精诚恻怛的浑沦表现之圆而神的圣人生命为其先在之矩矱，所以他只有停在步步分解建构的强探力索之境了。"[1]与此相对，唯独中国文化中由先秦儒者所开启、宋明儒者所完成的"道德的形上学"才真正达到了以上具体圆熟的"圣境"，而康德仅仅成就了"道德的神学"而不能成就真正的"道德的形上学"。牟氏将康德道德哲学之问题的关键归结于其"形式主义"之弊："他所分解表现并且批判表现的实践理性只是形式地建立，一方未能本着一种宇宙的情怀而透至其形而上的、宇宙论的意义，一方亦未能从工夫上着重其'如何体现'这种真正实践的意义，即所谓'践仁尽性'的实践工夫，因而其实践理性、意志自由所自律的无上命令只在抽象的理上的当然状态中，而未能正视其'当下呈现'而亦仍是'照体独立'的具体状态。""此即是人们所以常称之曰形式主义之故。（形式主义是第一步，并不错，只是不尽。）"[2]在这里，虽然牟宗三对康德道德哲学的批评同样诉诸"形式主义"之名，但与该词在西方语境中的所指略有不同，他指出康德的核心问题在于缺失了道德的"形上之维"和"实践之维"，仅仅停留于道德命令的绝对性而不能落实，相对于"道德理性之三义"，只有"截断众流"一义而无"涵盖乾坤""随波逐浪"二义。牟氏对康德的"道德形

---

[1]　牟宗三：《心体与性体》（上），第119页；《全集》第5卷，第144页。

[2]　牟宗三：《心体与性体》（上），第120页；《全集》第5卷，第145页。

式主义"批判也沿着这两个维度展开。

首先，就道德的形上之维（"涵盖乾坤"义）而言，康德将"内在"与"超验"打成两橛，认定人仅仅是有限的存在者而不可有"智的直觉"，将"自由意志"仅仅视为"设准"而并非真实的"呈现"，因而既不能肯定"德性主体"的超越性和无限性，又不能证成"形上本体"的活动性和创生性。从"主体"方面看，尽管康德所理解的德性主体具有"自由意志"、能够颁布绝对命令，但这种"自由意志"本身却属于超验的"物自身"，人的理性不能确证其存在而只能出于实践理性而假定其存在，牟氏对此批评道："若把自由完全归诸信仰，视作被预定的理念，不能落实，不能真实呈现，这等于说道德不能落实，不能真实呈现。如是，康德所建构的道德真理完全是一套空理论。这似乎非理性之所能安，不，简直是悖理！"① 从"本体"方面看，康德本着其"先验的观念论"取消了超验世界的实在性，"实践理性"本身依然不能超越"现象"的界限而拓展到"物自身"，因此"本体"只是一个消极的概念，不能在存有论上对主体的道德价值予以保证，这在根本上是以一种"概念思辨"的方式在言说道德问题，牟氏批评道："以经验知识、思辨理性底界限误移作实践理性底极限，妨碍了对于实践理性底领域之真实地开辟，使道德全落于空悬之境地中。""这好像他的生命全投注在思辨的机括中而没有真正过道德生活似的。"② 简言之，在康德那里，"主体"只内在而不超验，"本体"只超验而不内在，远不及儒家"道德的形上学"之"即内在即超越"的根本特征，后者强调了"德性主体"与"形上本体"的先天合一。

其次，就道德的实践之维（"随波逐浪"义）而言，康德坚持"理性"与"情感"之间的截然对立，将"道德情感"视为经验原则而排除之，片面强调"道德自律"原则而忽视了"道德自愿"原则；同时在道德实践的过程中只有形式化的普遍法则，而无具体而真实的修养工夫。在牟宗三看来，康德是"尊性卑心而贱情者"，其所强调的能够自我立法的"主体"是一个纯粹的理性存在者，排除了一切情感、欲求等经验

---

① 牟宗三：《心体与性体》（上），第144页；《全集》第5卷，第173页。
② 牟宗三：《心体与性体》（上），第132、140页；《全集》第5卷，第159、168页。

成分（“质料原则”），将基于“道德情感”的原则视为“他律原则”而拒斥之；尽管康德也承认对于道德法则的“敬重感”（Achtung）的积极作用，但后者仍然属于感性范围之内，而作为实践理性真正动机的仍然是理性自身。康德所关心问题是“义务”和“法则”如何是普遍的，而对这种“义务”和“法则”何以能够被主体必然接受的问题则关注不够，“自由”只在于能够自我的理性立法，而不论自我是否心甘情愿地遵守理性所立的这种法则，前者是基于道德理性的“自律原则”，而后者是基于道德情感的“自愿原则”，排斥了“自愿”的“自律”必然呈现出一种强制性，这本身不符合“意志自由”的基本精神。有鉴于此，牟氏指出：“本来，自律必含自愿。如果自律而不自愿，则究竟是否真是自律亦成问题。”在康德那里，“虽讲自律道德，而真正的自律道德却从未实现过。现实上的道德行为都是不情愿的、强制的，这似乎亦可以说是一种他律道德”。尽管这与康德所批判的他律道德不同，但其结果仍是“他律”，“何以故？一、因为体现这法则的心力（心愿）是感性的故、不情愿故、强制故；二、因为法则是从他而来故，非此感性的心愿所自立故。如是这虚置在彼岸的自律法则亦与以圆满或上帝决定意志之原则无以异。自律的法则就是圆满，自律的意志就是上帝，那个驾临一切有限存有的实践理性就是上帝”。[①] 牟氏揭示了康德道德哲学中所包含的“意志自由的悖论”（或称“自律的悖论”），关键在于其不承认道德情感的积极作用，这种特殊的情感能够使主体更加主动自愿地履行法则和义务，不能仅仅视为经验而排斥。在牟氏看来，“自律原则”仅仅为道德行为的提供了“形式因”，而其“动力因”则是由“自愿原则”所提供的，任何道德行为必须是两者的统一，否则就难免于康德形式主义伦理学所造成的“理性的暴政”。

鉴于康德“道德底形上学”的“形式主义”之弊，牟宗三指出只有儒家传统之“道德的形上学”才能真正对其予以克服，其基本理路是实现“心体”（自由意志）、“性体”（道德法则）、“道体”（宇宙本体）三者合一，在本体宇宙论层面肯定道德秩序即是宇宙秩序、道德界之本体即是存在界之本体；在主体实践论层面肯定“德性主体”本身统摄“道

---

① 牟宗三译注《康德的道德哲学》按语，第 284 页；《全集》第 15 卷，第 316 页。

德理性"与"道德情感",所发的道德律令"合天理、顺人情",实现"自律性"与"自愿性"的统一。以上两个层面上下贯通:一方面"天命之谓性",宇宙本体落实于人身而成为"当然不容已、定然不可移"的道德法则;另一方面"尽心知性知天",通过主体具体切实的修养工夫而践行法则、逆觉本体。以上就是牟氏通过阐发儒家义理而精心建构的"道德的形上学"体系,在这个庞大的理论架构之中,有一个观点成为区别儒家与康德两大道德哲学系统的根本标志,这个观点就是前文所提到的"道德情感之上下其讲",这里对其将予以进一步的探讨。牟宗三指出:

> 道德感、道德情感可以上下其讲。下讲,则落于实然层面,自不能由之建立道德法则,但亦可以上提而至超越的层面,使之成为道德法则、道德理性之表现上最为本质的一环。然则在什么关节上,它始可以提至超越的层面,而为最本质的一环呢?依正宗儒家说,即在作实践的工夫以体现性体这关节上,依康德的词语说,即在作实践的工夫以体现、表现道德法则、无上命令这关节上。但这一层是康德的道德哲学所未曾注意的,而却为正宗儒家讲说义理的主要课题。在此关节上:道德感、道德情感不是落在实然层面上,乃上提至超越层面转而为具体的,而又是普遍的道德之情与道德之心,此所以宋明儒上继先秦儒家既大讲性体,而又大讲心体,最后又必是性体心体合一之故。[①]

在牟氏看来,康德将道德情感"下讲"而为感性经验之"情绪"(emotion)或"感觉"(sense),其显然不能作为道德法则的基础,这正是康德批判英国经验派哲学家哈奇逊、休谟等人观点的原因所在。但是在儒家那里,道德情感"上提"为"本体论的觉情"(Ontological feeling),这是一种超越于经验层面之上的情感,即儒者所讲的"心体",具体表现为种种不同之名,如孔子所讲的"不安"、孟子所讲的"恻隐"、《中庸》所讲的"诚"、《大学》所讲的"自慊"、程颢所讲的"不麻木"、

---

① 牟宗三:《心体与性体》(上),第 108 页;《全集》第 5 卷,第 131 页。

谢良佐所讲的"觉",等等,这种情感并不指向一个外在的可感对象,而是由主体本身所具有的道德意识自然流露出的,其具有纯粹的"自我指向性"或曰"自为性"(for itself),不存任何功利计较、不带任何造作伪饰、不须任何概念推理,正所谓本心呈露,当下即是,"不须防检,不须穷索"(程颢《识仁篇》)。牟氏着重强调这种道德情感之"上提"在根本上是一个实践工夫的过程,这种工夫就是"逆觉体证",而其中起关键作用的就是"心体",其作为一切道德实践的主体,同时也是道德情感的来源。

进一步的问题是:"道德情感之上提"何以可能?这在根本上是由"心体"("良知")的特性所保证的。牟宗三明确指出此"良知"具有"主观性""客观性"和"绝对性"①,这里的"主观性"既包括"知是知非"的感受性,也包括这种"心悦理义"的道德情感,"客观性"指自发自律的道德理性,"绝对性"指其同时作为宇宙本体具有了存有论意义。由此,可以说"道德理性"与"道德情感"是"心体"的两个面向:前者代表了客观向度的"规则性",订立了普遍性的义务和法则;而后者代表了主观向度的"活动性",产生了主动的道德实践,以此对普遍的义务和法则予以具体化和现实化,因此在"道德理性"和"道德情感"的共同作用之下,一个道德行为才得以真正完成,才具有"具体的普遍性"。进而言之,以上这种"理性"与"情感"截然分别的思路是康德式的,即西方启蒙理性的典型思考方式,而在牟氏"道德的形上学"看来,在究极的意义上只是一个"心体"("良知"),可以说"即理性即情感",实际上没有"理性"与"情感"的分别,在乍见孺子落井而此"恻隐之心"萌动之时,以一种"觉情"的方式表达,同时内在包含着理性的道德法则,在这个意义上可以说"道德情感"即是"道德理性","道德理性"即是"道德情感",两者是一而二、二而一的。

这里可以清晰地看出牟宗三力图超越康德"道德形式主义"所进行的努力,其基本理路是:"心性天合一"—道德情感之"上提"—德性主体"即理性即情感"—具体而真切的道德实践—"自律"与"自愿"

---

① 参见牟宗三《现象与物自身》,序第12页、正文第64、93页;《全集》第21卷,第14、67、97页。

的统一。在以上理路中"道德情感之上提"是一个关键点，对"道德情感"的排斥正是康德道德哲学之所以为"形式主义"的症结所在，而"道德情感"的地位问题也就成了儒家传统与西方近代理性主义的根本区别。在这个问题上，牟氏所讲的"本体论的觉情"与舍勒所讲的"价值感"之间显示出了某种类似的意涵：两者都打破了康德式的"理性/情感""先天/经验"的截然对立，将一种特殊的、富于价值意蕴的情感提升至于"形上本体"的层面；同时这种"提升"之所以可能，并不是理性自身的能力，而必须借助于一种超越理性之上的能力，由于这种能力的参与，康德那里隐晦不明的"本体界"（"物自身"）得以澄明，人的存在不再以"理性之限"为限而开拓了更为广阔的价值之域。这种非凡的能力在牟宗三那里名曰"智的直觉"，而在舍勒那里名曰"伦常明察"（sittliche Einsicht）。① 这里可以看到尽管在学术脉络上没有直接的联系，但面对西方现代性同样的问题，牟宗三的致思取向与康德之后的西方哲学某些流派（比如现象学）之间存在某种一致性，这也从一个层面说明儒家思想传统在"现代之后"仍显示出其价值。

　　综上所论，面对康德伦理学所带来的"形式主义"之弊，中西方思想家都着力对其加以克服。牟宗三借用儒家传统的思想资源建构起了"道德的形上学"，同时从本体和工夫两个维度对康德的"道德底形上学"进行了批判和超越，其理路的关键在于"道德情感之上提"，以证成"心性合一""情理交融"的圆融之境，实现道德实践过程中"自律原则"与"自愿原则"的统一。

三　政治自由主义批判

　　牟宗三在政治哲学层面对西方式的民主政治进行了探究，不仅仅停留于外在的制度层面，而是回溯于西方文化之内在的"政治自由主义"传统。牟氏剖析了西方"自由主义"思潮的核心精神理念，对其"宽容

---

① 关于牟宗三与舍勒哲学之间更为深入的比较，本书限于篇幅不能进一步展开。学界这方面的研究尚不多见，仅有倪梁康先生独具只眼，明确指出"与牟宗三的思想意旨和思想方法最为接近的现象学家是舍勒"，并且指出了两人至少在以下两方面具有共同取向：首先在内容上两人都将伦常（道德）行为视为奠基性的，同时需要认知行为对其加以澄清；其次在方法上两人都追求道德认识的直接性和明见性，实际上运用现象学"本质直观"的方法。参见氏著《牟宗三与现象学》，《哲学研究》2002 年第 10 期。

精神"予以超越的提升，对其"个人主义"予以批判的改造。在此基础上，牟氏构想了一种"儒家式的民主政治"，以"性善论"为民主政治的人性基础，以儒家德化的治道促进民主政道的实现，力图在更高的层面综合中西文化传统的政治智慧，以期成就一种扬长避短、兴利除弊的政治设计。

1. 西方式的民主政治：剖析与批判

牟宗三充分肯定了民主政治作为人类文化之"共相"的普遍性，而面对现实中作为"殊相"的"西方式的民主政治"进行了深入的剖析，结合西方特定的历史文化背景对这种民主的现实形态予以考察，揭示了其起源、演变及其基本特征，最终落脚于西方文化根源性的"分解的尽理精神"和"理性的架构（外延）表现"。牟氏指出，以上文化精神在政治方面的现代性成就在于产生了源远流长"自由主义"的精神传统，其自文艺复兴以来成为时代精神之主流，内在蕴含着"精神性"和"理想性"，然而随着西方历史的演进，"自由主义"逐步丧失了其核心精神而产生了种种流弊，而这种"自由主义"传入近代中国更走向了其反面。因此，对于这种异化和变质了的"自由主义"必须在政治哲学的学理层面给予深入的批判。牟氏的这种学理性批判一方面是针对现实社会中自由主义的异化现状而言，其目的是恢复自由主义之原初形态的精神性，并进一步以儒家道德理想对后者予以超越的提升；另一方面是针对西方自由主义精神本身的基础而言，其目的是以儒家价值观念对西方个人主义予以批判的改造，将自由主义的基本精神建基于儒家"伦理共同体"观念之上。

（1）对自由主义基本精神之超越的提升

牟宗三对西方历史上的"自由主义"政治传统给予了高度的评价，指出其在产生之初具有充分的精神性和理想性，代表了人格的独立、个性的解放，成为产生现代性的积极成果的精神动源："盖民主政治及其下之出版、言论、结社等自由，都是文艺复兴后的自由主义（精神解放）之成果。那时的自由主义的'自由'是从前一个阶段中的压迫、拘束、僵化而来的解放，是人性、个性、价值观念之觉醒，是迫切要求的呼声。在此觉醒与呼声中，人们是从被动僵化不自觉的物质凝结的生活中，深深反省自觉而直透到精神生命之原，直接透露出精神人格之光辉。此之谓大自由、大欢喜。故那时的'自由'是精神人格之树立，是耳目之爽朗，是从冻结中直接透露出光与热之本源。故精神人格中的客观之情与意是一切要求活动的推动机：一切理想要求、价值要求，皆从此出。故带有充分的理想性与精神性，而可以披靡一世。在此种情形下的人心及时代精神是构造的、综合的、立体的。直接从客观的情与意而贯注到行动之末与外，故为立体的。"①

在这个意义上，牟宗三指出："真正能实践健康的自由主义的精神才是近代化。"② 他在这里所说的"健康的自由主义精神"具体指的是："从正面说，它是在一切基层学问或思想系统之上的一种超然的态度或宽容、开明的精神。从反面说，它反对并拆穿一切政治的、思想的，或宗教的'立理以限事'的意底牢结之拘禁与封闭。照此正反两面所表现的宽容与开明的态度说，自由主义这个超然的态度也可以有其态度上的一定内容或特性，那就是：一、尊重个性；二、尊重人格价值；三、宽容；四、理性。"③ 具有以上四个特征的人就是一个"健康的自由主义者"。在这四个特征之中，牟氏最为强调"宽容"，认为"liberalism"一词的表意"首先就是宽简、解放、敞开、不专断、尊重对方、体任自然"，在这个意义上将其译为"自由主义"是不甚恰当的，"所以此词译为'宽容主义'、'宽任主义'或'宽忍主义'，也许比译为'自由主义'较妥"。④ 在牟氏看来，所谓"自由主义"不是一个具有特定内容的思想系统，而是一种宽容、开明的精神态度，一个真正的"自由主义者"可以信奉某种学说（或宗教、政见、文化价值观），而并不反对别人同样可以信奉另一种学说（或宗教、政见、文化价值观），但是他必然反对以某一种学说（或宗教、政见、文化价值观）排斥其他、钳制民意的封闭社会，他唯一所不能宽容的就是"不宽容"本身。而中国近代以来所出现的"自由主义"思潮却抛弃了"宽容"的精神，而蜕变成一种"立理以限事"的意识形态，演变为"理智一层论""唯科学主义"等种种

①　牟宗三：《救国中的文化意识》，《道德的理想主义》，第 242 页；《全集》第 9 卷，第 312 页。
②　牟宗三：《观念的灾害》，载《时代与感受》，第 13 页；《全集》第 23 卷，第 38 页。
③　牟宗三：《观念的灾害》，载《时代与感受》，第 11 页；《全集》第 23 卷，第 37 页。
④　以上引自牟宗三《观念的灾害》，载《时代与感受》，第 14~15 页；《全集》第 23 卷，第 39~40 页。

独断而排他的思想倾向，成为"自由主义的否定"，"它的表现是虚伪的自由主义，其实是庸俗而浅薄的虚无主义，买办而洋奴的势利主义"，"他们假借科学来抹杀一切道德宗教的学问，尤其抹杀中国文化的价值、抹杀东方道德宗教方面的观念与理想"。① 这种"不宽容"的立场也往往演变为"泛自由主义"（pan-liberalism），"自由主义"这一政治领域的观念在社会生活领域泛滥，成为反抗一切秩序的借口和"掩护生活堕落的防线"。②

为了救治自由主义在现实社会中的种种流弊，牟宗三认为必须恢复自由主义的"精神性"和"理想性"，即恢复自由主义的"宽容精神"。这一步的实现单靠西方文化自身是不够的，因为其在文化生命的根源形态上有所不足；而真正与自由主义的"宽容精神"相契合的是中国文化中的儒家传统，并且其是比西方的政治自由主义更高一层的智慧与德量："说到宽容与了解，中国的儒家传统是最具备这种通达的智慧与雅量的。所以我常说自由主义精神的老祖宗当该是孔子，真正能表现宽容精神的，最早的也当该是孔子，是儒家传统。我们当然不能说孔子或儒家是现在的所谓'自由主义'，但他的确能表现自由主义的宽容的精神。"儒家的"宽容精神"在起源上不同于西方，后者是由近代以来反对宗教迫害、阶级压迫、专制暴君的历史发展而来的一种特定的思潮，而"儒家所表现的宽容精神是根据克己、慎独、明明德而来的，是他们的道德修养所达到的一种通达的智慧与雅量或德量。不是从社会上对某一客观问题，如宗教、如阶级、如专制而发的一种运动。此其与西方近代所出现的自由主义不同之处。它是由克己慎独的圣教所透射出的一种宽容的精神或敞开的精神。这是由克己慎独而来的智慧与德量，但却与从社会上对客观问题而发出的自由主义相契合，而且可以说这是更根本的、更真实的，比特定的自由主义更高一层。它可以使那从社会上而发出的自由主义更真实化、更充实化、更能提得住而站得住"。③ 牟氏通过中西文化比较而

① 以上引自牟宗三《观念的灾害》，载《时代与感受》，第 12 页；《全集》第 23 卷，第 37、38 页。
② 牟宗三：《关于文化与中国文化》，载《道德的理想主义》，第 257～258 页；《全集》第 9 卷，第 332 页。
③ 以上引自牟宗三《观念的灾害》，载《时代与感受》，第 10～11 页；《全集》第 23 卷，第 35～36 页。

得出结论：西方近代意义上的"宽容精神"是外在的、形式的，关联于社会政治环境；而中国儒家传统中的"宽容精神"则是内在的、真实的、实体性的，关涉于个人自身的德性修养，因此后者是更为切己、更为根本、更为高级的"宽容"。这一结论与牟氏的哲学立场密切相关，在他看来，对于人的生命而言"道德性"较之于"政治性"更为根本，而"政治"必须由"道德"加以引导。

基于以上结论，牟宗三主张用儒家"道德理想主义"的价值观念对自由主义的基本原则加以提升："我们今日讲自由主义，不能不把握它的理想主义的根据。这是提撕自由主义而恢复其精神性的一个超越原理。这个原理的含义：一是人性通神性以规定理性，二是实现理性的历史文化以规定民族国家。"① 牟氏将"人性通神性之理性以及实现理性之历史文化民族国家"作为纵贯的原则（"经"），将"自由民主"的制度安排作为横断的表现（"纬"），由此经纬交织而成为一个立体的理论模式，其实质在于：以"道德理想主义"统摄、范导、提升"政治自由主义"，以"政治自由主义"充实、践行、展现"道德理想主义"。

（2）对"个人主义"之批判的改造

如本书第一章所揭示，"个人主义"（individualism）是自由主义思想传统的核心价值观念，也是西方现代性的核心观念之一，大卫·格里芬指出："几乎所有现代性的解释者都强调个人主义的中心地位。"② 在"个人主义"看来，在存有论上"个体性"优先于"普遍性"，在社会实践中"个体"优先于"共同体"（包括家庭、团体、社会、民族、国家等），亦即"共同体"的价值由各个相互独立之"个体"的价值所组成，前者从属于后者并由后者所决定。

西方历史学家一般将"个人主义"溯源于文艺复兴时期③，对此牟宗三表示了不同的意见，他指出文艺复兴时代虽然强调"个体"，但这个时代的精神基于"想象力"之建构，具有综合性、笼罩性、情绪性的特征，因此文艺复兴时代所谓"个体"显示出一种具体而生动的"个

① 牟宗三：《自由主义之理想主义的根据》，载《生命的学问》，第173页。
② 〔美〕大卫·格里芬编《后现代精神》，第4页。
③ 参见〔瑞士〕雅各布·布克哈特《意大利文艺复兴时期的文化》第二篇"个人的发展"，何新译，商务印书馆，1979。

性"；而真正的"个人主义"是启蒙运动的结果，这个时代的精神基于"知性"之建构，具有分解性、对列性、系统性的特征，因此启蒙时代所谓"个体"显示出对原初整全生命的理智化、抽象化："这一步发展是把文艺复兴时人文主义所代表的生活情调、新的生命感情抽象化，或说是凝敛而具形化，具形化而为个人主义、自由主义。须知一凝敛，便含有收缩沉着的意思。把那丰富的、生命的、动而具体的生活情调收缩沉着而为个人主义、自由主义。这也就是有了理论系统性，因而也就是一种限定，因此也可以说是一种抽象化。个人主义、自由主义一成立，则随民族国家的独立形成，便有人权运动、民主政治的出现。"① 在牟氏看来，启蒙运动对于"个体"的这种抽象化一方面是时代精神的发展、人类理性的进步，为现代社会带来了巨大的物质成就；另一方面相对于西方人文主义传统所肯定的整全的"个性"，造成了支离化、片面化的弊病。基于以上认定，牟氏将"个人主义"视之为启蒙理性的产物，这种观念将个体生命中的"知性"（"观解理性"）一面提升为最根本的"人性"即人之为人的本质，而"知性"的出现使"人之心灵之具体而浑全的活动"本身产生了分裂：知性与信仰、直觉、情感等能力相对立，主体抽象化为一个"知性的主体"，而与纯粹自然形成主客对立的认知结构。这里可以看出，牟宗三所谓"个人主义"特指经过启蒙理性抽象化之后的个人主义，较之于西方政治哲学意义上的"个人主义"概念的所指范围要狭窄很多②，在这里本书姑且将牟氏所理解的这种个人主义称之为"抽象的个人主义"。

牟宗三肯定了这种"抽象的个人主义"对科学、民主的积极作用，但同时指出这种基于"知性"的个人观念具有一种"非人文"的特征，其实质是"工具合理性"，即对于人文价值世界（如道德、艺术、宗教等领域）采取中立和漠然的态度，而这种"非人文"的取向如果没有价值合理性的引导和提升，以上这种漠然就演变为忽视、鄙薄甚至扼杀人文价值，沦为"反人文"的立场，即"理智一层论""科学一元论"的立场。另外，在经济和政治生活中，这种"抽象的个人主义"将"个

---

① 牟宗三：《人文主义的完成》，载《道德的理想主义》，第170页；《全集》第9卷，第220页。

② 关于西方政治哲学意义上的"个人主义"概念，参见本书第一章第一节的相关论述。

人"视为具有独立健全的理性、能够为自己的行为负责、不依赖于他人和社会而自立的"原子个体",这种原子式的个体观念在挺立自身人格与权利之主体性的同时,也表达了自我意志的膨胀和僭妄,敢于蔑视和挑战一切神圣性和限制性,这种失去道德价值规范的个体意志所表现出来的就不再是理性的"自由"而成为非理性的"任意",这在政治上势必造成严重的后果:"实然的、原子的、个人主义的个体性以及激情冲动任意任性的自由必将造成混沌暴乱而至于无政府状态,由之而激起另一极权专制之反动。此在历史上乃屡见不鲜者。中国近数十年来民主建国不成,自由民主不能向政治上用,脱离民主建国之中心课题,下落而为日常生活之泛滥。下面散乱放纵,上面即极权专制。"① 牟氏指出,这种西方式的"抽象的个人主义"在本质上是一种偏执的"个体性"观念,是一种缺乏"普遍性"的空洞而抽象的"个体性",而民主政治必须建立在"真实的普遍性"基础之上,而这种"真实的普遍性"只能由儒家价值来提供。在这里,牟氏揭示了"抽象的个人主义"与"专制主义"的内在关联,尽管其批判所针对的是中国近代以来的社会现实,但由此得出的洞见却与西方社群主义者(如查尔斯·泰勒)对个人主义的批评显示出某种一致性,以至于有的学者将牟宗三称之为"儒家共同体主义的先驱"②。

相对于西方现代性所带来"抽象的个人主义",牟宗三更为青睐中国儒家传统"德化的个体主义"。牟氏指出,儒家在存有论层面讲"物各付物""乾道变化,各正性命","天道"使万物各适其性、各遂其生,每一个个体都秉承着超越的"天道"而内在地实现着"生生"之理;由此落实于在政治层面,理想的王道之治在于成全每个个体的生命价值并满足其现实需要,牟氏称之为"就个体而顺成","使人人皆得其所,各安其生,正是'个体落实地还其为个体'。此种全幅让开(不是把持牵率)、散开(即落实地如其为个体而还之)之精神,正是仁者之精神"。"此种全幅让开散开的德治亦可以说是内容表现上如实如理的个体主义之

---

① 牟宗三:《自由与理想》,载《道德的理想主义》,第 144 页;《全集》第 9 卷,第 186 页。
② 唐文明:《与命与仁——原始儒家伦理精神与现代性问题》,河北大学出版社,2002,第 296 页。

极致。(个体主义是重个体，不是唯是个体。)"① 儒家的理想是"仁者为政以德"，在主观上"让开散开"，在客观上"就个体而顺成"，以上两方面合起来构成了儒家"德化的治道"，实际上展现为一种不同于西方个人主义的"德化的个体主义"，牟氏认为这种治道代表了"政治上的如实如理的个体主义之极致"，已经达到"人间天国"的政治理想："在天地气象、各正性命的境界中，视每一个人为一圆满具足之个体人格，此即人间天国境界。其所以能有此境界，原是根于其德治之开始，即视人人自身皆为一目的，由其德性的觉醒即可向上奋发，完成其自己。故其极致，即是各正性命。故此德化的治道，自始至终，即是落足于具体的个人人格上。"② 与西方启蒙以降而形成的"抽象的个人主义"相比较，儒家"德化的个体主义"建基于"德性"(实践理性)之上，使每一个"个体"都获得其生命之整全的价值，诸"个体"之间相互关联而为各种伦理关系，在这些伦理关系的基础上而成就家庭、社会和国家等共同体；此外在"天道生生"的意义上"人"与"物"具有一种亲和性，而不是主客二分的对立关系。在"个体"与"共同体"之间的关系上，儒家认为"家""国""天下"等"共同体"是由"个体"为中心以逐级外推而形成的③，"个体"不是原子式的，而是身处于伦理关系网络之中的，因此在儒学系统中"个体"与"共同体"是和谐的统一而非紧张的对立，在这个意义上可以说："德化的个体主义"内在地蕴含着"德化的共同体主义"，反之亦然。

综上所述，牟宗三立足于儒家价值系统对启蒙以来的"抽象个人主义"所进行的批判深刻地揭示了西方自由主义思潮的内在问题及其流弊，同时提出了以儒家"德化的个体主义"为其补偏救弊的理论设想，其意图在于以儒家价值所代表的"真实的普遍性"展现出"真实的个体性"而作为民主政治的人格基础，这一思想依然不离以"道德理想主义"来提升、范导"政治自由主义"的精神宗旨。然而，牟氏的上述思想也存

① 牟宗三：《政道与治道》，第 121、120 页；《全集》第 10 卷，第 133、132 页。
② 牟宗三：《政道与治道》，第 29 页；《全集》第 10 卷，第 33 页。
③ 美国学者郝大维、安乐哲指出："儒学与占主导地位的西方对自我作为个人的理解形成了鲜明对比，这种对比可总结为自我与环境的焦点/场域（focus/field）与部分/整体这两者的对比。"参见〔美〕郝大维、安乐哲《先贤的民主——杜威、孔子与中国民主之希望》，何刚强译，江苏人民出版社，2004，第 119 页。

在深刻的问题：首先在于其对西方的"个人主义"理解得过于狭隘，对这一观念在西方政治哲学中的地位和作用认识不足，对其与民主政治的内在学理关联思考不够；其次，牟氏十分强调"道德"与"政治"之间的分际，而在政治生活中的"个体"的问题上对于"德性"与"知性"的关系并没有给出合理的安排，换言之，我们可以进一步追问：基于"德化的个体主义"之上的民主政治如何可能？为了更深入地理解牟宗三的政治哲学思想，必须进一步研究其所构想的"儒家式民主"的政治模型。

2. 儒家式的民主政治：探索与综合

牟宗三在批判西方自由主义的基础上构想了新的民主政治模型，该模型以儒家价值为主导，吸收了西方式民主的积极成果，并力图避免后者之"泛自由主义""抽象的个人主义"等种种流弊，本书将这一模型称为"儒家式的民主政治"。这种民主政治的模型与"西方式民主"的根本不同在于：政治理念和制度安排根源于儒家"性善"的人性理解，赋予政治行为以超越的道德意义，同时通过道德理想引导政治实践，以期实现儒家传统的"德化治道"与现代性的"民主政道"之间的整合统一。

（1）民主政治的人性基础

一般认为，西方式的民主政治有其深厚的历史文化渊源，在很大程度上来源于基督教的影响。正如西方学者所言：民主宪政"植根于西方基督教的信仰体系及其表述世俗秩序意义的政治思想中"，一方面基督教所彰显的"超验正义"为宪政提供了正当性保障，另一方面人作为神在世间的创造物和代表同样被赋予了神圣的地位，因此，"在整个西方宪政史中始终不变的一个观念是：人类的个体具有更高的价值，他应当免受其统治者的干预，无论这一统治者为君王、政党还是大多数公众"。[1] 以上就是所谓"在上帝面前人人平等"的信条以及"天赋人权"的自然法观念，牟宗三分别将其称为"超越的平等性"和"内在的平等性"[2]。此外，基督教的"原罪"意识和"人性恶"观念也深深影响了民主宪政的

---

① 〔美〕卡尔·弗里德里希：《超验正义——宪政的宗教之维》，周勇等译，生活·读书·新知三联书店，1997，第1～15页。

② 参见牟宗三《政道与治道》，第148～154页；《全集》第10卷，第163～170页。

形成，这种宗教以神化的方式揭示出人性在根源上具有堕落的趋向和罪恶的潜能，因此人只有靠着自己的努力祈求神的恩宠和拯救，遵守神的律法和告诫，尽管如此人神之间永远存在不可逾越的鸿沟，人随时可能为恶犯错，故而人世间需要客观的法律制度以防范和制约人的行为，民主宪政因此成为必要的。正是由于"原罪"和"性恶"的教义，黑格尔将基督教称为"自由的宗教"，认为"人性本恶这一基督教的教义，比其他教义说人性本善要高明些"①，"其实由精神的概念即可表明本性是恶的，我们无法想象除认人性为恶之外尚有别种看法"②，原因在于"人作为精神是一种自由的本质，他具有不受自然冲动所规定的地位。所以处于直接的无教养的状态中的人，是处于其所不应处的状态中，而且必须从这种状态解放出来。原罪说就具有这种意义，否则基督教就不成其为自由的宗教了"。③

与以上问题相关，美籍华裔学者张灏提出了"幽暗意识"，对西方式民主政治的产生的精神背景予以考察，他指出："所谓幽暗意识是发自对人性中与宇宙中与始俱来的种种黑暗势力的正视和省悟。"这种"正视"并不代表价值上的认可，而是以强烈的道德感出发反映"黑暗"和"缺陷"，因而"幽暗意识在价值上否定人的私利和私欲，然后在这个前提上求其防堵，求其疏导，求其化弥。因此它对现实人生、现实社会常常含有批判的和反省的精神"④。张氏进一步考察了中国思想史，指出尽管儒家传统中具有"幽暗意识"，但是"内圣外王"的理想模式限制了这种意识的发展，儒家"圣王"和"德治"思想的基本信念在于"政治权力可由内在德性的培养去转化，而非由外在制度的建立去防范"，由此产生了终极的乐观精神、"政教合一"式的权威主义和乌托邦主义的倾向。较之于西方，这种"幽暗意识"在中国文化中受到限制而隐没不显的事实可以揭示"中国传统之所以开不出民主宪政的一个重要思想症结"。⑤

---

① 〔德〕黑格尔：《法哲学原理》，第 28～29 页。

② 〔德〕黑格尔：《小逻辑》，第 91 页。

③ 〔德〕黑格尔：《法哲学原理》，第 29 页。

④ 张灏：《幽暗意识与民主传统》，载氏著《幽暗意识与民主传统》，新星出版社，2006，第 24 页。

⑤ 参见张灏《幽暗意识与民主传统》《超越意识与幽暗意识——儒家内圣外王思想之再认与反省》，两文均载氏著《幽暗意识与民主传统》。

　　张灏的"幽暗意识说"在海内外引起了巨大的反响，既有赞同者，也有基于不同立场的批评者①。本书不拟讨论张灏这一观点本身的是非，而着重于探讨这样一个问题：民主政治与"性恶论"是否具有必然的联系？反之可以表述为：基于"性善论"是否可以成就民主政治？这里所论的"民主政治"是在牟宗三所讲的"政道"意义上的，具有超越于民族文化传统之上的普遍性。本书对这一问题的思考是与对牟宗三政治哲学思想的阐发相结合的。

　　牟氏强调以儒家"道德理想主义"作为一切社会实践的指导原则，其人性论秉承思孟以降直到陆王的"性善论"，以"仁心""良知"严辨人禽之别。这种人性论的基本前提在于："一、'怵惕恻隐之心'或'恻恻之感的良知之觉'为一切实践，个人的及社会的，所以可能的普遍而必然的条件。二、'惟仁者能好人能恶人'是一个足以成就肯定（好善）与否定（恶恶）的普遍而必然的真理。"②基于这种人性论，牟宗三认定一切政治活动根源于先天内在的道德理性，这种道德理性是民主政治的超越根据，同时民主政治是道德理性的内在要求，"民主政体本身就表示一普遍性，各种权利以及保障权利的法律亦表示一普遍性。民主政体是要自觉奋斗以创造的，如是这些普遍性便不能不是从创造的道德心灵（内在主体、人性主体）而发出。这些普遍性为民主政体之超越根据，亦反而成就这民主政体"。③

　　牟宗三将西方近代以来的民主政治的产生归因于"阶级斗争"，在积极评价"阶级斗争"本身历史意义的同时，进一步对其在人性论上加以改造，赋予其以鲜明的道德意涵。他指出，以"阶级集团"为单位而争取权利的方式超越了个体主观之"私利"而指向客观之"公利"，"争取阶级的公利就是争取公道与天理。而公道与天理不能见之于物质的生

①　对张灏的"幽暗意识说"的批评，代表自由主义立场的有胡平《儒家人性论与民主宪政——与张灏教授商榷》，载氏著《从自由出发》，风云时代出版公司，1994；代表新儒家立场的有李明辉《性善说与民主政治》，载氏著《孟子重探》，联经出版社业公司，2001。

②　牟宗三：《道德的理想主义与人性论》，载《道德的理想主义》，第34~35页；《全集》第9卷，第44页。

③　牟宗三：《自由与理想》，载《道德的理想主义》，第148页；《全集》第9卷，第191~192页。

存条件，而是见之于另一源泉：道德的心灵"。① 在这里，牟宗三本着"道德理想主义"的儒家立场对"阶级斗争"所具有的"正义性"和"理想性"予以揭示："（1）私利不能与应该、合理、是非、善恶化为同一。（2）普遍的人性不能抹杀。（3）阶级斗争为的是正义、公道，为的是实现应该与天理。（4）斗争所以可能的超越根据、理性根据，乃在具有理想、正义、天理的道德心灵这普遍的人性。由这四点，保住了阶级斗争的意义与价值，开出了人类历史向上的光明源泉。"② 可以看出，牟氏的这种"阶级斗争观"是富于儒家色彩的，建基于"性善"的人性信仰，不同于西方"原罪""性恶"观念之下的政治设定（例如霍布斯所谓"每一个人对每个人的战争"③），后者将人视为"自私自利"的，在牟氏看来这是其"民族生命中恶根浊根之表现"④。因此，牟氏指出，中国历史走向民主政治的途径不能照搬西方式的基于性恶观念之上"阶级间的私利之争"，而必须以源于"道德心灵"、追求"天理公道"的"阶级斗争"为基础。在这个意义上，所谓"阶级"概念的内涵就已经发生了根本性的转化：由"利益共同体"转变为"道德共同体"，"阶级"内部的认同纽带及其目的诉求由"经济利益""政治地位"转变为"人伦理想""社会正义"和"宇宙天理"。牟氏认为中国传统社会不存在"阶级"（"利益共同体"），但并不意味着不存在"道德共同体"，因而其所设想的"儒家式民主"建基于"道德共同体"（"家""国""天下"）之上，"家庭"之间、"国家"之间不免有权利、利益的斗争，但这种政治行为之目的在"义"不在"利"，最终指向"天下大同"的理想目标，这也就是最普遍、最彻底的民主政治的实现。

综上所述，牟宗三坚持儒家"性善论"作为民主政治的人性基础，以先天至善的"仁心""良知"保证民主的实现，同时坚持"义利之辨"以引导社会生活。由牟氏这一思想引生出两个问题：其一，民主政治需要怎样的人性论作为基础？其二，如果"儒家式民主"是可能的，那么"性善论"能否作为其充分条件？在本书看来，美国当代神学家尼布尔

① 牟宗三：《政道与治道》，第 145 页；《全集》第 10 卷，第 160～161 页。
② 牟宗三：《政道与治道》，第 146～147 页；《全集》第 10 卷，第 161～162 页。
③ 〔英〕霍布斯：《利维坦》，黎思复、黎廷弼译，商务印书馆，1985，第 94 页。
④ 牟宗三：《政道与治道》，第 130 页；《全集》第 10 卷，第 145 页。

（Reinhold Niebuhr）对民主所做的经典描述对于思考以上问题有借鉴意义，他指出："人行正义的潜能使得民主成为可能，人行不义的潜能使得民主成为必要。"① 姑且不论尼布尔本人的宗教背景，单纯就这句名言而论，可谓揭示出民主政治与人性之关系的真谛：人兼具有理想性和现实性之两个面向，一方面能够行善为德，保障民主制度的实现；另一方面可能作恶犯错，必须依靠民主制度加以防范。因此，单一的"性善论"或"性恶论"都不足以实现民主政治的健康发展：过于乐观的人性信念必然造成一种"高调的民主观"② 和"积极的自由观"③，将人间视为天国而难免沦为人治或集权；同时过于悲观的人性认定及其进一步恶化必然否定"民主"和"自由"本身，使人间成为牢笼炼狱；而更为合理是客观的、综合的态度，将人性的复杂性予以全面的考察，既有超越的价值理想对现实加以指引，也要有具体的制度和法律保证最低限度的自由和民主，这也就是"德治"与"法治"相结合的途径。在这个意义上，张灏所提出的"幽暗意识"④ 能够成为儒家"道德理想主义"的必要补充，正如这一学说的理论意旨："幽暗意识一方面要求正视人性与人世的阴暗面，另一方面本着人的理想性与道德意识，对这阴暗面加以疏导、围堵与制衡，去逐渐改善人类社会。也可以说，幽暗意识是离不开理想主义的，二者相辅相成、缺一不可。"⑤

　　关于以上第二个问题，笔者认为，假定建基于儒家价值之上的民主政治在理论上可以成立，"性善论"只是其必要而非充分条件，对于儒家思想传统不仅要继承思孟到陆王对人性之理想性、超越性的肯定，同时也应当继承荀子以及朱熹、刘宗周等儒者对人性之现实性、经验性的

---

① 转引自张灏《幽暗意识的形成与反思》，载《幽暗意识与民主传统》，第 308 页。张氏译文中的"本能"本书改为"潜能"。

② 本文这里借用了张灏所提出的"高调的民主观"这一概念，这种观念的前提在于"民主是为实现一种道德理想而产生的制度"，往往带有集体主义和乌托邦主义的色彩。参见张灏《中国近代转型时期的民主观念》，载《幽暗意识与民主传统》，第 228 页。

③ 本书这里借用了以赛亚·伯林关于"积极自由"和"消极自由"的区分，参见氏著《两种自由观念》，载《自由论》，胡传胜译，译林出版社，2003，第 189~203 页。

④ 需要说明的是，不能将张灏所谓"幽暗意识"等同于"黑暗意识"，后者是彻底的"性恶论"，如中国的法家、西方的马基雅维利和霍布斯等人，而前者在根本上是以道德感为出发点的，肯定人的理想性一面。

⑤ 张灏：《幽暗意识的形成与反思》，载《幽暗意识与民主传统》，第 310~311 页。

正视，后者同样是内在于儒家传统之中的思想资源。以此衡之，牟宗三所构想的"儒家式民主"在人性基础方面偏执于"性善"一端，而对人性中的"恶"重视不够，在实质上没有改变"圣君贤相"的政治预期，只是将其以"贤民做主"的现代形式重新提出，对此我们同样可以质疑："贤民"是否同样负担过重？进而言之，一个"不肖之民"是否可以"做主"？如果一个道德上有缺陷的公民不能享有与他人同样的自由权利，那么这种"民主"是否还称得上"民主"？此外以上政治设计也无法保证通过民主方式被选举出的"治权行使者"必然在道德上完善，在这方面只能诉诸客观性的法律和制度，单凭道德教化显得苍白无力，正如美国学者科恩所言："从理论上讲，即使在自私的坏人所组成的社会中，民主也是完全可行的"，而避免坏人做坏事的有效方式在于制度防范和法律惩戒，在这一个意义上，"民主的部分价值就在于它能使既能为善又能为恶的人能够规规矩矩地生活在一起"。①

总之，牟氏在根本上依然没有超出儒家"内圣—外王"的理论框架，只是这里的"外王"具有了现代性的内涵而成为"新外王"，尽管这种"新外王"与"内圣"之间并没直接的关联，但所谓"曲通"同样是"由体达用"。张灏针对传统儒家的这一模式的批评对于牟氏依然适用，"内圣与外王是两个互相依存、无法分开的理念，因此，儒家传统不能在政治思想上开出民主自由的观念，我们不应只归咎于儒家的外王思想，实际上外王的局限与内圣思想的偏颇有密切的关联"。② 本书并不认为儒家"性善论"与"民主政治"根本不相容，因为前者保证了后者的可能性；然而仅仅以"性善论"为"民主政治"的人性基础是不够的，因为前者不能说明后者的必要性，因而必须充分吸收中西文化传统中的"幽暗意识"，倡导一种"高调的民主观"与"低调的民主观"之间、"积极自由观"和"消极自由观"之间的辩证综合。③

（2）"德化治道"与"民主政道"

在牟宗三看来，较之于西方式的民主，"儒家式的民主"不仅在人性基础上，而且在作用方式上都具有明显的优越性。他首先指出基于"理性之外延表现"的西方式民主的缺陷：（1）契约条文显示出被动性、限定性和死板性；（2）由形式概念所形成的纲维仅仅成为一个既成的空架子；（3）形式的自由与权利上的平等并不能调适安顿个体生命的价值与意义。以上缺陷的根本症结在于道德理性的"归寂""虚脱"和"远飏"，使自由民主的形式架构"沉淀""下堕"和"胶着"，造成了整个时代精神的"无体""无理"和"无力"。① 与"外延表现"的这种缺陷和弊端相比，"内容表现"具有自身独特的优长之处，其顺事理之当然而行，呈现出"具体性"与"天然性"，在表现方式上具有"亲和性"和"软圆性"："顺中国'内容表现'之路，容易见到社会世界的理性律则，因为它有亲亲、尊尊、贤贤，以及重视伦常故；亦容易见到政治世界的坚实可靠之基础，因为它能见到生活之全上事理当然之韵节。它亦容易使理性见到其自己，因为在内容表现之路数中，因注意个人主观生命如何顺适调畅其自己，故理性常在自觉提撕中，常在念念起作用中，常在觌面相对中。"② 具体言之，"理性之内容表现"源于"道德的心灵"，其政治设计出于人情之本愿、顺乎事理之当然，故曰"礼者，因人之情而为之节文"（《礼记·坊记》），其中"天理、人情、国法三者相互渗透"，显示出一种"超越的亲合性"③；而"理性之外延表现"源于"概念的心灵"，追求形式普遍性之下的法则和秩序，其政治设计建立在法律规章、契约条文的基础上，实质是私利私欲之间的妥协和制衡，因而欠缺理想性和灵活性。因此，必须以"内容表现"之优长补充"外延表现"之缺陷，即构建出一种"儒家式民主"的政治模型，兼备以上两者之长而规避两者之短。

牟氏所构想的"儒家式民主"其核心精神在于以儒家"德化的治道"引导和促进"民主政道"的实现。其中，儒家传统的政治智慧及其背后的"理性之内容表现"作为领导原则，由此发展出政治世界和社会

---

① 参见牟宗三《政道与治道》，第 158 页；《全集》第 10 卷，第 174 页。
② 牟宗三：《政道与治道》，第 159 页；《全集》第 10 卷，第 175 页。
③ 牟宗三：《政道与治道》，第 141 页；《全集》第 10 卷，第 156 页。

世界的"最高律则"，具体表现为以下三条：

　　　一、政道上确立推荐普选（天与人与）之"公天下"观念。
（随政权而言政道。）

　　　二、治道上确立"让开散开、物各付物"，"就个体而顺成"之
原则。（随治权而言治道。）

　　　三、道德上确立"先富后教"，"严以律己、宽以待人"之教化
原则。（此函政治上的教化之限度及政治与道德之分际。）①

牟氏也将以上三条所显示出的政治意义称之为"民主之内容意义"。具
体分析之，这三者表现了一套完整的政治设计，其中前两者构成了政治
世界的"规约性律则"（Regulative law），包括"政道"（得天下）和
"治道"（治天下）两个方面："公天下"观念表示政权的合理性来源于
超越本体（"天与之"）或人民公意（"人与之"）；"德化的个体主义"
观念表示治权对个体敞开。第三条关涉"教化"，是道德在社会生活中
的运用，其基础在于"伦常"，其根据本于"天理人情"，因而被称为社
会世界的"构成性律则"（Constitutive law）或"实体性律则"（Substan-
tial law）。② 这里，牟宗三区分了"社会世界"和"政治世界"两个不同
的领域，主张在这两个领域中遵循不同的律则：前者遵循"实体性律
则"，通过儒家的礼义忠信等德性构成社会基本伦理生活；后者遵循
"规约性律则"，通过道德理想引导现实而趋于合理的政治秩序。"实体
性律则"揭示实然本质，是"生活实体上事理之当然韵节"；"规约性律
则"标举应然目标，是"政治上的理想与愿望"。③ 进而言之，"社会世
界"是"政治世界"的基础和前提，后者由前者而开出，但两者之间有
所分际不能混同，如"自由""民主"等政治观念只能应用于"政治世
界"而不能应用于"社会世界"，否则就会造成"泛政治主义"的严重

---

① 牟宗三：《政道与治道》，第128页；《全集》第10卷，第141页。
② 牟氏所谓"构成律则"和"规约律则"来源于康德所讲的"建构性原则"（das konsti-
　　tutiv Prinzip）和"范导性原则"（das regulativ Prinzip），但与康德的原义有所不同。
③ 参见牟宗三《政道与治道》，第141、163～164页；《全集》第10卷，第156、179～
　　180页。

后果（如"泛自由主义""泛民主主义"等）。基于以上区分，牟氏强调道德意义上"教化"有其限度，实际上是引入了"理性之外延表现"而使"政治"与"道德"（"教化"）相分离，将"教化"应用于社会世界，使政治世界具有其独立的地位，这样就能够避免"泛道德主义"的问题①。

以上所胪列的三条"最高律则"尚不出"理性之内容表现"的范围，其中的"政道"和"治道"方面尚处于主观形态，没有法律形式对其加以客观化，这就必须通过"坎陷"的方式转出"理性之外延表现"加以补充。牟宗三所做的工作是将"理性之外延表现"的精神从西方文化的特殊性语境中抽离出来，将其作为普遍性的"民主之外延意义"，即"民主政治"这一政治基本形态本身所蕴含的法律、制度等客观性要素，以此与儒家传统所提供的"民主之内容意义"相接榫。他的构想是："以我们的内容表现之路之真实、定常而易见，配合彼方外延表现之客观性与业绩性，则人类社会世界与政治世界之理性律则与坚实基础，即呼之欲出而确然无疑矣。双方的关系如此：以内容的表现提撕并护住外延的表现，令其理性真实而不蹈空、常在而不走失；以外延的表现充实开扩并确定内容的表现，令其丰富而不枯窘，光畅而不萎缩。"② 姑且不论"坎陷"的方式是否可能，单就牟氏对"理性"的这两种表现形态所采取的综合立场而论，可以说是对于"儒家传统的现代转化"所进行的积极性的理论探索，其所构想的"儒家式的民主"具有辩证的综合性：一方面以经由法律制度客观化的"民主政道"保证了儒家"德治""王道"的理想得以实现，另一方面以儒家"德化的治道"促进、提升、引导"民主宪政"的发展，避免其形式化、僵化的弊病，最终的理想目标在于使现代性的"民主政道"与儒家的"德化治道"相得益彰："相应政权有政道，民主政治成立，使政权与治权离，则此种治道当更易实现，且反而使自由民主更为充实而美丽。"③

---

① 牟宗三并不承认传统儒家的政治思想中存在"泛道德主义"的问题："中国以前政治上的教化意义，亦不能说成'泛道德主义'，因为这里有政治上的律则与政治上的节拍，亦有教化上的律则与教化上的节拍，而皆有其分际与限度。"参见氏著《政道与治道》，第 127 页；《全集》第 10 卷，第 140 页。

② 牟宗三：《政道与治道》，第 160 页；《全集》第 10 卷，第 175 页。

③ 牟宗三：《政道与治道》，第 32 页；《全集》第 10 卷，第 36 页。

综上所述，牟宗三力图以"儒家式民主"取代"西方式民主"为"中国现代性"的理想政治模型。尽管学界不乏对这种"儒家式民主"的质疑和批判之声，但牟氏的思考为我们提示了一个有重要意义的问题：儒家传统能否为民主政治提供可供利用的思想资源？本书对这一问题的回答是肯定的，这种肯定在很大程度上受到牟宗三思想的启发。首先，儒家传统与民主政治并不冲突。儒学中的宽容精神、民本意识、德治观念等都与现代性的"自由"理念相容，儒家思想所包含的批判意识和抗议精神，具有限制君权、反对独裁的积极意义；同时中国历史上的君主专制政体并非儒家的理想设计，其形成也不能完全归咎于儒学本身。其次，"西方式民主"在发展中暴露出其自身缺陷。"西方式民主"并非理论上最完美的制度，英国前首相丘吉尔坦言："若不包括那些已被尝试过的政体，民主政治便是最坏的政体。"① 从现实经验的角度来看，西方近代以来的民主制度较之于此前存在的其他政体诚然是最为优越的，其无疑代表着人类政治文明的积极成就；但这并不意味着其代表人类政治文明的最高成就，植根于西方现代性之中的民主宪政在理论上和实践上也存在着很多难题，比如影响行政效率、浪费社会成本等，此外最为严重的问题在于有可能出现托克维尔所担心的"多数人的暴政"，他追问道："如果你承认一个拥有无限权威的人可以滥用他的权力去反对他的对手，那你有什么理由不承认多数也可以这样做呢？"② 这说明仅仅依赖制度和法律等形式要素保障"自由"和"民主"是不够的，因为制度本身是一种"形式合理性"（空架子），必须由"实质合理性"加以充实，"民主"归根结底是一种价值而不是一种制度（详见下文）。正如苏联作家索尔仁尼琴针对西方民主制度的精辟见解："没有任何客观公正的法律规范的社会是一个十分可怕的社会，而一个只有法律规范的社会对人类来说同样可怕。"③ 一个失去信念支持和价值导引的民主制度是空洞而无力的，势必造成民主本身的僵化、异化，走向其反面而对个人产生奴役。最后，对于以上弊病，儒家传统能够提供积极的资源对其加以一定程度的弥补和修正。如前所论，儒家"道德的理想主义"代表了一种"实质

① 见温斯顿·丘吉尔于 1947 年 11 月 11 日在英国下议院的演讲。
② 〔法〕托克维尔：《论美国的民主》（上卷），董果良译，商务印书馆，1988，第288页。
③ 参见亚历山大·索尔仁尼琴 1978 年 6 月 8 日在哈佛大学的演讲。

合理性"（"价值合理性"），其要求以道德主体性作为一切实践的根据，在政治层面强调社会整体的"善"优先于个人的"权利"，因而以这种"道德目的论"为基础的民主政治的首要目标在于社会整体的平等和完善，后者（即儒家所谓"仁政王道"）的实现才能真正保障个体的自由和权利，所谓分权制衡、代议普选等制度都是实现"王道"的政治手段，此外还需要道德教化的参与，形成具有共同取向的价值观念以引导政治实践。当然，儒家传统的政治智慧与现代民主宪政的关系问题是一个颇为复杂的问题，需要更为专业而深入的研究，由于本书主题所限，这里不予赘述。

在肯定儒家传统对民主的积极意义的同时，也应当看到牟宗三关于"儒家式民主"的构想存在着许多深刻的问题。

首先，关于"民主政治"的定位，牟氏将其归于"事实世界"之中，其主观根据在于"知性"（"观解理性"）；而在康德的界定中，"民主"（以及一切政治活动）无疑属于"实践理性"的范围①，带有明显的价值色彩。牟宗三之所以这样定位"民主"，其原因在于他将"价值/事实"的区分等同于"本体/现象"的区分，因此造成"民主"这样既具有价值指向又切入现实生活的观念无所归依，最终由于"坎陷说"的需要而被置于"无执的存有论"范围中，这实际上是根据"科学"的属性来界定"民主"，将后者仅仅视为一个制度层面的概念。本书承袭康德的观点，肯定"民主"在根本上是一种价值，其代表着人类追求"平等""正义"的理想，最终指向于"善"。牟氏对"民主政治"进行"事实化"的做法造成了一个严重的后果，即将西方数百年来关于"民主"的思想成果简单归于"理性的架构（外延）表现"，仅仅看到其"对列之局""个人主义""国家""法律"等形式特征，取消了"民主"的价值之维，因而他的论断虽不乏深刻却有失于片面。这表明，"西方式民主"背后蕴含了一整套政治哲学乃至存有论上的价值系统，凝聚了数十代人的实践经验与理论思考，因此想要超越"西方式民主"而为其补偏救弊必须深入其民主传统内部而作全面深入的考察。在这方面，牟氏

---

① 这一观念在西方源远流长，自亚里士多德以来，西方人普遍将"政治生活"视为"伦理生活"的延伸，在学科划分上，"政治学"作为"伦理学"的分支，都属于"实践的知识"范围内。

所做的工作仅仅是一个起步，后来者必须在其基础上更进一步。

其次，牟宗三所关注的问题是：如何在中国确立（“开出”）民主制度？他通过“良知坎陷说”对这一问题的解答实际上是将“理论的次序”等同于“发生的次序”[①]，其对中国民主政治建设所进行的构想是“解释学的”（hermeneutic）而非“发生学的”（genetic），是“后顾性的”（backward-looking）而非“前瞻性的”（forward-looking）。也就是说，中国社会的当下现实已然不是晚清时代抉择是否实行民主的情境，而是处于民主政体之中同时希求达至其更完善的形态，因而经由道德理性之“自我坎陷”以成就民主的设想不免显出时代的错位。因此，牟氏的问题应当转变为以下形式才有意义：如何在中国这样一个后发现代化国家完善民主制度？这是一个非常宏阔的问题，对其思考至少有以下两个向度：第一个是现实向度，针对中国当下民主建设中的具体问题思考其解决之道；第二个是历史向度，回归于中西方的政治思想史和制度史之中汲取思想资源。本书这里仅就后一个向度在中国政治思想史方面略作申论。这里的问题集中于：中国传统文化与“民主”是什么关系？虽然我们不能像“五四”知识分子那样将中国缺失民主完全归罪于传统文化，但也不能无视中国数千年的君主专制及其思想史根源，或者再唱“古已有之”的论调到故纸堆里寻找“民主”，而应当以更为平正的心态在学理上探讨中国文化中哪些因素与民主相容、哪些与之相悖。在以上的探讨中，“中国文化之整体”是第一序的概念，而“儒家”则是第二序的，也就是说探讨“传统中国何以不出现民主”“现代中国怎样真正实现民主”等问题只能就“中国文化之整体”的层面而论，而作为思想流派之一的“儒家”既不应当为历史上的君主专制负责，也不可能独立地实现中国政治的民主化。牟宗三一方面倡导自由主义的“宽容”精神，另一方面以“判教”的方式对儒家以外的思想资源采取了漠视或排斥的态度，以单一的儒家内圣之教为“治道”，显得柔性有余而刚性不足，后者在儒学内部（荀子）和法家思想中都有相应的思想资源，但牟氏囿于其“道统”观念并未措思于此。严格说来，现代社会不同于传统

---

① 参加林安梧《解开“道的错置”——兼及于“良知自我坎陷”的一些思考》，《孔子研究》1999 年第 1 期。

社会的特征在于以客观性、公共性的"法制"作为基础，广泛参与的立法过程本身就是一个追求"正义"和"善"的过程，公正司法、严格执法是以上价值的落实，而自觉守法是其最终目的，守法的理想状态与道德行为有共同之处，应是"自律"与"自愿"的统一。因而，"法制"的基础应当是内在的"道德"，而不应是外在的"刑罚"。牟氏极力把"德"与"法"归属于两种不同的理性表现方式，实际上取消了"法制"本身所具有的价值意涵，再以"德"导"法"就显得外在而无力。所以本书的结论是，真正健康有序的民主政治建基于多方资源的互动和融合，在这个意义上，单纯的"德治"与单纯的"法治"一样难免偏于一隅，而更为理想的民主政治应当具有刚柔相济、德法互补的特征，就这个目标而言，现实中的"西方式民主"未能达至，而牟氏构想的"儒家式民主"也有所不及。

综上所论，牟宗三立足于儒家"道德理想主义"立场，从"工具合理性""道德形式主义"以及"政治自由主义"等方面对西方现代性的内在弊病予以了深刻的揭示和批判，并且着力阐发儒家传统的思想资源而为其补偏救弊。牟氏现代性批判的核心指向西方近代"启蒙理性"的局限性，在他看来，这种局限性根源于西方文化传统本身，而儒家文化传统由于其优长，有可能在根本上超越西方现代性的既有形态，因此，他设计了一种"儒家式的现代性"的理论模型，以期在扬长避短的基础上达到一种更为理想的现代性形态。牟宗三的现代性批判思想潜在地包含了一种"多元现代性"的取向，在他看来，西方现代性仅仅作为共相意义的"现代性"之特殊表现之一，既不是唯一的，也并非完善的，因此中国文化应当以更为积极的态度参与"现代性"的建构，引导现代化的发展方向。

第五章　牟宗三哲学的定位与意义

通过以上几章从理念和实践诸方面的阐述，牟宗三哲学与"现代性"之间的复杂关系得到了多向度的展现。本章立足于"中国现代性之建构"这一时代课题，回归于"多元现代性"的宏观理论视野，试图对牟氏哲学进行一个总体的定位和评价，对其内在所包含的积极意义及问题缺失予以揭示，并在此基础上进一步探析牟宗三哲学对于"中国哲学现代转化"的启示。

第一节　牟宗三哲学的总体定位

在牟宗三身后，其所建构的哲学体系引起了学界的广泛关注，在充分肯定其历史地位的同时，亦从不同的方面对其哲学进行了深入的检讨和批评。在笔者看来，牟宗三一生的哲学思考所指向的核心问题在于"中国文化的现代化"，因而从"现代性"的问题意识出发，应当能够更好地理解和把握牟氏哲学的根本精神，更为全面地展现其积极意义与内在症结。本书立足于"现代性"的视域，力图从核心理念的层面与具体实践的层面展现牟氏哲学与"现代性"之间的复杂关系，揭示其对于"中国现代性"建构的积极意义和内在问题，进而在整体上对其予以定位。

一　牟宗三哲学的积极意义

综观百余年来关于中国文化的种种论争，其核心集中于现代化道路的选择问题，归根到底是在现代化过程中如何处理文化的"时代性"与"民族性"之间关系问题。从哲学的高度考察这一文化课题，就涉及现代性之"普遍性"与"特殊性"之间的关系问题。以上述问题的视角观之，笔者认为，牟宗三哲学把握了中国文化现代发展的核心课题，突出了现代化过程中的文化民族性之维，并力图以此为基础实现"中国文化"与"现代性"之间的双向互动，对于"中国现代性"的理论探索具有积极的意义，同时也对"现代性"的多元开展起到了促进作用。

具体言之，牟氏哲学对于中国文化的现代化进程的理论贡献表现为以下五个方面。

第一，牟宗三哲学凸显了文化的民族性之维，积极探索"中国文化传统"与"现代性"之间的内在关联，力图在哲学的层面阐明中国社会与中国文化之自觉实现现代化的可能性。牟氏所建构的理论体系代表了现代中国文化保守主义之思想演进的系统成果，成为中国文化现代化进程中的一个具有代表性的理论方案。

在中国现代思想史上，西化派坚持"时代性"的单一维度，将"传统"与"现代"视为截然对立的两极，认为"中国文化"与"现代性"之间是外在的、消极的"适应"（adapt）的关系，要成就现代性必须坚决地与传统相断裂。与这种立场相对，以牟宗三为代表的文化保守主义者通过自身的学术工作向世人揭示：中国文化传统与"现代性"之间具有更为内在的、积极的关系，儒家思想能够自觉主动地"实现"（realize）现代性，后者是中国文化生命自身发展的"内在目的"；中国文化传统依然具有绵延不绝的生命力，并且在现代化的过程中应当肩负起自身的责任和使命。面对以科学、民主为代表的现代性成就，牟宗三将其深层精神内核归结为"认知理性"，并力图通过"良知的自我坎陷"使其成为"道德理性"内在转化的产物，以此打通本体界与现象界、价值世界与事实世界，在存有论层面上对中国文化传统自觉成就现代性的过程予以确证。牟氏通过"一心开二门"的思想架构，将儒家传统与现代性统摄于"内圣—外王"的理论框架之中，借助于精神的辩证法使"认知理性"的开显、科学知识的成立具备了理论上的必然性。面对中国文化现代化的核心课题，牟宗三突出强调了文化的"民族性"之维，力图通过对于中国哲学传统现代价值的阐发以挺立民族文化的主体性。尽管牟宗三的"良知坎陷说"面临来自不同角度的质疑，但其内在于中国文化自身以期自觉实现现代化的致思取向，在一定程度上超越了"古"／"今"二元对立的思维定式，为后人进一步思考中国现代化问题开拓了道路。

第二，牟宗三哲学对现代性之"普遍"与"特殊"的关系进行了深入的思索，强调现代性在文化上所体现的特殊性之维，对以西方为中心的"一元现代性"观念进行挑战，致力于建构具有民族文化特质的"中国现代性"，将文化的"时代性"收摄于"民族性"之中，展现了"现代性"在民族文化语境中的多元发展取向。

在西化派看来，"现代性"仅仅具有普遍性之维，具有单一的、固定不变的内涵，在现实中只有"西方现代性"才具有真理性，而非西方文化只能放弃自身的特殊性而仿效西方的现代化道路，因此"现代化"等同于"西化"。针对以上等式，牟宗三提出了截然不同的观点，认为科学、民主等现代性成就诚然具有普遍性（"共法"），但这种普遍性必须通过各个民族文化自身的特殊性（"通孔"）才能得以具体地表现，这种见之于特殊性质上的普遍性才是具体的、真实的普遍性。在这个意义上，"西方现代性"仅仅作为特殊历史文化的产物，与西方文化传统相联系，而同为"通孔"的"中国现代性"与之具有平等的逻辑地位，因此"现代性"在具体的表现形态上呈现出多样性，并且这种多样性与各个文化传统的特质相联系。不仅如此，牟宗三在肯定科学、民主所具有的"逻辑的普遍性"的同时，更为强调道德价值所具有的"形而上的普遍性"（"常道"），鲜明地体现出"德性优位"的儒家立场。由此衡之，在牟氏对现代化问题的思考中，文化的"民族性"之维优先于"时代性"之维，他极力凸显中国文化传统之"自性"，以此作为中国社会现代化的前提。对于西方现代性在发展演变中所出现的种种问题，牟氏将其归结为道德价值的缺失，因而以"德性生命"为根本关怀的儒家传统不仅在现代社会依然保持其自身价值，而且能够为西方现代性补偏救弊，引导现代化的正确走向。牟宗三哲学通过"具体的普遍性"的辩证思考论证了"中国现代性"存在的合理性，凸显了中国文化传统的精神特质，对"西方中心论"话语下的现代化模式展开了有力的批判，包含了"多元现代性"的取向。尽管牟氏在理论归极处并没有真正贯彻这种多元立场，但其本着"以我为主"的方式借鉴、批判、超越西方现代性的思想理路依然具有宝贵的方法论意义。

第三，牟宗三哲学力图在"上帝隐退"之后的世俗化时代重塑超越性的精神信仰，立足于人文价值重建生活世界的整体性与统一性，以此克服西方现代性所带来的"无体、无力、无理"的虚无主义倾向。

随着西方社会世俗化进程的开展，宗教对社会生活的支配地位逐渐减弱，由"上帝"所代表的精神信仰受到科学世界观的挑战，原本由上帝信仰所整合的世界统一性面临分裂和解体，现代性的演进带来了意义的空场。由尼采所开启的"现代性批判之否定性向度"继承了西方"浪漫主义现代性"的传统，进一步将现代性的这种世俗化、平面化、碎片化倾向推至其极，以一种非理性、反理性的方式颠覆了信仰上、认知上的种种确定性，使西方文化陷入更为严重的虚无主义危机之中。牟宗三敏锐地感受到了现代性所带来的意义危机，本着"悲天悯人的仁者之情"倾听时代的悲情呼唤，立志为现代人重建意义源泉和精神支柱。作为哲学家，他致力于儒家"道德的形上学"的理论建构，这一体系根本指向人自身的超越，成为一种人文性的精神信仰，表现为将道德实践、形上思辨和终极关怀三者相统一的取向。牟氏力图以其所建构的"道德的形上学"取代上帝信仰而为现代人提供终极的意义支持，同时为日益分化的生活世界提供统一性的基础，实现真、善、美诸价值在圆融化境上的统一，进而贯通本体界与现象界。牟宗三重建精神信仰的努力既是面对现代性问题的救治方略，也是对儒家文化传统的回归。但牟氏的这种立场并非简单以"前现代性"取代"现代性"，而是从现代性问题出发，开掘传统资源的内在潜力，促使传统实现积极的现代转化。牟氏的这种思想上的"返乡之旅"表明，中国文化作为"轴心时代"所开启的多元文化传统之一并未丧失其生命力，"传统"与"现代"之间并非抽象地对立，人的生存本身存在某种根本性的意义需求，因而人类文化的发展表现出某种继承性。如果悬置古今之争而考察人的生存需求，可以看到无论在何种文化传统之下，人必然要解决安身立命的问题，因而难以容忍意义的虚无，也难以容忍一个破碎、无序和冲突的世界图景，因此任何一种价值系统必然要在终极的层面对生命的意义有所安顿。牟宗三哲学对终极信仰和世界统一性的重建，凸显了中国传统思想资源对于"现代性"本身所可能有的贡献，对于克服西方式的现代性所带来的意义危机具有积极意义。

第四，牟宗三哲学体现出鲜明的现代性意识，在相当程度上系统消化了以康德、黑格尔哲学为代表的西方"理想主义现代性"传统，在哲学理念层面进行了会通中西文化精神的尝试，并在此基础上对儒家哲学进行了现代重建。

牟宗三继承了"五四"时代对"科学""民主"的追求，并且进一步从哲学层面探析这些现代性成就的精神内核，将其归结为"分解的尽理精神""理性的架构表现""理性的外延表现"等，以此作为中国文化的必要补充。作为现代新儒学的系统理论建构，牟氏自身的哲学体系将"现代性"的精神意蕴包容其中，其现代特征表现在：一方面系统吸收了西方现代逻辑学和认识论的成果，将其在"执的存有论"层面予以安立，使认知主体及科学知识、民主制度等得以确立；另一方面在"无执的存有论"层面吸收了西方哲学尤其是德国古典哲学的观念和架构，突出地表现为"人格主体性""世界统一性""历史目的性"等现代性理念。概观牟氏哲学的体系，可谓"康骨黑魂"：其"两层存有论"架构直接源于康德哲学，沟通两层的"坎陷说"在精神实质上借鉴了黑格尔的精神辩证法。可以说，牟氏所构造的"道德的形上学"体系是中国儒家的心学传统与西方"理想主义现代性"传统之间深度会通的思想结晶，这种会通是基于各自文化特殊性之上的对话和融合，既为儒家传统注入了现代性的精神内涵，同时也在中西比观的意义上彰显了中国哲学的独异之处。牟宗三以其深厚的西学素养和敏锐的思辨能力，对西方现代性的根本精神有精到的把握，对西方哲学尤其是康德哲学有深入的研究，因而其思想创造得以自由出入"古今""中西"之间，尽管牟氏对西方哲学所做的"判教"多有偏颇之处，但其哲学体系作为中西哲学会通的一个范例，在现代中国哲学史上具有重要意义。

第五，牟宗三哲学实现了"儒家传统"与"现代性"之间的双向互动，一方面立足于"现代性"对儒家哲学进行诠释与重建，另一方面立足于儒家价值系统对西方现代性展开批判，力图在扬长避短的基础上成就一种更为理想的"中国现代性"形态。

作为现代新儒家，牟宗三身兼"现代人"和"儒家"双重身份，这决定了其不可能以一种简单的方式处理中国文化的现代化问题，而必然展现为一种辩证性的双向思考。一方面，牟氏从普遍性的"现代性"理念着眼，在根源上对中国文化传统之缺失科学民主的症结予以反省，在此基础上收摄现代性精神，建构了一个以"良知"的呈现、展开和返回自身为基本结构的哲学体系，使"认知主体"及"事实世界"在儒家哲学内部予以安顿；另一方面，牟氏从儒家思想的根本立场出发，对既成的西方现代性之弊端予以揭示，从"工具合理性""形式主义伦理学""政治自由主义"等方面展开深入的批判。牟宗三的理论意图在于寻求一种更为理想的"中国现代性"模型，这种模型以中国文化之优长弥补西方文化之缺失，超越了西方现代性的既有形态。牟氏关于"中国现代性"的构想既为中国文化传统之根本精神的现代转化开拓了空间，也将中国文化对于"现代性"的价值和意义阐发出来，这种辩证性的思考方式深化了人们关于"中国文化传统"与"现代性"关系的认识，展现出这一时代课题本身的复杂性，在一定程度上避免了"非此即彼"式单向思维的片面性。此外，牟氏对西方现代性的批判与西方"后现代"思潮在思想主题上表现出某种共同的取向，预示着中国文化资源所包含的"后现代"意蕴，为中西文化的深入对话开辟了新的视角。

综上所述，以"中国文化之现代化"这一时代课题观之，牟宗三哲学立足于中国文化传统的特殊语境把握"现代性"的普遍精神，将文化的"时代性"收摄于"民族性"之中，力图通过中国文化的自身转化以完成现代化，最终指向建构不同于西方现代性的"中国现代性"。尽管牟氏哲学存在许多问题与不足，但其对于时代课题所进行的理论探索，代表了现代新儒家学派乃至现代中国文化保守主义思潮的基本立场，在中国现代哲学史上具有不容忽视的重要意义。

二　牟宗三哲学的内在问题

牟宗三身处"传统"与"现代"、"中国"与"西方"之间的交汇点上，力图以哲学的方式思考和解决"中国文化现代化"的时代课题。然而，由于这一课题的复杂性，牟氏哲学也存在许多深刻的缺失与问题，就这些问题的成因而论，既有牟氏个人思想的偏颇，也有"现代性"理念本身的限制。在本书看来，牟宗三哲学的突出症结可以归结为以下三个方面。

第一，牟宗三在深层心态上依然囿于"中/西"二元对立的框架中，在对西方文化的"判教"中显示出一种偏狭和固化的取向，同时难以真切地把握中国文化的现实处境，无法实现中西文化的平等对话。

在思考中国文化现代化之民族性问题时，牟宗三并未能真正超越

"五四"以来的"中/西"二元对立的思考模式，在中西文化的比较中表现出一种"非此即彼"的思维取向。牟氏所进行的中西文化之间的"判教"工作，突出地展现了两种文化传统之间的差异性，他运用"生命/自然""道德/知识""以理生气/以气尽理""人本/物本—神本""综合的尽理—尽气/分解的尽理""理性的运用表现/架构表现""理性的内容表现/外延表现"等二元模式对诸种差异加以衡断。在这一系列二元模式中，虽然不乏关于中西方哲学与文化特质的深刻洞见，但也存在将复杂的文化系统进行简单化、片面化的倾向，为了强调中西文化之间的差异而使两者各执一端：对于西方文化而言，着重强调其注重知识的面向，而有意识地对其关于生命价值和终极意义的关怀予以忽略或简单化地理解；对于中国文化而言，突出儒家传统注重德性的面向，而对儒家以外的传统重视不足。基于这种文化比较的二元模式，牟氏判定中国文化优越于西方文化，而西方文化的未来发展必然是在摇摆中向中国文化"投注"，这一结论在本质上依然是一元化历史观，难以避免来自"多元现代性"立场的质疑和批判。同时，牟氏将中西文化传统各自的特质视为固定不变的本质，因而两种文化之间的差异被永恒化了，两者之间难以真正展开平等的对话与交流，难以达到取长补短的目的。基于这种固化的文化观念，牟宗三从传统经典文本出发理解中国文化的根本特质，而很少现实地考察当下中国文化的身份问题，因而在言说中国文化之时带有强烈的后顾取向，缺少动态发展的眼光。正如兴起于 20 世纪 70 年代的"后殖民理论"所揭示的，在过去数百年的殖民体系之中，非西方文化深受西方现代性的冲击，已然带有深深的西方文化的烙印，难以保持自身的单纯，因而在文化主体身份方面呈现"混杂性"（hybridity）的特征，因而"非西方"与"西方"之间你中有我，我中有你，难分彼此。①同样，经历过西方现代性洗礼的中国文化已难以保持传统社会的单纯身份，而呈现出鲜明的"混杂性"特征，随着现代化的开展，源自西方的认知理性精神、自由平等观念等已经参与中国文化，并且构成了"现代中国文化"之传统的重要组成部分。因此在这种情境下言说"中国文

---

① 参见〔美〕爱德华·萨义德《文化与帝国主义》，李琨译，生活·读书·新知三联书店，2003，第 22 页。

化"难以将纯粹"中国性"从这种混杂的身份中剥离出来，而必须承认这种文化身份的混杂性，以此为出发点思考中国文化的未来走向。以此观之，牟宗三在根本心态上坚持这种中西二元固化、对立的文化观和民族本位的"判教"意识，决定了其会通中西文化的理论预期必然难以实现。而在"多元现代性"语境中，只有建基于一种多元开放、平等对话的文化观才能真正实现不同文化传统之间的会通，才能为某一文化传统的自身发展提供切实有效的资源。

第二，牟宗三哲学在根本上属于一种"主体性哲学"的思想范式，其通过"理念"自身运动的方式建构体系，呈现出封闭性、独断性的特征；同时这种立场使儒家传统中的"实践工夫"抽象化，沦为远离日常生活的形上玄思。

如前所论，现代性哲学以"主体性"理念为核心，将人从宗教神学的束缚中解放出来，成为具有理性人格和自由权利的"主体"。但这种"主体性哲学"的范式本身也存在深刻的问题，其将"人"作为具有理性的"主体"而从丰富具体的生活世界之中抽象出来，强调理性的绝对性，因而"主体"成为世界的立法者和支配者，在哲学上形成了"主体"与"客体""自我"与"世界"的二元对立，另外随着"主体性"的进一步膨胀演变为一种"理性唯我论"和"人类中心主义"的取向，造成了严重的后果。在西方哲学史上，黑格尔哲学可谓集理性主义之大成，同时也是这种"主体性哲学"范式的典型代表。① 牟宗三深受黑氏哲学"思维与存在相同一"观念的影响，认同"合理的就是现实的"，在思维自身中建立内在自洽的理论体系，并且将其作为"存在"本身之客观的、现实的本质。牟氏秉持着这种理想主义的基本立场构造了"两层存有论"体系，将德性主体提升为"绝对而无限"的实体，通过其内在的"自我坎陷"产生认知主体，这实际上是力图凭借"精神的辩证法"这一理论过程而达到现实中科学、民主等客观存在的确立。质言之，牟氏基于这种"绝对主体性"而建构的理论体系具有超验性和自我封闭

---

① 哈贝马斯对这种"主体性哲学"范式（他称之为"意识哲学"范式）进行了深入的批判，指出走出现代性的危机必须实现哲学范式的根本转换，代之以"主体间"为基础的"交往哲学"范式。参见氏著《交往行为理论》《交往与社会进化》《现代性的哲学话语》等。

性，其对经验世界采取了轻蔑甚至拒斥的态度，使思想与其得以落实的具体历史情境和现实机缘相疏离，表现为一种典型的"理性唯我论"倾向，在这种观点看来，如果现实世界不符合理论的设计并非理论本身不完备，而是现实世界尚未发展到应当的阶段，这个意义上的"主体"实际上就成为无所不能的"上帝"。这种"唯我论"的立场使牟氏游心于自身体系的思辨之中，因此其"良知坎陷说"既缺乏对于现实世界的观照，也难以与其他传统资源及理论方案展开平等的对话，从而使其理论创造沦为一种封闭性、独断性的形上玄思。正如许多论者从社会现实的角度对牟氏的"良知坎陷说"提出质疑，中国的现代化进程无疑是在西方的刺激之下开始的，科学、民主及其背后的认知理性精神随着"西风东渐"而输入中国，历史并没有给予德性主体以"自我坎陷"的时间和现实条件，因此尽管"坎陷说"在理想层面包含了中国文化自身现代化的主观意愿，但在现实中仍然必须面对源自西方现代性的既定成就。因此，理论与现实之间的张力问题是局限于"主体性哲学"范式之中的牟氏哲学自身所无法解决的。

牟宗三哲学不仅在体系建构上存在着重"思辨"轻"现实"的问题，而且在人性观念上也表现出重"本体"轻"工夫"的倾向。传统儒家思想确实在世界观、人性论上表现为一种理想主义的立场，但这种理想主义并未导致其成为一种"唯我论"。一方面，传统儒家对现实世界和历史经验给予了充分的重视，肯定了伦常关系对于个体生存的先在性，因而人是具体的、现实的和历史的；另一方面，传统儒家在高扬道德理想的同时，并不忽视人性的阴暗面和现实的局限，因此在设定"圣人"作为终极的理想人格与生命境界的同时，还重视"成圣"所需的一系列修养工夫，将崇高的人性理想在现实世界展现为一个具体的实践过程，以此克服人在现实中的局限性。而在牟宗三的哲学思考中，"人"先天就是一个无限而神圣的存有，一方面作为纯然至善的德性主体，另一方面作为创生万物的宇宙本体，实际上已然达到了"圣人"的境界。同时在处理"圆善"问题时，他也把经验性的"福"收摄于超验的"德"之中，取消了"福"本身的独立地位，实际上归之于"有德即是福"的圣人之境。牟氏将这种圆满的"境界"作为出发点进行理论建构，诚然挺立了人性中的高明面，预设了人先天就是圣人，而在传统儒家那里由

"人"到"圣人"的实践过程未能在理论上得以安顿，因而在牟氏所建构的"新儒学"体系中，"工夫"问题被形上化和抽象化，远离了日用伦常的现实世界。[①] 究其根本原因，牟宗三在思维方式上受制于"主体性哲学"范式，肯定人作为主体所具有的先验本质，而忽视这种本质与经验世界的关联及其自身形成的过程性。尽管牟氏曾经批评康德道德哲学忽视道德理性之实践意涵，但其在建构体系之时依然在很大程度上受康德哲学的影响，所理解的"实践理性"成为一个抽象化的概念，而丧失了"实践"本身与具体的伦理生活之间的内在关联，在根本上有悖于儒家"极高明而道中庸"的基本精神。

第三，牟宗三哲学偏重西方现代性之"理想主义传统"，而对"经验主义传统"及其在现代化中的重要作用认识不足，这种偏重造成了其对于西方现代性整体认识的片面化，割裂了两大传统之间的内在联系，难以真正实现科学、民主的现代化目标。

如前所述，"西方现代性"在哲学上呈现出"理性主义"的总体特征，而这种广义上的"理性主义"包含了两大传统，即"理想主义传统"与"经验主义传统"，这两大传统共同塑造了西方现代性的基本面貌，构成了其存在和发展不可或缺的两大支柱。牟氏哲学深受康德、黑格尔哲学的影响，体现出鲜明的理想主义特征，比如突出理性至上的人格、"积极自由"的观念，强调历史的合目的性与合规律性，以精神的内在发展作为世界统一性的基础，强调超验性的"理想"对现实世界的引导和建构作用，通过形上学体系建构的方式完成文化的整合和社会的改造。此外，牟宗三进一步将康德、黑格尔式的理想主义传统与儒家人文主义传统相结合，发展为一种"道德的理想主义"精神，这种精神一方面与各种形式的浪漫主义、非理性主义相区别，另一方面与英美哲学所代表的经验主义传统相区别。牟氏的"良知自我坎陷说"就是这种道德理想主义的典型代表，在那里，作为超验理念的"本心良知"通过"自我坎陷"转化出认知主体，进而开显整个经验世界，成为整个体系建构的基石。在牟氏看来，中国哲学传统以儒释道三家的生命智慧为代

[①] 牟宗三对道德实践的忽视与其将"事实/价值"与"本体/现象"两方面区分相混同的立场有关，详见本文第四章第一节。

表，其中以儒家的"道德理想主义"为主流，这种理想主义可以与康德、黑格尔的理想主义哲学相会通，更在境界上超越了西方整个理想主义哲学传统，而面对现代化的课题，中国哲学的这种"道德理想主义"精神不仅不会被时代所淘汰，而且能够引导现代化的健康方向，成就一种更高形态的现代性模式。

在本书看来，牟宗三的这种理想主义的立场的形成，既与中国儒家传统的理想主义性格相关，也是牟氏本人为了对抗"五四"以来的实证主义思潮所做的个体选择。但必须看到，尽管牟宗三与实证主义思潮各偏于西方现代性之一端，但两者都存在对西方现代性的片面化认识，即割裂了其所包含"理想主义"与"经验主义"两大传统之间的内在联系，忽视了两大传统之间的一些共识性的理解，试图以单一的"理想主义"或"经验主义"达到实现现代化的目的，这自然难以如愿。正如前文所揭示的，以科学、民主为代表的西方现代性的成就是以上两大传统共同塑造的产物，两者的差异只是各自哲学的侧重点不同，而对于现实形态的科学、民主而言，理念因素和经验因素缺一不可。以科学为例，西方近现代的科学发现一方面依赖于逻辑演绎和因果推理，另一方面依赖于观察试验和经验归纳，两方面的结合产生了科学知识。在政治方面，经验主义传统下的英美自由主义思潮在根本上奉行"消极自由"的观念，并对人的有限性和可错性保持着相当的警惕，更为重视制度和法律防范；而理想主义传统凸显了人格的超验价值，构想了完美的社会秩序，引导社会改造的方向。而在牟宗三后期对西方文化的判教中，"经验主义传统"的地位很低，往往被评判为"支离""琐碎""不见道"，有时甚至被等同于其所批判的"理智一元论""科学一层论"。正是由于牟氏对"经验主义传统"的漠视，其对于西方现代性的认知显示出"是此非彼"的偏颇，因而其自身的哲学体系不能免于远离现实之弊，其所意图通过"良知"开显出来的科学、民主终究难以实现。

综上所述，在"多元现代性"的视野下，牟宗三哲学在深层心态、思想范式以及对西方现代性的整体把握等方面显示出了深刻的内在问题，这为我们进一步思考"中国文化的现代化"问题提供了经验教训。有鉴于此，未来中国文化和中国哲学的发展必然在此基础上克服牟氏哲学的局限性，一方面积极阐扬中国文化传统中的实践精神，使哲学思考切入具体的生活世界，从中国文化的现实处境出发思考现代化问题；另一方面真正超越"中/西"二元对立的思维方式，系统全面地消化西方现代性的两大传统，以一种开放的心态促进中西哲学之间的交流与互动，探索现代性的多元发展之路。

第二节　牟宗三哲学与中国哲学的现代转化

对于牟宗三而言，"现代性"问题归根结底是一个哲学的问题，对于"中国文化现代化"这一时代课题的深刻内涵必须上升到哲学的高度予以思考，在这个意义上，"中国现代性"建构的核心在于"中国哲学的现代形态"的理论建构。有鉴于此，本书所进行的研究最终落脚于"中国哲学"[①]之现代化这一根源性课题，从此视角出发审视牟宗三哲学的成就与问题，展开进一步的思考。

在本书看来，牟宗三哲学对于中国哲学现代化的突出贡献是在比较哲学的视野下开掘、凸显了中国哲学传统的思想特质，展现了中国哲学不同于西方哲学的精神方向与智慧形态。本书将牟氏所阐发出的这种特质称为"灵性主义"传统，以区别于西方哲学的"理性主义"传统。牟宗三以"灵性主义"传统为中国哲学现代化的根本立足点，在此基础上建构了"道德的形上学"的哲学体系，挺立中国文化在现代化过程中的主体性地位，同时对"世界哲学"与"现代性"的多元开展起到了促进作用。以下本书就着眼于牟氏对中国哲学传统之中的"灵性主义"精神的阐发，深入分析其哲学的积极意义。

一　中国哲学"灵性主义"特质的阐发

1. 牟宗三论中国哲学传统中的"灵性主义"

在对中西哲学传统进行比较的基础上，牟宗三阐发了中国儒释道三家思想中所特有的精神，主要表现为以下四个关键性的概念。

第一，"智的直觉"。这一概念虽然在词源上来自康德的"智性直

---

① 这里所说的"中国哲学"是狭义的（二级学科意义上的），指中国人数千年以来对宇宙、人生等终极问题的思考所形成的哲学传统，简言之就是"中国哲学传统"。

观"概念，但牟宗三对其进行了中国哲学式的改造，已不同于康德的原意。所谓"智的直觉"在根本上是一种"直觉"，其并不通过知性概念的中介把握对象，没有主体与客体之间的分别对待，而是一种"觌面相当的亲证"；同时这种"直觉"之"觉"并非感官对外界事物的经验（牟氏称之为"认识论的取相的知觉"），而是主体自身对于超越本体的契悟（牟氏称之为"本体论的觉情"①），因此借鉴佛教唯识宗区分，前者属于有执有限的"识心"，而后者属于无执无限的"智心"。这种"智的直觉"与"理性"相区别，不仅不同于认知方面的"理论理性"（"知性"），而且也不同于道德方面的"实践理性"（"道德理性"）。其与后者的关系颇为微妙：简言之，"智的直觉"是"道德理性之充其极"，也就是说前者内在融纳"理性"成分于其中并且化除了"理性"自身的规矩相。具体析论之，其一，较之于康德所谓"实践理性"通过"道德律"和"道德判断"的作用方式，牟宗三所理解的"智的直觉"则无须这些中介而直接创生道德价值，落实在工夫上是"逆觉体证"，由知体明觉之光返照自身而当下全体呈现。其二，在康德看来，"实践理性"和"智性直观"的能力具有本质的区别，分别属于人和上帝；而在牟氏看来，以上两者在根本上是同一种能力，所谓"智的直觉"本身既是主观的（"心"），又是客观的（"理"），还是绝对的（"心与理分析地自一"），将自立法则、自颁命令的"实践理性"统摄于其中，同时消泯了后者的"法则相"和"命令相"，或者说将"法则"与"命令"内化于此"觉"之中，而以一种圆融的方式（"心即理"）保证了此"觉"内在的客观性与合理性。其三，康德所谓"实践理性"在本质上依然从属于一种主客对待关系，其主体方面是"自由意志"，其对象方面是"善"与"恶"及其判定依据"道德律"；而牟氏将"智的直觉"视为"知体明觉之神感神应"，这种感应摄物归心、摄所归能，"感无感相，应无应相，只是一终穷说的具体的知体之不容已地显发而明通也"。②"能觉融于所而无能，所觉融于能而无所，只是一本心之如如地朗现也。"③ 综上所论，"智的直觉"作为"道德理性之充其极"，一方面融摄

---

① 参见牟宗三《心体与性体》（下），第252页；《全集》第7卷，第308页。
② 牟宗三：《现象与物自身》，第98~99页；《全集》第21卷，第103页。
③ 牟宗三：《现象与物自身》，第101页；《全集》第21卷，第106页。

"道德理性"于其中，另一方面化除其命令相、对待相而超越于其上，展现出一种"圆而神"的独特智慧。通过对儒释道三教义理中的"智的直觉"的阐发，牟宗三得以建构起"无执的存有论"和"圆教"模型，得以打通天人、心物、能所之间的隔阂，实现了"由道德进路展露本体"的理论目标。

第二，"顿悟朗现"。在牟宗三看来，对于"本心"的体证只有通过"顿悟"才能保证得其"朗现而大定"，这种"顿悟"的特点在于："一、一觉到是本心之不容已，便毫无隐曲地让其不容已；二、本心之纯，是一纯全纯，并不是一点一点地让它纯；三、本心只是一本心，并不是慢慢集成一个本心。合此三层而观之，便是顿悟之意。"① 牟氏指出这种"顿悟"不同于宗教性的神秘体验，"其实顿悟亦并无若何神秘可言，只是相应道德本性，直下使吾人纯道德的心体毫无隐曲杂染地（无条件地）全部朗现，以引生道德行为之'纯亦不已'耳，所谓'沛然莫之能御'也"。② 真正的道德行为具有纯粹性、必然性和绝对性，是义无反顾地去实践而没有任何犹豫、顾虑和计较的，牟氏将这种行为称为"顿行"，其实践过程"并无渐磨渐修之可言"。牟氏所谓的"顿悟朗现"没有"分证"和"满证"的问题，一悟即当下朗现本体之全，没有丝毫的曲折和遗漏，也没有任何量的差异和时间上的先后分别。相对于康德所论实践理性的三个"设准"，牟氏以这种"顿悟朗现"的方式说"本心良知"，肯定"良知是一个呈现"，借此指出康德"道德底形上学"之为不透之论，凸显出儒家"道德的形上学"的理论完满性。以比较文化的视角观之，这种"顿悟"为中国儒释道三教所共许，代表了一种难以用西方科学理性加以描述的智慧洞见，通过这种"顿悟"，可以打破"圣"与"凡"、"天"与"人"的界限，成就中国文化"即内在即超越"的思想特质。在牟氏看来，中国哲学所肯定的"顿悟"是一种实践上的修养工夫，不能以现代科学的方式还原为一种心理学的经验，也不能斥之为"神秘主义"而予以否定。

第三，"诡谲的相即"与"非分别说"。如前所述，牟宗三认为圆教

---

① 牟宗三：《心体与性体》（中），第197页；《全集》第6卷，第254页。

② 牟宗三：《心体与性体》（中），第196页；《全集》第6卷，第253~254页。

所代表的是一种"诡谲的相即"的智慧,这种方式既不同于"分析",也不同于"综合",而是一种"辩证的诡辞"(dialectical paradox),看似矛盾的双方被视为"同体相依"、不可分割的统一体,最终所达到的正反两方面之间的圆融无碍才是究竟的"真谛",而将双方对立起来、孤立地看待某一方面都是不究竟的"俗谛"。这种辩证性的思考方式是中国哲学所特有的智慧,儒家"道德的形上学"所具有的"即内在即超越""即本体即工夫"等特征以及道家"迹本相即"、佛教"烦恼即菩提""生死即涅槃"等思想都体现了这种"诡谲的相即"的圆融之思。这种名言上的"诡辞"在根本上指向一种修养实践基础上的人生境界,而并不停留于语言形式的层面,因此不能根据西方的形式逻辑斥之为"逻辑矛盾"。牟宗三又借用佛教的术语将这种"诡谲的相即"称为"非分别说",与"分别说"的方式相区别。所谓"分别"就是有所区分、有所差别,"分别说"的方式就是运用概念和逻辑,将这些区分和差别条分缕析地解释清楚,而"非分别说"就是说至高的真理本身就没有分别,彼此圆融一体,此就是彼、彼就是此。简言之,"分别说"是"曲折的散说","非分别说"是"诡谲融即",前者是可思维、可辩议的"净法",后者是不可辩解、不可思议的"无净法"。① 牟氏进一步指出,西方哲学不断追问"是什么"的问题,力图用概念把握世界的真相,这是一种典型的"分别说"的方式。而中国哲学情况比较复杂,一方面"圣人立教就是分别说,因为不用分别说的方式,就不能立教","也因为是分别说,我们才能知道圣人所立之教,并为我们自己的生命决定一个方向,立下一些规范"②;另一方面"只有在非分别说的'只此便是天地之化'之圆实教中,德福一致之圆善才真是可能的"③。也就是说圣人本身体悟了"非分别说"之圆教真谛,而当机指点或是方便众生领会而立"教"("俗谛"),即成就了一个特殊的哲学系统,这是"第一序的";但在究极的意义上,必然要"开权显实",回归"真谛"本身,这是"第二序的",因而"用非分别的方式说一切法,所以是系统而无系

---

① 参见牟宗三《分别说与非分别说》,《佛性与般若》下册附录,第 1210 页;《全集》第 4 卷,第 1215 页。

② 牟宗三:《中国哲学十九讲》,第 325 页;《全集》第 29 卷,第 345 页。

③ 牟宗三:《圆善论》,第 325 页;《全集》第 22 卷,第 315～316 页。

统相。以其无系统相，所以不可诤辩，也因此成其为圆教。至此圆教境界，所有的法是一体平铺，所有权教所形成的大小土堆，至此都化为平地"。① 因此，在"分别说"（"俗谛"）的意义上有"判教"的必要和可能，而在"非分别说"（"真谛"）的意义上就是"教无教相"，即"万法归一而无诤""即儒即佛即道"的圆教圣境②。同样，牟氏晚年的"真善美的合一说"也是一种典型的"非分别说"，指向一种"即真即善即美"的圆融化境。在牟氏看来，以上这种圆满境界是基于理性探究和"分别说"的西方哲学所不可企及的。

第四，"境界的形上学"。牟宗三将形上学区分为"实有形态"（Being form）和"境界形态"（Vision form），前者代表客观的实在，后者代表主观的心境。牟氏指出："英文里边没有相当于'境界'这个字眼的字。或者我们可以勉强界定为实践所达至的主观心境（心灵状态）。这心境是依我们的某方式（例如儒、道或佛）下的实践所达至的如何样的心灵状态。依这心灵状态可以引发一种'观看'或'知见'（vision）。"③由此可以看出牟氏所理解的"境界"有两大特点：其一是一种主观的心灵状态，"圣人"（或"佛"）与"凡夫"所处的境界不同，因而所看到的世界就有所不同；其二与修养实践密切相关，随着修养的深入，境界会有所提升。基于这两点，"境界"与客观性的"实有"有所区别，牟氏以此考察中西形上学，认定"西方哲学从古希腊哲学开始，一直到现在，一讲形而上学，大体都从'存在'上讲，属于实有形态"。④ 而中国的佛道两家的形上学属于纯粹境界形态，儒家比较特别，"儒家从实践理性进入，所以讲心性、讲工夫，这样也有境界，也有实有"。⑤ 也就是说，儒家肯定"天命""性体""心体"等本体的实在性，相对于佛道而言是一种"实有形态的形上学"；但相对于西方形上学经由知识的进路所建构的实有形态，儒家通过实践的进路通向形上之域，以成就"圣

---

① 牟宗三：《中国哲学十九讲》，第325页；《全集》第29卷，第345页。

② 在牟宗三看来，一切真正的"圆教"都是"非分别说"（"无诤法"），但其中还有更微妙的"判教"，即区分"作用层的圆教"（"偏圆"）与"实有层的圆"（"正圆"），在这里有佛道与儒家的高下分判。

③ 牟宗三：《中国哲学十九讲》，第123页；《全集》第29卷，第128~129页。

④ 牟宗三：《中国哲学十九讲》，第121页；《全集》第29卷，第127页。

⑤ 牟宗三：《四因说演讲录》，第74页；《全集》第31卷，第80页。

人"境界为根本目的，因而也是一种"境界形态的形上学"。在这个意义上，可以将"境界形态"作为儒释道三家义理中共有的思想特质，这种形态所对应的世界不同于既成而确定的"事实世界"，而是由主体的实践所开显出来的价值世界，这个世界根据主体自我修行的层次水平而有升降进退的转变。牟宗三尽管没有提出一套独立的人生境界学说，但对中国哲学中的"境界"思想给予了充分的重视，突出了这一观念的主体性和实践性内涵，以此检视中西文化传统之间的差异，着力阐扬中国文化中实践智慧之优长。在牟氏心中，儒家"道德的形上学"作为"大中至正之圆教"模型，实现了"实有形态"与"境界形态"的统一，既肯定了道德实体的纵贯创生性，也展现出一种高妙、和乐的人生境界，既有真切之践履工夫以防"境界"蹈空而为"光景"，又有圣人之圆融化境以提撕生命而不沦为平庸。

综合以上四个关键性的概念，可以看出牟宗三揭示了中国哲学传统之中的一种独特的智慧，这种智慧的根本特征在于不能被"工具合理性"约化，没有科学知识那样的确定性和实证性，同时也不通过概念分析和逻辑推理的方式予以表达，因而与以"理性主义"为主流的西方哲学传统存在根本性的差异。鉴于中国文化传统的这种智慧在形式上所表现出的上述特征，中西学界不少学者将其归结为"神秘主义"（Mysticism）。然而，在笔者看来，中国哲学传统中所体现出的这种智慧形态具有更为丰富的思想内涵，不能将其仅仅归结为"神秘主义"。两者之间的基本区别在于：后者诉诸不可言说、不可传达的神秘体验，在根本上是一种"非理性主义"；而前者不是"非理性的"（irrational），而是"超理性的"（trans-rational），这种智慧逸出概念语言的范围之外，无法通过认知理性客观化而只能诉诸一种直觉体悟，因而具有强烈的实践性格和价值色彩，同时这种智慧又包含了一种特殊的"理性"（本书借用宋明儒家的术语称为"性理"）于其中，是可言说、可理解、可传达的，其所描画的境界可以通过践履工夫而真实地达到。有鉴于此，本书将这种智慧称为"灵性主义"。

汉字中"灵"的繁体是"靈"，本义为"女巫"，《说文》释曰"灵，巫也，以玉事神"；引申为"神灵""精气""灵魂"等义，如《大雅·灵台》毛传曰"神之精明者称灵"；后来也表示人的一种精神状态或特殊智慧，伪古文《尚书·泰誓》云"惟人，万物之灵"。所谓"灵性"（spirituality）主要是指天赋的聪明才智，如韩愈《芍药歌》中有云："娇痴婢子无灵性，竟挽春衫来比并。"本书使用"灵性"一词已经祛除了其本义的巫术和神秘色彩，而指称一种非凡的智慧，不仅是人超越于物之上的独特属性，而且是超越于普通人的理智之上的卓越禀赋。在此基础上有"灵性主义"（spiritualism）一词，表示其与西方语境中的"理性主义"（rationalism）概念具有相同的逻辑地位。

尽管牟宗三并没有使用"灵性主义"一词，但其思想中明确将这种智慧与西方"理性主义"和各种形式的"神秘主义"相区别。这里首先考察牟氏关于"灵性主义"与"神秘主义"之间的区别。

美国学者史华兹以这种"神秘主义"来讨论老子和庄子哲学，并为如下事实感到震惊："'道'这个词居然被用作这种中国式神秘主义的主要术语。一个在儒家那里似乎主要指社会秩序和自然秩序的术语，是如何最终用来指称一种神秘主义实体的呢？"[1] 这种看法代表了大部分西方汉学家面对中国文化传统的惯常态度：将其中无法用理性加以解释的部分定位于"神秘主义"，从而归于宗教的范畴。不仅西方人如此，中国学者也有这种倾向。冯友兰早在1927年发表了《中国哲学中之神秘主义》一文[2]，最早用"神秘主义"一词研究中国哲学史，将其理解为一种"哲学境界"而非"宗教经验"。冯氏在其所撰写的两卷本《中国哲学史》中，指出孟子所说的"万物皆备于我""上下与天地同流"（《孟子·尽心上》）等语"颇有神秘主义之倾向"，接着对这一概念进行了界定："此所谓神秘主义，乃专指一种哲学承认有所谓'万物一体'之境界。在此境界中，个人与'全'（宇宙之全）合而为一，所谓人我内外之分，俱已不存。"在冯氏看来，儒释道三家都是神秘主义的，而佛教神秘主义不在"中国哲学"的范围之内，因此"中国哲学中，孟子派之儒家，及庄子派之道家，皆以神秘境界为最高境界，以神秘经验为个人修养之最高成就"[3]。其后魏晋玄学及宋明理学都延续了中国哲学的这种

---

① 〔美〕本杰明·史华兹：《古代中国的思想世界》，程刚译，江苏人民出版社，2004，第201页。

② 该文原载《燕京学报》第1期，载《三松堂全集》，河南人民出版社，2001，第11卷。

③ 冯友兰：《中国哲学史》上，载《三松堂全集》，第2卷，第366页。

"神秘主义"传统。

牟宗三明确针对冯友兰的论断进行了反驳,指出"孟子的思想有头有尾、有始有终,思想很清楚地呈现出来,怎么可以用'神秘主义'一句话就把它给定住了呢?这种说法是很不妥当的。所以西方的 mysticism一词,并不适合于中国哲学"。尽管孟子的话语在字面上有些"神秘"的意味,但其有前后文的语境,不能断章取义孤立地看,"它本身自然构成一个前后连贯的系统,若用神秘主义来扣它、来概括它,是很不公平的。你说它是神秘主义,可是照中国人说起来这才是真正的理性;那么你说它究竟是理性主义呢?抑或是神秘主义呢?这就很成问题"。牟氏批评这种用"神秘主义"的名词扣在中国哲学史上的做法是一种典型的"以西释中"的思维模式,实际上是对中国的"灵性主义"传统做了简单的理解。牟氏进一步考察了这一概念的西方背景:"西方的神秘主义并不很清楚,同时西方的神秘主义也并未受到正视,而且也并未充分地被开展出来;但是这种思想在中国却可以被正视与充分地被开展,所以不能再用神秘主义来概括。"[①] 牟氏在这里实际上强调了中西方哲学各自的特异性:在西方文化中所谓"神秘主义"是不可说的,而在中国文化中的"灵性主义"是可说的,不过不是"分别说",而是"非分别说";在西方"神秘主义"是与"理性主义"相对立的,是非常边缘的思想流派,经常从属于某种宗教,如婆罗门教的《奥义书》、天主教的埃克哈特、伊斯兰教的苏菲派等;而中国的"灵性主义"是一种哲学的表达方式,是儒释道三教所共有的思想特质,代表了中国哲学的主流。牟宗三试图用"真正的理性"对这种思想特质加以定位,但难免出现概念的混乱。而在本书看来,用西方的"理性主义"和"神秘主义"的概念都不能够准确地界定中国文化传统中的这种精神,有鉴于此,本书名之曰"灵性主义"。

综上所述,牟宗三从中国哲学思想资源中阐发出一种独特的"灵性主义"传统,其既不能为西方理性主义所约化,又不能等同于神秘主义。这种"灵性传统"一方面揭示理性主义的限制,展现更高的价值层级和生命境界;另一方面对非理性主义和神秘主义予以拒斥,力图将超越之

---

① 以上引自牟宗三《中国哲学十九讲》,第315页;《全集》第29卷,第334~335页。

境落实为具体真实的生活实践。借用黑格尔的术语而言之，"灵性"扬弃了"理性"并将其包含于自己的规定性之中。牟宗三将中国哲学中的"灵性主义"特质阐扬出来，对于中国哲学的自身把握和现代发展显示出积极的意义。

2. 中西比较视野下的"灵性主义"传统

中国哲学中"灵性主义"特质的凸显在很大程度上建立在中西哲学比较的学理基础上，因而西方哲学中的"理性主义"传统为我们进一步深入理解"灵性主义"提供了镜鉴。如前所述，西方哲学中的"理性"概念来源于古希腊哲学中的"逻各斯"和"努斯"："逻各斯"代表了"理性"的语言本质，指向规范性、公共性一面；"努斯"代表了"理性"的精神本质，指向超越性、能动性一面。在西方哲学的主流传统中，"理性"作为人所具有的最高能力，人以"有理性的动物"作为自身的本质规定。尽管自近代以来"理性"的概念发生了由本体论层面到认识论层面的转变，但就这一概念的根本含义而言，可以说"理性主义"代表了西方哲学的基本特征。与此相比，中国哲学传统体现为一种"灵性主义"传统，这种传统建立在"宗教人文化"的基础之上，内在地包含了一种对于本体在"性理"上的关切，这里所谓的"性理"与某种人格修养的实践过程紧密联系，同时在思想归极之处指向一种超越于语言与逻辑之上的圆融境界。

具体言之，西方哲学中的"理性传统"与中国哲学中的"灵性传统"之间的差异表现在以下三个方面。

第一，两者展现本体的进路不同。西方"理性主义"哲学传统强调现实经验世界背后的"逻各斯"，将其抽象为世界的"本体"或"本质"，因此形成了西方形而上学中"本质"与"实存"之间相互分离的二元模式。正如亚里士多德的"四因说"所揭示的，"形式因"与"质料因"各自独立，而个体之成就必须使两者相结合，但这种"形式因"（"本质"）并不包含这种结合的动力，因此必须借助外在的存在者提供"动力因"，在终极意义上必然归结为外在的"上帝"创造世界。借用牟宗三的术语言之，西方理性主义形而上学所论的世界之"本体"或"本质"是一个"只存有而不活动"的"形构之理"，也可以说就是关于某类事物之所是的"概念"或"共相"，因而思考本体的方式就是外向地探究世界最普遍的共相，哲学追求的目的在于获得关于"逻各斯"的知识，这实际上主要是以一种"知识－理论"的进路把握本体。相比较而言，中国"灵性主义"哲学传统主要以一种"价值－实践"的进路契悟本体，表现出一种"体用一源"的世界观，不存在"本质"与"实存"之间的分离，同时儒家所理解的"本体"自身就有创生性，集"形式因""动力因"和"目的因"于一身，因而用牟氏的术语是"即存有即活动"的"实现之理"。进而言之，这种能动性是"本体"自身所具有的，并不依赖于一个外在的超越实体（如"上帝"），并且"本体"的能动性在根本上是道德价值的创生，这种创生性建基于一种"天人合一"的思考模式，儒家在根本上肯定"天道性命通而为一"：一方面生生不已的天道下贯而为人的道德心性，引发现实的道德行为，另一方面人充分扩充道德心性而参赞天地化育，赋予天地万物以价值，在这个意义上，本体之实现与道德之实践是同一个过程。因此，儒家的形上学是以一种道德实践的进路契接本体，打通了道德世界与本体世界，展现为一种"即内在即超越"的特征。牟宗三借用了康德"智的直觉"的概念对儒家的这种特质加以阐发，肯定了人先天具有"智的直觉"，实际上接续并发挥了陆王心学的传统，更为直接地把道德心性与宇宙本体视为先天同一，借此保证了本体的创生性，充分发扬了中国哲学中的"灵性主义"传统。

第二，两种哲学传统的表达方式有所不同。正如"logos"一词的希腊文原意"词语""言谈"所示，西方哲学中的"理性"与语言密切相关，语言是人们相互交往的产物，因而具有普遍性和公共性的特征，这是由语词系统和语法规则予以保证的。"理性"作为使用语言的前提，借助于有意义的概念和逻辑规则进行思考，代表了人所独有的一种运用概念、进行推理的能力，推理过程需要严格遵守"同一律""矛盾律""排中律"等形式逻辑定律。西方哲学自诞生之日起就表现出对于语言和逻辑的高度重视，这种特征在20世纪"语言学转向"之后表现得更为突出。分析哲学系统地检讨了形而上学中语言的误用，通过对语词意义和逻辑关系的澄清为哲学问题的解决开辟道路。与西方哲学"理性传统"对概念和逻辑的重视不同，中国哲学"灵性传统"更为重视直觉和体悟。例如，《老子》首章"道可道，非常道"就鲜明地突出了"言"

与"道"的张力，而魏晋时期的"言意之辨"将这一问题继续深化。在中国古代思想家看来，一方面，名言、概念是有限的，而"道"本身是无限的，因此用理性的语言对"道"的言说都不免有所一偏，"道"本身是不可概念化的，领悟"道"的方式唯有直觉体悟。牟宗三所谓"智的直觉""逆觉体证""顿悟朗现"等都表达了对这种超名言之"道"的把握，这里的"觉""悟"无须概念的参与，强调一种"觌面相当的亲证"，这种亲证是当下性、全体性、纯粹性的，是主体心性与宇宙天道的直接合一。另一方面，圣人立教也必须通过语言对"道"本身有所言说，而这种语言不是理性的、概念化的语言，而是一种灵性的、辩证性的"诡辞"，这种表达方式不是通过"是"或"不是"的判断语句对"道"有所断定，而是将关于"道"的对立性规定统一起来，承认双方在不同方面揭示了部分真理，但指出每一方都不够究竟，真正高明的智慧是将两者同时肯定而泯除这种分别。牟宗三借用佛教的术语，指出这种"诡辞"代表了一种"非分别说"的方式，这种方式并不采取"辨名析理"的逻辑分析方法，而是以一种"圆融互即"的辩证方法展现出一种"不著两端"的高妙境界。灵性传统的"直觉""顿悟""诡辞""非分别说"等表达方式与中国哲学的本体论和宇宙论模式紧密联系，同时指向人生哲学的工夫论和境界论，代表了中国哲学独特的智慧形态，这种形态很难用西方哲学语言分析的方法予以解析，但并不能因此简单地用西方式的"逻辑理性"消解这种"灵性传统"的价值。①

第三，两种哲学传统的思想旨趣不同。西方"理性主义"传统之下的形而上学是围绕系词"be"而展开的，不断追问存在本身"是什么"，因而亚里士多德将第一哲学界定为研究"存在之为存在"（being as being）的学问②。这种思维方式力图通过谓词对主词有所言说，最终指向

---

① 冯耀明先生致力于以西方分析哲学的立场和方法剖析中国哲学"灵性传统"，对现代新儒学提出了尖锐的批评，参见氏著《"超越内在"的迷思——从分析哲学的观点看当代新儒学》第五、六章，香港中文大学出版社，2003。在笔者看来，冯先生的工作虽不无学术意义，但其将西方语言分析方法视为普遍的哲学方法，以此将中国哲学的这种特质归之于"语言的误用"，这种做法的根本问题在于抽象地分析现代新儒学的理论表述，而忽视其背后的修养实践，因而没有做到真正的"同情的理解"。

② 〔古希腊〕亚里士多德：《形而上学》，苗力田译，《亚里士多德全集》第7卷，中国人民大学出版社，1993，第84页；Aristotle, *ta Meta ta Phusika*, Ⅳ, 1, 1003a, 20。

一个只能作为主词而不能作为谓词的"实体",在神学语境中这个"实体"就是"上帝"。在这个意义上,可以说西方传统形而上学表现为一种"实体论"特征,西方哲学家进行哲学思考的最终目的是要把握具体存在物背后的"实体"或"本质",同时这种"是什么"的提问方式体现一种理论思辨的特征,哲学的目的就是要从理论上对"这个世界的本质是什么"有所回答。相比较而言,中国哲学传统并不是通过追问"是什么"的理论思辨方式探究本体,而是通过具体的实践工夫提升自身的精神境界,以达到契悟本体或与本体合一的目的。因此,中国"灵性主义"哲学传统之下的形而上学体现为"境界论"的特征。中国哲学中的"境界"不仅是主观意义上的"心境"或"观法",还是实践意义上的人格层级,具有客观性和现实性,就儒释道三家义理而言,"圣人""真人"或"佛"的境界都是一种真实客观的精神层级,这种层级的达到建立在具体切实的修养工夫之上。因此,"圣人之境"不仅是成圣之人"所看"的境界,而且是成圣之人"所在""所做""所成"的境界,成就境界的关键一方面依赖于"觉解",另一方面依赖于"修行"。中国哲学这种"境界形上学"的根本目的在于引导现实的人通过自我修养实践达到理想的人格境界,所关注的核心是证悟本体的途径和方法,即"如何"(How)的问题,而不同于"是什么"(What)的问题。具体考察中国哲学传统中的"境界说",尽管儒释道各自的义理系统表现出种种差异,但三家思想在归极之处都指向一种荡相遣执的"圆融化境",在这种终极境界中,人超越了自身的有限性而获得了无限的意义,成为"圣人"(或"真人""佛"),泯除了"天人""物我""主客"之间的种种分别与对立,与"道"浑然一体;而这种"圣境"又并非置于遥不可及的彼岸世界,而是内在于现世生活之中寻求转化,体现为"极高明而道中庸"的精神特质。同时在圣人眼中,"道"纯然自明而不再需要任何中介,其真谛只能以"非分别说"的方式予以展现,在这个意义上"万法归一而无净",任何一种特定义理系统的"系统相"都被化除,各种相异的思想系统会通为一而归于"道"本身,作为中国哲学主流的儒释道三教在终极智慧上都指向这种"圆教"的理境,在根本精神上体现出很强的包容性和统贯性。牟宗三在晚年提出的"真善美的合一说",正是继承了中国哲学的这种"灵性主义"传统,在更高的层面化除"真"

"善""美"各自的有限之"相"及其分别，开显出一种"即真即善即美"的圆融化境。

综合以上三个方面，"理性主义"和"灵性主义"分别代表中西方哲学传统的根本特质，在比较哲学的视野中，"灵性主义"表现出基于价值性实践的本体进路、注重直觉与顿悟的表达方式、指向理想境界的精神旨趣等基本特征。在笔者看来，牟宗三所阐发出的"灵性主义"传统准确而深刻地把握了中国哲学不同于西方哲学的本质特征，展现了中国哲学透过"灵性智慧"这一"通孔"对普遍之世界哲学所可能有的积极贡献，面对西方哲学的冲击重新肯定了中国哲学的独立身份和内在价值。

此外还应当看到，牟宗三哲学在阐发、彰显"灵性传统"的同时，也包含对这一传统进行反思和批判的向度，体现出"民族性"与"时代性"之间的双向互动。牟氏并未忽视西方"理性主义"哲学传统与"现代性"之间的内在联系，进而对中国"灵性主义"哲学传统的内在缺失予以深刻的反省，力图会通"理性"与"灵性"两大哲学传统，构想更高层面的综合形态。正如他所揭示的，"灵性传统"虽然指向高妙圆融的人生境界，然而这种智慧在外王事功方面有所不足，造成"有道统而无学统""有治道而无政道"的历史困局，面对"现代性"的挑战，表现为"科学""民主"等方面的缺失。而西方"理性主义"传统在根本上是以一种"知识"的进路把握本体，强调概念的明晰性和逻辑的严密性，经过近代哲学的主体性转向，建立了系统的知识论，产生了现代科学体系和民主制度。牟宗三所做的工作一方面要在哲学层面消化西方"理性传统"及其现代性精神，另一方面凸显中国"灵性传统"对于现代生活的价值与意义，因而在哲学取向上表现出融会中西的特征。通过本书的研究可以看出，牟氏所进行的这种融会中西的工作呈现非常复杂的特征，根据其"两层存有论"的划分，他在"执的存有论"层面，借鉴了西方现代逻辑学和知识论的成果，而在"无执的存有论"层面，会通了康德、黑格尔哲学与儒家心学传统，故而其哲学整体在基本理念、体系建构上体现出"理性主义"的特征，而在精神取向上又回归中国哲学的"灵性主义"传统。这里很容易使人得出这样一个印象，即在牟氏哲学中存在"理性"与"灵性"的紧张。但在笔者看来，这种紧张仅仅是表面上的，因为牟宗三仅仅是在一种表达方式的意义上借鉴了西方哲学的"理性传统"，即通过概念分析、逻辑推证的方式展开哲学的论述，但在其思考方式的归极之处仍然秉承了中国哲学的"灵性主义"精神。典型的例子是他对"智的直觉如何可能"所做的"思辨的演绎"，如前所论，他通过"天地间不能有两个绝对而无限的实体"来论证"本心仁体"即是"宇宙本体"，这种论证方式具有理性主义的外观，以至于被有的学者类比为"关于上帝存在的本体论证明"，然而经过分析可以看到，这种"思辨的演绎"以"实践的阐明"为前提，而"智的直觉何以在实践上呈现"的问题是一个"圣人境界"自我确证的问题，也就是说牟氏精心构思的"证明"在根本上来源于中国哲学的"灵性传统"。因此，在牟宗三的哲学思考中，"理性主义"仅仅是表面形式，而"灵性主义"才是实质内容，他在根本上认定"灵性主义"在境界上高于"理性主义"，代表了最为究竟、最为圆融的智慧形态。

二 "灵性主义"与中国哲学的现代化

在现代性的语境中，中国哲学传统中所特有的"灵性主义"精神非常可能面对以下质疑："灵性主义"何以是"哲学"的？这一提问方式潜在地预设了这样一种哲学观："哲学"作为对世界本原的理性思考，必须通过概念化、逻辑化的方式予以表达，而"灵性主义"的非概念性、非逻辑性使之可以属于某种艺术或宗教，但不配享有"哲学"的名分。这种哲学观在本质上是依据"西方哲学"的形态作为"哲学"的标准，因此产生了"灵性主义"是否属于"哲学"的质疑。

对于这一问题，牟宗三通过自身的思想建构和学术工作力图证明："灵性主义"传统不仅是哲学的，而且是最圆融、最完满的哲学形态，不仅如此，西方哲学最终必然要向中国哲学予以"投注"。不可否认，牟氏在深层心态上表现出一种"一元化"的哲学观念，他在批评"西方哲学中心论"的同时，却以同样偏颇的方式走向了"中国哲学中心论"，对中国哲学存在的合理性予以绝对化、唯一化，进而否定了西方哲学存在的合理性，成为一种独断的话语。然而，颇具吊诡意味的是，牟宗三基于这种一元心态，极力凸显中国哲学传统中的所特有的"灵性主义"传统，进而详尽地阐发了这种不同于西方"理性主义"的哲学形态，并且对"灵性主义"作为一种"哲学"的身份予以肯定,这是要在西方理性主义哲学传统之外肯定另外一种形态的"哲学",因而在事实上展现出了"哲学"本身的多元形态。在这个意义上,我们可以在扬弃牟氏一元心态的基础上,进一步挖掘其思想实际体现的多元哲学形态背后所蕴含的"多元哲学观"。从"多元哲学观"的视角,我们可以对"灵性主义"何以是哲学的问题展开进一步的思考。

首先是如何看待"哲学"本身。对中国文化而言,"哲学"作为一个学科,其研究对象、研究方法等在很大程度上是依据西方哲学的模式确立的,因而一般的认识是将"理性主义"作为"哲学"的规范性内涵,强调运用概念、范畴对世界的本质进行理论性的把握,注重概念的明晰性和逻辑的严密性。这种哲学观的实质是将西方哲学传统的关切重心、思维方法和表达形式等从其特定的文化语境中抽离出来,上升为普遍性的"哲学"之规定,并以此衡断中国哲学。这种"以西释中"理解范式的根本症结在于无法内在地挺立中国哲学之自性,更难以达到中西哲学的深度对话,不仅遭遇到"灵性主义是不是哲学"的问难,甚至会面临"中国哲学本身是否存在"的质疑。对此,牟宗三的"通孔说"展示了一种超越西方哲学范式思考哲学普遍内涵的可能性:一方面,"哲学"的本义是对于"智慧"的终极关切,这种"智慧"根源于人类"生命"本身,而整全意义上的"生命"是多向度的,不仅包含"理性"的一面,还展现更为丰富的"非理性"和"超理性"的面向,在这个意义上,作为"生命智慧"的哲学并不能仅仅局限于"理性主义"的思考方式,还应包含"灵性主义"等其他思想进路;另一方面,基于人类文化多元发展的历史事实,不同文化传统之下的生命关切呈现出相异的思考进路和表现形态,作为"生命智慧"的"哲学"也因此表现为不同的形态。在这个意义上,"哲学"在其内涵和外延两方面都应当具有多元性和开放性,不应以西方哲学的框架为唯一的"哲学"规范。

其次是如何看待"灵性主义"传统。尽管中西哲学在本体进路、表达方式和思想旨趣等方面表现出相当的差异,但在思想归极之处,两种哲学形态都指向于"对于生命的终极关切",上升到存有论层面展开了关于本体的形上之思。与西方哲学相比,中国哲人较早体察到了理性和语言的有限性,将无限之"道"归于超名言之域,同时肯定人自身具有通向无限的能力，通过直觉顿悟而达至与"道"合一的精神境界。中国哲学所表现出的智慧关切凸显了"生命"之"灵性"的一面，在"通孔"的意义上开启了一条通向真理的智慧方向。借用方东美的术语，中国哲学的这一特质在根本上是一种"修所成慧"①，这种智慧源于真切具体的修养实践，对其确证并非诉诸概念思辨或逻辑推论，而是诉诸一种"实践的亲证"，它并不穷究本体是什么，而是通过道德的或解脱的实践提升人格境界，进而使"本体""天道"自身呈现，这一过程自然而然并无"强探力索"之相，体现了中国哲学"知行合一""思修交尽"的思想特质。由此观之，这种"灵性主义"传统包含了本体论、宇宙论、心性论、修养论等部分，形成了"由体达用""本体工夫兼备"的思想体系，就其思想的深刻性和系统性而言，确然达到了一种"哲学"的高度，代表了中国哲人对于"生命"的终极关切和形上智慧，决定了中国文化生命数千年来的发展方向。而在中国传统的艺术作品、宗教信仰和处事智慧等方面所表现出的"灵性"特征，也必须上升到这种"灵性主义哲学"的层面才能够得以真正的理解。

综上所述，在"哲学"作为"生命的学问"的意义上，完全有理由将这种"灵性主义"思想纳入"哲学"的范畴之中，因此对"哲学"的界定就不能局限于西方式的"理性主义哲学"的框架，而应当包含中国式的"灵性主义哲学"。由于"灵性主义"代表了传统中国人的哲学思考，因而中国传统哲学在根本上是一种"灵性哲学"，这意味着本体的"价值－实践"进路同样代表了一种"哲学"的致思取向。正是基于以上观念，牟宗三将"中国哲学"定位于"实践的智慧学"，其意义在于：一方面回归"哲学"的古义，拓展了"哲学"的空间，突出了其在思想进路和表现形态的多元面向；另一方面阐扬中国哲学"灵性传统"的精神特质及其实践品格，确立了"中国哲学"的自我认同。

由以上的分析可见，牟宗三对于"灵性主义"作为一种哲学形态的身份认定为我们展现了一种多元的哲学观，这种哲学观与其关于"现代性"问题的思考具有内在的一致性，一方面着眼于"轴心时代"以来世

---

① 方东美曾区分哲学智慧的三层境界："闻所成慧"、"思所成慧"和"修所成慧"，他认为"闻入于思，思修无间，哲学家兼具三慧，功德方觉圆满"。参见氏著《哲学三慧》，载《生生之德》，黎明文化事业股份有限公司，1979，第139页。

界各个文明传统的多元样态的历史事实，另一方面立足于"普遍性"与"特殊性"之间的辩证思考。在哲学之特殊性的层面，牟氏肯定了"中国哲学"与"西方哲学"具有平等的地位，揭示两者分别从"灵性"和"理性"的通孔透显了"生命智慧"的真理，同时这种通孔也构成了两种哲学传统自身的具体限制，因此两者之间的差异是合理的和必然的。在哲学之普遍性层面，牟氏揭示了基于各种通孔之上的"哲学"在某种程度上体现为一种"家族相似性"的内涵，"哲学"本身具有较强的涵括力和包容性，同时由于哲学的这种普遍性的存在，中西哲学之间的对话与会通成为可能，但这种对话的目的不是消除差异，而是各自发扬自身传统的优长，以此构成世界哲学多元发展的格局。综合以上两个方面，这种多元哲学观的核心观念是在"具体的普遍性"意义上理解"哲学"，指明哲学的普遍内涵与特殊语境之间的互动关系：一方面，"哲学"的普遍内涵并不诉诸一种空洞抽象的本质主义界定，而必须通过具体生动的哲学思考予以展现，哲学的思考只有建立在对特定思想传统充分吸收和消化的基础上才可能是真正富有深度的；另一方面，"哲学"的普遍内涵并非固定不变，某种特殊传统之下的哲学形态可能对这种普遍内涵有所增益和修正，因而"哲学"本身应当是一个具有开放性和包容性，并且不断发展的"智慧之学"。

　　就牟宗三的哲学观而论，尽管存在"一元"与"多元"之间的深刻张力，但其主观上的"一元"心态却在客观上展现出"多元"取向，这种思想的"吊诡"或许有某种深意蕴含其中，值得我们仔细玩味。牟氏对中国哲学传统中的"灵性主义"特质的阐发，深化了我们对中国哲学自身传统的认识，促使我们进一步挖掘中国哲学的这种特质对普遍意义的"哲学"所具有的价值和意义，对"中国现代性"的探索和中国哲学的现代建构带来了积极的启示，同时也给我们留下了值得进一步深入探讨的思想课题。

参考文献

一 现代新儒学及研究著作

《牟宗三先生全集》，33 卷，台北：台湾联经出版事业股份有限公司，2003。

牟宗三：《认识心之批判》（上、下），台北：台湾学生书局，1990。

牟宗三：《政道与治道》，台北：台湾学生书局，1983。

牟宗三：《道德的理想主义》，台北：台湾学生书局，1985。

牟宗三：《历史哲学》，台北：台湾学生书局，1984。

牟宗三：《才性与玄理》，桂林：广西师范大学出版社，2006。

牟宗三：《佛性与般若》（上下），台北：台湾学生书局，1984。

牟宗三：《心体与性体》（三卷），上海：上海古籍出版社，1999。

牟宗三：《从陆象山到刘蕺山》，上海：上海古籍出版社，2001。

牟宗三：《名家与荀子》，台北：台湾学生书局，1979。

牟宗三：《智的直觉与中国哲学》，台北：台湾商务印书馆，1994。

牟宗三：《现象与物自身》，台北：台湾学生书局，1975。

牟宗三：《圆善论》，台北：台湾学生书局，1985。

牟宗三：《五十自述》，台北：鹅湖出版社，1989。

牟宗三：《中国哲学的特质》，上海：上海古籍出版社，1997。

牟宗三：《中国哲学十九讲》，上海：上海古籍出版社，1997。

牟宗三：《中西哲学之会通十四讲》，上海：上海古籍出版社，1997。

牟宗三：《四因说讲演录》，上海：上海古籍出版社，1998。

牟宗三：《宋明儒学的问题与发展》，上海：华东师范大学出版社，2004。

牟宗三：《周易哲学演讲录》，上海：华东师范大学出版社，2004。

牟宗三：《生命的学问》，桂林：广西师范大学出版社，2005。

牟宗三：《人文讲习录》，桂林：广西师范大学出版社，2005。

牟宗三：《理则学》，南京：江苏教育出版社，2006。

梁漱溟：《东西文化及其哲学》，北京：商务印书馆，2005。

梁漱溟：《中国文化要义》，上海：上海人民出版社，2003。

张君劢等：《科学与人生观》，济南：山东人民出版社，1997。

熊十力：《新唯识论》，北京：中华书局，1985。

贺麟：《五十年来的中国哲学》，沈阳：辽宁教育出版社，1989。

贺麟：《文化与人生》，北京：商务印书馆，1988。

唐君毅：《中华人文与当今世界》（下），台北：台湾学生书局，1975。

蔡仁厚：《牟宗三先生学思年谱》，台北：台湾学生书局，1996。

蔡仁厚：《新儒家的精神方向》，台北：台湾学生书局，1982。

蔡仁厚：《中国哲学的反省与新生》，台北：正中书局，1994。

杜维明：《新加坡的挑战——新儒家伦理与企业精神》，北京：生活·读书·新知三联书店，1989。

杜维明：《现代精神与儒家传统》，北京：生活·读书·新知三联书店，1997。

杜维明：《东亚价值与多元现代性》，北京：中国社会科学出版社，2001。

刘述先：《儒家思想开拓的尝试》，北京：中国社会科学出版社，2001。

成中英：《论中西哲学精神》，上海：东方出版中心，1991。

成中英：《合外内之道——儒家哲学论》，北京：中国社会科学出版社，2001。

余英时：《中国思想传统的现代诠释》，南京：江苏人民出版社，1989。

林安梧：《儒学与中国传统社会之哲学省察》，上海：学林出版社，1998。

林安梧：《儒家革命论——后新儒家哲学的问题向度》，台北：台湾学生书局，1998。

李明辉：《当代儒学的自我转化》，北京：中国社会科学出版社，2001。

李明辉：《儒家视野下的政治思想》，北京：北京大学出版社，2005。

方克立：《现代新儒家与中国现代化》，天津：天津人民出版社，1997。

方克立主编《现代新儒家人物与著作》，天津：南开大学出版社，1995。

宋志明：《现代新儒家研究》，北京：中国人民大学出版社，1991。

韩强：《现代新儒学心性论述评》，沈阳：辽宁大学出版社，1992。

韩强、赵光辉：《文化意识与道德理性》，沈阳：辽宁人民出版社，1994。

陈少明：《儒学的现代转折》，沈阳：辽宁大学出版社，1992。

赵德志：《现代新儒家与西方哲学》，沈阳：辽宁大学出版社，1994。

李翔海：《寻求德性与理性的统一：成中英本体诠释学研究》，台北：台湾文史哲出版社，1998。

李翔海：《民族性与时代性——现代新儒学与后现代主义比较研究》，北京：人民出版社，2005。

郑家栋：《现代新儒学概论》，南宁：广西人民出版社，1990。

郑家栋：《本体与方法——从熊十力到牟宗三》，沈阳：辽宁大学出版社，1992。

郑家栋：《牟宗三》，台北：东大图书股份有限公司，2000。

郑家栋：《断裂中的传统——信念与理想之间》，北京：中国社会科学出版社，2001。

颜炳罡：《整合与重铸——当代大儒牟宗三先生思想研究》，台北：台湾学生书局，1995。

颜炳罡：《当代新儒学引论》，北京：北京图书馆出版社，1998。

颜炳罡：《牟宗三学术思想评传》，北京：北京图书馆出版社，1998。

周立升、颜炳罡编：《现代新儒家学案·牟宗三学案》，北京：中国社会科学院出版社，1995。

李山：《牟宗三传》，北京：中央民族大学出版社，2002。

林瑞生：《牟宗三评传》，济南：齐鲁书社，2009。

柴文华：《现代新儒家文化观研究》，北京：生活·读书·新知三联书店，2004。

胡伟希：《传统与人文——对港台新儒家的考察》，北京：中华书局，1992。

陈来：《现代中国哲学的追寻——新理学与新心学》，北京：人民出版社，2001。

景海峰：《新儒家与二十一世纪中国思想》，郑州：中州古籍出版社，2005。

冯耀明：《"超越内在"的迷思——从分析哲学的观点看当代新儒学》，香港：香港中文大学出版社，2003。

启良：《新儒学批判》，上海：上海三联书店，1995。

黄克剑、周勤：《寂寞中的复兴——论当代新儒家》，南昌：江西人民出版社，1993。

黄克剑：《百年新儒林——当代新儒学八大家论略》，北京：中国青年出版社，2000。

何信全：《儒学与现代民主》，北京：中国社会科学出版社，2001。

闵仕君：《牟宗三"道德的形而上学"研究》，成都：巴蜀书社，2005。

陈迎年：《感应与心物——牟宗三哲学批判》，上海：上海三联书店，2005。

陈迎年：《智的直觉与审美直觉——牟宗三美学批判》，上海：上海人民出版社，2012。

王兴国：《契接中西哲学之主流——牟宗三哲学思想渊源探要》，北京：光明日报出版社，2006。

王兴国：《牟宗三哲学思想研究——从逻辑思辨到哲学架构》，北京：人民出版社，2007。

殷小勇：《道德思想之根——牟宗三对康德智性直观的中国化阐释研究》，上海：复旦大学出版社，2007。

杨泽波：《牟宗三三系论论衡》，上海：复旦大学出版社，2006。

杨泽波：《贡献与终结：牟宗三儒学思想研究》，上海：上海人民出版社，2014。

杨泽波：《〈心体与性体〉解读》，上海：上海人民出版社，2016。

赵卫东：《分判与融通：当代新儒家德性与知识关系研究》，济南：齐鲁书社，2006。

汤忠钢：《德性与政治：牟宗三新儒家政治哲学研究》，北京：中国言实出版社，2008。

刘爱军：《"识知"与"智知"——牟宗三认识论思想研究》，北京：人民出版社，2008。

程志华：《牟宗三哲学研究：道德的形上学之可能》，北京：人民出版社，2009。

盛志德：《牟宗三与康德就关于"智的直觉"问题的比较研究》，桂林：广西师范大学出版社，2010。

陶悦：《道德形而上学：牟宗三与康德之间》，北京：中国社会科学出版社，2011。

唐文明：《隐蔽的颠覆：牟宗三、康德与原始儒家》，北京：生活·读书·新知三联书店，2012。

张晚林：《"道德的形上学"的开显历程——牟宗三精神哲学研究》，北京：中国社会科学出版社，2014。

杜保瑞：《牟宗三儒学平议》，北京：新星出版社，2017。

翁志宗：《自由主义者与当代新儒家政治论述之比较——以殷海光、张佛泉、牟宗三、唐君毅、徐复观的论述为核心》，博士学位论文，台湾政治大学，2001。

白欲晓：《牟宗三道德形上学研究》，博士学位论文，南京大学，2002。

张健捷：《牟宗三哲学中的"道德主体"研究》，博士学位论文，北京大学，2006。

陶悦：《道德形而上学：牟宗三与康德之间》，博士学位论文，黑龙江大学，2006。

李山：《牟宗三传》，北京：中央民族大学出版社，2002。

姚才刚：《终极信仰与多元价值的融通——刘述先新儒学思想研究》，成都：巴蜀书社，2003。

胡治洪：《全球语境中的儒家论说——杜维明新儒学思想研究》，北京：三联书店，2004。

〔美〕艾恺：《最后的儒家——梁漱溟与中国现代化的两难》，王宗昱、冀建中译，南京：江苏人民出版社，1993。

〔美〕墨子刻：《摆脱困境——新儒学与中国政治文化的演进》，颜世安等译，南京：江苏人民出版社，1996。

《牟宗三先生的哲学与著作》（七十寿庆论文集），台北：台湾学生书局，1978。

周阳山、杨献肃编《近代中国思想人物论——保守主义》，台北：时报文化出版公司，1980。

罗义俊编《评新儒家》，上海：上海人民出版社，1989。

封祖盛编《当代新儒家》，北京：生活·读书·新知三联书店，1989。

吴光主编《当代新儒学探索》，上海：上海古籍出版社，2003。

二　中国哲学及研究著作

（宋）朱熹：《四书章句集注》，北京：中华书局，1983。

（宋）朱熹：《朱子语类》，北京：中华书局，1986。

（宋）陆九渊：《陆九渊集》，北京：中华书局，1980。

（明）王守仁：《王阳明全集》，上海：上海古籍出版社，1992。

冯友兰：《中国哲学史》（上、下），北京：中华书局，1960。

李泽厚：《中国现代思想史论》，北京：东方出版社，1987。

庞朴：《文化的民族性与时代性》，北京：中国和平出版社，1988。

林毓生：《中国传统的创造性转化》，北京：生活·读书·新知三联书店，1988。

傅伟勋：《从西方哲学到禅佛教》，北京：生活·读书·新知三联书店，1989。

韦政通：《儒家与现代中国》，上海：上海人民出版社，1990。

金耀基：《从传统到现代化》，北京：中国人民大学出版社，1999。

张灏：《幽暗意识与民主传统》，北京：新星出版社，2006。

黄进兴：《优入圣域——信仰、权力与正当性》，西安：陕西师范大学出版社，1998。

梁燕城：《破晓时代——后现代中国哲学的重构》，上海：东方出版中心，1999。

石元康：《从中国文化到现代性：典范转移?》，北京：生活·读书·新知三联书店，2000。

周德丰：《中国近代哲学研究》，天津：天津人民出版社，2004。

李翔海：《生生和谐——重读孔子》，成都：四川人民出版社，1996。

严正：《五经哲学及其文化学的阐释》，济南：齐鲁书社，2001。

陈来：《传统与现代——人文主义的视界》，北京：北京大学出版社，2006。

杨国荣：《伦理与存在——道德哲学研究》，上海：上海人民出版社，2002。

杨国荣主编《中国现代化过程的人文向度》，上海：上海古籍出版社，2006。

高瑞泉：《中国现代精神传统——中国的现代性观念谱系》，上海：上海古籍出版社，2005。汪晖：《现代中国思想的兴起》（两卷），北京：生活·读书·新知三联书店，2004。

郁振华：《形上的智慧如何可能：中国现代哲学的沉思》，上海：华东师范大学出版社，2000。

陈赟：《困境中的中国现代性意识》，上海：华东师范大学出版社，2005。

唐文明：《与命与仁——原始儒家伦理精神与现代性问题》，保定：河北大学出版社，2002。

方朝晖：《"中学"与"西学"——重新解读现代中国学术史》，保定：河北大学出版社，2002。

贡华南：《知识与存在——对中国近现代知识论的存在论考察》，上海：学林出版社，2004。

〔美〕吉尔伯特·罗兹曼主编《中国的现代化》，上海：上海人民出版社，1989。

〔美〕郭颖颐：《中国现代思想中的唯科学主义》，雷颐译，南京：江苏人民出版社，1989。

〔美〕艾恺：《世界范围内的反现代化思潮——论文化守成主义》，贵阳：贵州人民出版社，1991。

〔美〕列文森：《儒教中国及其现代命运》，郑大华等译，北京：中国社会科学出版社，2000。

哈佛燕京学社主编《启蒙的反思》，南京：江苏教育出版社，2005。

哈佛燕京学社主编《儒家传统与启蒙心态》，南京：江苏教育出版社，2005。

三　关于"现代性"的研究著作

〔德〕马克斯·韦伯：《新教伦理与资本主义精神》，于晓、陈维纲译，北京：三联书店，1989。

〔德〕马克斯·韦伯：《学术与政治》，冯克利译，北京：生活·读书·新知三联书店，1998。

〔德〕恩斯特·卡西尔：《启蒙哲学》，顾伟铭等译，济南：山东人民出版社，1988。

〔德〕霍克海默、阿道尔诺：《启蒙辩证法》，渠敬东、曹卫东译，上海：上海人民出版社，2006。

〔德〕于尔根·哈贝马斯：《现代性的哲学话语》，曹卫东译，南京：译林出版社，2004。

〔英〕安东尼·吉登斯：《现代性与自我认同》，赵旭东等译，北京：三联书店，1998。

〔英〕安东尼·吉登斯：《现代性的后果》，田禾译，南京：译林出版社，2000。

〔英〕齐格蒙特·鲍曼：《现代性与矛盾性》，邵迎生译，北京：商务印书馆，2003。

〔加〕查尔斯·泰勒：《现代性之隐忧》，程炼译，北京：中央编译出版社，2001。

〔法〕让－弗朗索瓦·利奥塔尔：《后现代状态——关于知识的报告》，车槿山译，北京：三联书店，1997。

〔美〕丹尼尔·贝尔：《资本主义文化矛盾》，赵一凡等译，北京：三联书店，1989。

〔美〕大卫·格里芬编《后现代科学》，马季芳译，北京：中央编译出版社，1995。

〔美〕大卫·格里芬编《后现代精神》，王成兵译，北京：中央编译出版社，1998。

〔美〕弗里德里克·詹姆逊：《单一的现代性》，王逢振等译，天津：

天津人民出版社，2005。

〔美〕道格拉斯·凯尔纳、斯蒂文·贝斯特：《后现代理论——批判性的质疑》，张志斌译，北京：中央编译出版社，1999。

〔美〕马泰·卡林内斯库：《现代性的五副面孔》，顾爱彬等译，北京：商务印书馆，2002。

〔以〕S. N. 艾森斯塔特：《反思现代性》，旷新年、王爱松译，北京：三联书店，2006。

王岳川、尚水编《后现代主义文化与美学》，北京：北京大学出版社，1992。

汪晖、陈燕谷主编《文化与公共性》，北京：生活·读书·新知三联书店，1998。

汪民安等编《现代性基本读本》（上、下），开封：河南大学出版社，2005。

周宪编：《文化现代性精粹读本》，北京：中国人民大学出版社，2006。

苏国勋：《理性化及其限制——韦伯思想引论》，上海：上海人民出版社，1988。

罗荣渠：《现代化新论——世界与中国的现代化进程》（增订版），北京：商务印书馆，2004。

张汝伦：《历史与实践》，上海：上海人民出版社，1995。

刘小枫：《现代性社会理论绪论》，上海：上海三联书店，1998。

佘碧平：《现代性的意义与局限》，上海：上海三联书店，2000。

姚大志：《现代之后——20世纪晚期西方哲学》，北京：东方出版社，2000。

陈嘉明等：《现代性与后现代性》，北京：人民出版社，2001。

俞吾金等：《现代性现象学——与西方马克思主义者的对话》，上海：上海社会科学院出版社，2002。

沈语冰：《透支的想象——现代性哲学引论》，上海：学林出版社，2003。

张凤阳：《现代性的谱系》，南京：南京大学出版社，2004。

盛宁：《人文困惑与反思——西方后现代主义思潮批判》，北京：生活·读书·新知三联书店，1997。

高宣扬：《后现代论》，北京：中国人民大学出版社，2005。

王治河：《后现代哲学思潮研究》（增补本），北京：北京大学出版社，2006。

夏光：《东亚现代性与西方现代性——从文化的角度看》，北京：三联书店，2005。

四　康德、黑格尔著作及研究

《康德〈纯粹理性批判〉译注》（上下），牟宗三译注，台北：台湾学生书局，1983。

《康德的道德哲学》，牟宗三译，台北：台湾学生书局，1982。

《康德〈判断力之批判〉》（上下），牟宗三译注，台北：台湾学生书局，1992、1993。

康德：《纯粹理性批判》，邓晓芒译，北京：人民出版社，2004。

康德：《实践理性批判》，邓晓芒译，北京：人民出版社，2003。

康德：《判断力批判》，邓晓芒译，北京：人民出版社，2002。

康德：《历史理性批判文集》，何兆武译，北京：商务印书馆，1990。

康德：《单纯理性限度内的宗教》，李秋零译，北京：中国人民大学出版社，2003。

康德：《未来形而上学导论》，庞景仁译，北京：商务印书馆，1978。

康德：《道德形而上学原理》，苗力田译，上海：上海人民出版社，1986。

康德：《法的形而上学原理》，沈叔平译，北京：商务印书馆，1991。

康德：《逻辑学讲义》，许景行译，北京：商务印书馆，1991。

康德：《康德书信百封》，李秋零译，上海：上海人民出版社，1992。

康德：《康德文集》，郑保华等编译，北京：改革出版社，1997。

黑格尔：《精神现象学》（上下），贺麟、王玖兴译，北京：商务印书馆，1979。

黑格尔：《逻辑学》（上下），杨一之译，北京：商务印书馆，1966。

黑格尔：《小逻辑》，贺麟译，北京：商务印书馆，1980。

黑格尔：《精神哲学》，杨祖陶译，北京：人民出版社，2006。

黑格尔：《法哲学原理》，范扬、张企泰译，北京：商务印书馆，1961。

黑格尔：《历史哲学》，王造时译，上海：上海书店，2001。

黑格尔：《美学》（第一卷），朱光潜译，北京：商务印书馆，1979。

黑格尔：《宗教哲学》（上），魏庆征译，北京：中国社会出版社，1999。

黑格尔：《哲学史讲演录》（第一卷），贺麟、王太庆译，北京：商务印书馆，1959。

黑格尔：《黑格尔通信百封》，苗力田译编，上海：上海人民出版社，1981。

〔英〕康蒲·斯密：《康德〈纯粹理性批判〉解义》，韦卓民译，武汉：华中师范大学出版社，2000。

〔加〕查尔斯·泰勒：《黑格尔》，张国清等译，南京：译林出版社，2002。

郑昕：《康德学述》，北京：商务印书馆，2001。

杨祖陶、邓晓芒：《〈纯粹理性批判〉指要》，北京：人民出版社，2001。

邓晓芒：《康德哲学诸问题》，北京：三联书店，2006。

邓晓芒：《思辨的张力——黑格尔辩证法新探》，长沙：湖南教育出版社，1992。

五　研究论文

郭齐勇：《简论牟宗三的中西文化比较模式》，方克立、李锦全主编《现代新儒学研究论集》（一），北京：中国社会科学出版社，1989。

郭齐勇：《论牟宗三"两层存有论"的道德形上学》，《天津社会科学》1993年第5期。

韩强：《牟宗三心性理论述评》，方克立、李锦全主编《现代新儒学研究论集》（二），北京：中国社会科学出版社，1991。

韩强：《直觉的辩证法——中国哲学思维的特征》，《南开学报》（哲学社会科学版）2004年第5期。

李翔海：《评牟宗三"良知自我坎陷说"》，《人文杂志》1993年第2期。

李翔海：《牟宗三"良知坎陷说"评析》，《东岳论丛》1993年第

3 期。

李翔海：《民族本位的世界主义情怀——论新儒家对西方哲学的基本理论立场》，《学术季刊》1997 年第 3 期。

李翔海：《论现代新儒家与后现代主义》，《教学与研究》1998 年第 9 期。

李翔海：《后现代背景下的牟宗三新儒学思想》，《人文杂志》1999 年第 5 期。

李翔海：《论现代新儒学的内在向度——寻求宗教精神、哲学精神与科学精神的统一》，《南开学报》（哲学社会科学版）2001 年第 1 期。

李翔海：《新儒学与现代性》，《求是学刊》2001 年第 2 期。

李翔海：《牟宗三"中国哲学特征"论评析》，《哲学研究》2008 年第 4 期。

景海峰：《简议牟宗三圆善论的理性主义困陷》，《深圳大学学报》（人文社会科学版）1999 年第 1 期。

李明辉：《儒学如何开出民主与科学？》，载《原道》第六辑，贵阳：贵州人民出版社，2000。

黄玉顺：《"伦理学的本体论"如何可能？——牟宗三"道德的形上学"批判》，《西南民族大学学报》（人文社会科学版）2003 年第 7 期。

倪梁康：《牟宗三与现象学》，《哲学研究》2002 年第 10 期。

邓晓芒：《牟宗三对康德之误读举要——关于"先验的"》，《社会科学战线》2006 年第 1 期。

邓晓芒：《牟宗三对康德之误读举要——关于"智性直观"》，《江苏行政学院学报》2006 年第 1、2 期。

邓晓芒：《牟宗三对康德之误读举要——关于"物自身"》，《学习与探索》2006 年第 6 期。

邓晓芒：《牟宗三对康德之误读举要——关于自我及"心"》，《山东大学学报》（哲学社会科学版）2006 年第 5 期。

包遵信：《儒家思想和现代化》，《知识分子》1987 年冬季号。

李瑞全：《论现代性与后现代主义：当代新儒学的反省》，台湾《鹅湖月刊》第 186 期（1990 年 12 月）。

张世英：《中国传统哲学与西方后现代主义哲学》，《社会科学战线》

1994 年第 2 期。

郑家栋：《走出虚无主义的幽谷——中国传统哲学与西方后现代主义辨义》，《中国社会科学》1995 年第 1 期。

衣俊卿：《评现代新儒学和后现代主义思潮》，《教学与研究》1996 年第 2 期。

王治河：《论后现代主义的三种形态》，《国外社会科学》1995 年第 1 期。

唐文明：《康德道德形上学及其意味辩释》，《哲学研究》1997 年第 6 期。

金耀基：《中国现代的文明秩序的建构——论中国的"现代化"与"现代性"》，刘军宁等编《经济民主与经济自由》（《公共论丛》第 3 辑），北京：生活·读书·新知三联书店，1997。

〔德〕尤尔根·哈贝马斯：《论现代性》，严平译，载王岳川、尚水编《后现代主义文化与美学》，北京：北京大学出版社，1992。

唐文明：《何谓现代性?》，《哲学研究》2000 年第 8 期。

赵景来：《关于"现代性"若干问题研究综述》，《中国社会科学》2001 年第 4 期。

童世骏：《"多重现代性"观念的规范内容——兼论其与普遍主义的关系》，杨国荣主编《思想与文化》第 3 辑，上海：华东师范大学出版社，2003。

单世联：《韦伯命题与中国现代性》，《开放时代》2004 年第 1 期。

陈晓明：《现代性之隐忧与多样性方案》，《海南师范学院学报》（社会科学版）2004 年第 6 期。

Charles Taylor, "*Two Theories of Modernity*", *Hastings Center Report*, 1995, Vol. 25, No. 2, pp. 24 – 33.

索　引

后　记

本书是在我的博士学位论文基础上修改而成的，也是我主持的国家社科基金后期资助项目"牟宗三哲学与中国现代性建构"（批准号 13FZX019）的最终成果。

南开大学中国哲学学科在 20 世纪 80 年代由方克立先生开创，现代新儒学研究一直是该学科重要的研究方向之一，30 余年来成绩斐然，仅是直接研究牟宗三思想的博士论文就有 6 篇。我自本科二年级接触到本学科的这一学术传统，到写作本书之时，浸润其中已有 7 年的时间。我的硕士学位论文以"牟宗三的朱子诠释"为题，攻读博士学位期间我将研究对象拓展到牟宗三哲学的整体研究，并且选择了"中国现代性"的视角，力图从自己的阅读和理解出发，对这位现代新儒学大师的思想展开研究。我的博士学位论文于 2009 年 5 月通过答辩，距今已过去整整 10 年。这 10 年间，我在教学和科研中对现代新儒学的理解有所深入，对书稿也多有修订。

本书得以顺利出版，最应当感谢的是恩师李翔海先生。回顾往昔，我的学术生命可以说是由翔海师开启的。在本科生阶段，我在先生指导下学习如何读书、思考和撰写论文；在研究生阶段，我在他的引领下接近了真正的学术，同时也逐渐明确了人生的方向。先生视野开阔、思维敏锐，将我引向对问题本身的思考，带给我一种学界眼光和创新意识。先生对我不仅在学业上严格要求，而且在性格塑造、人生规划、为人处世诸方面也悉心指导，细微之处常令我感动不已。本书从选题立论到谋篇布局、遣词造句，无不渗透着先生的心血。他在审阅本书初稿时提出了"直面问题、双向诠释"的原则，指导我进行全面修改，可谓抽丝剥茧、渔鱼俱授。在我留校任教以后，他仍十分关心我的学术成长，时常为我答疑解惑。先生谆谆告诫我，针对学缘结构单一的局限，唯有通过直面学界的对话和交流加以克服。对于先生，"感谢"二字已显得苍白，我唯有按照他的要求在为人为学方面不断努力，不辜负先生的培护之恩。

近年来先生积劳染恙，相见日稀，每次从电话中听闻先生的身体有所好转，我心中总是激动不已。祈愿先生早日康复！

我还要衷心感谢太老师方克立先生对晚辈的关怀和提携，每次交流，都能感到先生对南开大学中国哲学学科的殷殷关切。同时要衷心感谢南开大学哲学院的所有师长，尤其是中国哲学教研室的诸位老师，他们是周德丰教授、韩强教授、曹跃明教授、严正教授、乔清举教授和吴学国教授。在南开园的求学生涯中，我有幸能够聆听各位先生的精彩讲解，使中国哲学的智慧融入我的生命之中。感谢各位师长和前辈对本书提出的很多宝贵意见，使我受益良多，使本书得以进一步完善和提高。当然，本书还存在很多问题和不足，这鞭策我在今后的研习和思考中努力加以克服。

感谢父母的养育之恩，正是他们的默默付出，使我得以安心学业。感谢我的爱人吴倩博士，她在生活和学业上给了我巨大的支持，本书的许多见解是在与她的讨论中产生的。感谢岳父岳母的辛劳，为我们分担了照顾孩子的责任，使我们能够有更多的时间投入事业之中。多年来亲人们的无私关怀，使我愈发深切地理解儒家何以将"亲情"作为伦常的基础。

感谢我的研究生刘淑捷、宋梓晔同学，她们帮忙校对了部分引文。

翔海师常引用方克立先生"学行并重、德业双修"的格言教诲弟子，我将以此为一生为人为学的准则，愿自己能为南开大学中国哲学学科略尽绵薄之力。时值南开大学百年校庆之际，谨以这本小书庆贺母校百岁诞辰。

卢　兴

己亥秋于南开园

图书在版编目（CIP）数据

牟宗三哲学与中国现代性建构／卢兴著． -- 北京：
社会科学文献出版社，2019.11
国家社科基金后期资助项目
ISBN 978 - 7 - 5201 - 4346 - 2

Ⅰ.①牟… Ⅱ.①卢… Ⅲ.①牟宗三（1909 - 1995）
- 哲学思想 - 研究 Ⅳ.①B261.5

中国版本图书馆 CIP 数据核字（2019）第 031962 号

国家社科基金后期资助项目
牟宗三哲学与中国现代性建构

著　　者／卢　兴

出 版 人／谢寿光
组稿编辑／宋月华　袁卫华
责任编辑／袁卫华　罗卫平

出　　版／社会科学文献出版社·人文分社（010）59367215
　　　　　地址：北京市北三环中路甲 29 号院华龙大厦　邮编：100029
　　　　　网址：www.ssap.com.cn
发　　行／市场营销中心（010）59367081　59367083
印　　装／三河市龙林印务有限公司

规　　格／开　本：787mm×1092mm　1/16
　　　　　印　张：24.25　字　数：385 千字
版　　次／2019 年 11 月第 1 版　2019 年 11 月第 1 次印刷
书　　号／ISBN 978 - 7 - 5201 - 4346 - 2
定　　价／148.00 元

本书如有印装质量问题，请与读者服务中心（010 - 59367028）联系